우편요금
수취인 후납부담

발송유효기간
1996.4.2~1997.4.1
서울마포우체국승인
제564호

도서
출판 **당대**

서울시 마포구 서교동 362-11 4층
TEL : 323-1316~7 / FAX : 323-1317

| 1 | 2 | 1 | — | 2 | 1 | 0 |

우 편 엽 서

보내는 사람

| | | | — | | | |

여러분을 당대의 독자회원으로 모십니다

당대에서는 더욱 새롭고 알찬 기획과 편집으로 독자 여러분에게 다가가기 위해 다양한 의견을 듣고자 합니다. 작은 이야기라도 소중히 하여 좋은 책을 만들도록 정성을 다하겠습니다. 아울러 독자회원이 되신 분들에게는 도서목록과 발행되는 책들에 대한 소식지를 보내드리겠습니다.

■ 구입하신 책:

■ 당대에서 펴낸 책 갖고 계신 것이 있으면?

■ 구입하신 곳:

　　예　있는 ─────────── 서점

■ 이 책 읽은 소감은?

■ 이 책을 구입하신 이유
• 광고를 보고[신문명:　　　][잡지명:　　　]
• 신간안내를 보고[신문, 잡지, 기타]
• 소개 및 권유로
• 서점에서 눈에 띄어서　　　[예 기재]

■ 도서출판 당대에 바라는 점이 있다면(기획·편집 등)?

■ 앞으로 펴냈으면 하는 책이 있다면?

성명:　　　　　　　　　　　전화번호: 사무실(　　　) 집(　　　　)

생년월일:　　　　　　[남·여]　　직업:

구독하시는 신문·잡지명 [　　　]　　　학생(　　　학교　　　과　　　학년)

올해의 감동깊은 책 [　　　]　　　관심분야 [인문·사회과학·자연과학·문학·예술]

프·랑·스·철·학·과·우·리·Ⅲ

포스트모던시대의 사회역사철학

프랑스 철학과 우리 III

포스트모던시대의 사회역사철학

© 도서출판 당대

지은이/이구표 · 이진경 외
펴낸이/김종삼
펴낸곳/도서출판 당대

제1판 제1쇄/1997년 5월 15일

등록/1995년 4월 21일(제10-1149)
주소/서울시 마포구 서교동 362-11 ⑦ 121-210
전화/323-1316(대표), 323-1315
팩스/323-1317
전자주소/천리안 · 하이텔 · 나우누리 ID ·dangdae

기획주간 · 문부식/편집 · 류종렬, 문해순/영업관리 · 김용기, 김숙이
표지디자인 · AND/전산편집 · 짜임새/교정 · 김경숙
인쇄 · 백왕인쇄/제본 · 정민제책/코팅 · 대영라미네이팅

값 10,000원

ISBN 89-8163-023-2 04100
ISBN 89-8163-025-9(세트)

프 · 랑 · 스 · 철 · 학 · 과 · 우 · 리 · III

포스트모던시대의 사회역사철학

이구표 · 이진경 외 지음

도서
출판 당대
1997

'현대 프랑스 철학의 전유'라는 다소 무겁고 거창한 이 기획의 제목은 80년대 말부터 지금까지 프랑스 사상(들)이 한국사회에 수용되어온 방식과 현황에 대해 최근 학계를 중심으로 폭넓게 일고 있는 반성과 우려의 목소리를 그 안에 담고 있다.

20세기 중반 이래 급격히 변하고 있는 역사적 상황(그것이 어떤 내용 또는 방향의 것이든)을 반영하는 서양사조들 중의 하나로서 현대 프랑스 사상은, 80년대에 우리 사회에 때늦게 등장했다가 때이른 퇴장의 길로 들어선 마르크스주의 이후, 변화에 대한 갈망마저도 막다른 길에 몰려 있던 우리에게 뒤늦게나마 새로운 사고와 행동으로 숨통을 터주면서 특히 젊은 세대의 학자와 학생들 사이에 상당한 관심을 불러일으켰던 것이 사실이다. 그러나 다른 한편, 프랑스 사상 자체의 성격에 대해서뿐만 아니라 그것이 어떻게 이해되고 받아들여지고 있는지에 대해서도 많은 이견과 비판이 끊임없이 제기되어왔다는 점 또한 부인할 수 없다. 많은 논자들은 현대 프랑스 사상(들)의 도입 및 수용에 있어서의 문제점으로서 우리 나름의 시각과 문제의식의 결여, 영미의 포스트모더니즘을 통한 편견적 이해, 왜곡된 시장논리에 편승한 무비판적 수입과 소비 그리고 오독-오역-오용이라는 삼위일체가 특징인 저질 담론과 싸구려 출판물의 양산 등을 들고 있다. 이것은 아마도 이 분야에 조금이나마 관심을 갖고 있는 사람이라면 누구라도 수긍하지 않을 수 없는 지적임에 틀림없다.

그러나 많은 이들이 이러한 반성적 비판과 질책들이 맞다고 인정은 하면서도 여전히 공허하고 흥미롭지 않다고 느끼는 이유는 무엇일까? 그것은 아마도 현대 프랑스 사상이라는 우리의 관심대상에 무언가 새롭고 특이한 것이 있다는 어떤 느낌, 그것으로부터 이미 세례를 받은 어떤 생각이 끝내 남아 있기 때문일 것이다. 좀더 구체적으로 이야기하자면, 현대 프랑스 사상의 기본적 정향과 특성에 비추어볼 때 그것의 한국적 전유 또는 수용은 그 자체로 이율배반적이며 역설적인 화두이자 과제가 아닌가 하는 좀더 근본적인 의문이 그것이다. 지극히 도식적으로 말해, 지난 수세기 동안 합리성의 이름 아래 진리를 독점해온 근대의 철학적 지식체계의 헤게모니에 도전하면서 60년대 이후 프랑스에서 등장한 다양한 사상은 지식의 진위에 관한 인식론적 문제보다는 지식의 실제적(곧 정치적 및 윤리적) 효과에, 그리고 진리발견의 방법론적 원칙과 절차보다는 진리 생산의 물질적 조건(곧 제약과 통제)에 초점을 맞추어 그것을 문제화하는 '담론적' 입장을 취하고 있다는 데 그 공통점이 있다. 따라서 대부분의 현대 프랑스 담론들은 서구의 이성중심주의와 그 합리주의적 담론들에 대항하는 메타담론(담론에 대한 담론)의 성격을 강하게 띠고 있는데, 바로 이런 점에서 서구의 타자(Other)로서의 비(非)서구사회에 많은 시사점을 던져주고 있으며, 또한 바로 이 점이 현대 프랑스 사상을 그 이전의 거의 모든 서구의 외래 사조들과 구별시켜주는 준거점이라고 볼 수 있다.

그런데 우리 사회의 지배적인 경향은 그러한 담론들을 순수한 외국의 또는 서구적, 더 정확하게는, '프랑스적' 또는 '불란서제' 지식체계로 이미 아프리오리하게 분류하고 규정해놓은 다음, 그것의 특수성/보편성이나 장점/단점을 논하고, 그것이 '한국적' 상황에 맞는지, 제대로 이해되고 있는지 또는 '우리 나름'의 문제의식이 무엇인지 등을 따지는 지극히 이론적인 논의와 반성에 치우쳐왔음을 부인할 수 없을 것이다. 이런 점에서 볼 때, 최근의 반성적 논의는 그간의 저급한 수용양태와 크게 다를 바 없으며, 어떤 면에서는 그보다 더 심각한 문제점을 안고 있다고 할 수 있다. 왜냐하면 그 밑에 깔려 있는 '이론 따로, 실천 따로' 식의 태도는 '프랑스적 지식 대 한국적 현실'이라는 이분법적 대립구도로 문제의 초점을 돌려버림으로써, 단순히 오늘날 프랑스 담론들에서 관건이 되고 있는 중요한 이슈들을 놓치는 데 그치는 것이 아니라 그것을 아예 흐려버리거나 은폐시키고, 더 나아가서는 하나의 이질적 사조로서 —80년대의 마르크스주의의 경우처럼— 현대 프랑스 사상이 갖고 있는 사회 비판 및 변혁의 잠재력마저 제약하고 통제하는 중대한 결과를 실제로 초래하고 있기 때문이다.

간단히 말하자면, 현대 프랑스 사상(들)을 이해하고 그것을 통해 우리 사회를 이해하기 위해서 무엇보다 중요한 것은 그것에 '이론적'이 아니라 '실천적'으로 접근해야 한다. 이 책에 실린 글들은, 특히 그 사회적·정치적 시각에 힘입어 이 점을 다양하고도 이질적인 목소리와 입장을 통해 어느 정도 적절히 반영하고 있다고 본다. 실제로 이 기획은 처음부터 어떤 하나의 확고하고도 일관된 계획 아래 일사불란하게 진행되어온 것이 아니라 얼마간 자의적이기도 하고 우발적이기도 한 '의도 아닌 의도' 아래 일련의 시행착오의 과정을 거치면서 '자연스럽게' 이루어졌다는, 장점이자 단점을 갖고 있다. 따라서 여기에 실린 글들은 비록 그 질적 수준이나 내용에서 적지 않은 편차를 보이고 다소 잡다하고 산만한 느낌을 주고 있는 것이 사실이지만, 섣부른 상호접합이나 무리한 변증법적 종합을 시도하지 않은 채 알튀세르 이후의 프랑스 사상가들의 다양한 관점과 입장의 차이, 그리고 그들에 대한 해석의 차이를 차이로서 이해할 수 있는 기회를 제공한다고 할 수 있다. 그러나 이 책이 보여주는 차이와 다양성은 반드시 논의와 대화의 풍부함을 의미하지 않는다는 점을 지적해둘 필요가 있다. 오히려 몇몇 외국 학자들의 기고문을 예외로 한다면, 이 책은 현대 프랑스 사상(들)에 대해 한국 지식인들이 현재 도달해 있는 이해의 수준과 방향 및 그 문제점들을 단편적으로나마 '있는 그대로' 드러내 보여줌으로써 우리 학계뿐만 아니라 우리 사회가 놓여 있는 현 상황과 조건을 비판적으로 조망해볼 수 있는 계기를 마련한다는 데 더 큰 의의가 있을 것이며, 나아가서 더욱 활발하고 본격적인 논의의 도화선이나 논쟁의 불꽃으로 작용할 수 있다면 더 이상 바랄 것이 없을 것이다.

알튀세르에 관한 세 글은 '마르크스를 넘어선 마르크스'에 대한 알튀세르의 관심이 지향하는 선을 좇아 '(구조주의자로서의) 알튀세르를 넘어선 알튀세르'를 공통적으로, 그러나 각기 서로 다른 주제와 시각을 통해 추적하고 있다는 점에서 흥미를 끈다. 김동수와 백승욱은 각각 철학과 이데올로기의 문제설정을 중심으로 알튀세르가 어떻게 마르크스를 재해석하고 마르크스주의를 변형시키고자(transform) 했으며 이 과정에서 그의 이론적 작업 자체가 어떻게 변모할 수밖에 없었는지를 또한 모색하고 있다. 자크 비데(Jacques Videt)는 알튀세르가 끝내 극복하지 못했던 구조주의와 레닌주의의 유산의 문제점을 비판하면서, 특히 사회주의권의 붕괴 이후 마르크스주의에 요구되고 있는 근대성의 이론을 발전시키기 위해 오히려 알튀세르의 『'자본론' 읽기』가 우리에게 던져준 신선한 충격과 최초의 정신을 되살릴 필요가 있음을 강조하고 있다. 비데의 글은 아마 마르크스주의의 제단 앞에서 무조건 머리부터 조아리는 마르크스주의자들에게 '좋은 쓴 약'이 될 수 있을 것이다.

푸코에 관한 두 글과 강의록은 서로 다른 시각에 서 있으면서도 푸코를 어떤 방식으로든 마르크스와의 관계 속에 위치시켜 이해하려 시도한다는 점에서 기본적인 관심을 같이한다고 볼 수 있다. 이진경은 꼼꼼한 글읽기와 탄탄한 논리전개가 뒷받침된 특유의 스타일리스틱한 글쓰기를 통해 푸코의 권력론이 담론(지식)과 윤리(주체)의 문제설정과의 일련의 연관관계 속에서 어떻게 변모했는가를 개괄적으로 살펴보고 있다. 이를 위해 그는 들뢰즈의 견해와 시각에 크게 의존하고 있는데, 푸코의 권력론은 궁극적으로 저항의 문제를 다루는 데 있어 결정적인 궁지에 빠진다고 주장하고 있다. 그러나 권력과 저항 간의 관계나 저항의 가능성 등에 대한 푸코의 관점과 입장을 지극히 논리적이고 '이론적'으로 환원시켜 분석하고 검토하고 있다는 점에서 저항의 조건을 주체의 바깥 — 곧 그 주체가 속해 있는 역사적으로 특정한 지식-권력복합체(푸코) 또는 '주름'(들뢰즈)의 변화 — 에서 찾는 들뢰즈의 입장과도 모순에 빠지는 문제점을 보이고 있다. 이구표의 글은 마르크스와 푸코의 관계를 통해 푸코의 담론 또는 담론 실천의 개념의 성격을 밝히고 이와 동시에 그 역으로 푸코의 담론 실천의 시각에서 마르크스에 대한 푸코의 복합적인 관계를 이해하려는 이중적 과제를 다루고 있다. 이러한 시도를 통해 마르크스와 푸코가 함께 발 딛고 있는 새로운 유형의 유물론적 문제설정 또는 담론 실천의 장의 윤곽을 그리면서, 하나의 완결된 지식체계로 환원될 수 없는 담론의 담론성과 물질성 및 정치적 성격을 부각시키고 있다. 푸코에 관한 이정우의 강의록은 『지식의 고고학』 서문에 입각해 푸코 철학의 방법과 지적 배경을 평이하게 전달해주고 있다.

이마무라 히토시는 『천 개의 고원』에 나타난 들뢰즈와 가타리의 철학을 세계의 변혁이라는 마르크스의 과제의 연장선상에 자리잡고 있는 새로운 실천적 사상으로 보면서 그들의 철학과 이론을 통해 마르크스를 다시 읽고 그의 현재성을 새삼 재확인하고 있다. 들뢰즈 자신도 인정하고 있듯이 '탈주'를 중심으로 한 그의 유목적 사유와 투쟁전략은 자본주의 체제의 내재적 한계에 관한 마르크스의 생각에 힘입은 바가 크다는 점에

서, 히토시의 글은 마르크스를 다소 지나치게 들뢰즈화(化)하는 문제점을
안고 있음에도 이 두 사상가들간의 연관성을 밝히려 한다는 점에서 의미
있는 시도라 할 수 있다. 알퐁소 링기스의 글은 프랑스 특유의 시각과 맥
락과 유연한 문체를 통해서 들뢰즈와 가타리의 리비도적 신체의 개념을
자본주의 사회의 분절된 신체와 연결짓기 위해 리비도적 에너지가 역사
적으로 각기 다른 유형의 사회에서 어떻게 달리 코드화되는가를 살펴보
고 있다.

부르디외는 이 책에서 다루고 있는 사상가들 중에서 가장 예외적이라
할 수 있는데, 그 이유는 기존의 사상가들에게서 철학적 개념들을 빌려
와 나름대로 사회학적으로 변용시켜 구체적이며 실증적인 분석에 사용
하고 있기 때문이다. 이에 홍성민은 부르디외 사회학의 핵심을 이루고
있는 '아비투스' 개념을 거꾸로 거슬러올라가 그 인식론적 배경과 기반
을 다각적으로 검토함으로써 그 개념이 갖고 있는 철학사적 위상과 의미
를 부각시키고 있다. 마지막으로 임옥희와 권택영의 두 글은 개별 사상
가들에 대한 논의는 아니지만 현대 프랑스 사상의 배경을 이루고 있는
포스트모더니즘과 정신분석학의 맥락에서 각기 페미니즘과 관련된 주제
들 — 과학기술과 새로운 여성적 주체성 간의 관계, 여성성의 정의에 관
한 문제 등 — 을 다루고 있다.

다른 모든 편집물이 다 그렇듯이 이 책 역시 많은 사람들의 노고의 소
산이다. 먼저 여러 경로를 통해 이 책에 기고해주신 많은 필자들께 감사
드린다. 그런데 이 책이 잉태되어 세상의 빛을 보기까지의 과정에서 한
가지 특이한 점이 있다면, 그것은 기성의 학계 안에 몸담고 있거나 발 딛
고 있는 이른바 '학자' 들보다는 그 경계선에 걸쳐 서 있도록 조건지어진
'학생' 이라는 어정쩡한 정체성에 묶여 있는 사람들의 숨은 그리고 숨겨
진 노력과 고뇌가 그 전 과정을 밀고 나가는 가장 큰 원동력이었다는 사

실이다. 서강대 대학원 학생회의 후원 아래 『서강대학원 신문』을 중심으로 발로 뛰고 몸으로 부딪히며 결코 쉽지 않은 일을 드디어 해낸 정태진 군을 비롯한 대학원생들 모두에게 감사의 말씀을 드린다. 그들에게 이 책은, 지식은 타협과 화해가 아니라 갈등과 투쟁의 장이자 그 산물이라는 담론적 입장을 직접 체득할 수 있었던 좋은 경험을 안겨주었을 것이다. 마지막으로, 여러 가지 걸리는 점이 많았을 텐데도 이 책을 펴내기로 흔쾌히 결정한 도서출판 당대에게 박수를 보내고 싶다.

1997년 5월
필자들을 대신하여
이구표

차 례

1. [프랑스 철학과 우리]라는 이 기획은 애초에 서강대 대학원 총학생회와 『서강대학원 신문』의 '현대 프랑스 철학의 전유'라는 기획 시리즈에서 비롯된 것이다. 지난 1996년부터 시작된 이 기획시리즈는 '프랑스 철학의 진정한 이해'라는 주제 아래 학문과 대중 사이에 지적 가교를 놓는다는 취지로 마련된 것이다. 이후 재편집과정을 거쳐 보강되어 모두 4권(부록 별도) 분량의 책으로 만들어지게 되었다. 이 기획의 전 과정에서 서강대학교 이상일 총장님을 비롯해 총학생회 임원들, 대학원의 정태진, 홍진기, 박미선, 김영지, 황은주, 박소연, 이소희 님을 비롯한 많은 분들의 헌신적인 노력이 있었음을 밝혀둔다.

2. 이 책의 우리말 표기는 현행 한글맞춤법과 표준어 규정, 외래어 표기법에 따랐다. 단 예외적으로 국내 학계에서 아직 통일되지 않고 쓰이는 인명이나 책명은 필진들의 다양한 학문적 견해를 최대한 반영하여 표기했다. 예컨대 인명의 경우 Henri Bergson은 현재 베르크손과 베르그송 두 가지로 쓰이고 있는데, 이 책에서는 원음을 살리는 의미에서 베르크손으로 통일했다. 반면에 질 들뢰즈의 책 『Mille Plateaux』의 경우는 필자에 따라 『천 개의 마루』 또는 『천 개의 고원』으로 쓰고 있는데, 확정된 명칭이 없으므로 두 가지 모두 표기했다. 한편 국내에 소개되어 이미 굳어진 인명의 경우는 현행 외래어 표기법과 다르더라도 그대로 사용했다(예를 들면 마샬 맥루한, 미하일 바흐친 등).

3. 이 책에 쓰인 문장부호들과 기호들은 다음과 같은 원칙을 따라 표기하였다.

『 』: 책명, 잡지명, 신문명
「 」: 국내 논문 제목, 책 속에 들어 있는 소논문, 영화제목, 노래제목,
       시 한 편, 단편소설
" " : 인용문, 외국 논문 제목, 심포지엄(강연)의 제목
' ' : 강조하는 문구
고딕체 : 강조하는 문구
이탤릭체 : 원서, 원논문의 제목

알튀세르의 이데올로기론

김동수

1. 마르크스주의자 알튀세르

프랑스 현대철학의 맥락에서 알튀세르(Louis Althusser)를 검토할 때에 우리는 한 가지 점을 염두에 두어야 할 것이다. 그것은 익히 알려져 있는 사실이지만 알튀세르는 마르크스주의자였다는 점이다. 이 점은 한 명의 '독창적인' 사상가로서 알튀세르를 규정함에 있어서 부정적인 측면과 긍정적인 측면을 동시에 가진다.

부정적인 측면과 관련하여 즉각 한 가지 사실을 떠올릴 수 있다. 알튀세르는 푸코(Michel Foucault)나 데리다(Jacques Derrida), 들뢰즈(Gilles Deleuze) 등 다른 프랑스 철학자들과 달리 '대작'을 집필한 적이 없다는 사실이다. 사후에 출간된 자서전 『미래는 오래 지속된다(*L'Avenir dure longtemps*,

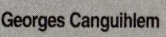

Georges Canguilhem

suivi de Les Faits)』를 제외한다면 그의 저서들은 예외 없이 다소간 짧은 논문 모음집의 형태로 출판되었다. 이는 유명한 그의 이론적 엄격성에서 비롯된 측면도 있겠지만 그의 저서들이 대부분 논쟁적인 상황 속에서 일정한 정세에 부응해 씌어졌다는 사실과 무관하지 않다.[1] 게다가 그의 이론적 관심과 주제들은 대부분 마르크스주의 내부의 전통적인 문제들에 한정되었으며, 그의 이론적인 전거들 역시 마르크스와 이후 마르크스주의자들의 저작들에서 대부분 구해졌다. 비록 그가 제기한 많은 문제들은 마르크스주의 바깥에서도 많은 호응을 얻었고, 그의 영향력은 상당한 것이었지만(예컨대 『맑스를 위하여(*Pour Marx*)』 같은 책은 프랑스에서 4만 부 이상 팔려나갔다고 하는데, 프랑스의 출판계 상황을 염두에 둔다면 이것은 놀라운 숫자라고 할 수 있다), 이는 전적으로 그의 개인적인 역량에 따른 것이라기보다는 60년대에 서구에서 마르크스주의가 행사했던 강력한 이론적-이데올로기적 영향력 속에서 이해될 수 있을 것이다(이 점은 80년대 후반 우리나라에서 보였던 알튀세르에 대한 폭발적인 관심의 경우에도 크게 다르지 않다). 역으로 80년대에 들어 알튀세르가 서구에서 더 이상 이론적 관심을 끌지 못하게 되었다면 이 역시 마르크스주의의 위기와 결코 무관하지 않다.

동일한 이유에서 우리는 긍정적인 측면을 지적할 수 있을 것이다. 마르크스주의 철학자로서 알튀세르가 자신을 결코 제도적인 철학에 한정시키지 않았고, 소련공산당 20차 당대회 이후에 조성된 특정한 이론적·정치적 상황 속에서 '이론적 개입'을 시도했다면, 이는 그가 그것을 마르크스주의의 '철학적 혁명' 혹은 '철학의 새로운 실천'의 한 형태로 간주

---

1) 정세에 대응하는 알튀세르의 집필시간에 대한 흥미로운 지적으로 다음 글을 보라. 바바라 한·페터 쇠틀러, 「알튀세르의 극한적 사고」, 윤소영 엮음, 『루이 알튀세르』, 민맥, 1991.

했기 때문이다. 그의 말처럼 조직 내에서 머무르는 것은 투사들에게 정
치에 대한 더할 나위 없이 훌륭한 경험, 나아가 훈련을 제공한다.[2] 에티
엔 발리바르(Etienne Balibar)가 "온전한 의미의 철학자이면서 동시에 온
전한 의미의 공산당원일 수 있었던 점 — 어떤 하나를 다른 하나를 위해
희생하거나 또는 종속시키지 않으면서도 그럴 수 있었다는 점에 알튀세
르의 지적 독특함이 있다"[3]고 한 것도 이 점을 염두에 둔 말일 것이다.
동시에 알튀세르는 이러한 개입 속에서 '마르크스주의의 위기'를 적극적
으로 사고할 수 있었고 '마르크스주의의 전화'를 요구할 수 있었다. 그리
하여 알튀세르의 이론적 영향력이 마르크스주의의 그것에 의존할 수밖
에 없었던 것과 마찬가지로, 오늘날 마르크스주의의 현재성을 사고하려
한다면 아무도 알튀세르라는 계기를 지나쳐버릴 수는 없다.

다시 프랑스 현대철학과 알튀세르의 관계로 돌아오자면, 이때 문제가
되는 것은 물론 프랑스 현대철학 일반은 아니고 크게 두 가지의 전통이
다. 하나는 바슐라르(G. Bachelard), 캉길렘(G. Canguilhem) 등으로 대
표되는 프랑스 과학철학이라는 전통이고, 다른 하나는 푸코, 데리다, 들뢰
즈 등으로 대표되는 속칭 '프랑스 니체주의자들'이다. 전자에 대해서는 3
절에서 살펴보게 될 것이며, 여기에서는 후자와의 관계에 대해 간략하게
언급하기로 하자.

양측간의 관계는 상당히 미묘하다. 일단 이들에게서 발견되는 많은 유
사성을 지적할 수 있다. 이는 알튀세르가 파리고등사범학교를 통해 푸코,
데리다, 라캉(Jacques Lacan) 등과 맺은 개인적인 친분관계에서도 비롯
되지만, 무엇보다 양측이 겨냥한 이론적 적수들이 많은 경우 일치했기
때문이다. 그것은 바로 인간주의, 진화주의, 경험주의 등등이다. 그래서

---

2) 알튀세르, 권은미 옮김, 『미래는 오래 지속된다』, 돌베개, 1992, 265쪽.
3) 발리바르, 「알튀세르를 위한 조서」, 윤소영 엮음, 앞의 책, 37쪽.

알튀세르나 그의 제자들의 저작에서는 이들, 특히 푸코에 대한 매우 호의적인 언급을 자주 발견할 수 있다. 심지어 푸코의 『말과 사물(*Les mots et les choses*)』이 출간된 후 발리바르는 알튀세르에게 보낸 편지에서 "이 책은 바로 당신이 쓰려고 했던 책입니다"[4]라고 말하기까지 했다고 한다. 그렇다고 양측의 입장이 완전히 일치하는 것은 아니다. 오히려 많은 경우 그들은 서로 의식은 하되 직접 언급은 하지 않는 이상한 긴장관계를 유지해왔다고도 말할 수 있다. 이 점과 관련하여 워렌 몬태그(Warren Montag)는 알튀세르와 푸코 사이에 이루어진 '기이한 대화'에 주목한다. 초기 알튀세르의 이데올로기론에 대해 푸코는 『지식의 고고학(*L'arché-ologie du savoir*)』에서 상당히 비판적인 접근을 시도하는데, 그중에 상당 부분은 알튀세르의 『자기비판(*Autocritique*)』에서 수용된다는 것이다. 한편 1971년 알튀세르의 「이데올로기와 이데올로기적 국가장치(Idéologie et appareils idéologiques d'État)」가 발표된 이후 푸코는 마치 마르크스주의를 새로 알았다는 듯이 이데올로기 개념을 비판하는 용어가 변화하게 된다는 것이다.[5]

지금까지 마르크스주의 진영 내에서는 알튀세르와 '프랑스 니체주의자들'의 관계에 대해서 호의적이지 않은 접근들이 많았다. 특히 영미권에서는 알튀세르가 '마르크스주의의 부활'을 선도했으면서도 이후 탈마르크스주의로 넘어가는 징검다리 역할을 했다는 평가가 많다. 예컨대 캘리니코스(Callinicos)는 '알튀세르의 쇠퇴'에 대해 이야기하면서, 그것이 마르크스주의에 비해 푸코, 데리다, 들뢰즈 등의 '프랑스 니체주의자들'

---

4) "Interview : Etienne Balibar and Pierre Macherey," *Diacritics*, vol. 12(spring, 1982), p. 51.

5) W. Montag, "'The Soul is the Prison of the Body' : Althusser and Foucault, 1970～1975," Jacques Lezra, ed., *Depositions : Althusser, Balibar, Macherey, and the Labor of Reading*, Yale University Press, 1995, p. 71.

의 융성이라는 정치적-아카데미적 정세에 의한 것일 뿐만 아니라, "마르크스주의를 재건하기 위해 '니체-하이데거적' 주제들을 사용하려는 그의 시도"[6]와 관련된 이론 내부의 모순에서 비롯된 것이 아닌지 자문하고 있다. 어떤 점에서 이 지적에는 타당성이 있다. 확실히 마르크스주의와 이들 사이에는 분명 구별점이 존재하며 양자를 혼동하는 것은 경우에 따라 치명적인 이론적·실천적 동요로 이어질 수도 있을 것이다. 그러나 이 글에서 우리의 입장은 양자의 차이를 강조하기보다는 그들에게 공통된 어떤 문제의식을 강조하는 것이다. 왜냐하면 알튀세르와 이들은 근본적인 이론적 입장에서 상당한 유사성을 보인다고 판단될 뿐만 아니라(알튀세르 스스로도 그의 미완성 유고 『철학과 맑스주의(Sur la philosophie)』에서 마르크스와 함께 니체와 하이데거를 '마주침의 유물론'의 전통 속에 편입시킨 바 있다),[7] 이들의 공통된 문제의식에 대한 거부감은 아직도 완강하다고 판단되기 때문이다. 이러한 거부감은 알튀세르의 명시적인 비판가들에게서뿐만 아니라 많은 경우 알튀세르의 비판적 수용을 주장하는 이론가들에게서도 발견된다. 그들의 공통된 문제의식이란 무엇인가? 철학 전공자가 아닌 필자로서는 이들의 철학적 논의를 깊이 있게 거론할 능력이 없다. 다만 우리는 그것을 이론과 현실에 대한 어떤 태도 혹은 입장들이라고 추상적으로 언급할 수밖에 없다. 이 문제는 3절에서 다시 논의할 것이다.

---

6) Callinicos, "What is living and what is dead in the philosophy of Althusser," E. Ann Kaplan and Michael Sprinker, eds., *The Althusserian Legacy*, Verso, 1993, p. 41.

7) 알튀세르, 서관모·백승욱 편역, 『철학과 맑스주의 ― 우발성의 유물론을 위하여』, 새길, 1996, 42쪽 참조.

2. 이데올로기론의 중심적 위치

이 글에서 우리가 다루게 되는 주제는 이데올로기론 일반도 아니요,
마르크스주의에서 전개된 이데올로기 논의들도 아니다. 우리는 다만 알
튀세르의 이데올로기론이 가지는 서로 다른 층위들과 그것이 그의 이론
적 변모과정에서 가지는 의미들을 추적하고자 한다. 여기에는 두 가지
판단이 존재한다. 하나는 이데올로기론이 그의 이론작업에서 중심적인
위치를 차지한다는 것이고, 다른 하나는 그것이 알튀세르의 내적 모순
혹은 이론의 변모의 의미를 시사해준다는 것이다.

알튀세르의 이론적 작업의 중심에 이데올로기론이 놓여 있다는 우리
의 판단은 이데올로기 개념이 "'역사유물론'이라는 이름을 가진 모든 것
의 초석"[8]이라는 발리바르의 주장과도 일정하게 궤를 같이 한다. 좀더
직접적으로는 알튀세르가 초기, 중기의 자신의 입장을 정리한 테제들에
서 암시받은 것이기도 하다. 『아미앵에서의 주장(*Positions*)』에서 알튀세
르는 자신의 입장을 '이론적인 반(反)인간주의·반경험주의·반경제주
의'로 요약한 바 있는데, 이 입장은 그의 이론적 입장을 전체적으로 요약
하고 있거니와, 그 각각은 불가피하게 이데올로기론을 전제하고 있다고
여겨졌기 때문이다.

우선 그것들은 그의 이론적 입장을 전체적으로 요약한다. 이와 연관하
여 알튀세르의 초기 주요 작업을 간략하게만 스케치해보자. 앞서 언급되
었듯이, 알튀세르는 소련공산당 20차 당대회 이후에 유행한 인간주의적
마르크스 해석에 반대하기 위해 이론적인 개입을 시작한다(이론적 반인
간주의). 이를 위해서 그는 인간주의적 마르크스 해석이 이론적 근거로
삼고 있는 마르크스의 초기 저작, 특히 『경제학-철학 수고(*Ökonomisch-*

---

8) E. Balibar, "The Infinite Contradiction," Jacques Lezra, ed., 앞의 책, p. 160.

philosophische Manuskripte)』가 마르크스주의적이지 않으며, 본질적으로 포이어바흐적인 '문제틀'에 지배되고 있음을 밝힘으로써, 초기 마르크스와 후기 마르크스 간에 '인식론적 단절'이 있다고 주장한다. 포이어바흐가 헤겔을 단순히 '전도'시킴으로써 사실상 헤겔의 기본 전제들을 공유하고 있을 뿐이라면, 마르크스의 변증법은 헤겔의 그것과 단순히 방향에서만이 아니라 그 구조에서도 엄격하게 구별되는 것이다. 두 변증법의 차이는 바로 모순관의 차이에서 읽어낼 수 있는데, 헤겔 변증법에서 모순이 사실상 단순한 모순의 자기전개일 뿐인 데 반해 마르크스주의 변증법에서 모순은 항상 '중층결정'되어 있는 것이다. 이 같은 모순관에 의거하여 알튀세르는 제2인터내셔널에서 스탈린에 이르는 경제주의 — 그것은 마르크스주의 이론 속에 살아남은 헤겔적 변증법의 유산이다 — 에 대한 '좌익적' 비판을 시도한다(반경제주의). 그의 독법이 문제시됨에 따라 그는 마르크스주의 철학과 관련하여 좀더 일반적인 이론을 전개한다. 그에 의하면 철학은 지식의 생산에 대한 이론, 즉 '이론적 실천에 대한 이론'이다. 그는 사물로부터 지식을 직접 도출해낼 수 있다고 믿는 경험주의적 지식이론에 반대하여 지식생산은 이데올로기와 과학의 인식론적 단절을 통해서 이루어진다고 주장한다(반경험주의). 그런데 이 각각은 곧장 이데올로기론을 함축한다고 보여지는데, 이데올로기일 뿐인 인간주의에 대한 비판은 말할 것도 없고, 반경제주의는 상부구조 특히 이데올로기적 심급의 결정이라는 문제와 결부되며, 그의 이론적 실천에 관한 이론은 이데올로기의 인식적 효과라는 문제와 직결된다.

　동시에 우리는 알튀세르의 이데올로기론에 대한 검토가 그의 작업을 전체적으로 이해하는 데 중요한 의미를 지닌다고 생각한다. 잘 알려져 있다시피, 알튀세르는 1972년에 자신의 초기 입장을 자기비판하는 『자기비판의 요소들(*Éléments d'autocritique*)』을 발표함으로써 사람들을 놀라게 한다. 이에 대한 평가들은 대체로 부정적이었다. 사람들은 거기에서 알튀세르가 자신의 기존 입장을 근본적으로 철회했다고 생각하곤 했다. 발리바르는 이와 관련해 흥미로운 에피소드를 전하고 있다. 그는 알튀세르의 자기비판 이후 영국에 있던 '알튀세르보다 더 알튀세르적'이라는 그룹에 자기비판을 요지로 한 편지를 보낸다. 그러자 그들은 이 비판을 오류로 간주한다고 응답한다. 초기의 알튀세르는 매우 중요한 이론가였는데, 후기의 정정들은 흥미가 없을 뿐 아니라 초기에 비해 퇴보라는 것이다.[9] 그러나 이는 알튀르세의 초기 입장을 하나의 체계로 이해하는 데서 비롯되는 태도이다. 이에 반해 피에르 마슈레(Pierre Macherey)는 다음과 같이 지적한다. "그렇습니다. 만일 1967년의 알튀세르만 따로 떼어놓고 본다면 우리는 아마도 매우 일관된 하나의 담론을 발견할 수 있을 것입니다. 그러나 이것은 그해 이후에 이 체계를 해체하고자 했던 의미를 무시하는 것입니다 — 물론 순수하고 단순한 해체는 아니며, 그 체계의 내적인 모순들을 발전시키고 어떤 매우 다른 것들을 말하려고 노력하는 것입니다."[10] 이것은 이론의 체계 혹은 모순에 대한 전혀 새로운 이해를 요구한다. 이론에 대한 통상적인 오해와 달리, 개념에 요구되는 모든 엄밀성에도 불구하고 이론은 결코 자기완결된 체계를 가지지 않는다. 정말 그렇다면 우리는 아마도 현실에 대한 이론의 우위를 이야기할 수도 있을 것이다. 그러나 이론은 항상 현실에 기반하기 때문에, 그리고 이론은 결코 현실을 완전하게 장악할 수는 없기 때문에 그것의 내적인 모순은 불가피하다. 불가피할 뿐만 아니라 그 내적인 모순만이 이론이 스스로 발전할 수 있는 토대를 제공해준다고 해야 할 것이다. 우리는 그렇다고 알튀세의 이론의 변화가 아무런 원칙 없이 이루어졌다고는 생각하지 않는다. 반대로 우리는 이론적 모순들의 발전은, 현실과정에 대한 새

---

9) *Diacritics*, vol. 12, p. 46.
10) 같은 곳.

로운 성찰들뿐만 아니라 동시에 일정한 원칙, 달리 말한다면 이론적 입장이라고 할 수 있는 것에 의해 추동된다고 생각한다. 이것은 단순히 알튀세르의 이론에 통일성을 부여하는 문제만은 아니다. 오히려 중요한 것은 이를 통해 알튀세르의 이데올로기론의 발전 가능성을 읽어내고, 그리하여 이데올로기론의 현재성을 사유하는 문제이다.

아래에서 우리가 살펴볼 이데올로기론의 세 가지 층위는 각각 ① 인식론적 층위, ② 사회구성체적 층위, ③ 주체구성의 층위 등이다.

3. 이데올로기의 부정적 인식효과

초기에 알튀세르의 관심은 마르크스주의 과학의 특수성을 사유하는 데에 중점이 주어져 있었으며 이에 따라, 이 시기에 이루어지는 이데올로기론은 인식론적 측면 특히 이데올로기가 가지는 부정적인 인식효과에 초점을 두게 된다. 단적으로 말한다면 이 시기에 이데올로기론의 핵심은 이데올로기가 과학적인 지식의 생산을 가로막는 '인식론적 장애'라는 것이다. 이 점을 살펴보기 위해서는 지식생산의 과정인 '이론적 실천'이 어떻게 이루어지는지를 검토할 필요가 있다.

'이론적 실천'이란 흔히 오해하는 바와는 달리, 이론가도 실천가에 못지않게 사회적으로 유의미하다는 의미에서 주장되는, 이론가의 변호론적 개념이 결코 아니다. 오히려 그것은 이론/실천이라는 전통적인 이분법 자체를 폐기할 것을 요구하며 이론 그 자체가 실천의 일반적인 구조를 띠고 있음을 의미한다. 따라서 이론/실천이라는 대립 대신 이론적 실천과 경제적 실천, 정치적 실천, 이데올로기적 실천 등 다양한 실천의 양태들간에 구별이 존재할 뿐이다. 그렇다면 실천의 일반적인 구조란 무엇인가? 알튀세르는 그것을 생산이라는 모델을 통해 규명하고 있다. 그에게

25

실천이란 기본적으로 원료(일반성Ⅰ)에 생산수단(일반성Ⅱ)을 작동시킴으로써 생산물(일반성Ⅲ)을 생산하는 것이다. 이론적 실천에서 원료는 대부분의 경우 이데올로기들이며 생산수단은 일정하게 배치된 개념들의 체계, 그리고 생산물은 지식이다. 이러한 개념 설정 위에서 두 가지 근본적인 테제가 덧붙여진다. 첫째로 일반성Ⅰ과 일반성Ⅲ 사이에는 어떠한 본질적인 연속성도 없으며, 근본적인 단절, 알튀세르가 바슐라르의 용어를 빌려 '인식론적 단절'이라고 표현했던 단절이 존재한다는 것이다. 둘째로 일반성Ⅰ에서 일반성Ⅲ 사이에 이루어지는 이론적 실천의 과정은 전적으로 사유 내부에서 이루어지는 과정이라는 것이다. 이들 두 테제로부터 일정하게 도출되지만 더욱 논쟁적인 세번째 테제는 다음과 같다. 즉 지식의 객관성의 기준은 이론과 현실 대상의 일치 여부에서 구해져서는 안되며, 오직 이론적 실천 즉 과학자들의 이론적 작업 자체에 내재적인 것이라는 것이다.

알튀세르의 이러한 지식생산 이론은 동시에 일반성Ⅰ인 이데올로기에 대한 일정한 정식화를 전제한다. 초기 알튀세르의 이데올로기론에 따르면, 일반적인 차원에서 이데올로기는 "주어진 사회 속에서 역사적 존재와 역할을 지닌 표상들(신화, 생각들 또는 개념들)의 체계"[11]이다. 그런데 이 표상들은 "세계에 대한 인간의 '체험된' 관계"[12]를 표현한다. 이는 무엇보다 사람들이 세상에서 살아가면서 그 세상에 대한 의식을 가지고 살아간다는 것을 의미한다. 여기에서 인식론적 측면과 관련하여 이데올로기가 가지는 첫번째 위상이 드러난다. 즉 이데올로기는 이론적 실천의 원료라는 사실이다. 그러나 이것은 알튀세르가 이론적 실천이라는 개념을 통해 부각시키고자 했던 결정적인 측면을, 즉 과학과 이데올로기 간

---

11) L. Althusser, *Pour Marx*, Maspéro, 1965, p. 238.
12) 같은 책, p. 240.

의 단절이라는 문제를 말해주지는 못한다. 알튀세르가 과학과 이데올로기 간의 '인식론적 단절'을 제기했다면 이는 이데올로기가 과학적 실천을 가로막는 '인식론적 장애'로서 기능하기 때문이다.

이데올로기가 인식론적 장애로 제기되는 중요한 이유는 그것이 가지는 자명성 때문이다. 이데올로기는 "그 고유한 문제들이 자기 자신에 대한 의식을 갖지 않는다는 사실"[13]에 있다. 이데올로기는 자신의 표상들을 직접적인 것, 즉 사물 자체를 가리키는 것으로 간주하며 거기에 대해 회의를 갖지 않는다. 하지만 알튀세르가 보기에 이 직접적인 것은 결코 사물 자체를 가리킨다는 의미에서 직접적인 것이 아니며 사실은 구성된 것이다. "이데올로기는 인간들이 그들의 세계에 대해 갖는 체험된 관계와 관련된다. 그런데 이 관계는 무의식적이라는 조건에서만 '의식적'이며, 마찬가지로 복합적이라는 조건하에서만, 즉 단순한 관계가 아니라 관계들의 관계, 2차적인 관계라는 조건하에서만 단순한 것으로 보인다."[14] 그렇다면 이데올로기는 왜 이러한 자명성을 가지게 되는가? 달리 말하자면 왜 이데올로기는 스스로에 대한 질문을 하지 못하는가? 그것은 이데올로기의 폐쇄성이라는 문제로 이어진다. 그것은 이미 주어져 있는 답을 얻을 수밖에 없도록 문제를 제기한다는 점에서 사실상 문제를 제기하지 못하는 것이다. "(과학의 이론적 생산양식과 전혀 다른) 이데올로기의 이론적 생산양식 속에서 문제의 정식화는 다음과 같은 조건들, 즉 지식과정의 외부에서 이미 생산된 하나의 답 — 왜냐하면 그것은 이론 바깥의 심급과 긴급성(종교적·윤리적·정치적 또는 기타의 '이해관계')에 의해 제기되는 것이기 때문이다 — 으로 하여금, 이 답의 이론적 거울이자 동시에 실천적 정당화로서 구실할 수 있도록 만들어진 인위적인 문제 속에서 그

---

13) 같은 책, p. 66.
14) 같은 책, p. 240.

자신을 알아볼 수 있게 하는 조건들을 이론적으로 표출하는 것에 불과하다."[15] 과학이 진정한 문제를 제기하고 그럼으로써 세계에 대한 새로운 지식을 획득하기 위해서는 이러한 이데올로기적 폐쇄성으로부터 벗어나는 것이 필수적이다. 그렇다면 이 폐쇄성은 어디에서 비롯되는 것인가? 『'자본론' 읽기(Lire le Capital)』에서 알튀세르는 이 문제가 '주체'의 문제와 결부되어 있음을 시사한다.[16] 그러나 정작 이 메커니즘에 대해서는 극히 짧게, 그것도 괄호 안에서 언급한 채 지나간다. "왜냐하면 그것은 이데올로기의 이론적 생산양식을 특징짓는 인식구조가 낳는 본질적 효과 중의 하나이기 때문이다. 즉, 라캉이 다른 문맥과 다른 의도를 가지고 '이중의 반사관계'라고 부른 불가피하게 폐쇄된 원환."[17] 이 문제를 본격적으로 다루기 위해서는 이데올로기에 대한 좀더 발전된 이론이 전개되지 않으면 안된다.

초기 알튀세르의 지식생산 이론은 저 악명 높은 '이론주의'라는 칭호를 그에게 부여한다. 즉 알튀세르의 논리는 필연적으로 객관적 현실에 대해 무관심하게 되며 현학적인 이론화 작업에 몰두하게 된다는 것이다. 그러나 이러한 비판은 우리가 보기에 그다지 적절하지 않은데, 다음과 같은 두 가지 이유에서 그러하다. 첫째, 알튀세르의 '이론적 개입' 자체가 현학적 아카데미즘과는 거리가 멀며, 그의 저작들은 끊임없이 어떤 역사철학적 필연성에 안주할 것이 아니라 구체적인 정세와 대중운동을 사유하도록 요구하고 있기 때문이다. 둘째, 이론적으로는 이것이 좀더 본질적인데, 알튀세르의 테제들이 가지는 의미는 그것의 자구(字句) 자체에서 나오는 것이 아니라 그것이 겨냥하고 있는 이론적 적수를 염두에 둘

---

15) L. Althusser, *Lire le Capital*, Maspéro, 1980, p. 62.

16) 같은 책, pp. 64~67.

17) 같은 책, p. 63.

때에만 이해될 수 있기 때문이다. 이 점은 알튀세르가 속한 인식론적 전통을 검토할 때 더 분명해진다. 사실 알튀세르의 테제들은 그 직접적인 이론적 선구자를 가지고 있는데, 그것은 바슐라르와 캉길렘으로 대표되는 프랑스의 '역사적 인식론'이다. 바슐라르가 알튀세르를 비롯한 프랑스 현대철학자들에게 강한 영향력을 행사한 이유는 그가 "경험주의적이고 현상학적인 지식이론에 대한 고도로 발달된 비판"[18]을 제공해주었기 때문이다. 바슐라르와 알튀세르의 입장이 가지는 이론적 함의는 경험주의와 현상학적 지식이론에 대한 비판이라는 맥락 없이는 올바르게 이해될 수 없다.

그러나 여기에서 우리는 이 문제와 관련된 철학적 문제들을 논의하려 하는 것이 아니다. 우리가 바슐라르와 알튀세르의 연관을 중요하게 생각하는 것은 그들의 개념과 이론이 얼마나 적절한가 하는 문제에 있기보다는 그 이론이 함축하고 있는 어떤 근본적인 태도 혹은 입장에 있다. 우리는 그것을 세 가지 정도로 정리할 수 있다고 생각한다. 첫째는 '단절'이라는 개념이 가지고 있는 중요성이다. 이것을 살펴보기 위해서는 알튀세르의 이데올로기 개념보다는 오히려 바슐라르의 '상식' 개념이 더 적절할 것 같다. 상식으로부터 과학의 '인식론적 단절'이라는 바슐라르의 개념 속에 함축되어 있는 생각은 다음과 같다. 즉 우리는 세계에 대한 일정한 지식을 가지고 있다. '그럼에도 불구하고' 진정한 지식을 얻기 위해서는 그와 같은 통념들에서 벗어나지 않으면 안된다. 바슐라르가 니체에게서 영감을 빌려오는 이 '그럼에도 불구하고'라는 태도는 우리가 속한 현재의 한계에 안주해서는 안된다는 모든 역동주의의 기본적 태도라고 할 수 있

---

18) Peter Dews, "Althusser, Structuralism and the French Epistemological Tradition," Gregory Elliot, ed., *Althusser : a critical reader*, Blackwell, 1994, p. 117.

다. 둘째는 철학과 과학의 관계와 관련되어 있다. 바슐라르가 메이에르송 (Émile Meyerson)을 비판하면서 인식론적 단절을 강조하는 것은, 일상적인 인식과 과학적인 인식 사이에 단절을 긋지 않을 경우 일상적 지식과 과학적 지식을 아우르는 "〈이성〉의 절대(the absolute of Reason)"[19]를 신봉하는 철학으로 빠지게 되기 때문이다. 이때 철학은 과학보다 상위에 있어서 어떤 절대적인 진리 혹은 전통적인 의미에서 '철학적 진리'를 가진 것으로 여겨진다. 반면 바슐라르와 캉길렘은 지식의 문제에 올바로 접근하기 위해서는 역사적으로 존재한 과학들의 실존에 근거하지 않으면 안됨을 강조한다. 이는 바로 철학이 과학과는 달리 "대상을 갖지 않으며"(철학은 지식을 생산하지 않는다) 단지 "기능"을 가질 뿐[20](철학은 지식 생산에 도움을 주거나 방해할 수 있다)이라는 알튀세르의 논지와도 직결되는 것이다. 이러한 맥락에서 볼 때에만 지식의 객관성의 기준이 오직 과학자들의 실천 속에 있다는 알튀세르의 명제도 올바른 의미에서 해석될 수 있을 것이다. 즉 그것은 단순히 경험주의에 대한 비판일 뿐만 아니라 무엇보다 과학적 지식에 '기준' '규범' '보증' 등을 들이대는 전통적인 철학적 진리의 개념을 거부하려 하는 것이다.[21] 그리고 이것은 지식 혹은 진리의 개념과 관련된 것이므로, 우리는 여기에서 현존하는 것의 초월에 대한 거부라는 태도를 읽어낼 수 있다고 믿는다. 셋째는 과정에 대한 관념과 관련된다. 알튀세르가 이론적 실천을 정의하기 위해 마르크스

---

19) Dominique Lecourt, *Marxism and Epistemology*, Ben Brewster, trans., NLB, 1975, p. 49.

20) 같은 책, p. 63.

21) 이것은 단순히 알튀세르를 '좋게 봐주기' 위한 논리가 아니다. 만일 위와 같은 의미에서가 아니라면, '이론적 실천'의 개념은 "모든 실용주의에 대항"해서만이 아니라 "이론에 대한 관념론에 대항"하여 제기되었다는 알튀세르의 주장을 어떻게 이해할 수 있을까?(알튀세르, 김동수 옮김,『아미앵에서의 주장』, 솔, 1991, 136쪽.)

로부터 생산의 모델을 빌려온 것이나 바슐라르가 과학자들을 '증명의 노
동자'라고 표현한 것은 무엇보다 지식이 과정으로서 존재한다는 것, 과
정을 떠나서는 아무것도 존재하지 않으며 과정은 무한히 진행된다는 것,
조금 더 나아가자면 이 과정에는 '기원도 목적[종말]도 없다'는 것을 의
미하는 것으로 보인다.

이들 근본적인 문제의식을 다시 정리하자면, 첫째로 '주어진 것'을 당
연하거나 자명한 것으로 받아들이기를 거부하는 태도, 둘째로 그러나 그
에 대한 비판을 '주어진 것' 너머의 어떤 규범이나 이상에 기반하지 않
는 태도, 셋째로 과정의 복합성과 영원성을 인정하는 태도 등이 그것이
다. 어찌 보면 순전히 추상적인 규정들일 뿐이지만 우리는 이것들이 유
물론적 이론과 정치의 근본적인 특징이라고 생각하며, 이러한 입장은 알
튀세르의 모든 작업의 기저에서 작동하고 있을 뿐만 아니라 그것이 실상
그의 이론적 변모를 추동시키는 중요한 힘이라고 생각한다. 한편 바슐라
르와 스피노자의 영향력을 강하게 받은 알튀세르와 달리, 니체와 하이데
거의 전통 속에 서 있는 많은 프랑스 현대철학자들은 과학적 지식의 객
관성을 별로 신뢰하지 않거나 커다란 비중을 두지 않는다. 그렇기 때문
에 초기 알튀세르의 과학/이데올로기의 구분은 그들에게 그다지 매력적
인 것으로 여겨지지 않았을 뿐만 아니라 때로는 위험스러운 것으로 비치
기도 한다. 푸코가 『지식의 고고학』에서 과학의 이데올로기성을 지적하
는 것도 이런 맥락에서이다.[22] 과연 과학이 어떤 실천적인 기능 혹은 푸
코의 표현에 따르자면 '권력'과 단절된 객관적 지식을 생산하는가 하는
문제는 여전히 중요한 철학적 논쟁거리로 남게 될 것이다. 하지만 우리
가 앞서 지적한 근본적 입장 혹은 문제의식이라는 측면에서 우리는 그들
이 결코 크게 다르지 않다고 생각한다.

---

22) M. Foucault, *L'archéologie du savoir*, Gallimard, 1969, pp. 241~243.

4. 이데올로기적 국가장치

앞에서 잠깐 언급했듯이, 알튀세르는 1972년 자신의 초기 입장을 '이론주의'라고 자기비판하는데, 그 핵심에는 이데올로기 개념에 대한 재정의가 들어 있다. 알튀세르는 자신이 (특히 『'자본론' 읽기』에서) 이데올로기 일반 대 과학 일반을 대립시키는 경향이 있었고, 그것은 "이 모호한 이데올로기 개념을 오류와 진리 간의 대립이라는 합리주의적 무대 위에 위치시키는 것"[23]이라고 설명한다. 그런데 초기 알튀세르의 이데올로기론이 과연 정말로 '합리주의적인 무대 위'에서만 전개된 것일까? 우리가 보기에는 그렇지 않다. 알튀세르는 단 한 번도 순수하게 합리주의적이었던 적이 없었다. 그는 자신의 이론을 정식화하는 중에 일정하게 프랑스 합리주의의 전통에 기대었고 그 때문에 일정한 편향이 존재한 것은 사실이지만, 그의 초기 이데올로기론이 합리주의적인 것으로 환원되는 것은 결코 아니다. "표상체계로서의 이데올로기는 그 실천적-사회적 기능이 이론적 기능(혹은 지식의 기능)보다 우세하다는 점에서 과학과 구분"[24]되는데, 그렇다면 역으로 이데올로기가 결코 인식적인 기능으로 환원되지 않는다는 것은 분명하다. 그러므로 합리주의적인 틀에서 오류가 진리에 의해 무효화되듯이 이데올로기가 과학에 의해 무효화되는 것은 아니다. 「마르크스주의와 인간주의(Marxisme et humanisme)」에는 이 점이 분명하게 명시되어 있다. "인간 사회들은 이데올로기를 그것들이 숨쉬고 역사적으로 살아가기 위해 필수불가결한 요소이자 대기로서 감추고 있다. 오직 이데올로기적 세계관만이 이데올로기들이 없는 사회들을 상상해낼 수 있으며, 이데올로기가 흔적도 없이 사라지고 과학에 의해 대체되는,

---

23) L. Althusser, *Éléments d'autocritique*, Hachette, 1974, p. 42.

24) L. Althusser, *Pour Marx*, p. 238.

그런 세계에 대한 유토피아적 생각을 가질 수 있다."[25] 심지어 공산주의 사회에서조차 이데올로기는 사라지지 않는다. 왜냐하면 이데올로기는 그 사회의 구성원들을 연결해주는 사회의 '시멘트'이기 때문이다.

문제는 이전의 논의가 이데올로기와 과학의 관계를 '추상적으로' 사고 했다는 것, 달리 말하면 현실의 구체적인 역사 속에서 사고하는 대신 그 것을 인식론적인 차원으로 추상화시켰다는 것, 그리고 일정하게는 이러 한 추상적인 논의를 통해 역사의 구체적인 진행을 대신하려 했다는 점이 다. 앞서 지적한 근본적인 문제의식이라는 관점에서 보자면, 과학/이데올 로기의 대립은 '주어진 것'의 자명성 속에 만족하지 않는다는 점을 드러 내기에는 유효하지만, 그 비판을 역사적으로 '주어진 것' 위에서 전개하 는 대신 일종의 추상적 공간으로 이전시켰다는 것이다. 현실에 존재하는 이데올로기들은 이데올로기 일반의 추상적 성격으로 환원될 수 없으며 반대로 구체적인 사회구성체 속에서 역사적인 역할과 효과를 가지며 존 재한다. 그에 따라 이데올로기론은 불가피하게 사회구성체에 대한 논의 와 맞물리게 된다. 역으로 이는 이전에 알튀세르가 '중층결정'이라는 개 념을 통해 사유하려고 했던 사회구성체론을 이데올로기론과 접합시키는 문제이기도 하다. 이 논의가 이루어지는 것은 바로 유명한 「이데올로기 와 이데올로기적 국가장치」(이하 「이데올로기」)에서이다.

「이데올로기」 논문은 크게 두 부분으로 나누어진다. 앞부분에서는 '생 산관계의 재생산'이라는 관점에서 이데올로기적 국가장치들이 다루어지 며, 뒷부분에서는 이데올로기에 대한 일반적인 이론이 전개된다. 여기에 서는 당분간 앞부분에 대한 논의를 중심으로 검토할 것이다. 알튀세르의 이데올로기적 국가장치 이론은 마르크스가 지적했던 재생산의 관점에서 부터 시작한다. 한 사회구성체는 생산함과 동시에 생산의 조건들을 재생

---

25) 같은 책, pp. 238~239.

산하지 않는다면 단 1년도 존속할 수 없다. 이 생산조건들을 재생산하기 위해서는 생산력과 생산관계를 재생산하지 않으면 안된다. 우선 생산력을 재생산하기 위해서는 생산수단을 재생산함과 동시에 노동력을 재생산해야 한다. 노동력을 재생산한다 함은 단순히 기술적인 능력의 재생산뿐만 아니라 기존 질서에 대한 복종을 재생산해야 함을 뜻한다. 그러나 여전히 생산관계의 재생산이라는 문제가 남아 있는데, 바로 여기에서 이데올로기적 국가장치라는 개념이 등장한다. 이 문제를 이해하기 위해서는 마르크스주의 국가이론을 검토할 필요가 있다. 마르크스의 국가이론의 핵심은 국가가 계급지배의 도구라는 것, 혁명의 근본 문제는 국가권력의 장악이라는 것이다. 여기에 레닌은 국가권력과 국가장치가 구분되어야 함을 덧붙였고, 이제 알튀세르는 다시 국가장치를 억압적 국가장치와 이데올로기적 국가장치로 구별해야 한다고 제안한다. 국가는 정부, 내각, 군대, 경찰, 재판소, 감옥 등 '주로 억압에 의해 기능하는' 억압적 국가장치를 가지고 있다. 그러나 동시에 국가는 '주로 이데올로기에 의해 기능하는' 이데올로기적 장치들도 가지고 있다. 거기에는 '우리가 알고 있는 수많은 소위 '사적(私的)인' 조직들이 포함된다. 교회, 학교, 가족, 법률, 정당, 노동조합, 언론, 스포츠, 문화, 예술 등… 왜 이러한 사적인 것들을 국가장치라고 부를 수 있는가? 왜냐하면 공적이냐 사적이냐 하는 구분은 법 아래에 존재하는 것인 반면, 국가는 법 위에 있기 때문이다. 중요한 것은 그것들의 기능으로서, 사적인 기구들도 이데올로기적 국가장치로서 완벽하게 기능할 수 있다는 점이다. 동시에 우리는 이 잡다해 보이는 조직들에 통일성을 부여하는 것을 이해할 수 있는데, 이는 다름 아닌 지배이데올로기의 실현이다. 어떠한 계급도 억압적 국가장치와 동시에 이데올로기적 국가장치들 속에서 헤게모니를 행사하지 않고서는 지속적으로 국가권력을 유지할 수 없다. 바로 이 이데올로기적 국가장치들이, 억압적 국가장치의 보호 아래, 그리고 지배이데올로기의 실현을 통해, 생산관계의 재생산을 대부분 보장한다. 하지만 이데올로기적 국가장치라는 개념은 한 가지 중요한 문제를 여전히 남겨놓고 있다. 이데올로기적 국가장치들이 주로 이데올로기에 의해 기능한다고 했을 때 이 '이데올로기' 자체의 구조와 메커니즘은 해명되지 않은 채로 남아 있기 때문이다. 이 점을 살펴보기 위해서는 「이데올로기」의 후반부를 검토해야만 한다.

5. 이데올로기와 주체형성

사실 지금까지 다루어진 이데올로기 이론, 즉 이데올로기의 부정적인 인식효과나 계급지배라는 문제는 이미 전통적으로 마르크스주의에서 다루어져왔던 문제이다. 알튀세르는 그것을 나름대로 발전시키고 구체화하긴 했지만 그것이 근본적으로 새로운 것은 아니었다. 그러나 이전의 이데올로기론들은 기술적(記述的)인 차원에서 이루어진 경우가 많았으며[26] 이데올로기의 근본적인 메커니즘을 해명하고 있지 않다. 「이데올로기」의 후반부에서 알튀세르가 규명하고자 하는 부분은 바로 이데올로기 일반의 구조와 메커니즘이다. 우리가 알튀세르의 이데올로기론에 주목하는 이유 중 하나는 바로 이 점인 것이다.

알튀세르는 몇 가지 다소간 도식적인 테제들을 제시함으로써 이데올로기론을 전개한다. 이데올로기에는 역사가 없다. 어찌 보면 앞서의 이데올로기론을 부정하는 것처럼 느껴지는 이 테제를 이해하기 위해서는 이데

---

26) 예외적으로 루카치 등이 마르크스의 상품의 물신숭배 이론을 통해 이데올로기론을 전개하지만, 알튀세르적인 관점에서 보자면 그것은 '마르크스주의적'인 것이 아니다.

올로기들과 이데올로기 일반을 구별하지 않으면 안된다. 당연하게도 구체적인 이데올로기들에는 강한 의미에서 고유한 역사가 있다. 반면 프로이트가 '무의식에는 역사가 없다', 즉 '무의식은 영원하다'고 주장했던 것과 정확히 같은 의미에서, 이데올로기 일반에는 역사가 없다. 즉 이데올로기는 영원하다. 이데올로기는 개인들이 그들의 실제 존재조건에 대해 맺는 상상적 관계의 표상이다. 이데올로기에 의해 표상되는 것은 실제 존재조건이 아니라 그것과 맺는 상상적 관계이다. 따라서 이데올로기가 왜 상상적인가, 즉 왜 현실을 있는 그대로 표상하지 않는가 하는 문제는 어떤 외적인 힘의 기만이나 술책에 의한 것이 아니라 이데올로기 자체의 메커니즘에서 비롯됨을 알 수 있다. 이데올로기는 물질적인 존재를 갖는다. 이미 「이데올로기」의 전반부에서 논의되었듯이, 이데올로기는 이데올로기적 국가장치와 그 속에 기입된 실천들을 통해 존재한다. 그러나 이것은 이데올로기가 갖는 물질성의 절반밖에는 표현하고 있지 못하다. 그것은 사람들이 자신의 생각에 따라 적절한 행동을 하게 된다는 사고방식을 배제하지 못한다. 그러나 "무릎을 꿇고 기도문을 읊조려라. 그러면 믿게 될 것이다"라는 파스칼의 훌륭한 정식화가 말해주는 바는, 한 주체의 믿음에 대한 사고가 물질적인 이데올로기적 장치와 그 속의 물질적인 관습과 그 속의 물질적인 실천과 그 속의 물질적인 행위 이외에 아무것도 아니라는 사실이다.

이제 마지막으로 가장 결정적이고 '중심적인' 테제가 제기된다. 이데올로기는 개인들을 주체로서 호명한다. 우선 이데올로기는 주체라는 범주와 직결되어 있다("주체에 의하지 않고 주체를 위한 것이 아닌 이데올로기란 없다"). 일찍부터 알튀세르는 역사란 '주체도 기원도 목적도 없는 과정'이라고 말함으로써, 그리고 과학적 담론은 '주체 없는 담론'이라고 주장함으로써, 주체를 전제하는 어떠한 역사이론과 지식이론도 궁극적으로 이데올로기적인 이론임을 강조해왔다. 자칫 오해할 수 있는 바와 달리, 주체 이전의 어떤 개인이 따로 존재하는 것이 아니라 개인들은 항상-이미 주체이다. 왜냐하면 이데올로기는 영원하며 인간은 본래 '이데올로기적 동물'이기 때문이다. 이데올로기적 호명(interpellation) 테제는 바로 이 '주체'가 어떻게 형성되고 기능하는지를 보여준다. 호명은 말 그대로 누군가를 불러세우는 것이다. 마치 길거리에서 경찰이 "이봐, 거기 당신!"이라고 부르듯이, 또는 성서에 나오듯이 야훼가 "모세야!" 하고 부르듯이. 문제는 이 부름 이후에 진행되는 과정이다. 그때 개인은 이 부름에 응하여 고개를 돌리거나 무릎을 꿇고 대답한다. "예, 바로 접니다!" 이때 부르는 쪽은 '스스로 존재하는 자'("나는 스스로 말미암은 자이니라"), 따라서 진정 철학적인 의미에서 '주체', 가장 뛰어난 〈주체〉(Sujet)이다. 그리고 이때 대답하는 쪽은 〈주체〉에 종속된 존재, 즉 신하[주체](sujet)이다. 이 존재는 동시에 〈주체〉의 거울이자 반영이다(신은 자신의 형상에 따라 인간을 창조하였다). 그런데 이 반영은 이중적이다. 주체가 〈주체〉를 필요로 하듯이, 〈주체〉 또한 주체를 필요로 한다. 주체가 〈주체〉를 알아보고 그 속에서 자기 자신을 알아본다는 조건하에서 모든 주체들은 구원될 것이라는 보증이 이루어진다. 이리하여 이데올로기의 이중적 반사과정은 다음의 것들을 동시에 보장한다. ① '개인들'의 주체로서의 호명, ② 그들의 〈주체〉에의 종속, ③ 주체들과 〈주체〉 간의, 그리고 주체들 상호간의 인지, 결국 주체의 자기 자신에 대한 인지, ④ 모든 것이 이와 같으며, 주체들이 스스로 누구인지, 그리고 어떻게 행동해야 하는지를 알아차린다는 조건하에서 만사가 잘될 것이라는 절대적 보증.

　이 같은 호명 테제는 이데올로기에 관한 이전의 논의들에 근거를 부여한다. 이제 이데올로기의 이중적 반사구조는 이데올로기가 왜 필연적으로 자명하며 폐쇄적인가를 알 수 있게 해준다. 동시에 그것은 왜 이데올로기가 (라캉적인 의미에서) '상상적'인가도 알 수 있게 해준다. 그런가 하면 이제 왜 이데올로기적 국가장치는 이데올로기의 기능을 통해 생산관계의 재생산을 보장하게 되는가도 알 수 있다. 주체들이 어떻게 행동해야 할지를 안다는 조건 속에서 주체들은 구원될 것이기 때문이다. 그리하여 주체들은 '스스로 알아서' 행동한다.

여기에서 「이데올로기」에 대해 잠깐 언급할 필요가 있다. 어떤 비평가의 수사학적인 표현에 따르면 「이데올로기」는 "60년대 말 기운이 떨어져가는 알튀세르의 엔진이 새로운 거대한 에너지의 폭발력을 얻게"[27] 만들었던 논문이다. 실제로 알튀세르의 '유행'이 사라진 지금까지도 이 논문만은 여전히 수많은 주석과 인용의 대상이 되고 있다. 그런데 문제는 바로 이 점에 있다. 알튀세르의 철학적 입장과 무관하게 이 논문에 쏟는 많은 관심들은 대부분 사회학적인 것으로서, 이 저서가 가지는 기본적으로 철학적인 성격을 간과하는 경우가 많은 것이다. 그것은 이 논문에 대해 제기되는 두 가지 서로 연관된 비판들과 관련되어 있다. 하나는 '기능주의'라는 비판이다. 만일 이데올로기적 국가장치들이 지배이데올로기 아래서 통일을 이룸으로써 생산관계의 재생산을 보장하는 역할을 한다면 변혁의 가능성을 어디에서 찾을 수 있겠는가? 그리고 다른 하나는 객관성에 대한 의문이다. 이데올로기가 개인들을 주체로 호명하고 모든 개인들은 '항상-이미 주체들'일 수밖에 없다면 어떻게 이데올로기로부터 벗어나는 것이 가능한가?

첫번째 비판은 알튀세르의 '비관주의'를 지적하는 논리로 이어진다. 심지어 알튀세르는 68년의 5월혁명을 통해서 제도적인 국가장치들의 완고함에 놀란 나머지 거기에서 벗어날 수 있는 가능성을 더 이상 볼 수 없게 되었다는 추측까지 난무하게 되었다. 그러나 이러한 해석들은 첫째로 알튀세르의 다음과 같은 구절이 가지는 중요성을 간과하고 있다. "여

---

27) Michèle Barrett, "Althusser's Marx, Althusser's Lacan," E. Ann Kaplan and Michael Sprinker, eds., 앞의 책, p. 169.

기서 이데올로기적 국가장치 속에서의 계급투쟁에 대해 간략하게 다루어지고 있는 것이 계급투쟁의 문제를 완전히 규명하는 것은 전혀 아니다."[28] 그리고 이 논문 도처에서 이 점을 강조하고 있다. 그런데 이것들은 모두 스쳐지나가듯이 혹은 각주에서 혹은 「추기」에서 언급되고 있을 뿐이다. 그런데 우리는 바로 이처럼 알튀세르가 이 결정적인 문제들을 단지 지나치면서 언급한다는 바로 그 이유에서 이 논문의 철학적인 성격을 엿볼 수 있다고 생각한다. 즉 여기에서 문제가 되는 것은 사회의 일정한 메커니즘에 대한 사회학적인 기술이 아니라, 다만 우리에게 '주어진' 조건의 한계를 극한까지 사고하는 철학적 문제인 것이다. 둘째로 연관된 문제이지만, 알튀세르의 전저작들을 조금이라도 진지하게 읽은 사람들이라면 알튀세르가 결코 비관주의자가 아님을 인정할 것이다. 항상 "구조에 대한 과정의 우위" 그리고 "과정에 대한 모순의 우위"를 강조했던[29] 알튀세르가 현재의 한계에서 벗어날 수 없으리라고 생각했다는 것 자체가 믿어지지 않는다. 그리고 알튀세르가 결코 비관주의자일 수 없는 더욱 중요한 이론적 이유가 있다. 몬태그가 적절하게 지적하고 있듯이 알튀세르와 푸코 모두에게 권력은 "소유되는 것이 아니라 행사되는 것"이다. 오직 법적인 상상력 속에서만 대중의 권력[힘]은 빼앗기거나 양도될 수 있는 것이다.[30] 따라서 알튀세르가 「이데올로기적 국가장치에 대한 노트(Anmerkung über die ideologischen Staatsapparate)」에서 이야기한 것들, 즉 종종 빚어지는 오해와 달리 자신은 결코 모든 정당이 '정치적인 이데올로기적 국가장치'라고 주장한 적이 없다는 것, 오직 부르주아 정치논리 즉 선거를 통한 투표의 획득에 자신의 존재를 극한시키는 정당만

---

28) 알튀세르, 『아미앵에서의 주장』, 93쪽, 각주 11).

29) L. Althusser, *Éléments d'autocritique*, p. 64.

30) W. Montag, 앞의 글, p. 77.

이 이데올로기적 국가장치로서 기능한다는 것, 대중의 불만과 저항에 기반하고 그것을 조직하는 공산당은 본질적으로 이데올로기적 국가장치의 바깥에 위치해야 한다는 것 등은 지극히 수미일관된 주장으로 보인다.

두번째 비판에 대해서도 마찬가지로 말할 수 있을 것이다. 얼핏 보기에 이데올로기의 일반 이론은 과학의 객관성이라는 초기의 주장을 완전히 뒤엎는 것처럼 여겨질 수도 있다. 그러나 알튀세르는 과학의 객관성에 대한 주장을 포기한 적이 없다. 다만 인식의 추상적인 영역에서가 아니라 사회구성체 속에 존재하는 과학은 이데올로기를 대신할 수 없다. 이것은 우리가 앞서 지적한 근본적인 태도로서 과정의 복합성과 영원성이라는 문제와 직결되는 것 같다. 지배이데올로기에 대한 대중의 투쟁은 또한 이데올로기에 의할 수밖에 없다. 그런데 여기에서 과학은 제한된(결코 이데올로기를 대신할 수 없을 뿐만 아니라 그것을 완전히 통제할 수도 없다는 의미에서) '지식효과'를 산출한다. 알튀세르가 생각하는 과학으로서의 마르크스주의는 이러한 대중이데올로기의 형성과 발전에 일정한 영향력을 행사할 수 있다는 것이다. 바로 이런 맥락에서 우리는 "관념들은 그것들이 진실이건 형식적으로 증명된 것이건간에 스스로는 결코 역사적이고 능동적이 될 수 없으며 계급투쟁 속에서 채택된 대중의 이데올로기라는 형식인 한에서만 그렇게 될 수 있다"[31]는 후기 알튀세르의 주장을 이해할 수 있을 것이다.

---

31) L. Althusser, "Marxism today," Gregory Elliot, ed. and trans., *Philosophy and the Spontaneous Philosophy of the Scientists*, Verso, 1990, p. 275.

6. 잠정적 문제제기

우리는 알튀세르의 작업이, 그리고 푸코를 비롯하여 많은 프랑스 현대 철학자들의 작업이 바로 현존하는 힘들의 인정 위에서 어떤 가상이나 이념이나 초월에도 의존하지 않고 자신을 해방시키는 힘을 발전시키려는 진지한 노력의 산물이었다고 생각한다. 그리고 바로 여기에 진정한 유물론적 인식과 동시에 정치가 있는 것이 아닐까? 몬태그가 다음과 같이 말할 때 우리는 그가 이들의 유물론적인 공통점을 적절하게 포착했다고 믿는다. "'초월이 없는 해방'이란 무엇을 의미하는가? 하나의 오래 된 목소리가 우리에게 알튀세르와 푸코의 유물론에 선행자가 없지 않음을 상기시킨다. 즉 '실현해야 할 어떠한 이념도 없'으며, '현재 속에서 이미 활동 중인 힘들로 구성되는 미래만이 존재한다'[32]는 것이다. 그 힘들이 성공할 것인지, 심지어 지속될 수 있을지는 아무것도 보장하지 않는다. 이 힘들의 정체를 밝히고 그것들의 투쟁에 참여하는 길을 발견하는 것, 아마도 알튀세르와 푸코는 그들의 저서들에서와 마찬가지로 그들의 삶에서도 이외의 다른 것을 의미한 것이 아닐 것이다."[33]

더불어 알튀세르의 이데올로기론이 가지는 현재성에 대해서도 언급할 필요가 있을 것이다. 마르크스주의 담론의 권위가 현저하게 위축된 요즘 '상부구조' '문화' '담론', 혹은 어떤 '정신적인 것'이 유난히 강조되고 있다. 이는 그간 마르크스주의가 (심지어 마르크스 자신을 포함하여!) 가지고 있던 강한 경제결정론적 함의에 대한 반작용일 수 있을 것이다. 또한 어떤 점에서 알튀세르가 이데올로기를 통해 사유하고자 하는 '우리에게

---

32) K. Marx, *The Civil War in France*, Peking : The Foreign Language Press, 1970, p. 73.
33) W. Montag, 앞의 글, p. 77.

41

주어진' 조건이라는 것도 요즈음 이야기되는 '정신적인 것'과 크게 다르지 않다고 말할 수도 있다. 그러나 이데올로기적 장치가 생산관계의 재생산에 기여한다는 바로 이 도식적인 테제는, 이 정신적인 것과 마르크스에 의해 발견된 **생산양식**의 이론이 어떻게 접합되는지는 아닐지라도 적어도 접합되어야 한다는 사실만은 제시하고 있는 것으로 보인다. 우리가 생각하기에 이것은 예컨대 푸코의 계보학적인 연구만으로는 가능하지 않을 목표일 것이며, 동시에 마르크스주의의 **현재성**을 여전히 시사하는 요구이다.

그런데 우리는 또한 알튀세르의 이데올로기론에서 어떤 난점을 발견할 수 있다고 생각한다. 그것은 이데올로기의 핵심적인 개념으로서 '주체'와 관련된다. 알튀세르의 이데올로기론에서 주체의 범주는 사실상 거의 수동적이고 부정적인 의미를 갖는 것으로 보인다. 그가 능동적인 과정으로 설정했던 과학과 계급투쟁은 그에 따르면 모두 '주체 없는' 과정들이다. 그런데 여기에서 우리는 한 가지 점을 주목할 필요가 있다. 초기의 알튀세르는 주로 계급에 대해 언급할 뿐, 대중에 대해서는 극히 적은 정도로밖에 언급하지 않는다. 이는 그의 관심사가 현실정치적인 문제보다는 이론적인 사안들에 쏠려 있던 때문이기도 하겠지만, 동시에 그의 이론이 함축하고 있던 일정하게 환원주의적인 경향과도 관련되어 있는 것으로 보인다. 반면 후기에 올수록 그의 관심은 점점 대중운동에 무게를 싣는 경향을 보인다. 그런데 만일 발리바르의 말대로 마르크스주의에서 "이데올로기의 동요"[34]가 주요하게 프롤레타리아 계급과 프롤레타리아 대중의 관계를 사고하지 못하는 무능력에서 온다면, 그리고 알튀세르가 '대중의 권력'을 신뢰한다면, 이데올로기 속에 무언가 능동적이고 긍

---

34) 발리바르, 「맑스주의에서 이데올로기의 동요」, 서관모 편역, 『역사유물론의 전화』, 민맥, 1993, 167쪽.

정적인 것을 포함시킬 수 없을까? 알튀세르에게 대중운동에 대한 지속적인 강조는 존재하지만 대중운동의 실제 메커니즘에 대한 언급은 거의 부재한다는 사실도 혹시 이와 관련되어 있는 것은 아닐까? 이 점에서 리쾨르(Paul Ricœur)가 알튀세르의 이데올로기론을 검토하면서 이데올로기의 '왜곡시키는(distortive)' 성격만이 아니라 '구성하는(constitutive)' 성격을 보아야 한다고 지적한 것은 제한적인 타당성을 갖는 것으로 보인다.[35]

문학도로서 필자는 징후적이라고 느껴지는 한 가지 점만을 지적하고자 한다. 문학에 대한 많은 연구업적을 남기고 있는 피에르 마슈레의 논의는 알튀세르의 이데올로기론에 크게 의지하고 있다. 초기 알튀세르의 과학-이데올로기론에 의거하는 마슈레의 문학생산 이론에서는 문학작품이 어떤 비판적인 힘을 가진다고 하더라도 그것은 이론과의 유비를 통해서 이루어질 뿐이다.[36] 그런가 하면 알튀세르의 「이데올로기와 이데올로기적 국가장치」의 문제틀을 적용한 마슈레의 논문 「이데올로기적 형식으로서의 문학(La littérature comme la forme idéologique)」에서는 제도로서의 〈문학〉이 가지는 이데올로기적 국가장치로서의 기능에 배타적으로 초점이 맞추어져 있다. 양자 모두 대단히 시사적인 대목들을 갖고 있지만 그것만으로는 문학작품의 매우 중요한 부분이 설명되지 않은 채로 남게 되지 않는가 하는 것이 우리의 잠정적인 생각이다. 한편 이와 달리 알

---

35) P. Ricœur, "Althusser's Theory of Ideology," Gregory Elliot, ed., 앞의 책, pp. 64~66. 제한적인 타당성이라 함은 리쾨르의 입장은 근본적으로 인간주의에 기반하고 있는 것으로 알튀세르의 '주체' 개념 비판에서 자유로울 수 없는 것처럼 보이기 때문이다.

36) 작가의 담론은 "그 엄격함과 섬세함을 통해 이론적 진술을 닮는다… 그러나 그 환기적 기능에 의해 그것은 또한 이데올로기적 언어인 일상적 언어를 모방한다"(Pierre Macherey, *Pour une théorie de la production littéraire*, Maspéro, 1966, p. 75).

튀세르의 지식이론과 매우 흡사한 이론을 전개한 바슐라르는 그의 '심리적 역동주의'에 의거하여 상상력 이론을 전개한다. 바슐라르의 논의와 꼭 같지는 않지만, 알튀세르가 그의 유고 『철학과 맑스주의』에서 다음과 같이 말할 때, 이는 과학이나 계급투쟁으로 제한되지 않는 어떤 능동성, 역동성의 존재를 인정하는 것이라고 볼 수 없을까? "한계의 사고 밖에서는 전략도 불가능하고, 따라서 전술도 불가능하고, 따라서 행동도 불가능하고, 따라서 사고나 진정한 창의도 불가능하며, 따라서 저술도, 음악도, 회화도, 조각도, 영화도, 기타 등등도 불가능하다."[37]

우리는 알튀세르가 이미 비판한 지점을 넘어서 '주체'의 '복권'을 주장할 수 있다고 생각하지는 않는다. 여전히 '주체'라는 관념은 압도적으로 법적 이데올로기 혹은 인간주의 이데올로기에 묶여 있는 것이 사실이기 때문이다. 그러나 이데올로기에 의한 '주체의 구성'이라는 계기 속에서 어떤 능동적인 요소를 발견하는 것, 그것은 어쩌면 알튀세르의 이데올로기론이 가진 또 하나의 '내적인 모순'을 발전시키는 문제인지도 모른다.

---

37) 알튀세르, 『철학과 맑스주의』, 183쪽.

알튀세르와 철학

– 마르크스를 넘어선 마르크스를 위하여 –

백승욱

1. 알튀세르와 마르크스

1960년대 중반부터 80년대를 거쳐 90년대에 이르기까지 프랑스 철학자 루이 알튀세르는 프랑스 뿐 아니라 세계 각 지역에서 마르크스(주의)와 관련된 논쟁의 주요한 근거와 검토점이 되어왔다. 정세의 고려 속에서 제기되었던 그의 도발적인 이론적 테제들(청년 마르크스와 성숙한 마르크스 사이의 단절, 이론적 실천, 과잉결정과 최종심급, 이데올로기적 국가장치, 주체의 호명, 당조직에 대한 도전적 문제제기, 마르크스주의 철학의 불가능성, 우발성의 유물론 등)은 늘 많은 논란을 불러일으켜왔다. 그에 동의하건 동의하지 않건, 그리고 마르크스주의자이건 비마르크스주의자 또는 반마르크스주의자이건간에 적어도 마르크스에 대해 언급하려는 사람에게 알

Karl Marx

튀세르는 한 번은 반드시 거치고 지나가야 할 고전적 인물의 한 사람이 되었다. 60년대의 유럽 이론정세 속에서 라캉을 통해 프로이트가 소생되었고, 들뢰즈를 통해 니체가 다시 힘을 얻었다면, 마르크스는 알튀세르를 통해 그 고유한 활력을 되찾게 되었다고 할 수 있다. 알튀세르는 마르크스주의를 생명력을 잃은 인용의 반복과 현실사회주의 국가의 국가이데올로기의 지위로부터 끌어내어, 단지 과거의 유산이나 지나가버린 관념들의 한 계기로 취급하는 대신에, 현재 유의미하게 작동하는 도전적인 지평으로 옮겨놓았다. 마르크스주의가 마르크스 이후 거의 발전이 없었다고 극단적으로 말한 알튀세르는 마르크스와 마르크스주의의 이름하에 부당하게 귀속되어 있던 많은 것들을 구분하고 제거하여 마르크스주의가 결코 완성된 체계가 아님을 주장하였고, 단지 새로운 출발에 불과했던 마르크스의 시도들이 출발과 동시에 질곡 속에 묻혀버린 역사를 드러내었다. 또한 그에게 마르크스주의는 발전하더라도 결코 모든 것에 대해 진리를 말할 수 있는 보편과학이 아니었다. 마르크스주의는 유한한 것이다. 그리고 그것을 인정함으로써만 마르크스주의는 전화할 수 있고, 발전할 수 있다. 알튀세르라는 이름을 마르크스와 떨어뜨려 생각할 수 없고, 60년대 이후 마르크스의 독해가 알튀세르를 거치지 않을 수 없었던 만큼, 현실사회주의 몰락과 자본주의 세계체제의 새로운 변화라는 특징을 안고 시작한 90년대에 알튀세르에 주목한다는 것 자체가 마르크스에 대한 특정한 독해와 전화를 통해 마르크스로 돌아가는 것을 뜻할 수밖에 없을 것이고, 따라서 이에 대한 공감 여부는 각자의 이론적·정치적 입장에 따라 달라질 수밖에 없을 것이다.

　1965년 『맑스를 위하여』와 『'자본'을 읽는다』의 출간 이후 서구에서 알튀세르의 작업이 광범위하게 주목받은 핵심적 이유 중 하나는 그가 마르크스를 이해하고 마르크스를 발전시키기 위하여 비마르크스적인 것을 적극적으로 사유하였고, 그 결과 다른 많은 사상, 이론 들과 마르크스주의 사이의 소통의 통로를 확보해주었다는 점 때문이었다. 그는 이데올로기론을 정교화하기 위해 프로이트-라캉의 사고를 도입한 독특한 프로이트-마르크스주의의 한 인물이었으며, 철학적으로도 마르크스주의의 주류라고 인정되어온 변증법적 유물론의 전통과는 다른 변증법을 고민하기 위해 스피노자에 전거하고 마키아벨리와 루소, 파스칼, 때로는 드러나지 않게 니체와 하이데거에게 영감을 얻은 철학자였다. 그는 마르크스주의의 언어로 말하였지만, 화석화된 교조와는 달랐다. 알튀세르 이후의 마르크스주의자들은 그의 작업을 통해 마르크스의 한계, 그리고 '변증법적 유물론'의 문제점을 인식하였고 이를 넘어서기 위해 다른 철학적·이론적 전통들과 적극적으로 대면함으로써 마르크스를 진지하게 다시 검토할 수 있게 되었다. 한편 비마르크스주의자들 역시 그를 통해서 마르크스를 단지 지나간 19세기의 인물이 아닌, 현재적 문제를 제기하는 인물로서 다시 평가하여 적극적으로 대면할 수 있게 되었다. 끈질기게 그를 따라다닌 구조주의자라는 잘못된 칭호는 오해였지만 그럼에도 불구하고 마르크스주의가 동시대의 라캉, 레비-스트로스(Claud Lévi-Strauss), 푸코 등과 함께 교통할 수 있었던 교량을 만들어낸 그의 중요성을 역설적으로 말해주는 측면이 있다.

우리나라에서 80년대 초반 문화연구자들을 통해 다소 희화적으로 소개되었던 알튀세르가 다시 주목받고, 마르크스주의에 대한 그의 비판적 문제의식이 본격적으로 논의되기 시작한 것은 한국사회의 성격 논쟁을 통해 촉발된 마르크스주의 문제의식의 심화과정에서였는데, 알튀세르라는 통로는 레닌에서 더 거슬러올라가 마르크스 이론이 지닌 내재적 모순에 착목하는 길을 열어주는 계기가 되었다. 페레스트로이카에 연이은 현실사회주의의 붕괴과정이 알튀세르의 역설적 중요성을 더 크게 했다고 할 수 있다. 알튀세르는 우리에게 다른 이론과 철학들로 관심이 확장되는 교량이기도 했는데, 이는 마르크스주의의 유한성을 주장하는 그의 입장에서는 어찌 보면 당연하고 정당한 결과일 것이다. 마르크스주의는 그것이 유지하려던 지배적 관념과는 달리 결코 '모든 것'을 설명해내는 보편적 이론이 될 수는 없고 또 되어서도 안되기 때문이다. 그러면 이 '교량'은 강을 건넌 후 더 이상 필요 없어진 것인가? 마르크스는 '지양'된 것인가?

2. 철학은 무엇을 하는가?

알튀세르는 마르크스의 이론적 작업, 그가 평가하듯 새로운 대륙 즉 '역사과학의 대륙'을 열어젖힐 수 있게 한 마르크스의 이론적 작업의 배후에 있는 철학을 드러내고 분석하고 그것을 전화하려고 한다. 마르크스는 사실 매우 모순적인 측면들을 동시에 내장하고 있는 이론가인데, 이는 그가 자신의 이론을 하나의 체계로 구성하기에는 너무나 빨리 자기비판과 자기전화에 착수한, 이론적 엄밀성과 정치적 혁명성을 지니고 있는 인물이었기 때문이라고 할 수 있다. 그것을 가능케 한 마르크스의 철학은 무엇이었는가, 그와 동시에 때로 모호한 상태로 발전을 가로막은 마르크스의 철학은 무엇이었는가, 이것이 알튀세르가 출발점에서 던진 문제였다. 그 대답으로 알튀세르가 보여준 것은 지금까지의 철학자들과 달리 '체계'로서의 철학, 철학을 철학 자체로서 생산하는 철학을 구성하려는 시도를 포기한 것이다. 알튀세르는 과학의 형태건 철학의 형태건, '체계'에 모든 것을 포괄하려는 시도들에 반대한다. 이런 체계구성의 시도는 항상 철학을 과학의 우위에 놓고, 철학에 대문자 진리 즉 유일한 진리를 말하고 보증하는 임무를 부여하게 된다. 반대로 그는 '유한성' '한계'를 명확히 하려 하며, 단일한 진리가 아닌 과학들이 말하는 복수의 진리들에 대해서 말하며, 진정한 유물론적 사고는 자신의 한계, 그리고 '외부'를 인정하는 것이라는 점을 강조한다.

철학을 철학으로서 생산하는 유혹에는 마르크스도 빠지곤 했는데, 하나의 대안적 체계로 구성된 유물론 철학은 진리로 나가는 과정을 보증해주는 '방법'이라는 사고가 그 한편에서 나타나며, 또 다른 한편에서는 역사를 어떤 논리(원리)의 연역으로서 서술하려는 유혹이 보인다. 알려져있다시피, 결국 두 시도는 모두 실패하였고 그 자체가 어떤 징후를 보여주는데, 전자는 마르크스가 결국 '변증법에 관한 짧은 논문'을 쓰지 못한데서, 후자는 『자본론』 서술의 비통일성(논리적 서술과 역사적 서술의 병존)이라는 점에서 드러난다. 알튀세르는 자신의 초기 관점 또한 '이론주의'라는 형태로서 여기서 완전히 벗어나지는 못했음을 인식하게 된다. 체계로서, 그리고 철학 그 자체로서 철학을 구성하려는 시도 속에서 알튀세르는 가장 '비정치적'이고 계급투쟁에서 가장 초연해 보이는 이론적 작업인 철학이 실은 가장 정치적이라는 사실, 그리고 갈등의 한복판에 놓여 있음을 읽어낸다. 출발점에서 철학은 무에서 시작하지 않았고, 늘 다른 것들 즉 종교, 윤리적 실천, 문학 그리고 가장 중요하게는 과학에서 자신의 이론적 담론의 자원들을 찾아내서 스스로를 구성하는 종속적 위치였으나, 일단 자신을 하나의 체계로 구성한 후에는 모든 것에 대해 대문자 진리를 주장하는 전도된 위치에 서게 된다는 역설을 지니고 있다(근대철학의 핵심인 인식론과 주체 철학의 이데올로기의 관계가 가장 대표적일 것이다). 이렇게 구성된 철학에는 자신의 외부가 없으며, 모든 것은 이 철학 담론(즉 로고스)의 질서 속에 재배치된다. "철학이 사유한 세계는 철학이 해체했다가 다시 절합(articulation)하는 한에서 통일된 세계다. 그것은 상이한 사회적 실천들이 분해되었다가 재조립되어, 위계와 구분의 의미 있는 특정한 질서 안에 분배되는 세계다."[1] 철학의 이런 작업은

---

1) 알튀세르, 「철학의 전화」, 서관모 엮음, 『역사적 맑스주의』, 새길, 1993.

지배적 이데올로기의 구성과 뗄 수 없는 관계에 있으며, 이는 바로 현존하는 모순들을 철학적 담론 속에서 소거할 가능성을 사고함으로써, "일반적 문제설정을, 즉 발생할 수 있는 문제들을 제기하는 방식과 따라서 해결하는 방식을 생산"[2]하는 과정이다.

알튀세르가 여러 차례의 자기정정 끝에 철학에 대해 최종적으로 내리는 규정은 "최종심급에서 이론에서의 계급투쟁"이다(알튀세르는 1968년경부터 시작하여 1972년의 『자기비판』 이후 이 명제를 명시적으로 테제화한 후 철학에 대해 일관되게 이런 입장을 유지한다). 지배적 이데올로기에 반대하는 철학은 '개입'으로서, 정세 속에서 항상 대립의 새로운 '선긋기'로서만 나타나며, 선긋기의 올바름은 '세계관'에 의해 미리 보장되는 것은 아니다. 그것을 보장할 수미일관된 유물론의 존재라는 관념은 가장 위험한 관념론이기 때문이다. 단지 있는 것은 '유물론적 경향들' 뿐이다. 알튀세르는 이런 철학의 실천이 마르크스의 『자본론』 속에 내재하는 것으로 보았고, 레닌, 마오쩌둥 등의 철학적 실천에서 찾았으며, 에피쿠로스, 스피노자, 니체, 데리다 등에게서도 발견하였다. 알튀세르는 철학적 대상을 가공해내지 않는다는 점에서 이를 일컬어 '비철학적 철학', 그리고 '철학의 새로운 실천'이라고 명명하였다. 알튀세르가 이를 '새로운 철학'이라기보다는 '철학의 새로운 실천'이라 부른 이유는, 그것이 철학을 철학 자체로서 생산해내지 않으며, 새로운 철학을 생산하기보다는 때로는 이미 있는 철학들을 가공하거나 전도·전화함으로써 새로운 개입의 지점을 발견하고, 불가피하게 과학 속에서, 정치 속에서, 또는 문학 속에서, 그리고 비판이라는 형식을 통해서 '입장'의 확정으로서 효과를 생산해낼 수 있을 뿐이기 때문이다. 알튀세르가 마르크스주의 철학의 종별성이라는 질문에서 출발하여, 부재하는 마르크스주의 철학을 '이론의 이론'이라는

---

2) 같은 글.

이름으로 재구성하려 했던 초기의 시도를 자기비판하고, 후기에 이르러서 "마르크스주의 철학은 불가능하며 마르크스주의를 위한 철학만 가능하다"[3]는 테제를 제기하게 된 것도 이와 같은 이유들 때문이다.

3. 이론과 이데올로기

철학을 최종심급에서 이론에서의 계급투쟁으로 규정하는 것과 함께, 이와 밀접한 관계에 있는 알튀세르의 중요한 사고의 또 한 축은 이론의 현실적 유효성의 조건에 대한 사고이다. 이는 후기에 이르러 관념의 이중 토픽론으로 제시되며, 여기서 이데올로기의 문제설정이 매우 중요한 역할을 하게 된다. 철학에 대한 알튀세르의 논의는 초기부터 이데올로기론을 불가피하게 동반하였다. 초기 작업에서는 그것이 두 방향에서 이루어졌는데, 지식의 생산이론에서 진행된 한 영역에서 이데올로기는 원료(노동대상)라는 의미에서 지식의 전사로 규정되며, 사회적 실천의 한 심급이라는 다른 영역에서는 사회적 실천 심급들의 차별적 효과성 속의 한 심급으로서의 이데올로기적 실천으로 규정되었다. 지식의 이론을 만드는 작업과 이데올로기적 실천의 이론을 만드는 작업은 마르크스에게서 미완성인 철학과 역사유물론을 완성시킨다는 의도를 지닌 것이었다. 이중 이데올로기적 실천의 이론은 본질과 현상(또는 반영)이라는 관념 대신에 토대/상부구조라는 마르크스의 건축학적 토픽을 사용함으로써, 차별적 효과와 과잉결정이라는 사고를 가능케 한 마르크스의 강점을 살리면서, 이 건축학적 은유 속에 자리잡은 한 심급으로 이데올로기 이론을 가공하

---

3) 알튀세르, 「철학과 맑스주의 ─ 페르난다 나바로와의 대담(1984~1987)」, 서관모 옮김, 『철학에 대하여』, 동문선(근간).

는 작업이었다. 그런데 자기비판과 더불어, 그리고 '최종심급에서 이론에 서의 계급투쟁'이라는 철학에 대한 새로운 규정과 더불어 이데올로기론은 그의 사상 속에서 새롭게 자리매김하게 되며, 이데올로기론의 부재가 낳은 현실적 효과들에 대한 반성을 심화해가는 과정에서 그 필요성과 공백은 더욱 부각되지 않을 수 없었다. 이론의 유효성의 조건과 정치의 가능성의 조건에 대한 사고 속에서 이데올로기론은 관념의 이중 토픽론을 통해 더욱 확장되며, 이는 이론의 유효성과 한계에 대해서 실용주의와 실증주의를 벗어날 수 있는 길을 마련해준다. 알튀세르가 해석하는 마르크스에게서 관념은 우선 분석의 원리로서 이론적 형태로 제시되지만, 두 번째로 관념들이 능동적이기 위해서는 사회관계들과 계급관계들의 한정된 장소에 자리잡음으로써, 즉 계급투쟁 속에 채택된 대중 이데올로기적 형태를 취해야 한다는 이중적 장소의 배치를 사고한다.[4] 이제 이론은 자신의 타당성뿐 아니라 그것이 유효하게 되는 조건들, 형태들, 그리고 한계들을 동시에 사고해야 하며, 이는 이데올로기라는 문제설정 없이는 불가능한 것이다. 이론은 이데올로기적 형태로 전화함으로써만 물질적 힘을 획득할 수 있는데, 그 가능성은 예정되어 있는 것은 아니고, 또한 그것이 이데올로기로의 전화과정을 통해 혁명적 이데올로기화할지, 지배적 이데올로기화할지도 예정되어 있지 않다. 그리고 이 전화과정은 관념으로서가 아니라 실천으로서의 과정, 즉 조직과 장치를 통해 이데올로기적 주체가 생산되는 과정에 대한 사고를 동반할 것을 요구한다. 이데올로기는 조직을 매개로 하는 집단성의 형성을 통해서만 생산·재생산되며, 이는 또한 반드시 특정하게 배치된 장치들을 통과하는 과정이다.

---

4) L. Althusser, "Marxism today," Gregory Elliot, ed. and trans., *Philosophy and the Spontaneous Philosophy of the Scientist*, Verso, 1990, 「오늘의 맑스주의」, 서관모 엮음, 앞의 책.

알튀세르가 강조하고 있는 것은 이데올로기가 '의식'이나 '관념체계'가 아니라, 오히려 '무의식'이고 '실천'이며, 특히 그 실천을 가능케 하는 '장치'를 가지고 있는 실천이라는 점이다. 이데올로기는 단순히 '표상체계'로 환원될 수 없고, 특히 사회적 규범의 동일시와는 다르다. 이데올로기는 실재 자체에 대한 표상이 아니라 실제 조건에 대한 개인들의 상상적 관계의 표상으로서, 세계에 대한 '의미'의 생성인 동시에 현실적인 것과 대립하지 않는, 오히려 세계 자체인 가상적인 것이다. 이데올로기는 세계를 해석하는 도구라기보다 강하게 말하여 세계 자체이다. "이데올로기 없이 '세계'는 없다." 관념이 세계를 만든다는 관념론적 의미에서 그런 것이 아니라, 사유와 연장의 평행론을 주장하는 스피노자적 의미에서 그러하다. 이데올로기는 "개인들과 집단들에게 있어서의 의식과 그 형태들의 생산으로 제시되고, 항상 이미 비표상적인 요소들(희망과 공포, 신앙, 도덕적 및 비도덕적 가치, 때때로 복잡하게 얽혀 있는 해방 또는 지배의 열망)과 결합되어 있는 표상의 양식들, '세계에서의 존재', 주체적 동일성들의 생산으로 제시된다."[5] 이데올로기는 개인적 측면을 집단적 측면과 절합함으로써 개인적 경험의 사회성을 확보하게 한다. 그렇다면 우리는 이데올로기라는 것에서 '의식'의 냄새를 풍기는 '동의'나 '합의'와는 다른 것, 즉 열망이나 희망, 공포와 같은 무의식과 관련된 단어들을 찾아낼 수 있을 것이다. 이데올로기는 공포와 희망의 양가성을 동시에 지니고 있는 무의식이다. 이데올로기적 주체로 구성됨으로써만 한 개인에게 세계는 유의미한 것이 되고, 개인은 실천이라는 형태로 세계와 관계를 맺을 수 있게 된다.

이는 계급사회에서 지배적 이데올로기와 피지배자의 관계에 대해서도

---

5) 발리바르, 「비동시대성」, 윤소영 엮음, 『알튀세르와 마르크스주의의 전화』, 이론, 1993.

마찬가지로 적용될 것이다. 지배적 이데올로기는 피지배자들을 그 아래로 종속시킴으로써만 유일하게 지배적일 수 있는데, 이런 보편성을 획득하기 위해서는 지배적 이데올로기는 단순한 억압일 수 없으며, 또한 그 거울상으로 억압에 대한 '합의'나 '동의'도 아니다. 지배적 이데올로기는 차라리 그 속에서 모순과 적대의 전위(轉位, déplacement)나 대체를 가져옴으로써 피지배자들의 저항을 지배적 이데올로기 속으로 끌어들이게 되는데, 이는 이데올로기가 '무의식'적이기 때문에 가능하다. 지배적 이데올로기는 갈등이나 모순에 대해 질문을 제기하는 방식과 그에 대답하는 방식을 규정하고 있고, 이 갈등과 모순은 가상적인 방식으로 이데올로기 내에서 해결된다. 사회적 적대에 대한 지배적 이데올로기의 해결은 어떤 위험에 대해 사전적으로, 때로는 사후적으로 봉쇄의 기제를 작동시키는 것인데(단순한 '막기'가 아니라 '전위'하기로써), 그러나 그것은 진정한 극복일 수는 없다. 지배적 이데올로기와 관련되어 이야기되는 모순은 논리적인 모순이 아니라, 적대의 물질성에 기반하고 있는 현실이기 때문이다. 계급투쟁은 늘 이데올로기를 넘어서고 있고, 지배적 이데올로기는 그것을 항상 '내부화'함으로써만 지배적일 수 있기 때문에 이데올로기적 해결은 진정한 해결일 수 없으되 항시적인 전위일 것이며, 이데올로기 내에는 갈등적이고 분절적인 요소가 항상적으로 작동하고 있을 수밖에 없다. 지배적 이데올로기는 이 내적 모순 때문에(피지배자의 밖에서가 아니라 그들의 저항, 공포와 희망을 내적으로 포괄함으로써만 진정 지배적일 수 있으므로) 늘 재생산의 위기에 직면하게 되고, 철학의 새로운 개입, 새로운 분할선의 획정, 새로운 포섭력의 확대가 필요하게 된다.

알튀세르가 말했듯이 계급투쟁은 피지배자들의 저항이기 이전에 이미 지배계급이 스스로를 지배계급으로, 즉 부르주아지로 구성하는 데 성공하는 과정이다. 그런 점에서 지배이데올로기에 대한 저항에서는 그와 대칭적으로 그 외부에서 피지배이데올로기를 만들어낼 가능성은 봉쇄되어 있다. 더구나 지배이데올로기 내에는 빈 공간이 없다. 유일한 가능성은 그것에 균열을 내고 뒤틀어서 그것을 전화시키는 것이다. 계급투쟁은 분명 이데올로기 속에서 진행되지만, 동시에 그것은 이데올로기 속으로 제한되지 않고 늘 그 바깥에 있으면서 그것을 넘어선다. 계급투쟁은 비예견적이고, 다수적이고 복합적이며, 분산적이고, 갈등적이며, 모순적이고, 개별적(singular)인데다 열려 있기 때문에, 닫혀 있고 비모순적인 동시에 보편적인 (지배적) 이데올로기와 모순될 수밖에 없다. 지배적 이데올로기는 피지배자에 대해 늘 공포인 동시에 희망으로서의 계급투쟁에 대한 어떤 해석으로 존재하기 때문에 계급투쟁을 조절할 수 있고, 지배체계를 유지할 수 있으나, 항상적으로 그것이 극단으로 나아갈 때 안으로부터 파멸될 수밖에 없는 갈등적 요소들로 구성되어 있어서 불안정할 수밖에 없고, 늘 새로운 보충과 수선과 투쟁을 필요로 한다. 지배계급은 지배적 이데올로기를 구성함으로써만 지배계급으로 성립할 수 있으며, 반대로 프롤레타리아트 또한 지배적 이데올로기에 대한 반역의 정세적 산물로서 집단성으로 형성될 수 있을 뿐이다. 저항과 반역에서 이데올로기는 집단성을 형성하는 교통의 가능한 통로이며, 따라서 이 속에서만 초개인성의 정치에 대한 사고가 가능하다.

　이데올로기에 주목한다는 것은 단지 지배적 이데올로기가 승리했다는 것을 강조하기 위해서가 아니라, 이 지배적 이데올로기가 어떻게 피억압 대중들을 포섭해낼 수 있었는지, 대중들은 이 지배적 이데올로기 속에서 무의식적으로 그들이 원하는 것을 어떻게 읽어냈는지, 그리고 이런 포섭이 어떻게 성공하고 실패해왔는지, 그리고 이 속에서 드러난 것과 은폐된 것은 무엇인지를 계보학적으로 분석하는 작업이 될 것이다. 예를 들어 19세기 이후 대중운동의 주요한 이데올로기였던 사회주의는 늘 민족주의나 인종주의라는 이데올로기와 상관관계를 보이면서, 진정한 쟁점을 흐트려왔는데, 그 속에서 대중들은 무의식적으로 불평등과 차별과 착취의 현실에 저항하는 힘을 발견하였으나, 그것을 순수성의 기원→퇴화의 역사→새로운 주체의 등장→역사의 완성-종말이라는 형태로 전위함으로써만 그럴 수 있었다.

마르크스가 수행한 작업은 어떤 '원리'가 보편적으로 실현되었음을 사후적으로 증명하려는 작업, 하나의 주제에 대한 여러 변주곡을 만드는 작업은 아니었다. 수많은 역사적 사례들을 들어 그 모두가 계급투쟁이었음을, 그리고 그 속에서 계급투쟁은 지배적 이데올로기의 포섭을 늘 벗어났음을 단순히 반복적으로 확인하는 것이 마르크스의 주과제는 아니었다. 마르크스의 말을 빌려 말하자면 계급투쟁을 발견한 것은 그가 아니었다. 마르크스의 가장 중요한 시도 중 하나는 '역사 없는 역사성'의 역사철학적 시도로부터 벗어나, 환원할 수 없는 개별적·역사적 정세들의 구성, 각 요소들의 마주침을 분석한 데 있다. 이데올로기에서도 마찬가지인데, 중요한 것은 일반적 수준에서 포섭과 벗어남의 변증법이 아니라, 그 포섭이 왜, 그리고 어떻게 성공하고 유지될 수 있었는가(알튀세르는 끊임없이 '지배가 어떻게 유지될 수 있는가'라는 마키아벨리의 질문으로 돌아갔다), 그리고 그 속에서 구체적으로 어떤 모순들이 발생하고, 나아가 왜, 어떻게 경향적으로 그 포섭에서 벗어났는가를 분석해내는 것이다. 그것은 소외론적 문제설정을 포함한 모든 목적론적 역사철학에서 벗어나는 길이고, 후기의 알튀세르가 '마주침의 유물론' 또는 '우발성의 유물론'이 지지하는 전화한 마르크스를 사고하려는 노력 속에서 도달한 결론이기도 하며, 철학만으로는 대답할 수 없는 것이다. '탈주(脫走)의 철학'이 계보학을 대체할 수는 없는 노릇이므로.

이데올로기는 적대의 역사적 차별성을 구성하고 보여준다. 그러나 이데올로기는 적대가 근원하는 물질성의 '반영'이 아니므로 지배적 이데올로기의 구성과 그에 대한 저항은 '미끄러지는' 관계 또는 '접선적' 관계가 되며, 이데올로기의 반역의 요소들은 이미 항상 내장되어 있으나 사전에 결정되어 있지 않고, 지배적 이데올로기의 물질성을 전복·전화시켜내는 효과성 속에서만 사후적으로 판명된다. 지배적 이데올로기의 균열 속에서 대중들이 무의식적으로 어떻게 그 이데올로기를 전복할 요소들을 찾아낼 것인가에 대해서 이론가는 미리 알 수 없으며, 그 잠재력은 오로지 대중에게 있을 뿐이다. 이론은 지배적 이데올로기가 은폐하고 있는 대립을 부각시키고 그 지배적 이데올로기로 하여금 자기모순에 빠지도록 함으로써 이데올로기의 전화의 조건들을 사고하고, 그 속에서 억압된 대중적 주도성이 나타나도록 하며, 결과적으로 지배적 이데올로기를 전화하려는 작업에 복무하려 하는데, 이때 역설적인 것은 많은 경우 이론은 오해됨으로써 오히려 강력한 힘을 발휘했다는 점이다.

마르크스 자신도 이 딜레마에 직면한 바 있는데, 마르크스는 자신의 이론이 가장 가까운 측근들에게조차(베벨, 리프크네히트, 심지어는 엥겔스까지) 진화주의적 방식으로 해석된다는 사실에 경고를 게을리 하지 않았으나, 결국 그가 깨달은 것은 이에 대한 그의 이론적 개입이 전혀 효과가 없다는 것, 그리고 대중들은 그 오해 속에서, 오해에도 불구하고, 오히려 오해 때문에 그것을 혁명적 이데올로기로 전화할 수 있었다는 역설이 숨어 있다는 사실이었다. 프롤레타리아트가 자신의 이데올로기를 전화하기 위해서 과학을 혁명적 실천에 수입하는 과정에서 과학이 대중의 이데올로기로 전화한다는 것이 마르크스주의가 지녔던 강점인 동시에 한계였다고 할 수 있는데, 그것은 이론이 혁명적 운동에 유의미하다는 것을 보여주는 동시에 불가피하게 직면하게 되는 한계와 왜곡, 오해의 가능성을 지적해주고 있다. 또 하나의 다른 훌륭한 사례는 니체가 『반-그리스도 (Anti-Christ)』에서 분석한 예수와 그 추종자들의 역설이다. 예수의 제자까지 포함하여 유태인 대중들은 예수가 말하려던 것을 전혀 이해할 수 없었고 그를 오해하였지만, 그 속에 서서 자신들이 무의식적으로 원하던 바를 발견하고, 예수로 하여금 자신들이 원하는 것을 말하게 하고(가장 극단적인 것으로 예수의 부활이라는 상징을 만들어낸 것은 제자들과 유태인 대중들이었다), 그를 위대한 '정치범'으로 만들어내고 예수의 사상을 혁명적 이데올로기로 전화했던 것이다. 이데올로기적 반역에서 이론적인 것은, 순수하게 이론적 담론으로 남아 있어서는 역사적 유효성을 띨 수 없으며, 반대로 역사적으로 유효하기 위해서는 다른 형태로, 즉 이데올로기적 형태로 전화할 수밖에 없고, 또 그래야만 하지만, 그 효과와 결과는 이론이 제어할 수 없는 과정이라는 딜레마에 처한다.

이데올로기 분석은 따라서 늘 어떤 '효과'나 '정세'에 주목하게 된다. 한 사람의 이론가 또는 예술가의 작업 또는 탈주가 중요하지 않은 것은 아니나, 이데올로기론의 관점에서 그에 못지않게 중요한 것은, 그 하나의 계기가 대중 속에서 어떻게 해석되고 수용되는가, 그리고 오해됨으로써 다른 것으로 전화하거나 때로는 은폐되는가를 밝히는 것이다. 알튀세르는 구약성서의 예를 들어서 말하기를, 위대한 예언자란 자신이 들었다고 생각한 계시를 대중에게 일방적으로 제시하는 것이 아니라, 그 혼자 힘으로는 절대 이해할 수 없는 계시, "요란한 천둥소리와 눈부신 번개 속에서 반쯤만 이해할 수 있는 몇 마디 말들"을 대중들의 입을 통해서, 대중들의 설명을 통해서(즉 그들의 무의식 속에서) 비로소 자신이 깨닫고 대중들에게 다시 전해줄 수 있는 예언자였다.[6] 알튀세르는 마키아벨리를 인용해, "인민이 되기 위해서는 군주가 되어야 하며(마키아벨리의 경우), 반면 군주가 되기 위해서는 인민이 되어야 한다(니체의 경우)"고 말했는데, 후자의 의미는 '종교'의 기능 중 하나로 "피지배자들이 무엇을 원하는지 지배자들에게 드러내주는 것"이라고 한 니체의 말 속에 들어 있다. 대중은 지배적 이데올로기에 포섭되어 있으나, 그것을 전화하여 혁명적 이데

---

6) 알튀세르, 「독특한 유물론적 전통」, 서관모·백승욱 편역, 『철학과 맑스주의─우발성의 유물론을 위하여』, 새길, 1996.

올로기로 만드는 것 역시 대중 자신이며, 이론가의 작업은 그것을 위한 개입의 지점, 효과 들을 만드는 것이지만 그 결과의 방향은 전혀 예상할 수 없고, 의도한 것과는 전혀 무관한 효과들을 낳을 수도 있다는 역설이 있다.

4. 이데올로기와 정치

사실 마르크스가 이데올로기론에 기여한 바는 매우 적으며, 이데올로기론을 발전시키기 위해서는 비마르크스적 사고와의 광범위한 만남이 필수적이다. 그럼에도 불구하고 이데올로기론이 가지는 중요성은 그것이 다시 마르크스로 돌아가서, 그리고 마르크스의 한계를 넘어서 진정으로 정치를 사고할 수 있게 만든다는 점에 있다. 이때 정치라는 관념은 제한적 영역의 대의적 제도를 지칭하는 것도, 물질적 생산조건의 즉각적 반영으로서 '사회적 존재에 의해 결정된 사회적 의식'을 말하는 것도, '계급의식'도 아닌, 결코 순수하지 않고 복합적인, 즉 지배적인 것과 피지배적인 것의 비대칭적 관계 속에서 갈등과 분열과, 그 전화를 사고할 수 있게 해주는 관념이다. 이데올로기가 정치를 사고할 수 있게 하는 중요한 의미는 그것이 개체성을 넘어서는 초개인성에 기반하고 있기 때문이고, 따라서 사회적 관계의 적대성에서 출발하는 마르크스의 사고로부터 유일하게 가능한 정치에 대한 관념이면서, 사회적 적대의 역사적 차별성을 사고할 수 있게 해준다는 점에 있다. 이 때문에 이데올로기론에 입각한 정치에 대한 사고는 그 출발과 결론이 미시정치 또는 신체정치와 달라질 수밖에 없다. 그것이 아마 정치에 대한 사고에서 알튀세르를 푸코나 들뢰즈로부터 분리시키는 쟁점일 것이다.

여기에는 또한 인간학이라는 쟁점이 등장할 것이다. 인간의 본성을

'노동하는 인간'이라고 보는 헤겔적(그리고 고전파 경제학의) 인간학의 소외론적·생산주의적 한계는 마르크스도 공유하고 있던 것으로, 이를 통해 마르크스가 착취의 문제를 다룰 수 있었던 강점에도 불구하고, 그 대가로 적대의 장소는 '경제적'인 곳으로, 계급은 늘 집단으로, 계급투쟁은 집단들의 투쟁으로 상정되며, 적대의 극복은 소외된 본질의 구현으로서 나타난다. 이제 이데올로기론의 문제설정이 제기되면서 이 인간학은 초개인성에 근거한 다른 인간학적 관점으로 전화해야 할 것인데, 다른 한편에서 이 초개인성에 근거한 인간학과 개별성(singularity)의 구성으로서의 인간학(욕망의 인간학?)의 쟁점 또한 불가피하게 형성될 것이다. 여기서 문제가 되는 철학자는 니체일 텐데, 이는 철학사에 대한 니체 비판의 강점을 인정하는 것과는 별개의 문제로, 니체의 정치학적 함의가 문제 되는 것이다. 이는 그에게는 의식의 주체(ego)가 아니라 복수적 힘들에 의해 구성된 그리고 구성하는 개인(self)이 중요한 문제라 하더라도, 정치는 기본적으로 개인성의, 초인의 정치이기 때문이다. 그에 비해 마르크스에 전거하는 알튀세르는 변혁을 지배적 이데올로기의 집단적 전화 과정, 이데올로기의 전화에 의해 새롭게 구성되는 주체성 속에서 사고하려 할 것이다. 후기 알튀세르가 스피노자가 전개한 '신체'이론에 주목하면서도, 이것이 마르크스에 대한 관심과 평행을 이루고 있는 것도 그 때문일 것이다.

5. 우발성의 유물론을 위하여

이데올로기의 문제설정으로 이동하는 것은 지금까지의 모든 분석을 이데올로기에 대한 분석으로 치환하는 것을 의미하지는 않는다. 이는 오히려 지금까지 당연시되어온 3심급의 구분(즉 경제와 정치, 이데올로기 또는 문화라는 3분법)에 의문을 던지는 것이다. 경제가 하나의 독립된 심급이라는 환상을 생산하는 것 자체가 부르주아 이데올로기일 수 있다. '경제'의 재생산은 출발에서부터 이데올로기적 재생산일 수밖에 없으며, 또 즉각적으로 정치적인 것이다. 이데올로기는 또한 그 실천을 위한 장치들의 배치를 동반하며, 이데올로기에 대한 분석은 이 장치에 대한 분석을 요구한다.

철학에 대한 반성과 이데올로기의 문제설정은 새로운 출발, 마르크스주의의 전화라 부르는 것을 위한 출발점이 될 것인데, 이를 위해 마지막으로 후기의 알튀세르가 마르크스의 강점을 살리기 위해 강조했던 '우발성의 유물론'이라는 사고를 덧붙여둘 필요가 있다.[7] 마르크스만이 지니고 있는 강점 중의 하나는 그가 '정세'에 대해 유의미하게 사고할 수 있게 만든 이론가였다는 점에 있다. '정세'란 단기적인 '상황'과는 다른 어느 기간 지속되는 힘들간의 관계라고 할 수 있고, 어떤 요소들간의 우발적 만남에 의해 이루어지지만 이미 생성된 마주침들의 구조적 효과 아래서만 그러하며, 그 자체 개별적이며 어떤 원리들로 환원될 수 없고, 구체적 분석을 요구하는 것이라고 할 수 있다. 마르크스는 그것을 '경향'이라는 말 속에서 잘 드러내었는데, 경향은 오직 반경향과의 결합 속에서 구체적으로 분석될 필요가 있다. '최종심급'과 마찬가지로 경향의 외로운 시간도 결코 도래하지 않는다. 알튀세르는 마르크스의 이 사고를 받아서 그것을 '모순의 과잉결정'이라는 용어로 표명한 바 있다. 이 과잉결정의 사고는 알튀세르를 마지막까지 유지시킨 가장 중요한 축이기도 한데, 이 과정에서 알튀세르는 마르크스가 집필한 『자본론』의 '역사적 장들'이 왜

---

7) 알튀세르, 「마주침의 유물론이라는 은밀한 흐름」, 서관모·백승욱 편역, 앞의 책 ; 「철학과 맑스주의─페르난다 나바로와의 대담(1984~1987)」, 서관모 옮김, 앞의 책 참고.

더 중요한지 강조하게 되었다. 알튀세르는 마르크스의 작업 속에 섞여 있는 복합적인 측면들을 분석한 후, 마르크스를 이런 난점들로부터 끌어내어 전화하기 위한 준비작업으로서, 진정으로 마르크스가 이야기하고자 했던 것을 살려낼 철학으로서 '우발성의 유물론'을 제시한다. 우선 그는 '세계는 무엇으로 이루어져 있는가'라는 전통적 철학적 질문에 얽매여 있는 유물론, 관념론의 질문에 대답함으로써 관념론을 벗어날 수 없는 '물질의 유물론'을 비판하고, 이런 질문 자체를 폐기하는 철학들, 비예정적인 마주침에 의해 생성된 세계의 구조적 효과 아래서 사고하는 철학들의 전통을 되살려내고, 이런 기원이나 종극(終極) 목적에서 자유로운 철학들이야말로 마르크스를 지지할 수 있는 철학이라고 강조한다. 그는 이 철학이 전통적인 관념론/유물론의 대립구도에 서 있는 유물론과는 다르다는 점을 강조하지만 아직 적절한 용어법이 없으므로, 물질성(물질이 아니라)의 우위를 인정한다는 점에서 잠정적으로 유물론으로 부르기로 하자고 요청한다. '우발성의 유물론'은 예정되어 있지 않은 마주침을 우위에 두고 사고하는 것이며, 역사를 어떤 원리(그것이 관념이든 물질이든 모순이든)의 관철로 사고하는 것을 포기한다. 그것은 개별성을 우위에 두는 사고이며, 이 개별성을 사고하기 위해서 상수(또는 경향적 법칙)를 말할 수 있을 뿐이다. 모든 정세들은 개별적이며, 구체적이다. 이데올로기의 문제설정과 '우발성의 유물론'이 지지하는 마르크스는 어떤 일반적 원리의 관철이 아니라, 상이한 요소들의 역사적 마주침이 생성해내는 구조적 효과들을 분석하고, 그 속에서 개입의 지점들을 발견하게 해주는 마르크스이다.

알튀세르의 『자본론』 독해

자크 비데(김동수 옮김)

나는 알튀세르의 제자가 아니었다. 그의 책들은
출판된 후에야 읽을 수 있었다. 내가 그를 개인적
으로 알았던 것도 아니다. 그를 만난 적이라곤 딱
한 번, 우리가 그의 저서에 대해 오랫동안 토론하
던 어느 날 밤의 일이었다. 여러분은 '성자들 중의
성자'(신성불가침의 장소 – 옮긴이) 속에서, 즉 이미
오래 전부터 그의 사상에 정통한 사람들, 그리고
그의 제자, 동료, 친구였던 사람들 가운데에서 말해
야 하는 나의 공포를 이해할 것이다.

하지만 나는 피에르 레이몽(Pierre Raymond)의
초청을 기꺼이 받아들였다. 거기에는 두 가지 이유
가 있었다. 우선 나는 하나의 저서, 내가 25년 전에
읽었고 나 자신의 작업과정에 강한 흔적을 남겼던
한 저서와 나의 관계를 정확히 측정할 필요성을
오늘날 특히 절감하고 있기 때문이었다. 그런가 하

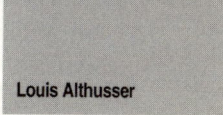

Louis Althusser

면 최근, 현대출판기록연구소(IMEC)에서 출판된 다양한 수고들을 읽던 중에, 알튀세르가 나의 첫번째 책인 『'자본론'으로 무엇을 할 것인 가?(*Que faire du Capital?*)』[1]를 읽었다는 것, 알튀세르가 그 책을 자신의 연구의 연속으로 인정했다는 것, 그리고 그가 그 책을 읽고서 헤겔과 마르크스의 관계에 대한 자신의 견해를 변경했다는 것을 알게 되었기 때문이다. 그가 이 사실을 여러 차례에 걸쳐 집요하게 반복하고 있으므로, 아마도 그것은 사실일 것이다.[2]

실제로 나는 내 책에서 마르크스가 『자본론』을 집필하는 과정에서 몇 가지 헤겔적인 범주로부터 점차 벗어남을 증명하였다. 마르크스는 처음에 헤겔적 범주들에 의지했으나, 이후 그것들은 그에게 '인식론적인 장애물'로 인식된다. 하지만 나는 또한 마르크스가 다른 헤겔적 범주들은 보존하는데, 그것들은 끝까지 계속해서 그의 서술과 이론을 조직하게 됨을 증명했다. 알튀세르는 내가 그때까지 이용되지 않은 텍스트들에 접근했다는 점에서 후한 평가를 내렸다. 실상 내가 이용한 자료들은 본질적으로 『그룬트리세(*Grundrisse*)』에서부터 시작되는 『자본론』의 여러 판본들뿐이었다. 하지만 나는 그것들을 알튀세르의 정신으로 읽었다. 즉 『자본론』이라는 마지막 저술에 입각해서, 그리고 『자본론』의 대상 — 자본주의적 생산양식의 이론 — 이라는 사고에 입각해서 읽었다. 그리하여 다른 독해들과는 반대로 나는 이 연속된 판본들을, 마르크스의 교리 혹은 사상으로서 항상 마음에 새겨두어야 할 어떤 개념적 총체성 속에서 서로가 서로를 보완해주는 것으로 읽은 것이 아니라, 서로 체계적으로 대체되며 새로운 판본은 항상 이전의 판본과 대립된다고 읽었다. 따라서

---

1) Jacques Bidet, *Que faire du Capital?*, Paris : Klincksieck, 1985.
2) Louis Althusser, *L'Avenir dure longtemps*, suivi de *Les Faits*, Paris : Stock/IMEC, 1992. pp. 235, 506, 522 ; *Sur la philosophie*, Paris : Gallimard, 1994, pp. 23, 27.

나는 알튀세르가 이전에 마르크스의 청년기 저작과 성숙기의 저작 간의 관계에 대해 시험했던 가설을 다시 채택했다. 이 가설에 따르면 마르크스는 자신의 대상에 적합하지 않은 범주들을 점차 포기함으로써 자신의 이론을 구성했다는 것이다. 하지만 나는 이 가설을 소위 성숙기, 즉 『자본론』을 집필하던 시기에도 작동시켰다. 그리하여 전통적인 해석에 의거해서는 제기될 수 없는 일련의 문제들에 도달하게 되었는데, 『자본론으로 무엇을 할 것인가?』의 대부분은 이 문제들과 관련되어 있다. 최종적으로 나는 다음과 같은 질문에 봉착했다. 오늘날 『자본론』을 가지고 무엇을 할 것인가? 나는 그것을 새롭게 정초시킬 필요가 있다고 결론지었다. 그리고 이는 내가 그때부터 10여 년 동안 해왔던 작업이다.

나는 이제 그 작업이 일정하게 완료되었다고 생각하는데, 이는 헤겔의 이론 나아가 현대철학 일반과 마르크스의 이론을 전혀 다른 방식으로 관계시킬 것을 요구하며, 특히 현대사회에 대한 전혀 다른 개념을 필요로 한다. 이것이 내가 루이 알튀세르와 '결산할' 필요를 느꼈던 이유이기도 하다.

또한 이 때문에 나는 올리비에 코르페(Olivier Corpet)와 프랑수와 마트롱(François Matheron)이 IMEC의 이름으로 나에게 보낸 우정어린 제안, 즉 『생산관계의 재생산(La Reproduction des rapports de production)』이란 제목의 알튀세르 수고를 출판하고 그 서문을 써달라는 제안을 받아들이게 되었다. 이 책은 1969년에서 1970년 사이에 씌어진 것으로, 당시 알튀세르는 그중의 일부를 발췌하여 「이데올로기와 이데올로기적 국가장치」라는 잘 알려진 소논문으로 1971년 『팡세(La Pensée)』지에 게재했다. 따라서 나는 특히 이 텍스트를 주로 참조할 것이다.[3]

---

3) 『현대의 마르크스/대결(Actuel Marx/Confrontation』 총서 중 Sur la reproduction(PUF, 1995)이라는 제목으로 출판된 이 수고와 같은 시기에 집필된 또 다른

하지만 좀더 포괄적으로는 『마르크스를 위하여』와 『'자본론' 읽기』에서 『입장(Positions)』에 이르기까지 1965년에서 1975년 사이에 출판된 알튀세르의 (이렇게 말할 수 있다면) '고전적인', 하지만 상대적으로 이질적인 글들 전체를 마르크스의 『자본론』과의 관계 속에서 검토할 것이다.

물론 이것은 어떤 종합을 목표로 하는 것이 아니며, 다만 이론적이고 역사적인 현재성과 관련된 몇 가지 문제들을 제기하기 위함이다. 아마도 알튀세르 글의 신선함과 힘을 재발견하기 위해서는, 마치 토머스 모어의 글을 읽듯이 그의 글을 읽어야 할 것이다. 적어도 그가 『생산관계의 재생산』에서 그러하듯이 자신이 어느 자리에서 말하고 있는가를 지적하면서 오늘과 내일, 자본주의와 혁명에 대해서 허심탄회하게 말할 때는 말이다. 이 모든 것은 다른 시대의 이야기다. 그러나 그것은 바로 어제였다. 이렇듯 가까운 시간으로부터 어떻게 거리를 유지할 것인가? 그리고 어떻게 다른 시대에 속하는 담론을 우리 시대의 담론과 유용하게 연관시킬 것인가? 이것이 바로 내가 여기에서 해명하고자 하는 문제들이다.

해방을 가져다 준 충격

나처럼 목적론적인 정신으로 특징지어지는 맥락 속에서 마르크스를 처음 접했던 사람들, 그후 60년대에 유행한 인간주의적 독해 속에서 그

수고(이 역시 IMEC에 보관되어 있다)가 있는데, 알튀세르는 이 책이 나오기도 전에 그것이 *Une science révolu-tionnaire, Présentation du Livre I du Capital*(François Maspéro, ed., Paris, 1969)이라는 제목으로 출판될 것임을 예고하고 있다. 「'자본론' 1권의 독자에게 부치는 머리말(Avertissement aux lecteurs du Livre I du *Capital*)」, K. Marx, Le *Capital*, Paris : Garnier-Flammarion, 1969, p. 18, 주 1)을 보라.

와 별반 다르지 않은 변종밖에 발견할 수 없었던 사람들에게 해방을 가져다 준 충격은 즉각적인 것이었다. 내가 이전에 만났던 마르크스주의의 철학적 담론은 본질적으로 성서해석적인 것이었다. 주석과 부연설명, 그리고 뻔한 줄거리의 담론이 뒤따랐다. 마르크스주의는 그들의 입을 통해서 말했고, 그것은 우리의 담론인 양 진술되었다.

알튀세르는 마르크스의 담론을 또 하나의 심급, 바로 철학이라는 법정에 서게 한다. 이 심급은 마르크스의 담론에게 자격증을 제시하라고 명령하고, 그것이 어떻게 구성되며 그 대상과 특정한 관할영역이 무엇인지 보여주도록 명령한다. 마르크스의 텍스트에 대한 이러한 인식론적 취급은 더 이상 '마르크스의 사상'이 그 자체에 내재적이며(발생과 변이들을 가로질러서도) 총체로서의 작품 속에 현존하는 것이라고 가정하지 않는다. 또한 그것은 우리가 '마르크스의 사상'을 그 본질 속에서 재구성하거나 통일적으로 원용할 수 있다고 가정하지 않는다. 이러한 인식론적 취급은 어떤 자유로운 사유의 공간을 창출했으며, 역으로 그 위에서 우리는 자신을 훈련시키기로 마음먹을 수 있었다.

이 점에서 알튀세르는 진정으로 『자본론』을 탈신성화시켰다. 역사적인 당-운동의 철학이라고 가정되고 전제되었던 마르크스주의 철학과 관련하여 그는 어떤 해방의 감정을 제공하였다. 한편으로 나는 이러한 당-운동에 전적으로 공감했지만, 그 자체로서는 특수한 역사적 권위를 가질 뿐 고유한 의미에서 어떠한 철학적인 정당성도 인정받을 수 없었다. 물론 알튀세르에 와서야 처음으로 마르크스를 비판하고 그의 테제들을 심의한 것은 아니었다. 그러나 알튀세르의 비판의 고유성은 발견의 과정과 이론구성의 과정을 눈앞에 펼쳐 보인다는 점이다. 여기에서 문제가 되는 것은 과학적 형태이므로, 이러한 과정은 임시적인 발판들을 군더더기로서 거부한다. 알튀세르의 비판은 마르크스에게서 어떠한 수미일관성도, 어떠한 교리적 내재성도 가정하지 않는다. 그것은 어디에서도 산 것과 죽은 것을 분류하게 한다거나 더 이상 적합하지 않게 된 것을 골라내도록 하지 않으며, 반대로 한 번도 적합한 적이 없었던 것 — 왜냐하면 그 것은 미완의 담론이 연구과정에서 지향하는 적법한 대상과 일치하지 않기 때문이다 — 을 선별하도록 인도한다. 이 같은 의심 많은 관심에 의해 고무되고, 오류와 비일관성을 몰아냄과 동시에 발견들을 표명한다는 환희에 의해 고무되어, 우리는 이론적 생산, 이론의 생산이라는 매혹적인 유희 속에 불가항력적으로 빠져들었다. 이 점에서 알튀세르는 한 명의 거장이었다.

과학으로서 『자본론』의 담론은 더 이상 신성화되지 않는다. 그것은 과학의 영역에 속하며, 따라서 과학의 기준들에 대면해야 할 것으로서 규정된다. 물론 이때의 과학이란 수학이나 물리학과 같은 과학이 아니라, 역사 대륙의 과학이다.

물론 이것은 마르크스주의 철학의 문제이다. 하지만 독자는 우선 철학자 알튀세르의 철학적 작업과 대면해야 한다. 『자본론』이 철학 텍스트는 아니지만, 알튀세르는 『자본론』에 관해 철학자로서 작업한다. 이렇게 하여 그가 작동시키는 것은 바로 마르크스의 철학이다. 그러나 마르크스의 철학은 하나의 교리 또는 세계관으로서 개입하지 않는다. 그것은 마르크스가 창조한 과학 즉 '역사 대륙'의 과학을 구성하는 작업을 마르크스가 수행하는 방식 속에 전적으로 놓여 있다. 마르크스의 철학이란, 과학적 지식의 조건 및 과학적 이론의 생산에 대한 마르크스의 견해이다. 마르크스의 철학은 지금까지 다른 담론들이 점거해온 영토 위에서 그와 같은 이론을 생산할 수 있는 마르크스의 능력, 스스로를 의식하고 있는 능력 속에서 표명된다.

그러므로 결정적인 문제는 『자본론』의 대상이 무엇인가 하는 문제이다. 왜냐하면 이 저작은 역사책도, 경제책도, 철학책도 아니기 때문이다. 그것은 경험적 사실을 직접 다루는 담론도 아니요, 순수한 이론도 아니며, 현대성에 관한 철학사도 아니다. 『자본론』은 무엇보다 사회의 구조적 형태, 즉 현대사회에 고유한 '생산양식'의 이론이다. 이 생산양식에 의거해서 우리는 현대사회의 운동을 이해할 수 있게 된다.

이런 지적은 진부한 것으로 보일 수 있다. 왜냐하면 『자본론』이 자본주의에 관한 이론을 제시한다는 사실은 누구나 알고 있기 때문이다. 그럼에도 불구하고 경제학자들이 『자본론』에서 어떤 대안적인 경제를, 역사가들이 역사의 줄거리를, 그리고 철학자들이 어떤 내용과 철학적 교훈을 발견하려 하는 것은 여전히 사실이다. 그들이 매번 놓치는 것은 『자본론』의 새로움이며 특수성이다. 그러므로 알튀세르는 『자본론』의 대상의 문제를 결정적인 문제로 삼는다. 그리하여 그는 마르크스가 그 같은 대상을 생산할 수 있었던 조건들에 관심을 집중한다.

알튀세르의 주제는 체계구성에 관한 문헌적인 연구도 아니요, 그 교리가 어떤 단계를 거쳤는지, 『자본론』의 이론 생산에 도달하기 위하여 마르크스가 어떤 문제들을 연속적으로 만나고 해결했는지를 보여주는 것도 아니다. 또한 그것은 『자본론』의 고유한 의미에서 철학적인 요소들을 해명하는 일과 관련되는 것도 아니다. 물론 이 일은 유용하고 불가결하며, 마르크스주의자건 아니건간에 다양한 철학자들이 그 속에서 이름을 떨쳤다.[4] 하지만 알튀세르의 고유한 철학적 작업의 목적은 새로운 담론 — 철학적이지 않은 함의를 가진, 『자본론』의 담론 — 의 출현조건들을 보여주는 것이다. 알튀세르에 따르면, 역사적 현상으로서의 사회들에

---

4) 앙리 르페브르(Henri Lefebvre), 뤼시엥 세브(Lucien Sève), 미셸 앙리(Michel Henry), 자크 돈트(Jacques D'Hondt), 헬무트 라이헬트(Helmut Reihet), 미셸 바데(Michel Vadée) 등을 들 수 있다.

대한 '과학'은 단절, 그리고 새로운 이론적 재료의 출현으로부터 발생한다. 이 과학은 이전에 사용된 몇몇 철학적·경제학적 개념들이 대상에 유일하게 적합한 다른 개념들에게 자리를 내어줄 때 생겨난다.

확실히 그와 같은 독해는 회귀적이다. 그것은 이론의 대상에 대한 어떤 관념에 기초하고 있다. 이 관념은 이론의 최종적인 형태에 대한 고찰로부터 이끌어낸 것이다. 그리고 주목해야 할 결정적인 사실은, 알튀세르가 『자본론』이라는 궁극적 형태 자체에 대해서도 같은 방식으로 취급한다는 것이다. 그는 『자본론』이 스스로에 대해서, 그것이 대표하는 새로움과 그것이 포함하는 불확실성에 대해서 대체로 의식하지 못하고 있을 뿐만 아니라, 또한 우리가 그 같은 이론에 대해 가져야 하는 생각과 관련해서도 근본적으로 미완성인 채로 남아 있다고 해독한다. 알튀세르가 공백과 불충분성에 대해서 그토록 관심을 기울이는 것은 이런 이유에서이다.

따라서 우리는 왜 그가 더 멀리 나아가지 않는지, 그리고 왜 그가 어떤 방식으로 이 이론을 그 불충분성 속에서 다시 취하고 변형시킬 수 있는가를 자문하지 않는지 물을 수 있다. 우리는 나중에 그 이유를 보게 될 것이다.

그러므로 『자본론』의 대상은 우선, 그 부제가 진술하고 있는 것과는 달리, '정치경제학 비판'이 아니다. 그것은 비판이 아니라, '역사 대륙'의 발견을 구성하는 이론이다. 게다가 비판이 이루어지는 것도 바로 이 점에서이다. 즉 비판은 어떤 종류의 과학이 사회에 대한 과학이며, 특히 사회의 경제적 관계에 대한 과학인가를 보여준다. 그러나 과학인 한에서, 그것은 비판이 아니라 '사유 구체(具體)(concret de pensée)'의 구성이다.

1857년 서문에서 알튀세르가 발견한 이 '사유 구체'라는 개념은 현실을 사유하는 사유에 대한 현실의 우위와, 동시에 현실에 대한 사유의 특수성을 전제한다. 경험적으로 주어진 현실대상으로 간주될 수 없는 이

'사유 구체'만이 현실대상을 사유할 수 있게 해주며, 따라서 그것에 작용을 가하게 해준다.

그러므로 모든 관심은 이 '사유 구체'의 구성조건들에 집중된다. 이러한 관심은 이중의 요구를 규정한다.

첫번째 요구는 발생의 계기, 즉 철학에서 해방됨으로써 새로운 과학이 생산되는 과정과 관련된다. 인문학들이 철학과 분리됨으로써만 탄생했다는 생각은 알튀세르가 글을 쓰던 시절 진부한 주제였다. 우리가 알고 있는 것처럼, 심리학과 사회학은 철학으로부터 스스로를 해방함으로써 과학으로 정초되었다고 주장한다. 알튀세르의 도전이 보여주고자 하는 바는, 인식할 수 있는 이후의 모든 분리에 열쇠를 제공하는 형태로 이러한 분리를 생산한 사람이 바로 마르크스였다는 사실이다.

새로운 과학은 그것이 자신의 인간주의적인 철학적 출생지를 벗어나는 한에서 이루어졌다는 사실이 드러난다. 이러한 새로운 과학의 출현의 표지는 실상 다음과 같은 사실에 놓여 있다. 즉 담론을 직접 조직하는 것은 더 이상 필요, 소외, 주체, 노동과 같은 총칭적이고 인간학적인 범주들이 아니라 생산력, 생산관계, 하부구조와 상부구조, 잉여가치, 가치와 사용가치, 추상적 노동과 구체적 노동, 가변자본과 불변자본 등 그 자신 특수한 발견인 특수한 범주들이라는 사실이다. 이론은 역사적으로 규정된 계급 및 계급관계의 형태들을 종별화시키는 항상 특수한 범주들을 생산해낼 수 있는 능력에 의해 특징지어진다. 이 범주들이야말로 역사적이고 특수한 우리 시대의 특수성을 실제로 설명해주며, 이를 통해 다른 생산양식들 뒤에 이어진 생산양식이라는 그것의 이행적 성격, 요컨대 그 지양의 전망을 설명해준다.

그러므로 마르크스는 어떤 이상적인 것을 제안한다. 그러나 그것은 어떤 이상적 타입을 의미하는 것이 아니다. 왜냐하면 여기에서 문제 되는 것은, 경향적으로 현대의 모든 사회관계를 감싸고 흡수하며 이러한 이유로 그것의 운동을 규정하는 전체의 개념이기 때문이다. 이 전체의 '경향들'은 현대세계의 모든 경향들 자체를 가리킨다. 그리하여 우리는 어떤 가상의 목적이라는 빛과는 다른 빛을 통해서 현대사회를 분석할 수 있게된다. 이처럼 마르크스는 또 다른 종류의 이론적 대상을 생산한다. 더 이상 헤겔적인 총체성이 아닌 총체성이 그것이다. 헤겔의 총체성은 그것을 구성하는 모든 요소들 속에 온전히 현존하며 모든 부분들의 시간과 동시대적이다. 반면 마르크스의 유물론은 역사주의, 즉 단지 역사철학이자 역사의 자기의식에 불과한 역사이론을 거부한다.

그러므로 문제가 되는 것은 분절화된 전체, 그 각각의 요소들이 상대적으로 자율적인 다양한 논리와 시간에 따라 기능적인 동시에 탈구되어 있는 그러한 전체이다. 우리는 영원의 시간 속에 사는 것이 아니라, 한정되고 분산되고 다양한 시간 속에 산다. 구체적인 사회구성체는 여러 생산양식들을 결합한다. 우리는 경험적 역사를 복잡한 이론적 형태들의 매개를 통해서만 포착할 수 있으며, 과정상의 전개를 사유하기 시작하려면 먼저 이론적 형태들의 공시적이고 체계적인 질서를 생산해야만 한다. 그러한 질서는 우선 생산양식의 발전을 추상함으로써만 사유할 수 있다. 그러나 경험적으로 존재하는 것은 그러한 생산양식들의 복잡한 얽힘들 뿐이다.

하지만 인간주의적 형이상학의 범주들로부터 분리되어야 한다는 이러한 첫번째 요구는 한 가지 여분의 문제를 대답하지 않은 채 남겨둔다. 자본주의적 생산양식의 이론이라는 이 비철학적인 담론과 여전히 일체를 이루는 철학적 일반성의 지위는 어떻게 되는가? '노동 일반', 소유, 법, 이데올로기 등은 어떻게 되는가? 이 담론의 가장 추상적인 범주들 — 그것들은 거의 의심할 여지 없이 철학적인 성격을 갖는다 — 과 거기에서 생산되는 특수한 범주들 간의 관계는 무엇인가? 우리는 그와 같은 질문의 모든 함의들을 예상할 수 있다.

왜냐하면 '사유 구체' 범주와 연결된 두번째 요구는, 체계인 한에서 이 범주의 고유한 형태 및 그것의 논리정연함과 관련되기 때문이다. 그리고 이 요구는 무엇보다 먼저, 추상적인 것에서 구체적인 것으로 전개되어야 하는 필연성과 관련되어 있다. 그리하여 이러한 최초의 추상작용의 본성이라는 문제에 이어 이 전개의 본성, 이론의 상이한 수준들간의 이행과 연관이라는 문제가 제기된다. 예를 들어 노동 일반과 특수하게 상품관계 속에 있는 노동 간의 관계는 무엇인가? 그리고 특히, 돈과 자본, 상품관계와 고유한 의미에서 자본주의적 관계 간의 관계는 무엇인가?

만일 어떤 과정상의 전개가 오직 체계의 기능 수행을 통해서만 이해될 수 있는 것이 사실이라면, 모든 곤란은 체계라는 개념에 집중될 것이다.

여기에서 우리는 두번째 여분의 문제와 직면하게 된다. 그것은 첫번째 여분의 문제와 관련되어 있는데, 왜냐하면 두 가지 요구 자체가 서로 합체되어 있기 때문이다. 두번째 여분의 문제는 다음과 같다. 알튀세르는 마르크스가 제안한 체계의 체계성이라는 문제를 실제로 대면하고 있는가? 그가 마르크스의 '과학'에 대해 말할 때, 마르크스의 담론이 모든 점에서 과학적이라고 전제하지 않는다는 것은 사실이다. 그는 단지 이 담론이 철학의 형태가 아니라 과학의 형태인 이론적 형태에 속한다는 것, 그리고 이 담론에게 제기해야 하는 문제는 과학의 문제들이라는 점을 주장할 뿐이다.

하지만 그는 인식론적 문제들을 원리적으로 해명하는 데 그치고 있지 않은가? 그는 존경의 태도에 머묾으로써, 이 담론에 대해서 그 과학의 인간으로서 작업하지 못하는 것이 아닌가? 즉 이 과학의 한계들과 그것을 변형시킬 필요성을 인정하지 못하는 것이 아닌가?

나의 테제는 다음과 같다. 즉 이 점에서 알튀세르는 자신의 역사적-정치적 표상들에 의해 가로막혀 있다는 것이다. 그리고 바로 이런 이유로, 비록 『자본론』의 '대상'에 대한 그의 해명은 탁월한 것이지만, 그의 『자본론』 해석은 전혀 혁신적이지 못하다는 것이다. 그는 어떤 방식으로 마르크스의 이론을 연구해야 하는지를 훌륭하게 보여준다. 그러나 레닌주의의 정치적 지평 속에 머물러 있음으로써, 그는 마르크스를 지양하지 못한다. 하지만 이것이야말로 아주 필수적인 일이다.

그는 『자본론』을 해석했고, 그것도 매우 잘 해석했다. 하지만 이제 문제는 그것을 변형시키는 일이다. 이는 인간해방을 위한 정치투쟁을 이론적 생산이라는 달콤한 쾌락으로 대체시켜야 하는 시간이 도래했기 때문이 아니다. 새로이 '사유대상'을 고안하는 조건에서만 실제 대상을 사유할 수 있고 거기에 영향력을 행사하기를 기대할 수 있기 때문이다. 오직 '사유대상'만이 실제 대상에 접근할 수 있게 해주는 것이다.

테제

만일 우리가 알튀세르에 대한 아카데믹한 독해, 또는 더 나쁘게는 그를 추모하기 위한 친구들의 경건한 독해에 머물기를 원치 않는다면, 우리는 역사적 순간, 자본주의와 사회주의의 문제, 그리고 이러한 자명성들이 사라져버린 세기말 우리 시대의 사회적 형태들에 대해 그와 마찬가지로 강하게 관계해야 한다. 이런 조건하에서, 『자본론』에 대한 알튀세르의 연구방식은 우리로 하여금 알튀세르적인 『자본론』 독해를 넘어서도록, 즉 현실대상인 현실사회들이 요구하는 그리고 그 변형의 전망이 요구하는 지식대상 혹은 '사유 구체'를 재구성하도록 도와줄 수 있다.

이 봉쇄의 정도를 측정하기 위해서는, 알튀세르의 또 다른 담론을 참조할 필요가 있다. 왜냐하면 그에게는 두 가지 담론이 존재하기 때문이다. 하나는 '학교'의 무대 위에 올려진 담론이며, 다른 하나는 '당'의 무대 위에 올려진 담론이다. 알튀세르의 이 두 측면은 해명되어야 한다. 이 두번째 담론은 비교적 덜 알려져 있다. 하지만 그것은, 첫번째 담론과 결합된 형태로, 『위마니테(*Humanité*)』지에 실린 논문들이나, 가르니에-플라마리옹 출판사에서 나온 『자본론』 1권 서문에서 발견되는 독자에게 보내는 머리말, 『입장』이나 『자기비판』과 같은 몇몇 텍스트 그리고 『생산관계의 재생산』과 『혁명적 과학(*Une science révolu-tionnaire*)』이라는 두 개의 미발간 수고들 속에서 발견된다.

수고 『생산관계의 재생산』은 특히 그 정치적인 열광과 선언적인 성격으로 인해 충격적이다. 그것은 하나의 역사적인 '당'에 속해 있음을 공공연하게 선언하고 있으며, 하나의 투쟁과 노선을 지시하고 있다. 또한 끊임없이 레닌의 담론과, 가상의 역사적 과정에 대한 레닌주의적 견해를 반복하고 있다. 그에 따르면 역사적 과정은 자본주의에서 사회주의로 이른다는 것이다.

내가 주장하게 될 테제는 다음과 같다. 알튀세르가 정치적 전통의 빛 속에서 『자본론』의 개념들을 사용하는 특수한 용법과, 그가 우리로 하여금 더욱 잘 이해할 수 있도록 도와주었던 이 개념들의 특성들 사이에는 괴리가 존재한다는 것이다.

사실 알튀세르는 소련과 중국의 존재가 자본주의적 사회형태를 지양할 수 있는 가능성을 입증하고 보장하는 것처럼 보이던 시대에 글을 썼다. 물론 그는 이들 새로운 사회구성체들이 모든 종류의 결함을 가질 수 있으며, 모든 종류의 악덕 즉 골치 아프고 비극적인 역사를 가질 수 있다고 생각했다. 이러한 생각은 당시 식견이 있는 사람들 사이에 널리 퍼진 견해였다. 하지만 이 사회구성체들은 마르크스의 사회주의적 예측의 진리를 증명하는 것처럼 보였다. 마르크스에 의하면 우리는 생산관계의 사적 소유의 폐기라는 토대 위에서, 이를테면 생산자들의 의식적인 연합이라는 토대 위에서 복합적이고 현대적인 탈자본주의 사회를 세울 수 있다는 것이다. 그런데 역설적이게도 역사의 비극은('마르크스주의 과학'에 의해 인도되는), 아주 상반된 상황들도 이 과정이 종말에 이르는 것을 막을 수 없었다는 사실을 강조한다. 마르크스에 의하면 사회주의의 초석은 생산수단의 사회적 소유이다. 이 사회적 소유가 어떻게 이루어지는가 하는 문제는 그다지 명백하지 않다. 하지만 확실한 것은, 자본주의의 폐기가 또한 시장관계의 폐기를 전제한다는 사실이다. 적어도 시장관계가 대규모 생산수단들의 사적 소유를 함축하는 한에서 말이다.

이러한 정치적-역사적 견해가 알튀세르의 『자본론』 독해를 지배하며 봉쇄하고 있다. 그것은 하나의 방향제시적인 가설을 형성한다. 물론 이 가설은 있는 그대로, 즉 다른 가능한 가설들 중의 하나로서 드러나는 것이 아니다. 하지만 그것은 『자본론』에 관한 알튀세르의 철학적 작업을 조건짓고 있다. 그러므로 이들 정치적-역사적 신념들과 철학적인 작업을 서로 비교할 필요가 있다.

알튀세르는 머지않은 종국을 기대하면서 글을 쓴다. 그는 아마 우리의 눈으로 그 종국을 보게 될 것이라고 주장한다. 심지어 알튀세르는 그 시기를 점치기까지 한다. 50년 후에 혹은 아마도 그 이전에 사회주의는 지구 전체에서 승리를 거두게 될 것이다. 같은 시기에 『국가독점자본주의(Capitalisme monopoliste d'État)』의 저자들은 소련과 중국을 위시하여 이미 사회주의를 실현했거나 사회주의의 길로 접어들고 있는 14개의 국가를 열거한다.[5] 알튀세르도 동일한 낙관주의를 공유한다. 물론 가장 어

---

5) *Traité marxiste d'économie politique. Le capitalisme monopoliste d'État,*

렵고 오래 된 자본주의 국가들이 남아 있다. 그러나 거기에도 이미, 명백한 징후들이 존재한다. 얼마 안 있어 나팔을 든 천사들이 등장할 것이고, 곧이어 백마를 탄 기사들이 등장할 것이다. 혹은 그 역순일 수도 있을 것이다. 사람들은 바로 이 점에 대해 논쟁을 벌인다. 어쨌거나 총파업 이후에,[6] 프롤레타리아트는 ① 국가권력을 탈취할 것이며, ② 국가장치를 파괴할 것이고, ③ 그것을 프롤레타리아적 국가장치로 대체할 것이고 ④ 이후 국가를 파괴할 것이다.[7] 원칙적으로 시나리오는 완결되었다.

이러한 정치적-역사적 신념과 제2, 제3인터내셔널의 전통 속에서 이루어진 『자본론』 독해 사이에는 밀접한 연관이 존재한다. 게다가 이 독해는 마르크스가 자신의 저작에 대해 행한 독해와 충분히 부합한다.

그러나 알튀세르는 지극히 정당하게도 다음과 같이 가르치고 있다. 저자의 사유는 그의 육체적인 죽음과 더불어 종결되며, 남는 것은 오직 그의 생산물 즉 발화체들을 상호 관련시키는 텍스트 혹은 개념들의 무대뿐이라는 것이다. 개념들을 무대에 올린 사람은 결코 이 개념들의 주인이나 스승이 아니며, 개념들은 우리가 다시 심의해야 한다는 것이다.

그러므로 이 글의 목표는 전투가 치러진 이후에 『자본론』 독해를 재전유하는 것이다. 그리하여 알튀세르가 수립했고 이름을 떨쳤던 작업방식은, 『자본론』을 다시 연구할 수 있게 해주고 거기에서 현대세계에 대한 더욱 포괄적이고 더욱 적합한 해석의 길을 찾을 수 있게 해주는 방식, 즉 이런 의미에서 마르크스의 이론에 대한 변형작업을 허락해주는 방식이라는 사실을 증명하는 것이다.

---

ouvrage collectif, Éditions sociales, Paris, 1971, vol. 2, p. 439.

6) "Avertissement…," 앞의 책, p. 16 이하를 보라.

7) Louis Althusser, *Sur la reproduction*, PUF, 1995, p. 101.

　이러한 관점에서는 알튀세르의 독해를 재전유하고 거기에서 근거와 영감을 얻어내야 할 충분한 이유들이 존재한다.

　첫번째 이유는 알튀세르가, 착취-지배라는 사실이 극도로 명증하게 느껴지고 인정되던 시대를 증언하고 있다는 점이다. 우리는 『생산관계의 재생산』과 같은 텍스트의 격렬함에 놀라게 된다. 알튀세르는 배제나 초과착취, 제국주의의 가증스런 언동이 아니라, 무엇보다 일상적인 자본주의를 고발하고 있다. 그리하여 우리는 이러한 격렬함이 전혀 억압되지 않던 시대로 인도된다. 그 시대에는 동일한 인간을 한편은 위로 한편은 아래로 몰아내고 재생산하는 계급분할이 있는 그대로 드러났던 것이다. 즉 사물이나 존재의 본성으로서가 아니라 역사적으로 규정된 현상으로서 드러났던 것이다. 이러한 분간 속에서 세계가 변할 수 있다는 생각이 도입된다. 오늘날 자취를 감춘 것은 바로 이러한 것이다. 우리는 더 이상 가까이서 도취를 목격할 수 없다. 하지만 일상적인 것이 우리에게 있는 그대로, 즉 그것이 우리의 본성이 아니라, 단지 우리에게 할당된 저항 가능한 역할임이 드러나기 위해서, 우리는 새로이 미래를 약간 이해할 필요가 있다.

　알튀세르를 읽는 두번째 이유는 그가 마르크스의 이론이 구성된 이론이라는 사실과 그것이 어떻게 구성되었는가를 다른 누구보다도 더 잘 가르쳐주기 때문이다. 그는 그것이 자본주의 사회의 이론으로 구성되는 운동을 보여주었다. 그는 마르크스의 이론의 분절, 개념, 주저, 불충분성과 공백들을 분석하는 법을 가르쳤다. 그는 과학이 거기에서 끝나지 않는다는 평범한 사실뿐만 아니라, 좀더 정확하게는 우리로 하여금 그와 같은 이론화를 '지양'하고자 할 때 어떻게 행동해야 하는지를 다른 어떤 사람보다도 훌륭하게 이해할 수 있게 해준다. 비록 그는 단지 해석했을 따름이지만, 그의 해석은 (가장 정확하다고 할 수는 없을지라도) 최소한 가장 철저한 것이었으며 텍스트 속에서 작동하는 작업과 범주적 유희를 가장 명확하게 해명했으므로, 알튀세르야말로 이론을 변형시키는 과제를 가장 잘 준비한 인물이다.

이론을 변형시킨다는 것은 이론을 더욱 넓은 형식 속에 포함시킴을 전제로 한다. 이 더욱 넓은 형식은 이론이 소유한 지식효과들(왜냐하면 그것은 올바른 이론은 아닐지라도 최소한 그 자체로 지식을 가능하게 하는 진정한 이론으로서, 그것이 없이는 지식에 접근할 수 없기 때문이다)을 그것들끼리 서로 연관되고 조명되고 응집되는 더욱 넓은 장에 위치시킨다. 알튀세르는 그와 같은 지양의 조건들을 보여준다. 그는 마르크스의 이론적 형식이 구체적 역사의 형태도, 사회학의 형태도, 경제의 형태도 아님을 지적함으로써 그렇게 한다. 따라서 마르크스의 이론화를 지양하는 일은 오직 마르크스가 규정한 영토 위에서만 가능하다.

그렇다면 이 영토는 과연 무엇인가? 그것은 바로 생산양식, 생산관계, 생산관계의 재생산, 그리고 이 재생산에 종말을 고하고 또 다른 생산양식을 여는 과정이라는 영토이다. 알튀세르의 『자본론』 독해는 모두 이 전체에 대한 해독을 향하고 있다. 알튀세르의 독해는 생산관계가 단지 기술적인 관계일 뿐 아니라, 생산의 기술적인 계기와 더불어 소유라는 법적-정치적인 계기, 법과 정치와 도덕의 계기를 접합시킨다는 사실을 이해할 수 있게 해준다. 그것은 토픽의 한계들을 부각시키는데, 이 토픽은 상부구조를 서로 중심을 달리하는 관계들로 만들기 때문이다. 그런데 법적인 관계는 그 자체로 경제적인 관계 속에 함축되어 있다. 그리고 이러한 함축이야말로 '경제적 관계'에 고유하게 마르크스적인 의미를 부여한다(신고전주의 학파의 의미에서, 경제적 관계란 생산요소들간의 관계에 불과하다).

그러나 바로 이러한 이론적 맥락에서, 놀랍게도 제도들은 '장치'로,

그리고 법적인 요소는 이데올로기로 환원되고 있다. 이는 현대적인 계급 투쟁의 이론과 단순한 지배의 이론 간의 불분명한 의미론에 따른 것이다.

알튀세르가 제안한 해석은 이 지점에서 그의 정치적-역사적 신념의 암묵적인 전제들, 역사의 진행과 종말의 근접성에 관한 그의 생각에 의해 영향을 받고 있는 것처럼 보인다. 특히 법의 문제가 오로지 상품관계의 문제로만 연결되고 있다는 사실은 특히 의미심장하다. 이것은 법의 지양, 그리고 거기에 결부된 이데올로기적 형태들의 지양이, 상품형태의 지양 즉 연합적인 탈-상품사회 형태의 도래와 직결되어 있음을 함축하는 것이다.

여기에서 문제를 다시 제기할 수 있을까? 알튀세르가 사상가들 중의 한 명으로서 사유하려 했고 그 자신 실패를 공유할 수밖에 없는 역사적 사이클이 끝난 이 시점에서, 분절화된 총체성 등으로 이해되는 현대사회의 이론을 새롭게 기획할 수 있을까? 그리하여 계급관계의 형태 및 윤곽들과 동시에 그것을 종결시킬 수 있는 방도에 관한 생각을 보여줄 수 있을까?

나는 그럴 수 있다고 믿는다. 유명한 선구자들에 대해 사용된 문구를 다시 취하자면, 우리는 여기에서 그의 덕분에, 그와 반대로, 그를 넘어서 전진할 수 있다.

호명

나는 단지 한 가지 문제만을 검토할 것이다. 그것은 수고 『생산관계의 재생산』의 끝부분인 「이데올로기적 국가장치(Les appareils idéologique d'État)」라는 소논문에서 개진된 호명에 대한 알튀세르의 문제설정이다.

내가 보기에 실상 이 소논문은 책의 앞부분에 올 만한 것이며 책의 나머지 전체를 조건짓고 있다.

사실 오늘날 우리는 더 이상 『자본론』을 알튀세르가 읽는 방식으로 읽을 수 없다. 우리는 그것을 전투와 패배 이후에 읽는 것이다. 비판적 사회학의 모든 축적된 전통들과 해방을 향한 모든 사회주의적 투영들은 분명 이른바 '가칭 현실사회주의'의 급작스런 종말과 이에 상응한 자본주의의 쇄신이 가져다 준 충격 아래에 있다. 아주 경솔한 자만이 소련의 종말은 단지 장애물을 걷어올린 것일 뿐이며, 소련의 역사는 실상 역사의 괄호이자 사회주의의 왜곡에 지나지 않았다고, 이제 우리는 새로이 백지 앞에 서 있다고 주장할 수 있을 것이다. 역사의 진행은 오류도, 일탈도, 기형도 알지 못한다. 역사의 진행은 하나의 시작으로서가 아니라 가능한 연속으로서 끊임없이 다시 착수할 수 있을 뿐이며, 이 때문에 우선 그것을 이해해야만 한다.

나는 마르크스주의의 가르침이 여기에 기여할 것이며, 정확히 현재의 조건 속에서는 이 유산을 다시 연구하고 재평가하는 것이 대단히 중요하다고 확신한다. 또한 나는 여기에서 알튀세르가 도움을 줄 수 있다고 확신한다. 그는 다른 누구와도 달리 우리에게 마르크스주의와 거리를 취함으로써 즉 그것과 생산적인 관계를 유지함으로써 마르크스주의를 전유하도록 가르쳐주었던 것이다.

나는 1, 20여 년 전부터 생겨나 다양한 이름으로 자본주의 이론을 다룬 여러 종류의 성찰들을 통합함으로써만 이러한 전통들이 다시 작동할 수 있다고 확신한다. 그중에서 나는 알튀세르가 제기한 문제들에 다시 착수하는 데 필수적이라고 여겨지는 네 가지를 언급하고자 한다.

첫번째는 이윤의 논리로서의 자본주의와 관련된다. 이는 진부한 것처럼 보이기도 한다. 그러나 제2, 제3인터내셔널과 (60, 70년대 일반적인 마

르크스주의자들과 마찬가지로) 알튀세르의 마르크스주의는 잉여생산물의
수탈, 따라서 자본주의 계급관계의 원리로 이해된 착취의 개념에 집중하
였다. 그런데 오늘날 우리는 자본주의의 '부차적 모순'이라고 지시되는
것의 이론적·실천적 중요성을 더욱 잘 알 수 있게 되었다. 그것은 자본
이 경쟁적 관계에 의해 규정되는 한 사회적 사용가치를 추구하는 것이
아니라 추상적인 부로서의 이윤을 추구한다는 사실과 관련된다. 인류와
자연에 어떤 결과를 초래하건 상관없이 말이다. 여기에서부터 분석의 축
이 나올 수 있다. 두 모순들이 어떻게 연결되어 있는가 하는 것은 또 다
른 문제이다.

또 하나의 본질적인 차원은, 자본주의적 경제-세계의 다국가적 전체를
분절하는 구체적 체계로서의 '세계체계'와 관련된 이론들의 발전에서 나
타난다. 역시 최근 들어 구체적 대상의 지리적-역사적 형태를 대상으로
하는 체계이론의 필요성이 명백해졌다는 사실은 역으로『자본론』과 같은
이론의 대상이 갖는 특수성을 부각시킨다.『자본론』의 이론적 대상은 자
본주의적 생산양식, 즉 자본주의의 구조이지 자본주의적 세계체계가 아
니다. 그리고 여기에서도 모든 문제는 이들 두 가지 이론적 차원을 서로
연결시키는 것이다. 어찌 됐건 구조에 대한 성찰에서 나오는 것과 체계
에 대한 성찰에서 나오는 것의 접합은 구체적 현실에 대한 마르크스주의
의 이론적 도구들의 관계를 근본적으로 변화시킬 것이다.

세번째로, 제도주의적(institutionaliste) 경제이론의 발전은, 경제이론이
노동통합(coordination du travail)의 초보적인 두 가지 형태, 즉 시장과
조직을 동등한 비중으로 취급해야 함을 날이 갈수록 더욱 분명하게 보여
주고 있다. 그리고 이런 의미에서 자본주의가 오로지 시장에만 기초하고
있다고 생각할 수 없음을 보여준다. 자본주의는 현대세계에 계급구조화
의 두 가지 원리가 있음을 가르쳐준다. 하나는 시장 따라서 생산수단의
사적 소유에 기초하며, 다른 하나는 계획 혹은 조직화 따라서 생산수단

의 공공적 또는 중앙집권적 소유에 기초한다. 경제적 요소와 법적-정치적 요소를 접합시킨 마르크스의 개념화에 따라 이러한 성찰들을 재전유한다면, 우리는 시장이 전제하는 **상호 개인적 계약성**과 이를테면 계획이 전제하는 **중앙집권적 계약성** 간에 존재하는 특수하게 현대적인 밀접한 상호관련을 쉽게 이해할 수 있다. 이 상호관련은 노동의 합리적 통합이라는 실용적·목적론적 이성의 형태들과, 계약성의 합리적인 구성이라는 실천적 이성의 형태들 간의 상호관련이다.

여기에 덧붙일 수 있는 네번째 성찰은, 주체의 철학이 담론의 철학에 의해 대체되었다는 사실과 관련된다. 우리는 나중에 왜 그런가를 보게 될 것이다.

내가 보기에 이러한 성찰들은, (내가 이제 보여주고자 하듯이) 우리가 오늘날 알튀세르의 독해를 재전유하고자 할 때 염두에 두어야 할 것들이다.

「이데올로기적 국가장치」와 이데올로기적 '호명'에 관한 소논문으로 끝나는 수고 『생산관계의 재생산』은 법에 관한 예비적인 두 개의 장을 포함하고 있다.

우리는 우선 법의 문제를 시장관계의 문제와 연결시키는 구절의 거친 방식에 놀라게 된다. 예컨대 우리는 거기에서 마르크스에게 있어서 "모든 법은 최종심급에서 시장관계의 '법'이다"라는 문장을 읽을 수 있다.

알튀세르는 초고에서[8] 다음과 같이 덧붙이고 있다. "상인적인 따라서 부르주아적인 법만이 존재한다", 또한 "종종 인용되지만 거의 이해받지 못하는 「고타강령 비판」의 한 구절에서 마르크스가 완벽하게 보았고 정확한 용어로 말했"던 것처럼 "사회주의적 생산양식은 모든 법을 폐지할

---

8) 같은 책, p. 87.

것이다."[9]

최종적인 텍스트는 더 복잡하다. 그는 이렇게 말한다. "마르크스는 분명 국가의 소멸에 상응하는 '법'의 소멸과 같은 어떤 것을 염두에 두고 있었다. 여기에서 법의 소멸이 의미하는 바는 시장유형의 교환의 소멸, 즉 상품(당연히 으뜸으로 자본주의적 시장관계 속에서의 노동력이라는 상품을 포함하여)으로서의 부의 교환의 소멸, 그리고 비-시장적인 교환에 의한 그것의 대체 이외에 아무것도 아니다. 따라서 우리는 불가피하게 다음과 같은 질문에 도달한다. 이러한 비-시장적인 교환을 어떻게 보장할 것인가? 대답은 고전적이다. 즉 사회주의적 계획화에 의해서라는 것이다. 그러나 사회주의적 계획화란 무엇인가?"[10]

이 다음에는 계획화에 대한 흥미로운 문장이 이어진다. 정확히 이해될 경우 그것은 소비에트의 '국가적' 계획화에 대한 비판을 포함하고 있다. 그리하여 알튀세르는 다음과 같이 덧붙인다. 하지만 "이 다양한 경험들[유고슬라비아, 소련, 중국] 속에서 바로 문제가 되는 것은, 언젠가 저 유명한 사회주의적 생산관계가 현실적 소유관계로서 존재하게 될 전대미문의 형태들을 탐색하는 것이다."[11] 그리고 그는 계획화가 그 자체로 남겨질 경우 즉 사령부로 격상될 경우, 그것은 생산력을 조직하는 좀더 합리적인 하나의 방법에 불과하다고 덧붙인다. 그는 계획화를 "해결이 아니라, 생산관계들의 우위에 종속되는 하나의 수단" 즉 "대중의 정치적 개입에 기초한 정치적 노선"에 종속된 수단으로 간주할 것을 요구한다. 요

---

9) 알튀세르의 이 수고 텍스트들은 조심해서 다루어야 한다. 수고와 그가 출판할 예정이던 글 간에 존재하는 차이는 그가 자생적으로 사고했던 것, 즉 최초의 성찰에서 지향했던 것과 그가 실제로 지지될 수 있는 것으로서 최종적으로 제시했던 것 사이에 존재하는 간극을 보여주기 때문이다.
10) Louis Althusser, *Sur la reproduction*, p. 79.
11) 같은 책, p. 81.

컨대, 정치를 '사령부'에 놓아야 한다.[12]

이 분석을 계속하기에 앞서, 나는 알튀세르의 기이한 '실수'를 통해 작은 우회를 하고자 한다. 알튀세르는 이 수고 전체를 통해 되풀이해서 널리 인정된 마르크스의 표현에 따라 '노동력의 판매'라고 말하는 대신, '노동력의 사용의 판매'라고 말한다. 이것은 사실 이상한 실수이다. 왜냐하면 판매되는 것은 노동력이지 그것의 사용이 아니기 때문이다. 판매는 사용의 양도이다. 사람들은 사물의 사용을 다른 사람에게 양도하며, 이런 의미에서 사물을 판매하는 것이다. 사물을 판매하는 것이지, 알튀세르가 이 글에서 쓰듯이, 그 위에 덧붙여 사용을 판매하는 것은 아니다. 이러한 실수로부터 일종의 '값 올려 부르기(surenchère)'를 보지 않는다면 어떤 '징후적인' 독해가 가능할 것인가? 우리는 거기에서 판매라는 관념을 임대라는 관념, 다시 말해 사용을 처분에 맡겨둠이라는 의미로 최소화시키려는 시도를 읽어낼 수도 있을 것이다. 임대의 경우 판매자의 소유권은 보존되기 때문이다. 하지만 나는 오히려 거기에서 노동력이 실제로 상품이 되었다는 생각에 대한 과장된 강조를 읽어내고 싶다. 왜냐하면 그는 덧붙여 "노동력의 사용을 포함하여, 모든 것이 상품이다"[13]라고 쓰고 있기 때문이다.

내가 보기에 모든 문제는, 실상 노동력이 상품이자 동시에 상품이 아니라는 사실에 있다. 봉급생활자는 장기간 위탁이라는 상품의 현저한 특징을 지니고 있다. 그러나 동시에 이 노동력은 노동의 전과정을 통해 그가 동의하지 않거나 그의 동의를 존중하지 않는 어떠한 사용의 대상도 될 수 없다. 바로 이 점에 제도주의의 중심 사상이 있다. 노동력은 하나의 사물, 세놓은 사물처럼 양도될 수 없다. 이러한 이유로, 『자본론』의 주

---

12) 같은 곳.
13) 같은 책, p. 96.

석가들을 종종 매혹시키는 임대라는 용어의 '최소화'는 분석에 별로 도움이 되지 않는다. 왜냐하면 노동력은 법적-정치적인 경제적 관계 속에 들어가며 그러므로 그 자체로서 이미 결코 법적인 상품관계로 환원될 수 없기 때문이다. 노동력이 가치를 생산함과 동시에 가치를 가짐으로써 분석의 지주가 된다는 점에서 노동력이 판매된다는 것(따라서 상품이라는 것)을 이해하는 것은 확실히 본질적이다. 하지만 그것이 **상품**임과 동시에 **비-상품**이라는 사실이야말로 분석해야 할 계급관계의 핵심을 이룬다.

모든 곤란은 바로 이 지점에 집중된다. 즉 한편으로 시장관계와, 다른 한편으로 임금협약에 의해 노동력이 편입되는 조직관계 간의 접합이라는 문제이다. 왜냐하면 기업 또한 하나의 계획화된, 즉 조직화된 장소이기 때문이다. 여기에서 이 지점으로부터 출발하는 모든 분석의 실타래를 전개시킬 수는 없다. 아마도 제도주의적인 연구들이 이 문제를 해명하는 데 도움을 줄 수 있을 것이다. 나는 다른 곳 특히 1996년에 출간된 『현대의 마르크스/대결(*Actual Marx/Confrontation*)』 총서 중 마지막 두 권 즉 『노동의 위기(*La Crise du travail*)』와 『조절이론과 협약이론(*La Théorie de la régulation et la Théorie des conventions*)』에서 분석을 시도한 바 있다. 그것은 현대적 계급관계가 두 가지 형태의 합리적인 노동통합, 즉 시장과 조직화 위에서 구성됨을 보여준다. 그리고 사정이 만일 이러하다면, 조직화 위에 기초한 관계들은 시장관계를 특징짓는 관계와 비슷한 관계를 법과 국가의 문제에 대해서 맺고 있다는 사실이 드러난다. 계획화는 생산력과 관련해서 어떠한 특권적인 지위도 차지하지 못한다. 그것은 시장과 꼭 마찬가지로 생산력의 '합리적인' 통합의 한 형태일 뿐이다. 계획화 역시 시장과 똑같이 계급관계의 잠재적인 원리이다. 소비에트 체계는 하나의 일탈도, 또 다른 형태의 자본주의도 아니며, 다만 현대 사회의 계급체계의 또 다른 축을 대표하는 것으로 분석된다.

만일 그렇다면 우리는 알튀세르가 마르크스를 따라서 그러나 더욱 완

강하게, 법과 시장관계 사이에서 식별할 수 있을 거라고 믿었던 특권적인 관계를 다시 문제삼게 된다. 그는 이러한 지향 때문에 호명이라는 문제설정을 발전시키는 것이다.

정정은 서로 연결되어 있는 여러 지점들에서 행해질 수 있다.[14] 나는 다만 호명의 문제설정을 검토하는 데서 그칠 것이다.

앞에서 말한 바 있듯이, 수고『생산관계의 재생산』은 1971년『팡세』지에 다시 수록된 이데올로기적 호명에 관한 텍스트로 끝맺고 있다. 이데올로기는 개인들을 주체로 호명한다. 역사가 계급투쟁의 역사라는 의미에서, 이데올로기는 영원하고 전(全)역사적인 범주로 취급된다. 이데올로기는 생산관계에 대한 개인의 상상적인 관계를 표상하며, 구체적인 개인을 주체로 구성한다. 여기에서 종교적인 이데올로기는 모든 이데올로기적 형태의 패러다임으로서 언급될 뿐이다. 종교적 이데올로기는 대 '주체'의 담론 속에서 진술되는데, 대 '주체'는 나에게 이렇게 말한다. "나는 너에게 말을 건다. 복종하건 안하건 너의 자유다." 그것은 즉각 "정말 그래!"라는 대답을 야기하고, 이를 통해 주체는 스스로 예속되었음을, 즉 '주체'의 명령에 자유롭게 복종하기를 수락할 수 있음을 인정한다. "아멘(그대로 이루어질지어다)!" 알튀세르의 설명에 따르면 이리하여 수락되는 것은 생산관계이다. 생산관계와 계급관계가 '기능'(이는 알튀세르의 용어

---

14) 특히 그가 법과 생산관계 사이에 설정하는 상대적인 외재성. 그에 따르면 법은 어떤 장치(dispositif)의 공고화로서 나타나는데, 이 장치 역시 그 자체의 견고함을 가지고 있다. 다음과 같은 구절을 보라. "법의 추상성, 형식성, 보편성은 생산관계의 기능이라는 놀이를 지배하는 형식적 조건들에 대한 공식적이고 법적인 인정에 불과하다"(같은 책, p. 197). 또한 법은 기성의 사실을 확고하게 만들며(같은 책, p. 194) 생산관계의 기능 수행을 보장한다는 생각을 보라. 심지어 그것은 역사적 사실을 참조하기도 하는데, 예를 들어 중세시대에 법은 경제적 관계 이후에 계발되어 그것을 공고화한다는 것이다(같은 책, p. 198).

이다)하기 위해서는 바로 그처럼 마치 그것이 내 자유의 장소 자체인 자연적 질서인 양 동의할 것을 요구한다.

하지만 나는 알튀세르에게 이렇게 반박하고 싶다. 현대 인간의 특징은 그가 자기 자신에게 부여한 것 이외의 다른 법을 인정하지 않는다는 것, 동시에 자신이 (원리상 모든 사회적인 존재 위에서) 주권적인 한에서만 스스로를 주체로 인정한다는 것이다. 적어도 그는 정치적 의례에 의해 주체로 호명되는데, 그 정치적 의례는 모든 사람은 시민이며 그 자체로 (한 단어로) 자유-평등인(librégaux)이라고, 이러한 자유-평등성을 존중하고 보장하는 형식 속에서만 법이 존재한다고, 이로부터 나오고 자신의 한계 속에 머무는 권력만이 합법적이라고 끊임없이 들려준다. 현대의 개인은 주권적 주체로서 호명된다. 어떤 지상(至上)의 의무가 그에게 의미를 갖는 것은 오직 이런 이유에서이다.

이것을 이데올로기라고 불러야 할까? 알튀세르의 정식화에 따르면 이데올로기의 이데올로기적인 성격은 그것이 생산관계에 대한 현실적인 종속을 은폐하는 데에 있다고 한다. 생산관계는 자신의 재생산조건들을 함축함으로써, 그리고 특히 법을 절대적이고 자명한 것으로 반복함으로써 스스로를 재생산한다. 그렇지만 내가 보기에 알튀세르는 자신의 분석을 끝까지 밀고 나가지 않았다. 그는 호명을 생산관계의 외부에 남겨둔다. 그는 생산관계는 스스로 재생산되며 이데올로기는 단지 거기에 기여할 뿐임을 정당하게 강조한다. 그리하여 그는 일종의 협력관계를 설정한다. 그에 따르면, 이데올로기는 생산의 '기능 수행'을 보장한다. 알튀세르는 확실히 이데올로기가 생산관계 자체 속에 자리를 차지하고 있음을 이해하고 있다. 그러나 그는 이것을 이해할 수 있게 해주는 개념을 생산하지 않는다.

이러한 이유로 나는 정반대의 테제를 도입하고자 한다. 이데올로기적인 것은 호명이 아니다. 주권적 주체로서의 현대 주체의 호명은 전혀 이데올로기적이지 않다. 그것은 반대로 모든 이데올로기를 경계하는 것이다. 그리고 나는 이내 호명은 또한 이데올로기의 형식이라고 덧붙이고 싶다. 그러나 이 두 가지 상반된 명제들은 서로 다르게 이해되어야 한다.

이러한 언술들은 오로지 '순수한 이론'의 틀 안에서만 적합하다는 사실을 상기하면서 이 점을 살펴보자. 알튀세르가 반복하여 말했듯이, 『자본론』의 이론이 순수한 이론, 즉 특정한 역사적 형태 속에서 실현된다고 허구적으로 가정된 것의 변증법적인 실현형태에 관한 이론이라는 의미에서 말이다.

주권적 주체의 호명은 현대적 생산관계에 내재되어 있다. 봉급생활자는 자유롭다는 의미에서 즉 자유로운 존재로서 호명된다는 의미에서, 그리고 이 자유는 임금관계라는 한계 내에 제한될 수 없다는 의미에서 그러하다. 왜냐하면 시장의 자유는 이를테면 시장관계·그 자체도 자유의 사회적 관계임을 함축하기 때문이다. 이는 오직 일반의지만이 대변할 수 있다. 일반의지가 자유롭게 시장관계에 동의한다면, 이는 오로지 그것이 다른 사회관계들 역시 원할 수 있기 때문이다. 예를 들어 집중에 의한 조직화, 여러 사람들의 연합에 의한 조직화, 그리고 무엇보다 모든 사람의 연합에 의한 조직화 등. 그렇지 않다면 일반의지란 존재하지 않으며, 따라서 호명이 전제하는 모든 이의 자유란 존재할 수 없다.

따라서 헤겔을 따라 마르크스가 말하듯이, 봉급생활자는 자유롭다. 그는 자유롭다고 선언되며, 그 자체로도 자유로운데, 임금협약에서 자유로울 뿐만 아니라, 일반의지의 부인할 수 없는 파트너로서 자유롭고, 또한 타인들과 연합하는 데 있어서도 자유롭다.

이상이 호명 속에서 선언되는바, 계약성 혹은 자유-평등성의 분리 불가능한 3항식이다. 그러나 오늘날 연합이라는 직접적인 말이 사회의 생존을 보장하지는 못한다. 사회적 단계에 있어서 계약성은 시장 혹은 계획의 형태를 띠고 있다. 그것이 실현될 수 있는 것은 오로지, 생산수단의 사적 소유 및 자본주의와 관련된 시장의 상호 개인적 계약성, 또는 중앙 집권적 소유 및 국가주의와 관련된 계획의 중앙집권적 계약성이라는 유효한 형태들, 혹은 양자의 결합된 형태 속에서뿐이다.[15]

그러므로 현대의 개인이 자유로운 존재로 호명되는 것은 항상 계급지배라는 조건 속에서이다. 말할 나위 없이 호명도, 그것이 선언하는 계약성도 결코 현대사회의 기초가 될 수는 없다. 그것들은 단지 현대적 계급관계의 전제된 가정에 불과하다. 계약성의 전개에 내재하는 계급관계의 형식 속에서 자유로운 존재로 호명되는 것은, 스스로를 벌거숭이인 채로 재생산해야 하는 피착취자, 피지배자이다.[16]

이처럼 현대적 주체를 호명하는 호명, 즉 주체를 주권적인 존재로 호명하는 호명은 또한 은폐이기도 하다. 이는 호명이 자유-평등성 혹은 계약성의 선언이기 때문에 그 자체로 조약, 즉 상호약속의 형식을 취한다는 사실과 관련된다. 그 약속은 항상 지속적인 갱신을 가정하는 약속이며, 마찬가지로 약속의 이행을 가정하는 공정 증명이다. 자유-평등하다고 선언하는 것은 자유-평등한 존재로 간주하며 간주할 것임을 선언하

---

15) 내가 *Théorie de la modernité*(Paris : PUF, 1995)와 *Théorie générale*(준비중)에서 제시한 분석들을 참조하기 바란다.

16) 여기에서 나는 세계체계 속에서 '주변부'에 대한 (계급구조화의 '현대적' 형태에서 강력한) 중앙의 전능함에 의해 정당화되는 종속의 위치에 놓여 있는 훨씬 많은 사람들에 대해서는 말하지 않겠다. 단지 구조와 사회관계의 구조적 형태에 대해서 말할 뿐이다. 그리고 나는 구조의 개념들은 그 자체로 체계를 통한 접근의 길에 있어서 추상적인 계기에 지나지 않는다는 것을 상기시키고자 한다. 비록 그것들이 이러한 접근에 기초를 제공하고 그 한계를 지정하긴 하지만 말이다. 나의 논문「우리는 하나의 민족과 같다. 현대세계의 메타구조적 이론과 체계론적 이론 간의 관계(Nous serons comme un seul peuple. Recherches sur la relation entre la théorie métastructurelle et la théorie systémique du monde moderne)」, *Les Nouveaux Espaces politiques*(Georges Labica의 지도하에 집필되었음), Paris : L'Harmattan, 1995를 보라.

는 것이다. 따라서 호명의 시제는 현재-미래 즉 '이제부터'이다. 그런데 시장과 조직화라는 사회적 형태 속에서 주어지는 계약성은 그 대립물로 전도된다. 그러나 이 전도는 항상 부인(否認)이라는 형태로 이루어진다.

하지만 이러한 부인 또한 자유의 호명이기를 멈추지 않는다. 부인은, 사람들이 전쟁을 선포하듯이, 실제로 자유를 선포한다. 부인은 불평등, 예속, 착취는 보편적으로 받아들일 수 없는 것이라고 선포한다. 호명은 계급투쟁을 선포한다.

나는 시계 속에는 어떠한 유령도 살고 있지 않다고 기꺼이 주장한다. 그리고 나는 호명은, 모든 정치적 의례들 속에 존재하며 계급투쟁이라는 사회적 존재론에서 비롯되는, 이러한 자유-평등성의 사회적 선언 이외에 다른 어느 곳에도 있지 않다고 생각한다. 이 선언이, (현대 사회관계들이 그 의례적인 형태들 속에서 자신에 대해 말하는 바에 의해) 사회적인 행위자들이 끊임없이 준거해야 하고 준거하도록 초대되는 기준인 한에서 말이다.

따라서 현대의 법질서를 정식화하는 호명의 특권적인 장소는 시장관계 자체가 아니다. 그리고 자본주의에 대한 대안의 문제는 시장관계에 대한 대안이라는 용어로 제기될 수 없다.

그것은 이미 누구나 알고 있는 것이라고 반박할 수도 있다. 그에 대해 나는 오늘날 이러한 신념의 높이에까지 이른 이론은 존재하지 않으며, 이 점에서 이 신념은 매우 불확실하고 모호한 채로 남아 있으며 순전히 기술적(技術的)으로만 정의되고 있다고 답하고자 한다.

마르크스의 이론 전체는 시장관계의 정당성 비판에 향해 있다. 알튀세르는 『자본론』을 잘못 해석하지 않았다. 그와 정반대로 그는 『자본론』과 함께 그리고 역사적 공산주의의 지향성에 맞추어 자본주의의 대안은 시장관계의 위반을 함축하며 법은 시장관계와 일체라고 주장한다.

뭔가 다른 입장의 토대를 세우기란 쉬운 일이 아니다. 이는 이론을 처음부터 다시 쓸 것을 요구한다. 그러나 우리가 알다시피 이것은 너무도 어렵기 때문에 알튀세르는 『자본론』의 독자에게 우선 시작부분을 건너뛰고서 가능하다면 나머지를 전부 이해한 후에 다시 맑은 정신으로 되돌아와 읽으라고 제안한다. 우리가 아는 것처럼 『자본론』에서 그 시작은 상품관계에 대한 설명이다.

만일 우리가 새로운 신념의 높이에 이른 이론, 또는 인류의 이름에 걸맞은 사회를 건설하는 것과 관련하여 우리가 현재 처해 있는 거대한 불확실성의 높이에 이른 이론을 원한다면, 우리는 사물들을 처음부터 다시 시작하지 않으면 안되고, 따라서 이를테면 『자본론』을 처음부터 다시 쓰지 않으면 안된다. 이는 시장의 자유에 대한 단순한 서술에 머물 수 없는데, 왜냐하면 우리는 그것이 자본주의적인 대립물로 전화된다는 사실을 알고 있기 때문이다. 이러한 시작, 즉 토대가 아니라 단지 시초이자 형식의 담론의 끝으로서, 나머지 전체가 그로부터 발생되는 이러한 시작은 필연적으로 더 복합적이고 모순적인 어떤 것이다.

내가 보기에 이 시작은 호명이라는 눈멀도록 밝은 섬광 속에 주어진 어떤 것에 다름아니다.

알튀세르는 『자본론』을 잘 해석했다.

그리하여 그는 우리에게 『자본론』을 전화시켜야 하는 이유를 제공했다. (김동수 ; 서울대 불문과 박사과정)

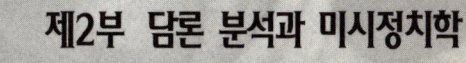

제2부 담론 분석과 미시정치학

푸코의 미시정치학에서 저항과 적대의 문제
- 계급투쟁의 생체정치학을 위하여 -

이진경

1. 전복적 사유의 전복?

푸코는, 다른 대부분의 경우에 그랬듯이, 한국에
도 역시 '감금의 사상가'로 왔다. 혹은 광기와 광
인에 대한 낭만적 옹호자로, 그리하여 이성과 이성
주의에 반대하는 '반합리주의자'로 왔다. 그러나
푸코에게 중요했던 것은 차라리 감금되지 않은 상
태에서 작동하는 근대적 권력이 바로 감옥에서 집
약된 권력의 다이어그램과 동일하다는 것이었고,
그런 만큼 감옥에 대한 그의 연구는, 이런 표현을
써도 좋다면, 비-감옥인 근대사회에 대한 연구였던
셈이다.[1]

---

1) G. Deleuze, *Foucault*, Minuit, 1986, 권영숙·조형근
옮김, 『들뢰즈의 푸코』, 새길, 1995, 75쪽 참조. 이하 국

Michel Foucault

또한 『광기의 역사(*Histoire de la folie l'age classique*)』나 『말과 사물』
등에서 푸코가 그려낸 역사를 단순히 이성에 반하는 광기나 비이성을 단
순히 이성에 대비하여 복권시키려는 것으로 보는 것만큼 성의 없고 상투
적인 이해는 없을 것이다. 『광기의 역사』를 통해 근대적 이성의 타자의
역사를 다루는 한편, 『말과 사물』을 통해 그 동일자의 역사를 그려내려
한 것이라는 그의 언급을[2] 믿어도 좋다면, 소박하게 말해서 푸코는 근대
적 이성의 경계를 그리려 하고 있다고 할 수 있을 것이다. "서구문화의
가장 깊은 심층을 드러내려는" 이 시도들을 통해 그는 "우리의 고요하고
부동적인 대지에 균열과 불안정과 틈새를 회복시키려고 한다."[3] 다시 말
해 그는 현존하는 이성의 경계를 드러냄으로써 그 '외부를 사유'하고자
하는 것이며, 이로써 확고하고 불변적인 것으로 간주되는 그 경계를 가
변화시키려는 것이다. 그것은 새로운 사유방식과 새로운 사고의 요소를
향해 이성을 '개방'하려는 시도라고 하겠다.

따라서 이러한 시도를 행하는 그의 문제설정은 지극히 근본적이고 비
판적이다. 고고학이라고 부르는 그의 연구는 '진리'라는 이름으로 당연
시된 지식이나 사고방식을 역사적으로 형성된 지층으로 간주하며, 그 지
층 안에서 말할 수 있는 것과 말할 수 없는 것을 분할하고 특정한 언표
를 배제하는 메커니즘을 드러낸다. 니체식으로 말한다면 지식의 내부에
있는 권력의지들을 드러내는 것이다. 혹은 계보학이라고 부르는 그의 연
구는 담론적인 것뿐만 아니라 비담론적인 것을 포함하는 복합체 — 이
를 그는 '장치(dispositif)'[4]라고 부르는데 — 를, 그 발생지점으로 거슬

내 번역서가 있는 경우 인용문은 모두 국내 번역서에 준하되, 단 번역문을 그대로
따르지는 않는다.

2) M. Foucault, *Les mots et les choses*, Gallimard, 1966, 이광래 옮김, 『말과 사물』,
  민음사, 1986, 22쪽.

3) 같은 곳.

러올라가 '기원'을 드러내고 그 기원의 가치를 의문에 부치는 니체적인 방법으로써,[5] 감옥이나 성적 장치를 통해 작용하는 권력관계를 드러낸다. 여기서 우리는 고고학이나 계보학이 갖는 '전복적 사유' 내지 근본적 비판으로서의 성격을 분명히 볼 수 있다.[6] 그가 '전복(renversement)'이란 원리를 자신의 연구를 위한 방법상의 요구 가운데 가장 앞서 제시하는 것은 어쩌면 당연한 일이다.[7]

그런데 분석의 대상이나 방법, 심지어 그 문체에 이르기까지 일관되었던 이 전복적 사유는 그의 말년에 이르러 거대한 전환점을 통과한다.『성

---

4) 이 dispositif는 disposer에서 파생된 명사인데, '배열하다' '배치하다' '…을 하도록 준비시키다' 등의 의미를 동시에 갖고 있으며, 법률적으로는 '판결문', 군사적으로는 '부서'나 '배치', 기계에서는 '장치'라는 의미로 사용된다. 판결문처럼 그 대상에게 명령하고 조치하는 '담론적인 것'과, 기계적인 내지 제도적인 장치처럼 '비담론적인 것' '기계적인 것'을 동시에 포괄하는 말이다.

한편 들뢰즈/가타리가 사용한 agencement은 영토성과 관련된 지리적 구성요소가 강조되는 데 비해, 푸코의 dispositif는 다양한 요소들이 고유한 방식으로 '계열화'되는 것이 강조되지만, 그 내용은 매우 유사하다.

5) 푸코는 이를 '기원'을 찾고 기원으로 돌아가려는 방법과 구별하면서, 기원이란 말을 차라리 발생과 혈통이란 말로 대체한다. 즉 그가 보기에, "문제는 사건들을 구별하고 그 사건들이 속해 있는 그물망을 식별하여 사건이 상호간에 맞물려 서로를 낳게 하는 계보를 재구성하는 것이다… [이럼으로써] 거기서 재발견되는 것은 사물들의 상이한 질서다"(M. Foucault, "Nietzsche, généalogie, histoire", 이광래 옮김, 「니체, 계보학, 역사」,『미셸 푸코』, 민음사, 333쪽). 계보학은 이러한 문제화 방식을 통해 "이전에는 부동이라고 간주되었던 바를 혼동시키며, 동질적이라고 상상되었던 것의 이질성을 보여주며, 통일된 사고였던 것을 조각낸다"(같은 책, 338쪽).

6) 푸코가 계보학적 연구로 방향을 돌리면서 '고고학'에 대해 일정한 거리감을 갖게 되었던 시기에 그는 고고학이란 말을 "전복적 원리를 작동시키는 비판적 집합"이라고 부른다(M. Foucault, L' Ordre du discours, Gallimard, 1971, 이정우 옮김,『담론의 질서』, 새길, 1993, 46쪽).

7) 같은 책, 41쪽.

의 역사(*Histoire de la sexualité*)』1권(*Volonté du savoir*) 이후 7년 만에 출간된 그 2, 3권은 고대 이래의 윤리적 실천의 양상을 분석대상으로 할 뿐 아니라, 자유로운 윤리적 실천이라는 일종의 '대안'을 포함하는 것이었다.[8] 이는 서구 근대의 사유 내지 근대사회의 전복을 꿈꾸던, 그의 거의 평생에 걸친 비판적 작업에 비추어본다면 지극히 전면적이고 놀라운 변환이다. 전복적 사유의 전복. 이러한 전환을 어떻게 이해해야 할 것인가? 그것은 드러난 사실이 보여주듯이 비판적 문제설정의 포기일까? 그렇다면 그 포기의 이유는 무엇일까?

이러한 전환이 불편한 긴장을 포기하고 안이한 대체물로 옮겨가는 손쉬운 '전향'이 아니라, 그 진지함을 지속하면서 그 긴장과 위기 속에서 야기된 전환인 한, 그 전환에는 중요한 이유가 있게 마련이다. 거기에는 '이유'라는 말보다는 오히려 '동력'이라는 말이 더 어울리는데, 우리는 바로 그 지점에서 푸코가 추구했던 전복적 사유의 개념적 곤란을, 그의 미시정치학적 전략을 궁지로 몰아간 난점을 확인할 수 있을 것이다. 그리고 바라건대 그 궁지에서 벗어날 수 있는 새로운 선을 추가하는 데 성공할 수 있다면, 그 난점은 푸코의 이전 작업 — 대부분의 작업인데 — 을 우리 나름대로 영유할 수 있게 해줄 소급적 작용점이 될 수 있을 것이다.

---

8) M. Foucault, *Histoire de la sexualité : L' Usage des plaisirs*, Gallimard, 1984, 문경자 · 신은경 옮김, 『성의 역사』 2권, 나남, 1990, 「서문」; M. Foucault, "Á propos de la généalogie de l'éthique," H. Dreyfus et P. Rabinow, *Michel Foucault : Un parcours philosophique*, Gallimard, 1984, 서우석 옮김, 「윤리학의 계보학에 대하여」, 『미셸 푸코 : 구조주의와 해석학을 넘어서』, 나남, 1989 참조.

2. 근대비판의 문제설정

푸코를 '감금'의 사상가 내지 낭만적 반합리주의자로 간주하는 것만큼이나 일반적인 것은 '권력'의 사상가로 간주하는 것이다. 이런 관점에서 많은 사람들이, 좋은 의미에서건 나쁜 의미에서건, 푸코의 전 저작을 권력이론에 맞추어 재생산해낸다. 그러나 지난 20년간의 자기 연구의 대상이 권력이 아니라 '주체'였다는 말년의 발언은 이러한 통념과 정면으로 충돌하는 것처럼 보인다.

나는 우선 지난 20년 동안의 내 작업의 목표가 무엇이었는지 말하고 싶다. 그것은 권력현상의 분석도, 그러한 분석의 기초를 제공하는 것도 아니었다. 오히려 나는 우리 문화에서 인간이 주체화(subjectivation)되는 상이한 방식들의 역사를 생산하려고 했다⋯ 따라서 내 연구의 일반적 주제를 이루는 것은 권력이 아니라 주체다.[9]

물론 푸코 자신 역시 자기의 작업이 '권력문제에 깊이 연루되어 있는 것'은 부정하지 않는다. 그럼에도 불구하고 자신과 권력을 연결짓는 통념을 염두에 둔 것이 분명한 이 발언은 대체 무엇을 의미하는 것일까? 아니 좀더 정확하게 말하자면, 가장 일반적인 통념이 될 정도로 유명한 푸코의 권력이론과 그것을 부인(!)하는 푸코의 발언 간의 대비와 간극은 대체 무엇을 뜻하는 것일까?

이는 단지 푸코의 입장 변경을 의미하는 것만도, 혹은 '주체화 방식'에 대한 연구로 요약되는 말년의 입장에 과거의 자기 연구를 싸안으려는 시

---

9) M. Foucault, "Deux essais sur le sujet et le pouvoir," Dreyfus et Rabinow, 앞의 책, 서우석 옮김, 「주체와 권력」, 앞의 책, 297쪽.

도만도 아니다. 차라리 그것은 권력의 계보학이나, 그 이전의 '담론의 고고학', 나아가 윤리적 실천에 대한 연구가 공통으로 전제하고 있는 문제설정에 대한 언급이다. 이는 '권력'을 비롯한 그의 모든 개념들이 작동하는 이론적 공간을 분명히 하는 것이며, 그 개념들의 위상학적 위치를 정의해주는 것이기에 중요하다.

그것은 한마디로 '근대비판의 문제설정'이라고 할 수 있다. 모든 표상과 인식을 인간을 통해 파악하며, 지식 역시 그러한 인간이 획득하고 소유할 수 있는 어떤 것이라는 사고방식, 권력 역시 마찬가지로 인간(의 특정 집단)이 획득하고 소유할 수 있는 것이라는 사고방식은 근대적인 철학이나 정치학의 영역을 통해 공통의 기초를 이루고 있다. 그것을 요약하면 인간이라는 주체가 표상이든 지식이든 권력이든 소유할 수 있고 그것을 이용하고 행사할 수 있다는 관점이다. 이는 주체를 당연시된 출발점으로 삼는다는 점에서 '주체 철학'이고, 인간을 그 모든 현상과 경험의 중심점으로 간주한다는 점에서 '인간학'이다.

반면 그의 연구는 근대적 문제설정에서 당연시된 이 출발점과 중심점을 ─ 후설식으로 말하자면 ─ 괄호 치는 것이다. 그리고 차라리 그러한 당연시와 중심화가 어떻게 하여 나타났는가를 드러내는 것이다. 예컨대 『말과 사물』은 노동, 생명, 언어라는 유한성을, 동시에 표상으로 환원되지 않는 객체성을 통해 근대적 에피스테메(épistémè)를 특정화하는 한편, 그러한 특징을 집약하고 있는 존재로서 인간이 어떻게 근대적 에피스테메의 중심에 서게 되는가를 보여주고 있다. 칸트에게서 분명하게 보이듯이, 인간은 유한한 경험의 한가운데에 서 있으며, 동시에 그것을 가능하게 해주는 선험적 조건을 보유함에 따라 스스로 자신의 유한성의 토대가 된다. 경험적-선험적 이중체로서의 인간. 그리고 사유가 인간이란 이중체에서 벗어나지 못하는 한, 그것은 "경험적인 것과 선험적인 것 사이의 공간에서 다시 한 번 깊은 잠에 빠져 있는 것이다. '독단적인 잠'이 아니라

'인간학적 잠'에."[10] 근대적 사유의 저 인간학적 잠을 깨우려는 이런 시도를 그가 칸트의 전례에 따라 '비판'으로 이해하는 한, 그가 겨냥하고 있는 지점은 분명한 셈이다.

이제 그는 선험적인 것과 경험적인 것, 주체와 객체의 이중체로서 인간에서 벗어나 거꾸로 '인간을 주체화하는 상이한 방식들'에 주목한다. 다시 말하자면, 우선 그는 특정한 담론 안에서 주체의 자리가 정의되는 방식을, 그리고 그 담론이 개인들로 하여금 말할 수 있는 것과 말할 수 없는 것을 정의해주는 방식을 분석하며, 그에 따라 특정한 방식으로 사고하게 제약하는 규칙을 분석한다. 나아가 그는 특정한 형태로 사람들을 길들이고 특정한 방식으로 행동하게끔 만드는 권력의 행사방식을 분석하며, 그 결과 개개인의 사람들이 어떻게 '주체'로 만들어지는지를 연구한다.

결국 푸코가 생각하는 '주체'라는 주제는, 개개인으로 하여금 특정한 질서의 틀 안에서 사고하고 행동하도록 강제하고 길들이는 조건을 통해 그들을 특정한 형태의 '주체'로 변형시키는 방식을 연구하는 것이다. 그 조건으로서 '인식으로 환원되지 않는, 오히려 인식에 선행하는, 표상할 수 있는 것과 표상할 수 없는 것을 분할하고 재단하는 방식'이 중심적인 것으로 간주되어 분석되던 시기가 있었던 셈이고, 그와 달리 규율이나 감시, 특정한 구조의 감옥처럼, 담론으로 환원되지 않는 다양한 조건들을 통해 개인에게 작용하는 권력이 중심적으로 분석되던 시기가 있었던 셈이다.

이는 '주체 철학'의 문제설정을 크게 두 가지 지점에서 근본적으로 전복하려는 것이다. 첫째, 인식하고 사고하는 것은 주체가 하는 것이라는 근대적 명제를 전복한다. 반대로 개인들이 '주체'로서 사고하는 것은, 인식이나 사고가 그 위에서 행해지는 바의 조건들 — 이를 '담론'이라 부르든, '에피스테메' 혹은 '지식'이라 부르든 — 속에서이며, 지식이나 담론이

---

10) 푸코, 『말과 사물』, 390쪽.

개인들을 특정하게 사고하고 판단하는 '주체'로 만들어낸다는 것이다. 즉 주체가 사고하는 것이 아니라, 지식이 주체로 하여금 (특정한 형태로) 사고하게 한다는 것이다. 이로써 주체와 지식의 관계는 뒤바뀐 것이었음이 드러난다. 이것이 담론이론의 문제설정을 가능하게 한 것이며, 동시에 그 결과이기도 하다.

둘째, 권력은 누군가, 즉 어떤 '주체'가 소유하고 사용하는 것이라는 명제를 전복한다. 반대로 개인들이 특정한 형태의 '주체'로서, 특정한 방식으로 행동하는 것은 거꾸로 그들을 특정한 형태로 행동하도록 길들이고 강제하는 권력 — 그것을 '규율권력'이라 부르든, '생체권력'이라 부르든 — 에 의한 것이란 것이다. 즉 권력이 개개인을 특정한 형태의 주체로 만들어낸다.[11] 여기서도 권력과 주체의 관계는 뒤바뀐 것이었다고 주

---

11) 그가 무엇보다도 우선 권력을 '소유할 수 있는 어떤 것'으로 보는 이론 전체에 대해 강력하게 비판하는 것은 바로 이런 이유에서다. 그는 권력을 소유할 수 있는 어떤 재산(propriété)으로 보는 입장에는, 권력현상 전체를 국가적 권력으로 환원하는, 자유주의와 마르크스주의에 공통된 관점이 전제되어 있다고 비판하는 것이다. 이로써 푸코와 마르크스주의자들 간에 '유명한' 논점이 만들어진다. 그러나 여기서 푸코 자신이 구별하지 못하고 뒤섞은 것이 있다. 그것은 '주체와 권력의 관계'라는 차원에서 정의되는 것을 '계급과 권력', 계급투쟁이라는 차원에서 정의되는 것과 뒤섞어버린다는 점이다. 이는, 나중에 다시 언급하겠지만, 권력이 작동하는 장치와 교차하는 상이한 차원이 있다는 것을, 다시 말해 집단간의 다양한 적대가 형성되는 차원이 있다는 것을 무시하기 때문이다. 그 결과 상이한 차원에서 정의되는 두 가지 권력 개념이 동일한 선상에서 대립되고, 서로 대체적인 관계에 있는 것처럼 된다.
풀란차스(N. Poulantzas)가 서 있는 지점이 바로 여기다. 그는 푸코의 권력이론에 대해, 그것이 계급투쟁과 국가적 권력을 무시하며(N. Poulantzas, *L'État, le pouvoir, le socialisme*, PUF, 1978, 박병영 옮김, 『국가, 권력, 사회주의』, 백의, 1993, 57쪽), 결국은 파슨즈나 말리노프스키로 대표되는 기능주의와 다를 바 없다고 비판한다(57, 87쪽). 다른 한편 그는 푸코 이론의 관계적 권력 개념을 긍정하며(186쪽), 일정한 유보하에서 그의 분석을 받아들일 수 있다고 말한다(87~88쪽).

장하는 셈이다. 이제 중요한 것은 "어떤 물질성의 기반 위에서 주체가 형성되는지를 찾"는[12] 것이다. 푸코는 그것을 권력이 어떻게 행사됨으로써 근대적 주체를 형성해내는가라는 문제로 제기한다. 돌아가 말하자면, 인간 개개인을 특정한 형태의 (사회-역사적으로 정의되는) 주체로 만들어내는 양식이란 차원에서 푸코의 권력 개념은 작동하는 것이며, 따라서 그가 분석하려 한 대상은 바로 '주체'의 문제라고 하는 것이다.

마지막으로 그의 윤리학적 문제설정 역시 근대비판이라는 이러한 전반적 문제설정 안에서 이해될 수 있다. 즉 그것은 (근대적인) 권력 자체의 전복을 포기한 전제 위에서, 근대적인 권력관계와 권력기술에서 개개인이 벗어나 새로운 양식의 주체를 스스로 구성해내는 길을 찾으려는 노력이다. 그가 도덕 자체에서 가치, 규칙, 금기 들의 체계로서 '행동규약의 측면'과 도덕마다 상이한 자기실천 방식으로서 '주체화 형태의 측면'을 구분하면서, 서로 분리할 수 없는 양자 사이에 최대한의 거리를 만들어내려고 시도할 때, 그리고 '규약지향성 도덕'에 대비해 '윤리지향성 도덕'의 중요성을 역설할 때,[13] 나아가 근대의 극히 규약지향적인 도덕과 상이한 도덕이 이전에 실존했음을 그리스의 예를 통해 보여줄 때, 우리는 그 노력의 진지함을 충분히 이해할 수 있다. 이는 욕망이라는 '윤리적 실체'를 법이라는 '예속의 양식'을 통해 규범화하는 근대의 도덕, 근대적 윤리학에 대한 계보학적 비판이다.[14]

그러나 그는 푸코의 권력 개념이 정의되는 지반을, 그리고 두 가지 권력 개념이 작동하는 상이한 차원을 끝까지 이해하지 못했다.

12) M. Foucault, *Power/Knowledge : Selected Interviews and Other Writings 1972 ~1977*, C. Gordon, ed., Pantheon, 1980, 홍성민 옮김, 『권력과 지식』, 나남, 1991, 129쪽.

13) 푸코, 『성의 역사』 2권, 42~44쪽.

14) 푸코, 「윤리학의 계보학에 대하여」, 334~341쪽 참조. 한편 푸코가 법이라는 예속

이상이 푸코 자신이 언급한 세 번의 '방향전환'이다.[15] 결국 그는 담론, 권력, 윤리를 주체를 만들어내는 방식에 대한 연구라는 '일반적 주제' 아래서 연구했던 것이며, 그 전체가 개인들을 근대적 주체로 생산해내는 방식에[16] 대한 비판이었다고 할 것이다.

화 양식에서 벗어나려는 반면, 하버마스(J. Habermas)는 체계와 생활세계의 대립과 그에 따른 생활세계의 식민화를 '법'이라는 매개영역을 통해 넘어서려고 한다는 점에서 대조적이다(J. Habermas, *Between Facts and Norms*, MIT Press, 1996).

그런데 푸코가 새로이 주목하는 '주체화 양식'이 어떤 시원적인 범주로서 주체를, 다시 말해 주체 철학적 범주로서 주체를 다시 도입하는 것은 아니다. 그것은 권력에 의해 정의되는바 주체로부터 이탈하려는, 이전 같으면 '저항'이라고 표현했을 힘을 통해 '자기에 대한 실천'을 설명한다. 이런 점에서 들뢰즈는 「푸코의 초상화」에서 "주체란 없다. 다만 주체성의 생산이 있을 뿐이다"(G. Deleuze, *Pour parler; 1972~1990*, 김종호 옮김, 『대담 : 1972~1990』, 솔, 1993, 115쪽)라고 하면서 푸코의 '주체화'를 지식과 권력을 넘어서 스스로를 산출하는 것, 권력의 선을 접는 '주름'으로 파악한다. "[푸코의] 주체화 과정은 '사생활'과는 전혀 관련이 없는 것으로, 개체 혹은 공동체들이 기존의 지식과 권력의 테두리 밖에서 주체로서 성립되어 새로운 지식과 권력을 형성할 수 있게까지 되는 작용을 지칭합니다… 따라서 푸코가 주체로 회귀한다고 말하는 사람은 그가 제기하고 있는 문제를 전혀 알아보지 못하고 있는 것입니다"(166쪽).

15) 푸코, 『성의 역사』 2권, 20쪽; 「주체와 권력」, 297~298쪽.

16) 이처럼 '개인들을 특정한 역사적 형태의 주체로 생산해내는 방식'을 '주체 생산 양식'이라는 개념으로 일반화할 수 있을 것이다. 여기서 '(주체의) 생산'이라는 말을 강조할 필요가 있다. 대중은 어떤 주어진 질서나 대상에 스스로 동일시함으로써 '주체화'된다기보다는 차라리 푸코가 잘 보여주듯이 특정한 권력의 장치 안에서 지속적으로 작용하는, 신체에 새겨지는 권력의 효과를 통해 '주체로 생산'된다고 보기 때문이다. 감시와 처벌, 반복적 시행을 통한 훈육, 이를 통한 유용한 능력의 생산, 그리고 이런 것들을 통해 형성되는 이른바 '습속의 도덕', 그것은 대중을 특정한 역사적 형태의 주체로 만드는 '공장'이다.

우리가 '표상체계 패러다임'을, 그것이 '기호의 물질성'을 전제한다는 점에서 받아들이지 않는 것과 동일한 이유에서, 우리는 '주체화'를, 그것이 타자 내지 큰 주

3. 권력의 미시정치학

1) 담론에서 권력으로

알다시피 푸코의 고고학은 담론적 형성체를, 그 안에서 작동하는 담론 형성 규칙을, 그리고 그 효과를, 한마디로 말해 '담론의 질서'를 연구한다. 그런데 담론의 질서에 대한 연구의 정점에서 푸코는 담론의 경계를

체가 정의하는 바에 대한 '동일시'를 전제하는 한 받아들이지 않는다(이에 대해서는 이진경, 「자크 라캉 : 무의식의 이중구조와 주체화」 ; 「미셸 푸코와 담론이론 : 표상으로부터의 탈주」, 이진경·신현준 외, 『철학의 탈주─근대의 경계를 넘어서』, 새길, 1995 참조). 덧붙이자면, 그 경우 '저항'은 기껏해야 '반동일시'나 '비동일시'라는 식으로, 즉 동일시의 일종(!)으로 파악될 수 있을 뿐이다(M. Pecheux, *Langage, sémantique et idéologie*, Nagpal, trans., *Language, Semantics and Ideology : Stating the Obvious*, Macmillan, 1982). 혹은 공존하는 ─ 공존의 이유는 아무도 모른다 ─ 다른 (저항적) 이데올로기에 대한 동일시로 설명될 수 있을 뿐이다. 물론 이 경우에도 동일시하는 이데올로기·큰 주체를 변경하는 이유는 역시 아무도 모른다. '문화접변' 비슷한 '이데올로기 접변'을 끌어들이지 않는다면, '지배적' 이데올로기를 다르게 정의함으로써 대체 무엇이 바뀔 수 있다는 것일까? 예컨대 그것을 '피지배자들의 가상의 특수한 보편화'라고 한다면, 그러한 보편화는 어떻게 수행되는 것이며, 그것이 (개인적이지 않다는 의미에서) 집합적인 표상체계를 이룰 수 있는 것은, 즉 다른 피지배자들에게 효과를 가질 수 있는 것은 대체 어떻게 가능한 것일까? '모방충동'과 미시적 전염? 아니면 또다시 동일시? (전자는 지라르(R. Girard)에 의거해 아글리에타(M. Aglietta)가 화폐를 설명하는 데 이미 사용한 바 있다. (M. Aglietta et A. Orléan, *La violence de la monnaie*, PUF, 1982).
'주체 생산'과 '주체화'에 관한 것으로 다시 돌아오자. 우리는 차라리 들뢰즈/가타리나 말년의 푸코처럼 권력에 저항하여 기존 권력의 테두리 밖에서 스스로를 주체로 형성하는 것은, (그리고 그런 한에서만) '주체화'라고 정의하는 것은 받아들일 수 있다. '주체화 양식' 역시 마찬가지다. 하지만 이는 권력이 정의하거나 타자-큰 주체가 정의하는 복종적 위치에 대해 거리를 두고 탈주하려는 힘에 강조점이 가 있기에 그렇다는 것을 재차 분명히 해두자.

넘어서며, 비담론적인 것 혹은 권력에 대한 연구로 이동한다. 이는 고고학에서 계보학으로의 방법론적인 이동을 뜻하는 것이기도 했는데, 이를 '담론에서 권력으로' 라는 말로 잠정적으로 요약하자.

푸코가 말하는 담론 내지 담론적 형성체는 무엇보다 우선 언표들의 집합으로 구성된다. 그러나 동시에 그것은 언표행위나, 그 언표행위에 연관된 다른 행위와 같은 담론적 실천의 집합이기도 하다. 담론이나 지식은 '말이 되는 말', 언표를 제한하며 그에 따라 어떤 담론, 예를 들면 정신병리학이란 담론적 형성체에는 반복적으로 출현하는 언표가 있는가 하면 결코 언표될 수 없는 것이 있다. 그리고 어떠한 언표나 언표행위도 그것을 통제하는 형성규칙에 따라야 한다. 그리고 그것은 정신병에 대한 생각이나 정신병자들의 행동을 통제한다. 이런 점에서 담론은 특정한 언표집합이 나타나거나 나타나지 못하는, 열려 있으나 제한된 공간인 동시에 담론적인 실천이 진행되는 장이다.[17] 이런 이유로 인해 언어가 허용하는 무수한 문장들이 모두 언표가 되지 못하며, 오히려 매우 적은 언표만이 출현할 수 있다. 이를 푸코는 '언표의 희박성' 이라고 말한 바 있다.[18]

이는 담론적 실천에 관해서도 마찬가지다. 정신병리학에서 언표행위의 주체는 의사나 그에 연관된 위치로 제한된다. 따라서 어떤 언표행위의 주체나 대상, 그리고 그들간의 관계를 정의해주는 개념이나 전략은 특정한 담론형성체 안에서 정의되며, 반대로 그것들을 통해 담론형성체는 작동한다. 여기서 푸코는 언표할 수 있는 것과 언표할 수 없는 것을 가르고, 언표의 출현을 통제하는 제한된 공간으로서 담론을 연구한다. 특정한

---

17) M. Foucault, *L'archéologie du savoir*, Gallimard, 1969, 이정우 옮김, 『지식의 고고학』, 민음사, 1992, 56, 60쪽.
18) 같은 책, 171~175쪽.

담론형성체를 구성하고 제한하는 것은 담론의 내부에서 작동하고 있지만 결코 담론의 내부는 아니다. 그것은 언표들을 담론적 공간 안에 분배할 뿐 아니라, 어떤 언표가 다른 언표와 상이한 가치와 효과를 갖도록 정의해주며, 그것을 통해 어떤 담론을 다른 담론과 구별해준다. 푸코는 이를 '외부(dehors)'라는 말로 개념화한다. 담론의 바깥이라기보다는 담론에 내재하는 외부. 그것은 바로 언표 가능한 것의 경계요, 언표들을 이미 조건짓는 '역사적 선험성'이다. "따라서 중요한 것은 언표적 사건들이 그 상대적인 희박성 속에서, 그들의 성긴 이웃관계 속에서, 그들의 펼쳐진 공간 속에서 배분되는 이 외부를 되찾는 것"이다.[19]

이러한 '외부'의 사유는 『말과 사물』에서도 마찬가지로 발견되는 것이다. 표상들을 가능하게 해주는, 그러나 결코 표상되지 않는 외부, 혹은 사유를 제한하며 그 안에서 사유가 전개되도록 하는, 사유 속의 비사유, 바로 이것이 그 책에서 푸코가 찾아내려 했던 것이다. 이를 그는 '에피스테메'라고 지칭한 바 있다.

이제 담론의 분석이 해석학과 갈라지는 지점이 분명하게 드러난다. 해석학은 어떤 공통의 (생활)세계, 특정한 말이나 글들이 펼쳐지고 해석되는 의미의 지평을 찾으며, 그 안에서 중층화된 의미의 다가성을 찾으려 한다. 이는 그 안에 포섭되는 한에서만 유의미하게 발화될 수 있는 언표나 언표행위, 혹은 실천의 공통 지반 — 해석학에서 말하는 '지평' — 을 찾으려 한다는 점에서 푸코의 담론 개념과 유사해 보인다. 하지만 에피스테메나 담론형성체를 찾으려는 푸코에게는, 공통의 경험을 가능케 해주는 공통의 '경험공간'도[20] 공통의 의미를 형성함으로써 서로에게 이

---

19) 같은 책, 177쪽.

20) R. Koselleck, *Vergangene Zukunft : Zur Semantik geschichtlicher Zeiten*, Suhrkamp, 1979, K. Tribe, trans., *Futures Past : On the Semantics of Historical Time*, MIT Press, 1985, p. 267 ff. 참조.

해 가능성의 기초를 제공하는 '의미지평'도, 그 안에 존재하는 다양한 의미의 가능성도 전혀 중요하지 않다.[21] 왜냐하면 그로서는 차라리 언표의 출현조건을 제한함으로써 '공통의 지반'이라는 형태로 동일자를 구성하는 이 '외부'가 문제이기 때문이다.

대비해 말하자면, 말해진 것 속에서-뒤에서 말해지지 않은 것을 찾아내려는 점에서 양자는 유사하지만, 해석학은 그것의 의미를 가능케 하는 공통분모를 추구하거나, 그것을 통해 숨겨진 의미를 찾아내려 하는 반면, 푸코의 고고학은 특정한 언표 및 언표행위만을 가능하게 하는 제한과 규칙을 찾아내려 한다. 전자에게 중요한 것은 공통분모로서 의미의 지반이지만, 후자에게 중요한 것은 어떤 문장을 유의미/무의미하게 만드는 제한과 규칙이다.[22] "해석한다는 것은 언표의 결핍에 대응하는 방식이며, 그 결핍을 의미의 복수화를 통해서 보상하고자 하는 것이다… 그러나 담론적 형성체를 분석한다는 것은 [반대로] 이 결핍을 야기하는 법칙을 찾고자 하는 것이다."[23] 여기서 권력의 문제로 나아가는 하나의 통로가 열린다. 다시 말해 담론적 형성체는 "담론은… 존재하자마자 단지 실천적 적용에 국한되지 않고서 권력의 물음을 제기하는 속성(propriété), 자연히 정치적·비정치적 투쟁의 대상이 되는 속성-재산인 것이다."[24]

다른 한편, 그 이전 저작에 비해 『지식의 고고학』에 두드러진 것으로

---

21) M. Foucault, "Á propos de la généalogie de l'étique," 서우석 옮김, 앞의 책, 96
 ~98쪽; 이정우, 『담론의 공간 : 주체 철학에서 담론학으로』, 민음사, 1994, 196~
 199쪽.
22) 여기서 '말해지지 않은 것'에 대한 가치평가가 정반대로 될 수 있음을 쉽게 이해
 할 수 있다. 예컨대 '전통'은 공통의 의미지평을 이룬다는 점에서 해석학에게는
 '소중한 것'이지만(H.-G. Gadamer), 푸코가 보기에 그것은 특정한 언표나 언표행
 위만을 가능하게 하고 다른 것을 배제하고 억압하는 제한과 규칙의 통칭일 뿐이다.
23) 『지식의 고고학』, 175쪽.
24) 같은 곳.

서, 담론형성체를 비담론적인 관계들의 장 속에, 다시 말해 '외재성 (extériorité)의 장' 속에 위치짓는다는 것이다.[25] 예컨대 정신병리학은 그 자체만으로는 정신병자 내지 광인들의 행동을 통제하고 그들의 실천에 담론적인 일관성을 부여하기 힘들다. 그것은 최소한 수용소 내지 정신병원이라는 제도적 조건, 혹은 그들을 다루는 기술이라는 조건을 필요로 한다. 나아가 정신병리학이라는 담론 자체도 근대 초의 '거대한 감금'이라는 사건 없이는 성립될 수 없었다. 그에 따르면 담론적 관계들은, 모든 담론이나 담론의 대상과 독립하여 제도, 기술, 사회구성체 등의 사이에서 그려질 수 있는 '일차적인 관계'와 구별되며, 그러한 관계들 사이에서 성립된다.[26] 그리고 "언표들이 그에 필연적으로 복종하는바 물질성의 규제는… [이러한] 제도의 질서에 속한다."[27]

따라서 그가 보기에 담론적인 것은 비담론적인 것과 다양한 이질적 복합체를 이룬다. 다시 말해 담론은 담론만으로 작동하고 존립하는 완결체

---

25) 이에 대한 자세한 논의는 이진경, 「미셸 푸코와 담론이론 : 표상으로부터의 탈주」, 이진경·신현준 외, 앞의 책 참조. 이 논문에서 나는 외재성의 문제, 즉 담론적인 것과 비담론적인 것의 연관을 '사건'이란 개념에 연관짓고, '외부의 문제', 즉 담론의 형성규칙에 따른 담론의 효과를 '실증성'이란 개념으로 요약했는데, 후자는 요약한 개념이 그다지 적절치 않았고 전자는 좀 거칠었다고 생각한다. 왜냐하면 그가 말하는 실증성은 담론적 형성체의 효과만이 아니라 그것의 외재성이란 측면을 포괄하는 것이란 점에서, '사건(적 계열)화'가 담론적인 것을 배제하는 것은 아니란 점에서, 푸코가 '담론의 사건성을 복구'하려고 했음에도 불구하고, 담론적인 것에 대한 비담론적인 것의 효과라고만 하기에는 다소 도식화하는 위험을 감수해야 한다는 점에서 그렇다. 이중 특히 '사건'의 개념은 푸코나 들뢰즈의 사상이 갖는 유물론적 중심점을 이루는데, 이에 대해서는 이진경, 「들뢰즈 : '사건의 철학'과 역사유물론」, 서울사회과학연구소 편, 『탈주의 공간을 위하여 : 들뢰즈·가타리의 정치적 사유』, 푸른숲, 1997 참조.
26) 『지식의 고고학』, 77쪽.
27) 같은 책, 151쪽.

가 아니라는 것이다. 이런 이유에서 담론은 '담론적 사건'의 집합으로 다루어져야 한다고 하며,[28] 담론의 사건성을 복구하는 것이 계보학적 전환의 가장 중요한 모티프 가운데 하나가 된다.[29] 들뢰즈는 담론적인 것과 비담론적인 것의 복합체를 통해 담론적 실천을 형성해내는 지점을 포착한다는 점에서, 담론을 언표를 둘러싸고 있는 '보족적 공간'이라고 하며, 푸코의 담론 개념에 고유한 특징으로 본다.[30] 기표의 물질성 내지 상징적인 것의 자율성을 벗어난다는 점에서, 푸코는 구조주의와 다른 갈래점을 이룬다. 여기서 이후 감옥과 같은 비담론적인 제도나 조건을 통해서 특정한 실천의 집합을 반복적으로 생산해내는 '형성규칙'을 포착하게 된다는 점에서, 담론에서 권력으로 이르는 또 하나의 통로가 열린 셈이다.

2) 미시정치학의 대상

담론에서 권력으로 나아가는 길은 이중의 변환으로 요약될 수 있겠다. 첫째로, 연구대상이 담론적 공간 안에서 언표들의 위상학적 관계에서 권력관계로 변환된다. 이는 비담론적인 것에 관해서도 마찬가지여서, 그 안에서 작동하는 핵심적인 권력관계를 드러내는 것이 계보학적 분석의 중심 과제가 된다. 둘째로, 직접적인 분석의 영역이 담론형성체를 이루는

---

28) 『담론의 질서』, 45쪽.

29) 같은 책, 41쪽.

30) 들뢰즈, 『들뢰즈의 푸코』, 30~31쪽. 이를 그는 확장된 '화용론(話用論)' 개념으로 발전시킨다. 이에 관해서는 Deleuze et Gattari, *Mille Plateaux*, Minuit, 1980, pp. 109~116 참조. 들뢰즈/가타리는 이 책에서 이전에 『안티-오이디푸스』(*L'anti-Œdipe*, Minuit, 1972)에서 자신들이 제안한 분열분석(schizo-analyse)과 미시정치학을, 담론적인 것과 비담론적인 것으로 구성되는 지층에 대한 역사적 연구로서 지층분석학(strato-analyse) 내지 확장된 의미의 화용론(pragmatique)과 등치한다 (*Mille Plateaux*, p. 33).

언표집합에서 비담론적인 제도나 관계 속에서 사용되는 권력기술로 변환된다. 예컨대 감옥이나 가족 등에서 사람들의 행동을 통제하기 위해 사용되는 다양한 권력기술들이 분석된다.[31]

권력기술은 경험적인 차원이며, 그 차원에서 사용되는 '권력'이란 용어는 경험적 개념이다. 반면 권력관계는 경험적인 차원을 넘어서는 일반화된 차원으로서 담론적인 것과 비담론적인 것의 관계, 그 속에서 특정한 실천을 반복해서 생산하는 양상을 분석하기 위한 방법론적 개념이고, 따라서 그 차원에서 사용되는 '권력'이란 용어는 분석의 대상들을 특정화하기 위한 포괄적이고 초험적인(transcendentale) 개념이다. 이는 마치 마르크스의 생산양식이란 개념이 한편으로는 경험적인 개념인 동시에(예컨대 '협업'처럼 특정한 공장에서 생산방식의 변화를 분석할 때), 다른 한편으로는 역사적 규정으로서 초험적인 개념(예컨대 기계사용의 효과를 특정화하기 위한 개념으로 '자본주의 생산양식'이 도입될 때)인 것과 유사하다.

하지만 푸코는 '권력'이란 개념이 갖는 이러한 차이를 명시하지 않기 때문에, 권력이란 개념이 모든 곳을 손쉽게 뒤덮는 듯이 보인다. 실제로 그의 권력 범주는 경험적-실증적 차원과 비판적-메타이론적 차원을 넘나들며 체계적으로 이중의 의미에서 사용된다는 비판을 받기도 한다.[32] 경험적 역할과 선험적 역할을 동시에 떠맡는 권력 개념의 이 '체계적인' 모호성으로 인해, 그것은 구조로서 기능하는 동시에 조절과 통제의 심급으로 작용한다는 것이다.[33] 이는 현재주의, 상대주의와 (근거 없는) 규범

---

31) 앞서 비담론적인 것을 통해 열린 통로가 후자로 연결된다면, 담론에 '내재하는 외부'를 통해 열린 통로는 전자로 연결되며, 이 통로는 또한 권력의 개념이 다시 담론이나 지식에 관한 이전의 분석으로 되돌아가는 통로이기도 하다. 권력의 사상가가 되는 통로.

32) J. Habermas, *Die philosophische Diskurs der Moderne*, Suhrkamp, 1985, 이진우 옮김, 『현대성의 철학적 담론』, 문예출판사, 1994, 321~322쪽.

주의가 뒤섞인 불가능한 객관주의를 이룬다는 비판으로 이어진다.[34]

　푸코가 나중에 권력관계와 권력기술을 구분해서 사용하는 것은 앞서와 같은 비판을 염두에 둔 것으로 보인다(예컨대 「주체와 권력(Deux essais sur le sujet et le pouvoir)」). 나아가 그는 전략이란 말의 의미를 세 가지로 구분하면서, 권력이란 개념을 ① 선택된 수단의 집합, ② 그 수단들에 의해 야기되는 지배적 효과, ③ 권력의 전략과 저항전략 간의 관계로 구분하고 있다.[35] 여기서 ①을 권력기술이라고 한다면, ②와 ③은 일반화된 권력 개념의 두 층으로, 권력관계 안에서 겨냥된 효과(흔히 전략이라고 한다)와, 그것을 중심으로 이루어지는 권력(/저항)관계라고 하겠다.

　여기서 개념의 겹침이 나타나는 듯이 보이는 것은, 권력관계는 권력기술을 통해서만 존재하며, 권력기술은 권력관계를 생산하는 한에서만 작동한다는 사정 때문이다. 이로 인해 권력기술을 통해 작동하며, 그 효과

---

33) 같은 책, 325~326쪽.

34) 같은 책, 327쪽 이하. 그러나 자니코(D. Janicaud)는 이러한 비판이 철학적 과정과 과학적 과정을 혼동한 데서 기인한다고 비판한다. 그가 보기에 초험적 범주로서 권력은 철학적·방법론적 입장의 문제와 연관된 것이라면, 경험적 범주로서 권력은 과학적·실증적 분석의 대상이라는 것이다(D. Janicaud, "Rationality, Force and Power : Foucault and Habermas's Criticisms," T. Armstrong, trans., *Michel Foucault Philosopher*, New York : Routledge, 1992, p. 291 ff). 이는 어쩌면 가치선택의 당파성과, 연구상의 가치중립성이라는 베버식 대답처럼 보인다. 하지만 좀더 나아가 권력기술에 대한 경험적-'실증적' 연구를 통해 드러나는 일반적인 관계 범주로서 권력을, 즉 권력관계를 추출하는 것이 원리상 불가능한 것이 아니라면, 초험적 범주로서 권력관계를 단지 '철학적 과정'으로 떼어내지 않아도 좋을 것 같다. 즉 '초험적인 것'으로서 지식 내지 담론을 '실증적으로' 연구하는 것이 가능하듯이('역사적 선험성'), 초험적인 것으로서 권력을 겨냥하고(철학적·방법론적 선택?) 권력기술과 권력의 장치를 '실증적으로' 연구하여 일반적 권력관계를 도출하는 것 역시 충분히 가능한 것이다.

35) 푸코, 「주체와 권력」, 317~318쪽.

를 통해 권력관계를 형성하는 '(권력)전략'이란 개념이 외연을 달리하며 반복해서 사용되게 된다. 이런 점에서 권력관계와 권력기술은, 전략적 효과의 장을 형성하는 권력행사 방식을 통해서 포착되고 기술될 수 있다. 권력행사를 푸코는 "가능한 행위들의 장을 구조화하는 방식"이라고 정의한 다.[36] 부언하자면 권력관계는 권력행사를 통해 구조화되는 관계이며, 권력기술은 권력행사의 기술이다. 따라서 푸코의 연구는 특정한 제도적-담론적 형성체에서 권력행사의 장으로 옮겨간다.

여기서 우리는 권력행사의 장(전략적 효과를 구조화하는 장)으로서 '장치'라는 개념을 만나게 된다. 이 장치라는 개념을 통해 푸코는 "첫째, 담론이나 제도, 건축의 형태, 규칙적인 결정들, 법칙, 행정적인 조치, 과학적인 언표, 철학적이고 도덕적이며 박애주의적인 명제라는, 전혀 이질적인 것들로 구성된 복합체의 구조를 밝혀보려 했다"고 한다. 이는 "말해지는 것뿐만 아니라 말해지지 않는 것", 담론적인 것과 비담론적인 것의 이질적인 복합체인데, "바로 이것이 성적(性的) 장치를" 그리고 사법적인 장치나 의학적인 장치를 구성하는 요인이라고 한다.[37] 둘째로 장치는 이러한 요소들 사이에서 이루어지는 관계이기도 한데, 이런 점에서 푸코는 장치라는 개념을 통해 "이 이질적인 요소들 사이에 존재하는 연결고리들의 성격"을 밝혀보려 했다고 한다. "셋째로, 역사적으로 주어진 일정한 시점에 사회적으로 하나의 구조가 형성되며, 이것이 그 시대에 필요한 요구에 부응하게 된다는 의미로 장치라는 용어를 썼다"고 말한다. 이런 점에서 장치는 "전략적인 기능자로 존재"한다.[38]

따라서 『지식의 고고학』에서 말했듯이 담론적인 것과 비담론적인 것이

---

36) 같은 글, 315쪽(강조는 인용자).
37) 푸코, 『권력과 지식』, 236~237쪽.
38) 같은 책, 236쪽.

공존한다고 할 때, 이 양자를 포괄하며 또한 이 양자가 서로 관련되는 방식으로서 '장치'라는 개념을 사용하는 것이며, 이를 통해 가능한 행위들을 구조화하는 방식 혹은 전략을 추적하려는 것이다. 다시 말해 장치는 담론적인 것과 비담론적인 제도 등을 통해 반복적인 실천의 양상을 생산하는 장인 것이고, 이런 점에서 가능한 실천의 구조화된 장이라고 하는 것이다. 결국 그는 '장치'라는 개념을 통해 구조화되는 행위들의 관계, 장치를 통해 작동하는 효과와 저항의 복합체를 권력(관계)으로 정의하는 셈이며 그러한 관계, 그러한 효과의 통일성을 생산하는 다양한 요소와 기술을 권력기술로 파악하는 셈이다.

예를 들어 『성의 역사』 1권에서는 '성의 과학'이란 제목으로 성에 관한 담론과 그 급격한 증가, 거기서 고백의 절차에 대해 말하며(물론 그는 교회에서 만들어낸 '고백의 장치'에 대해 언급하기도 하는데), 그 위에서 '성적 장치'를 분석하는 중심적인 장으로 나아간다. 혼인장치와 성적 장치의 교차점으로서 가족이란 제도, 그 가족 안에서 성적 활동의 통제를 위한 전략(여성 육체의 히스테리화, 어린이 성에 대한 교육화, 생식행동의 사회적 관리, 도덕적 쾌락의 정신의학으로의 편입)을 분석하면서, 성(sexualité)이란 "역사적 장치에 붙여질 수 있는 이름"이라고 말한다.[39]

푸코는 근대의 성적 장치에 대한 이러한 분석을 통해서 신체에 작용함으로써 생(vie)을 통제하려는 권력 — 권력의 전략 내지 권력관계 — 을 추출해낸다. 생체권력(bio-pouvoir). 그것은 두 개의 극을 갖는 권력기술로 구체화되었는데, 하나의 극은 "신체의 조련, 신체적 적성의 최대한 활용, 체력의 착취, 신체의 유용성과 순응성의 병행 증대, 효과적이고 경제적인 통제체제로의 신체의 통합, 이 모든 것이 '규율'을 특징짓는 권력의

---

39) M. Foucault, *Histoire de la sexualité : Volonté du savoir*, Gallimard, 1977, 『성의 역사』 1권, 이규현 옮김, 나남, 1990, 119쪽.

절차, [한마디로] 신체의 해부-정치학(anatomo-politique)"이고, 다른 하나의 극은 "증식, 출생률과 사망률, 건강의 수준, 수명, 장수, 그리고 이것들을 변화시킬 수 있는 조건들을 문제로 하는 일련의 개입 및 '조절적 통제'의 전제, [한마디로] 인구의 생체-정치학(bio-politique)"이다. 즉 신체의 훈육과 인구의 조절이 생체권력이라고 요약되는 근대적 권력(관계)을 실행하는 권력기술의 두 축이었다는 것이다. (근대적) 주체란 이러한 장치를 통해 작용하는 권력관계의 효과로서 생산되는 것이다. 그러나 동시에 그것은 단순히 권력관계의 효과만으로 환원될 수 없는데, 이는 "권력이 있는 곳에 저항이 있으며," 그만큼 저항은 권력에 내재적이기 때문이며, "권력관계는 다양한 저항점들과의 관련 아래서만 존재"하기 때문이다.[40)]

결국 장치라는 개념에서 권력의 미시정치학을 구성하는 기본 개념들의 위상학적 종합을 볼 수 있다. 장치는 담론적인 형성체와 비담론적인 제도 내지 권력기술의 이질적인 복합체로서, 그 안에서 사람들의 실천을 특정한, 반복적인 형태로 생산해내는 전략적 효과를 통해 권력관계를 작동시키며, 그것으로써 그들을 특정한 형태의 주체로 생산한다. 그러나 동시에 그러한 권력관계에서 벗어나려는 저항을 내적으로 포함하고 있다.

이와 유사한 관점에서 들뢰즈는 푸코의 장치 개념이 네 가지 선(線)을 구성요소로 갖는다고 말한다. ① 빛을 구조화하는 '가시성의 선'(가령 팬옵티콘으로서 감옥), ② 말할 수 있는 것을 제한하고 통제하는 '언표행위의 선'(가령 형법이나 행형법), ③ 이전의 굽어진 곡선을 교정하는 '힘 내지 권력의 선'(가령 보이지 않으면서 모든 것을 보는 다이어그램), ④ 그리고 권력의 선에 갇히지 않기 위한 것으로 '주체화의 선'이 그것이다. 마지막의 주체화의 선은 말년의 푸코가 사용한 방식으로, '주체화'라는 말

---

40) 같은 책, 109쪽.

을 외적인 금지와 규칙을 통해 작동하는 권력에 대해 거리를 만드는 것
으로 정의한다. 따라서 그것은 들뢰즈식의 개념으로 말하면 일종의 탈주
선(脫走線)인 셈이다.[41]

3) 권력에 관한 몇 가지 새로운 명제

권력행사가 이루어지는 장치를 통해서, 그 안에서 작동하는 권력기술
과 그것을 통해 생산되는 권력(관계)의 양상을 연구하면서 푸코는 이전
과는 매우 다른 권력 개념을 제시하게 된다. 근대적인, 다시 말해 누군가
에 의해 소유되는 것이 아니라 반대로 사람들을 그런 어떤 주체로 만들
어내는 것이 권력이라면, 그것은 권력에 관한 이전의 명제를 뒤집는 어
떤 내용을 담고 있음이 당연하다. 들뢰즈는 이러한 새로운 권력 개념이
좌파의 전통적 주장과 관련해 폐기하려는 바를 다음의 여섯 가지로 요약
한다.

① 소유의 공준(公準) : 권력은 획득되고 소유될 수 있다 : 그러나 권력
은 소유물이 아니라 전략이다. ② 국지화의 공준 : 권력은 국가장치 한가

---

41) G. Deleuze, "What is a dispositif?", T. Armstrong, trans., 앞의 책, pp. 159~
161. 들뢰즈/가타리는 자신들이 사용하는 배치(agencement)란 개념이 푸코의 장
치(dispositif)와 약간의 차이가 있다고 한다. 한편으로 앞서 언급했듯이 장치가 고
유한 역사적 요소의 계열로 이루어지는 반면, 배치는 영토성과 연관해 지리적 요
소가 강조된다는 것이다(들뢰즈, 『대담 : 1972~1990』, 164쪽). 다른 한편 배치는
권력의 배치 이전에 욕망의 배치이며, 권력은 배치의 지층화된 차원이고, 다이어그
램이나 추상 기계는 일차적인 것으로 탈주선을 가지며, 이는 배치 안에서는 저항
이나 반발이 아니라 창조의 첨단점 내지 탈영토화의 첨단점이라고 한다(*Mille
Plateaux*, pp. 175~176). 한편 이런 내용을 푸코의 개념과 대비시켜 좀더 분명히
하고 있는 것으로, G. Deleuze, "Désir et plaisir," *Magazine littéraire*, no.
325(Oct. 1994) 참조.

운데 소재하고 있다 ; 그러나 권력은, 비록 전반적(global)이지는 않기에 국지적(local)이지만, 어떤 특권적인 장소로 국지화되지 않는다. 그것은 분산적이다. ③ 종속의 공준 : 권력은 상부구조로서 특정한 생산양식에 종속된다 ; 그러나 권력은 상부구조가 아니라 생산의 역할을 직접 담당하는 곳에 있으며, 생산양식과 무관하지는 않다 해도 그것으로 환원되지는 않는다. ④ 본질 또는 속성의 공준 : 권력은 지배자와 피지배자를 구별해주는 어떤 본질과 속성을 가진다 ; 그러나 권력은 본질을 갖지 않으며 조작적이고, 속성이 아니라 관계다. ⑤ 양상에 대한 공준 : 권력은 억압과 이데올로기라는 두 양상에 의해 작동한다 ; 그러나 억압이나 이데올로기는 어떤 배치 내지 장치를 상정하지 않고선 아무것도 설명하지 못한다. ⑥ 합법성의 공준 : 전쟁의 정지로서 법-합법성과 그것의 부정으로서 비합법성이 대립한다 ; 그러나 법은 다양한 불법행위에 의해 구성되며, 따라서 법 자체가 진행중인 전쟁이요 그 전쟁의 전략이다.[42]

이는 유용한 요약이지만, 우리가 검토하려는 문제와는 다른 절단면을 이루는 것이기에, 나름대로 선별된 다음 몇 가지 명제를 통해 푸코의 주장을 다시 살펴보자. 이는 나중에 검토할 푸코의 권력 개념에 가장 중심적인 것이지만, 그런 만큼 그의 난점과 긴밀히 연관된 것이기도 하다.

① "권력은 소유되기보다는 행사되는 것이다."[43] 이는 앞서 보았듯이, 권력을 소유할 수 있는 어떤 것으로 보는 입장을 겨냥하고 있는 것이다. 이에 대해 푸코는 명시적으로 유명론적 입장에서 다음과 같이 말한다. "권력은 제도도 아니고, 구조도 아니며, 일부 사람들에게 부여되어 있다

---

42) 들뢰즈, 『들뢰즈의 푸코』, 51~60쪽.

43) M, Foucault, *Surveiller et punir*, Gallimard, 1975, 오생근 옮김, 『감시와 처벌』, 나남, 1994, 56쪽.

고 간주되는 특정한 권세도 아니다. 그것은 주어진 한 사회에서 복잡한 전략적 상황에 부여되는 이름이다."[44] 권력이란 특정한 전략적 효과를 통해 (소급하여) 정의되는 어떤 관계로서, 그러한 효과를 야기하는 것으로 간주되는 어떤 관계에 부여된 이름이다. 그것은 효과 이전에는 존재하지 않으며, 효과와 독립해서도 존재하지 않는 관계다. 권력이란 관계의 특정성과 무관한 불변적 실체가 아니며, 여러 관계들을 포괄하는 유기적 실체도 아니다. 그것은 차라리 어떤 사람은 감시하고 강제하는 역할을 하게 하기도 하고, 다른 사람에게는 규칙에 따라 행동하게 하는 사회적 관계일 뿐이다. 중요한 것은 권력이 행사되는 양상과 메커니즘의 고유함을 보는 것이고, 그 관계 속에서 개인들의 실천이 어떻게 조직되는지를 보는 것이다.

② "권력은 지배계급의 전략적 입장의 총체적 효과다."[45] 권력은 단순히 지배계급의 특정한 집단에 의해 행사되는 권한이나 특권, 강제나 금지 등을 의미하지 않는다. 그것은 차라리 다양한 방식으로 존재하며, 매우 불균등한 형태로 행사되는 지배의 효과를 지시한다. 즉 다양한 영역에서 다양한 장치와 메커니즘을 통해 행사되며, 그로써 지배가 지속될 수 있는 조건을 의미한다. 그것은 다양한 방법과 전술을 통해서 어쨌든 지배를 지속해야 한다는 목표 — 그 목표에 전체가 합의한 적이 없이 — 를 관철시키는, 그리고 어떤 영역에서는 종종 실패하기도 하는 전략의 효과다. 이런 점에서 그것은 그 효과의 지배적임을 확보하지 못하고는 지배가 지속될 수 없는, 지배의 조건이기도 하다.

가령 자유로운 개인, 혹은 '인간'이란 개념에 기초하고 있는 근대사회에서는 외적인 강제와 폭력, 종속을 통해서 지배를 지속할 수 없다. 다시

---

44) 푸코, 『성의 역사』 1권, 107쪽.
45) 푸코, 『감시와 처벌』, 56쪽.

말해 개개인의 자유의지를 '원칙에 따라' 인정해주자마자 그렇다면 "사회(적 질서)는 어떻게 가능한가?"라는 홉스적 질문이 제기된다. 이것을 우리는 근대사회의 이율배반이라고 요약한 바 있다. 이러한 이율배반을 해소하기 위한 묘책은 '외부적 강제 없는 지배' '강제적 통제 없는 통제'를 실현하는 것이다. 이를 위해서는 개개인들로 하여금 질서를 스스로 지켜나가도록 해야 한다. 감금을 통해서든, 훈육과 강제를 통해서든, 아니면 규범화 내지 내면화를 통해서든. 또 감금과 훈육, 강제나 내면화 등을 위해 사용하는 다양한 방법들이 있다. 여하튼 이 다양한 방법을 통해서 질서를 지키도록 길들여지고, 그것이 또한 내가 선택해서 하는 것이라고 생각하는 근대적 인간이, 근대적 주체가 만들어진다.[46] 그것은 어느 누구 한 사람이나 집단에 의해 고안된 것이 아니었으며, 또 어느 하나의 중앙에 의해 단일하게 통제되며 실시된 것이 결코 아니며, 그 성과는 영역과 관계에 의해 매우 다른 양상을 띤다는 점에서 일관되게 계획된 것이라기보다는 '총체적인 전략적 효과'로서만 간주될 수 있는 것이다.

개인을 이러한 주체로 생산하는 것이 부르주아지의 계획과 통제하에 수행된 것은 아니라는 점에서, 그것은 부르주아지라는 지배계급의 계획과 통제, 방법 등으로 환원되지 않는다. 그러나 또한 이러한 방식으로 수행된 "사람의 축적이 자본의 축적과 분리될 수 없을 것이다."[47]

특정한 형태로 사람을 만들어내는 권력이 지배계급의 전략적 입장과 분리될 수 없을 것이란 말은 바로 이런 의미도 포함하고 있음은 분명하다.

이런 맥락에서 그는 "권력을 좀더 정확하게 이해하기 위해서 투쟁이나

---

46) 이에 대해서는 박태호, 「근대적 주체와 합리성 : 베버에서 푸코로?」, 『경제와 사회』 1994년 겨울호 참조.
47) 푸코, 『감시와 처벌』, 321쪽.

갈등, 전쟁이라는 개념을 동원해야 한다"고 보며, "정치는 전쟁에서 비롯되는 세력관계의 불균형을 인정하는 메커니즘"으로 파악하자고 한다.[48] 클라우제비츠(Karl von Clausewitz)의 명제를 뒤집어서 만든 "정치는 전쟁의 연속"이란 명제는, 이처럼 적대 속에서 권력관계를 이해해야 한다는 가정을 포함하고 있다.[49]

③ 권력은 금지나 부정보다는 차라리 긍정적인 형태로 행사된다. 즉 "권력은 그것을 갖지 못한 자들에게 단지 일종의 의무 내지 금지로서 강제되는 것은 아니다."[50] "권력의 경제를 지배해왔던 '강탈-폭력'이라는 낡은 원칙에 대신하여, 규율(권력)은 '부드러움-생산-이익'의 원칙을 채택한다."[51]

예를 들면, 학교에서 교육과정을 통해 학생들을 길들이는 권력은 학생들로부터 무언가를 강탈하는 방식으로 교육하지 않는다. 학생들의 훈육을 위해 여러 가지 규칙과 강제가 반복적으로 동원되지만, 푸코가 보기에 그것은 그들의 신체 위에 지식과 능력을 새기는 것이다. 병원에서의 규율 역시 건강의 생산과 관련되며, 심지어 군대의 경우에도 파괴력의 생산과 관련된다.[52] 이런 의미에서 규율을 통해 파악되는 권력은 단지

---

48) 푸코, 『권력과 지식』, 122~123쪽.

49) 이는 그 뒤에 '적대의 가정'을 포기하면서 소실되는데, 나중에 푸코의 난점을 비판적으로 검토하는 데 중요한 주제 중 하나로 다시 언급할 것이다.

50) 푸코, 『감시와 처벌』, 56쪽.

51) 같은 책, 319~320쪽.

52) 같은 책, 320쪽. 그런데 여기에는 두 가지 상이한 것이 뒤섞일 위험이 있다. 하나는 권력의 행사방식 내지 권력기술의 측면으로, 예를 들어 학교나 공장에서 행해지는 시간적·공간적 규율이나, 정해진 동작의 반복, 혹은 규범으로 내면화된 예절 등은 분명 자의적인 의지를 규제하고 통제한다는 점에서 아무리 부드러운 경우에도 부정적이다. 그러나 그 결과는 학습능력 내지 지적 능력, 노동능력, 혹은 절제능력의 생산이란 점에서 그 대상에게 유익하고 생산적이다. 아마도 후자의 측면에서 푸코는 권력이 긍정적인 방식으로 행사된다고 한 것 같다. 그러나 이것이 훈육적

부정적인 것만은 아니다. 차라리 그것은 개개인을 특정한 능력과 특성, 지식을 가진 '주체'로 생산한다.

푸코는 감옥에서 권력이 행사되는 방식을 이런 문제와 관련짓는다. 즉 격리를 통해 감옥은 "범죄자를 '체념적이고 유익한 활동'에 맞도록 훈련 시키고 그에게 '사교성의 습관'을 회복시켜준다."[53] 또 "감옥에서의 노동이 경제적 결과를 낳는다면, 그것은 산업사회의 일반적 기준에 따라 기능화된 개인을 생산함으로써이다… '노동은 감옥의 종교가 되어야 한다. 사회-기계(une société-machine)는 전적으로 기계적인 교정수단이어야 한다(Faucher).' 이는 개인-기계뿐만 아니라 프롤레타리아의 제조이기도 하다."[54] 더불어 감옥은 치료와 규범화를 통해 범죄자를 '교정'한다는 점에서 "단순한 자유의 박탈을 넘어선다."[55]

그런데 이 새로운 권력 개념은 그것이 새롭고 파격적인 만큼 모호하고 이질적인 요소를 포함하고 있었다. 동시에 그것은 지속적으로 개념적인 변위가 발생하는 동력이기도 했다. 이러한 이질성은 무엇보다 계보학적 권력 개념을 발전시킨 두 권의 저작 — 흔히 동일한 개념을 사용하는 것으로 알려진 — 사이에서 나타나는 개념적 변위를 통해 확인된다.

『감시와 처벌(Surveiller et punir)』 이후에 행해진 강연(1976)에서 푸코는 자신의 권력 개념에 전제되어 있는 두 가지 가정에 관해 말하고 있다.

권력을, 니체적인 용어로 말해 '긍정적(인 권력의지)'이라고 간주하는 것이 된다면 그것은 양자를 뒤섞은 대가인 셈이다. 왜냐하면 이는 저항과 권력의 가치평가 — 니체적인 의미에서 — 가 반전될 가능성을 보여주기 때문이다. 이에 대해서는 푸코 이론의 난점을 검토하면서 다시 다룰 것이다.

53) 같은 책, 343쪽.
54) 같은 책, 349쪽.
55) 같은 책, 351쪽.

그것은 푸코 말을 빌리면 '라이히적인 가정'과 '니체적인 가정'이다. 푸코는 권력관계를 투쟁과 갈등, 전쟁을 통해 파악해야 한다는 입장을 강하게 갖고 있었으며, 이런 맥락에서 그는 '정치란 전쟁의 계속'이라고 보았다. 또한 이런 점에서 그는 권력관계의 기저가 지배와 피지배, 지배자와 피지배자 간의 적대적 세력관계라고 보았는데, 니체에서 연유하는 이러한 입장을 그는 '적대의 가정'이라고 부른다. 한편 권력의 작동방식은 '억압'이라고 보는 또 하나의 가정으로, 라이히(Wilhelm Reich)적인 의미에서 '억압의 가정'이라고 한다. 이 억압은 앞서 말한 적대, '전쟁'의 정치적 결과라고 한다.[56] 예컨대 '권력은 지배계급의 전략적 입장의 총체적 효과'라는 명제는 '적대의 가정'을 명시적으로 보여주는 것이었다. 그러나 알다시피 『성의 역사』 1권은 바로 이 두 가지 가정을 명시적으로 폐기할 뿐만 아니라, 억압의 가정은 '억압가설'이란 이름으로 직접적인 비판의 대상으로 삼고 있다.[57]

우선 적대의 가정을 폐기함으로써 '권력은 지배계급의 전략적 입장의 총체적 효과'라고 하는 명제는 "권력이란 한 사회의 **복잡한** 전략적 상황에 부여하는 이름"이라는 정의로 치환된다.[58] 다시 말해 "지배자와 피지배자 사이에 이항대립은 없다… 그보다는 차라리 생산기구, 가족, 국한된 집단, 제도 들 안에서 형성되고 작용하는 다양한 세력관계가 전 사회체를 관통하는 폭넓은 분리효과를 구체적으로 보여준다고 상정해야 한다. 지배란 단지 이러한 대립의 강도에서 나오는 헤게모니의 결과이다."[59]

---

56) 푸코, 『권력과 지식』, 122~124쪽. 그는 여기서 억압의 가정에는 약간 유보를 달고 있으며, 강조점은 니체적인 적대와 투쟁의 가정에 두어져 있다.

57) 푸코, 『성의 역사』 1권, 2장. 여기서 푸코가 억압가설을 비판할 때 그가 염두에 두고 있는 것이 라이히와 마르쿠제(Herbert Marcuse)라는 것은 분명하다.

58) 푸코, 『성의 역사』 1권, 107쪽(강조는 인용자).

59) 같은 책, 108쪽.

이러한 새로운 관점은 또 다른 새로운 명제로 진전된다 : "권력은 아래로부터 나온다."[60] 다시 말해 권력은 지배하는 사람보다는 차라리 지배당하는 사람 자신들에 의해 작용하게 된다는 것이다. 이 명제는 권력은 행사되는 것이고, 그 결과 형성되는 사람들간의 관계라는 앞서의 명제와 연관된 것이다. 예를 들면 팬옵티콘의 감시장치에 수감자를 배치하는 경우를 상정해본다면, 그 경우에도 팬옵티콘은, 다시 말해 보이지 않으면서 보는 권력의 도식은 그대로 유효하게 작동한다. 즉 푸코가 보기에 감옥에서 행사되는 권력은 감시자가 수감자에 대해 행사하는 것이라기보다는 공간적인 장치 내지 그것을 통해 이루어지는 관계 자체의 효과인 것이다. 이러한 효과는 위계적 관계에서 상부에 있는 자에 못지않게, 아니 그보다 더 하부의 직접적인 관리자에 의해 실행된다. 예컨대 감옥에서 그러한 효과의 수행은 교도소장이나 간부보다는 차라리 직접적인 감시자에 의해 이루어지며, 때로는 수감자 자신들에 의해서 좀더 치밀하고 빈틈없이 이루어진다. 이로 인해 대부분의 경우 간부들은 특정한 수감자들을 포섭하여 그들을 통해 좀더 효율적인 관리와 통제를 수행한다. 이는 학교에서도, 공장에서도 마찬가지다. 차라리 지배받는 자에 의해 실행되는 권력, 혹은 권력자 없이 실행되는 권력.

둘째로, 억압의 가정. 물론 그는 이미 권력이 금지나 부정의 형태보다는 긍정적 형태로 행사된다는 명제를 제시한 바 있지만, 그럼에도 불구하고 그것은 강제와 억압을 수반하는 것이라고 보았고, 따라서 이는 '강제권의 정치학'이란 방식으로 파악되었다. 그는 '억압의 가정'과 '긍정적 권력 개념' 사이에서 동요하고 있었던 것일까? 그러나 『성의 역사』 1권에서 권력은 명시적으로 억압적인 것이 아니라 생산적인 것으로 간주된다. 즉 권력은 지식이나 경제적 능력, 성적 능력을 생산함으로써, 그러한 능

---

60) 같은 곳.

력의 차이로 규정되는 관계 자체도 만들어낸다는 것이다. 따라서 그것은 지식의 유무나 경제적 능력의 유무 등과 같은 불평등의 결과만이 아니라 동시에 그러한 차이를 만들어내고 불평등을 야기하는 내적 조건이다.

이를 좀더 포괄적인 차원으로 확장함으로써, 권력은 개개인에게 지식이나 활동능력, 성적 능력 등을 만들어줌으로써 그들 각각을 특정한 '주체'로 생산하게 된다. 즉 규율권력, 혹은 지식-권력이라고 부르든, 생체권력이라고 부르든, 요체는 개인에게 특정한 형태의 실천을 하도록 강제함으로써 그를 '주체'로 생산하는 권력이라는 점이다. "이러한 권력의 형식은 즉각적으로 일상생활에 적용되어… 개인을 자신의 고유한 정체성에 밀착시키고, 그가 인정해야 하고 타인들이 그에게서 인식해내야 하는 진리의 법칙을 그에게 부과한다. 개인을 주체로 만드는 것은 바로 권력의 형식인 것이다."[61] 요컨대 '권력은 개개인을 특정한 형태의 주체로 생산한다'는 명제가 억압의 가정을 포기함으로써 분명해지게 된다. 억압하는 권력이 아니라 '생산하는 권력'.

4. 권력과 국가

1) 통치의 문제설정

앞서 다룬 권력 개념은 개인들을 특정한 형태의 주체로 생산하는 차원에서 제기된 것이었고, 그것을 통해 '어떤 물질성의 기반 위에서 주체가 형성되는지'를 찾으려는 것이었다. 이런 한에서 이는 푸코 말대로 '권력의 미시물리학'(micro-physique) 내지 미시정치학(micro-politique)을

---

61) 푸코, 「주체와 권력」, 302쪽.

구성한다. 여기서 우리는 '미시적'이란 말에 대해 유념할 필요가 있다. 즉 그것은 국가나 사회에 비해 개인이라는 '작은' 대상을 다룬다는 의미에서 대상영역의 규모를 지시하는 것이 아니며,[62] 계급투쟁처럼 거창한 활동과 한없이 작은(작아지는) 미세한 활동을 대비하는 것도 아니다. 들뢰즈 말대로 그것은 지식이나 제도처럼 지층화된 것으로 환원되지 않는 실천의 차원이며, 국지화되고 안정적인 지식 내지 제도를 통해 이루어지는 불안정하고 국지화되지 않는 미분적 관계를, 유동적인 실천의 가능한 한계를 구조화하는 기술의 분석을 통해 포착하려 한다.[63] 결국 미시물리학이란 (개인들을 짜넣는) 미분적인 관계들을 통해 (근대사회라는) 거대한 집합을 설명하는 것이다.

그런데 그런 만큼 우리는 '거시적' 차원을 정의할 수 있다. 그 유동적이고 불안정한 관계를 고정하고 안정화시키는 통합(intégration, 적분)의 메커니즘 내지 특정한 방식으로 체제(régime)화된 제도적 요소들(예를 들면 국가적 통합), 혹은 그런 차원에서 통합된 거대집단들간의 관계(예를 들면 계급간의 관계, 지배 '집단'과 피지배 '집단' 간의 관계) 등.『성의 역사』1권 이후에 푸코가 국가와 '통치(gouvernement)'의 문제에 주목하는 것을 우리는 이런 맥락에서 이해할 수 있다.

『성의 역사』1권에서 언급한 것처럼, 생체권력의 중요한 한 축인 인구통제의 생체정치학은 주로 국가적 권력의 직접적 행사를 통해서 이루어진다. 그것은 개인적인 차원의 사적인 활동을 국가라는 거시적 권력이 어떻게 통제할 수 있는가를 다루어야 한다. 이 역시 개개인을 특정한 형태의 주체로 생산하는 효과를 갖는 것이긴 하지만, 단지 그것으로 환원

---

62) 그러기 위해서 우리는 또 얼마나 많은 '중간적' 영역을 상정해야 하는 것인지⋯⋯.

63) 들뢰즈, 『들뢰즈의 푸코』, 116~117쪽.

되지 않는 문제를 내포하는 것이기도 했다. 그것은 어쩌면 이미 주체로 생산된 개개인들의 활동을, 극히 사적인 영역에 이르기까지 국가적 권력 아래 어떻게 포섭·관리하고 통합할 수 있을 것인가 하는 문제다.

그러나 이는 이전에 파악된 권력의 행사방식을 국가적 수준에 확대 적용함으로써 해결할 수 있는 것은 아니었다. 즉 신체를 해부하여 얻어낸 감시와 통제의 도식을 이 영역에서 그대로 사용할 수는 없다는 것이고, 그래서 그는 『감시와 처벌』에서 발전시킨 신체의 해부정치학과 다른 과제를 설정하고 있는 셈이기도 하다. 대상의 분포가 달라지면 권력의 행사방식도 달라지는 것이다. 이를 위해 푸코는 '통치' 내지 통치기술이라고 부르는 것을 연구한다. 결국 통치의 문제설정은 국가권력이, 그것과는 다른 차원에서 작동하는 미시적인 권력의 작동을 어떻게 포섭하는지, 혹은 주체로서 생산된 개인들을 자기 안에 포섭하는 전략은 무엇인지에 대한 질문이라고 하겠다.[64]

푸코가 보기에 "통치란 목적에 용이하게 이를 수 있도록 정리된, 사물들의 올바른 정렬이다." 이러한 통치는 "그 자체의 확고한 대상을 갖고 있으며, 이러한 점에서 군주권과 명백히 구분될 수 있다."[65] "가령 통치는 가능한 최대량의 부가 산출되도록 보장해야 하며, 사람들이 충분한 생계수단을 제공받도록, 또한 인구가 증가할 수 있도록 보장해야 한다 등등. 특정한 최종 대상들의 모든 계열들이 있으며, 이것이 통치 그 자체

---

64) 이러한 질문은 마르크스주의적 입장에서 푸코의 분석을 수용하여 미시적 수준의 권력 개념을 받아들이려 하자마자 곧바로 우리에게도 제기될 수밖에 없는 것이기도 하다. 즉 미시적 권력을 국가적 거시권력이 어떻게 체계 내로 포섭하고 통합해낼 수 있는가 하는 문제, 다시 말하면 계급적 지배권력이 미세한 권력의 그물망 속에서 생산되는 주체들을 어떻게 포섭할 수 있는가 하는 문제가 그것이다.

65) M. Foucault, "Governmentality," G. Burchell, C. Gordon and P. Miller, ed., *The Foucault Effect : Studies in Governmentality*, The University of Chicago Press, 1992, pp. 93~94.

의 목표가 된다. 다양한 이들 최종 대상들을 획득하기 위하여 사물들이 배치(disposition)되어야 한다."[66] 통치성이란 미시적 대상을 국가적으로 관리하는 방식이라고 할 수 있으며, 달리 말하면 국가적 권력이 개별화된 주체를, 그리고 그들을 생산하는 권력을 포섭하는 메커니즘이라고 할 수 있다.

여기서 푸코는 통치성과 관련해 세 가지를 강조한다. 첫째, 그것은 매우 특정하면서 복합적인 형태의 권력을 행사할 수 있게 해주는 제도, 과정, 분석과 반성, 계산과 전술들로 구성되는 전체라는 점이다. 이러한 권력의 표적은 인구이며, 중요한 지식형태는 정치경제학이고 그 본질적인 기술적 수단은 안전장치들이다. 둘째, 통치라는 권력유형이 다른 모든 형태(군주권, 규율 등)에 대해 지속적으로 우세해지는 경향이 있다는 것이다. 셋째, 이러한 통치적 권력은 중세적 국가가 15~16세기에 걸쳐 행정국가로 전환되고, 점차 통치화되는 과정의 결과 만들어진다는 것이다.[67]

실제로 그는 오랜 기간 서구를 통틀어서 주권-규율-통치의 삼각관계에서 통치의 권력유형이 다른 모든 권력형태들에 대해 지속적으로 우위를 점하는 경향을 지적한다. 따라서 "어떤 점에서 권력의 다른 모든 유형들은 국가에 의거하게 된다(se référent). 그것은 확실한 사실이다. 그러나 이는 그 각각이 국가에서 파생되었기 때문이 아니다. 이는 오히려 권력관계 각각이 지속적으로 국가(관리)화(étatisation)되었기 때문이다. '통치'라

---

66) 같은 글, p. 95. 여기서 disposition은 영역된 말인데, 아마도 dispositif의 적절한 번역어가 없어서 선택한 말로 보인다(이는 1988년 1월에 개최된 푸코 컬로퀴엄의 논문집 *Michel Foucault Philosopher*의 영역자 T. Armstrong의 말이다(*Michel Foucault Philosopher*, p. 159). 그는 원어 병기를 하며 social apparatus로 번역하는데, 그보다는 차라리 disposition이 나아 보인다). 그러나 disposition은 푸코가 『감시와 처벌』에서 사용했지만(*Surveiller et punir*, p. 31), 이후 dispositif로 바꿔 썼음을 유념할 필요가 있다.

67) M. Foucault, "Governmentality," pp. 102~103.

는 말의 이 제한된 의미에 의거할 때, 우리는 권력관계가 점진적으로 통치화되었다고, 다시 말해 국가적 제도의 형식 내지 그 후원 아래 권력관계가 정교화되고 합리화되었으며 집중화되었다고 한다."[68] 이런 관점에서 그는 '통치의 역사'라고 부를 수 있는 무엇이 있다고 보며, 특히 "우리의 근대성에서, 다시 말해 우리의 현재에 정말 중요한 것은 아마도 사회의 국가화라기보다는 차라리 국가의 통치화"라고 지적한다.[69]

2) 근대국가와 사목권력

위와 같은 관점에서 푸코가 주목하는 것은 두 가지이다. 하나는 그가 '사목(司牧)권력(pouvoir pastoral)'이라고 부른 근대국가의 권력기술이고, 다른 하나는 17세기 이후 중요하게 부상하는 '치안(police)'이라는 장치다.

사목적 권력은 기독교의 사목(목자)이라는 메타포에서 끄집어낸 것이다. 기독교적 사목은 영토(토지)보다는 양떼에 대해 권력을 행사하고, 흩어져 있는 개인(양떼)을 모으고 인도하며 지도한다. 그는 자기 양떼의 구

---

68) 푸코, 「주체와 권력」, 317쪽(강조는 인용자). 여기서 우리는 국가권력에 대한 푸코의 생각이 예전과 매우 달라진 것을 볼 수 있다. 이전에 그가 자신의 권력 개념을 국가적 권력 개념에 대립시키고, 거시적 차원에서 미시적 권력과 주체를 포섭하고 통합·통제하는 차원을 '의도적으로'(!) 무시했었음에 비교할 때 매우 주목할 만한 부분이다.

69) M. Foucault, "Governmentality," p. 103(강조는 인용자). 이 인용문에서 '국가의 통치화'에 대비해 말하는 '사회의 국가화'는 아마도 (시민)사회의 영역이 국가화되는 것을 뜻하는 듯하며, 이는 아마도 '시민사회론자'를 겨냥한 말 같다. 한편 이를 바로 앞의 인용문에 나오는 '권력관계의 국가화'와 혼동하면 그의 말은 이해할 수 없는 당착을 보여주는 것이 될 것이다(시민사회론자의 경우도 '사회'와 '국가'만큼 '사회'와 '권력'이 대립된다는 것은 다 아는 바다). 앞서의 인용문에서 분명히 했듯이 그는 '권력관계의 국가(관리)화'로 '국가의 통치화'를 파악한다.

원을 보장하며, 이러한 권력의 행사 자체가 사목의 의무라는 점을 특징으로 한다.[70] 여기서 요체는 사목이란 양떼를 부단히 개별적으로, 그 전 생애에 걸쳐서 양심에 대한 지식과 지도를 통해 돌보는 존재라는 점이다. 즉 사목권력은 양떼 개별 구성원에게 기울이는 주의를 의미한다. 통치기술이란 차원에서 도식적으로 대비하자면, 국가가 중앙집권화하는 정치형태라면 사목권력은 개별화하는 권력이다.[71]

그런데 근대에 이르러 사목권력에 몇 가지 변화가 발견된다고 한다. 첫째, 사목권력의 목표가 현세에서의 구원을 보장하는 것으로 바뀌는바, 그 결과 구원이란 말은 건강과 복리, 안전과 재난에서의 보호 등을 의미하게 된다. 둘째로 사목권력의 관료들이 증가하며 국가기구라는 형식을 통해 권력으로 행사된다. 셋째로 인간에 대한 지식의 발전을 수반한다.[72] 그 결과 사목권력의 유형은 사회체 전체로 확산되게 된다.

다음으로 푸코가 주목하는 '치안'은 이러한 사목권력을 행사하기 위해 근대국가가 마련한 장치다. 치안은 여타의 국가기구와 함께 국가를 이끄는 행정기구로 등장했는데, 어떤 영토에서의 사람들의 공존상태, 재산에 대한 관계, 생산물, 시장에서의 일 등 살아서 활동하는 사람들의 일과 그들의 질병 및 안전 등을 고려하여 활동한다.[73] 요컨대 치안은 생활을 돌

---

70) M. Foucault, "Politics and the Reason," L. Kritzman, ed., *Michel Foucault : Politics, Philosophy, Culture*, Routledge, 1988, p. 62.

71) 같은 책, pp. 58~59.

72) 푸코, 「주체와 권력」, 95~96쪽.

73) 치안에 대한 이러한 방향의 관심은 이미 『감시와 처벌』에서 분명히 드러나는데, 이는 학위논문이었던 『광기의 역사』에서와 상반되는 양상을 보인다. 『광기의 역사』에서는 치안을 '거대한 감금'과 연관지어 다음과 같이 말한다. "감금, 17세기 유럽 전체에 걸쳐 그 징표를 볼 수 있는 이 대대적인 사태는 바로 '치안'의 문제였다. 고전주의 시대에 사람들이 부여했던 아주 엄밀한 의미에서 볼 때 치안은, 노동하지 않고는 살아갈 수 없었던 모든 사람들에게 노동을 가능하고 필요한 것으로 만

본다는 것이고, 그리하여 "치안의 진정한 대상은 인간"으로 간주된다.[74]

이로써 국가적 권력은 개인들의 생활과 생존, 안전 등에 필수적인 것으로서 인정받게 되고, 역으로 치안은 사람들의 삶에 중앙집권화된 정치 행정 권력이 효과적으로 개입할 수 있는 새로운 장을 연다. 이러한 장치를 통해 국가는 개인의 삶과 생활에 대해 개별적으로 책임을 지며 돌보아야 하는 사목적 위치를 확보하게 되며, 그 대가로 개인들의 삶을 국가적 권력 아래 포섭하고 관리하게 된다. 이제 국가가 개인의 생활에 개입하는 것은 사목적인 위치로 인해 당연한 것으로서 정당화되며(복지국가!), 반대로 국가적 권력에 포섭되지 않으려는 개인은 '국가의 보호'를 받을 수 없다는 '손해를 감수'해야 한다.

이런 의미에서 푸코는 다음과 같이 말한다. "'근대국가'가 개인들이 어

들어주는 수단의 총체였다. 볼테르가 일찍이 정식화했고, 콜베르의 동시대인들이 이미 스스로 제기했던 질문이 있다. '뭐요? 당신이 인민의 집단 속에 자리잡은 이래, 모든 부자들이 모든 빈민들로 하여금 노동하도록 강제한 비밀을 아직도 모른다고요? 그렇다면 당신은 치안이라는 그 첫번째 요소를 모르고 있군요.'"(M. Foucault, *Histoire de la folie l'age classique*, Gallimard, 1972, p. 75). 보다시피 여기서 푸코는 감금, 그리고 '노동의 정언명령(impératif)'과 치안을 직접 연결시키고 있다. 가두고 통제하는 장치로서 치안 - 경찰이 파악되고 있는 것이다. 그런데 『감시와 처벌』에 이르면 이 문제를 다루는 시각이 매우 달라진다. "제도로서 치안이 확실히 국가장치의 형태로 조직되었다고 해도, 또 확실히 정치적 주권의 중심에 연결되었다고 해도, 그것이 행사하는 권력의 유형…은 특수한 것이었다… 치안권력은 '모든 것을' 담당해야 했다. 여기서 모든 것이란… 먼지 같은 사건들, 작용들, 행동들, 의견들, 다시 말해 '발생하는 모든 것'이었다." "그것은 이중의 입구를 가진 체계였다. 그것은 사법장치를 우회해 왕의 직접적 의지에 부합해야 했지만, 또한 하층의 청원에 응답할 수 있어야 했다." (*Surveiller et punir*, pp. 215, 216.) 하지만 여기서 푸코는 18세기의 치안장치(appareil policier)의 조직에서는 국가적 차원에까지 이른 훈육의 일반화가 허용되었다고 말하면서, 치안의 문제를 훈육의 문제에 연결하고 있다(같은 책, p. 217).

74) M. Foucault, "Politics and the Reason," pp. 79~81.

떤지 무시하면서, 그리고 심지어 개인들의 존재 그 자체를 무시하면서 개인들을 초월하여 발전하는 실체로 간주되어서는 안된다고 생각하며, 다음과 같은 한 가지 조건 아래서 개인들이 통합될 수 있는 매우 정교한 구조로 간주해야 할 것이다. 그것은 즉 이 개별성에 새로운 형식이 부여될 것이며, 그것이 특수한 메커니즘의 총체에 복속되리라는 것이다."[75] 즉 국가를 개별화하는 권력의 근대적 모체로 보며, 사목권력의 새로운 형식으로 간주한다.

이상과 같은 역사적 분석을 전제로 푸코는 서구의 근대국가에 대해 결론적인 테제를 제시한다. "국가권력은 개별화하는 동시에 전체화하는 권력의 형식이라는 사실 ― 이것은 국가권력이 강력한 이유 중 하나인데 ― 을 강조하고자 한다. 동일한 정치적 구조 내부에서 개별화하는 기술과 전체화하는 과정의 교묘한 결합은 인간사회의 역사 어디에서도 ― 심지어 고대의 중국사회에서도 ― 발견할 수 없으리라고 나는 믿는다. 이것은 기독교 제도들에서 발원한 오래된 권력 테크닉을 근대 서구국가가 새로운 정치형태 속으로 통합해 넣었다는 사실로부터 기인한다."[76]

요약하자면, 통치의 문제설정을 통해 파악되는 근대국가는, 개개인을 거대권력 아래 포섭하고 통제하려는[77] 전략적 목표를 갖고 있으며, 이를 치안이라는 장치를 통해 개별화하는 권력기술로서 사목권력을 통해 수행한다. 따라서 사목권력을 통해 대상들을 개별화하면 할수록 개개인은 국가적 권력 아래 전체화되고 통합된다. 이런 점에서 근대 국가는 개별화하는 동시에 전체화하는 권력이다.[78]

---

75) 푸코, 「주체와 권력」, 305쪽.
76) 같은 책, 304쪽(강조는 인용자).
77) 들뢰즈/가타리의 개념을 통해 좀더 명확하게 표현하자면 '몰(mole)적인' 포섭이라고 할 수 있겠다.
78) 그렇다면 우리는 다음의 사실을 또한 확인할 수 있지 않을까? 개인주의, 특히나 근

5. 미시정치학의 난점

1) 권력의 궁지

적어도 70년대 말에 이르기까지는 사상적으로나 개인적으로나 푸코와 가장 긴밀한 관계를 형성하고 있던 들뢰즈는[79] 푸코가 죽은 직후 그의 초상화를 그려낸다.[80] 그리고 그 초상화에 대해 대답하는 자리에서 푸코

대를 특징지으며 전체주의적 악몽과 대비되는 것으로 간주되는 개인주의란 사실 전체화하는 권력의 효과일 뿐이며, 그런 점에서 전체화하는 권력의 일부일 뿐이라는 것을. 그런 한에서 그것은 근대적 전체주의의 이면일 뿐이라는 것을. 따라서 개별화 내지 개인주의에서 출발함으로써 전체주의의 악몽을 피할 수 있으리란 것은 전체화하는 권력 안에서 꾸는 또 다른 꿈일 뿐이다. 오히려 중요한 것은 이 개별화하는 동시에 전체화하는 권력을 가로지르는 것, 개별화와 전체화의 벡터를 가로지르는 새로운 연대(alliance 혹은 association)를 창출하고 증식하는 것이다. '자유로운 개인들의 자발적 연대'란 바로 이런 것이 아니었을까?

79) 서로에 대한 존경과 애정으로 가득한 그들의 극히 이례적인 인간적 우정과 '철학적 우정, 정치적 우정'에 대해서는 D. Eribon, *Michel Foucault*, Flammarion, 1989, 박정자 옮김, 『미셀 푸코』 하권, 시각과 언어, 1995, 106~113쪽 ; G. Deleuze, *Lust und Begehren*, Merve, 1996에 부친 F. Ewald의 서문 참조.

80) 『들뢰즈의 푸코』가 바로 그것이다. "지성과 애정이 섬세한 떨림을 보이는 감동적인"(에리봉, 『미셀 푸코』 하권, 113쪽) 이 책은, 거기 서술되는 내용이 정말 푸코의 것인지에 대한 논란을 야기했고, 오랫동안 거부되었다고 한다(들뢰즈의 푸코!). 푸코 컬로퀴엄에서 들뢰즈가 발표한 글("What is a dispositif?") 역시 마찬가지였다. 하지만 *Pour parler : 1972~1990*(『대담 : 1972~1990』)에 실린 「푸코의 초상화」는 이러한 평가를 돌려놓기에 충분했으며, *Magazine littéraire*의 푸코 특집호(1994년 10월호)에 실린 노트("Désir et plaisir")는 이러한 전환을 결정적인 것으로 만들었다고 한다(F. Gros, "Le Foucault de Deleuze : Une fiction métaphisique," *Philosophie*, no. 47, Minuit, 1995, pp. 10, 53. 이 글("Désir et plaisir")은 『성의 역사』 1권이 나온 직후인 1977년에 『감시와 처벌』과 그 책에 대한 자신의 생각을 푸코에게 전달하기 위해 에발트(F. Ewald)에게 주었던 애정어린 사신

가 추구하던 미시물리학, 미시정치학의 위기에 대해 언급한다. "이러한 [미시물리학적인] 경향은 『지식의 의지』(『성의 역사』 1권)까지 이어집니다. 하지만 이 책 다음에 또 다른 새로운 위기가 닥칩니다. 좀더 내적이고, 아마도 좀더 의기소침하게 만드는 은밀한 위기, 막다른 골목에 다다른 느낌이라고나 할까, 그런 것이었습니다."[81]

그리고 들뢰즈 말대로 그는 이 위기를 통해서 또다시 새로운 영역으로 진행되었고, 그것은 표면적으로는 성의 역사를 계속해서 다루지만 사실상은 전면적인 이론적 전환의 문턱을 넘는 것이었다. 윤리학의 계보학 내지 윤리학의 문제설정이 그것인데, 그 고유한 가치에도 불구하고 그것은 앞서 잠시 언급했듯이 그의 생을 거의 일관해온 전복적 사유의 전복이라고 할 만한 것이었다. 그렇다면 이 위기는 어째서, 그리고 어디에서 야기된 것일까?

들뢰즈의 생각 : "나는 그가 '권력 너머로는 아무것도 없는 것일까?' 라는 질문에 부딪혔다고 생각합니다. 마치 궁지에 빠지듯 권력의 관계 속에 그는 갇혀들고 있었던 것은 아닐까요? 그는 자신이 싫어했던 것 속에 홀리듯 내던져진 셈입니다."[82] 우리는 이러한 생각이 타당하다고 본다. 거의 전생애에 걸쳐 푸코는 저항과 전복을 꿈꾸었고, 또 실천하려 했으며, 저항의 문제로서 모든 것을 사유하려 했다. 따라서 그에게 무엇보다 중요한 것은 동일자의 지배를 뒤엎는 것이었고, 권력의 지배를 전복하는

(私信)으로 두 사람의 차이를 이해하는 데 매우 중요한 자료다).

하지만 다른 맥락에서 들뢰즈의 *Foucault*를 이해하자면, 들뢰즈 말대로 그것은 '푸코의 초상화'이다. 거기에 그려진 것은 푸코('푸코의 이중체')임이 분명하지만, 그것은 들뢰즈가 자신의 눈과 자신의 필치로 그린 것임 또한 분명하다. 이런 점에서 그 초상화는 정말 '들뢰즈의' 「푸코」인 셈이다. 하지만 벨라스케스의 「교황 이노센트 10세」와 베이컨의 「이노센트 10세」는 정말 얼마나 다른지.

81) 들뢰즈, 「푸코의 초상화」, 『대담 : 1972~1990』, 103쪽.
82) 같은 글, 109쪽.

것이었으며, 결국은 저항 가능성의 지점을 찾는 것이었다. "권력이 있는 곳에 저항이 있다"라는 말은, 몇몇 비판가의 말처럼 그의 권력 개념에서도 저항을 사고할 수 있다는 어설픈 변명이 아니라, 반대로 권력의 장을 연구함으로써 그가 찾으려는 것이 바로 저항 가능성의 지점임을 말해주는 것이었다.

그러나 그는 권력관계에 대한 연구를 통해서 주체란 권력에 의해 생산되는 것이며, 이런 점에서 권력은 생산적이라는 명제를 제시하는데, 그렇다면 우리는 이렇게 말할 수밖에 없다 : '권력이 없다면 주체도 없다.' 즉 사람들이 어떤 형태로든 주체로 생산되고 살아가려면 권력은 불가피하다. 따라서 권력은 영원하다. 그렇다면 저항은 대체 무엇을 전복할 수 있는 것일까? 저항은 이제 불가능해지는 것일까? 또한 그가 분명히 하듯이 권력이 긍정적이라면, 저항은 차라리 그에 반하는 부정적인 어떤 것이 되는 건 아닐까?

결국 그는 저항의 가능성, 그 가능성의 지점을 찾기 위해 권력에 대한 미시물리학적 탐사로 나아갔지만, 그 연구의 결과는 권력은 불가피하며 권력의 외부는 없다는 결론이었다. 모든 것을 가두는 권력의 벽, 저항 자체를 곤란하게 만드는 권력의 궁지. 그런 만큼 그것은 전복의 사상가에게 '내적이며 의기소침하게 하는 위기'를 야기하기에 충분했을 것이다. 그렇다면 그가 『성의 역사』 연작 계획을 누차 수정하다가 결국 급전시켜 버린 것도[83] 충분히 이해할 수 있지 않을까?

윤리학적 문제설정으로의 전환은 이런 궁지와 위기에서 발생한다. 그는 이런 식으로 새로이 질문하는 것 같다 : '권력이 불가피하다면, 권력에서 벗어날 수 없다면, 차라리 권력(관계) 안에서 '저항'을 사고할 수는 없는 것일까? 훈육적인 권력이나 생체권력, 혹은 개별화시키는 사목적

---

83) 에리봉, 『미셸 푸코』 하권, 213~226쪽 참조.

권력에 대항하여 '저항'하는 것은 불가능한 것일까?

통치기술로서 사목권력에 대한 연구 위에서 그는 새로운 방식의 저항 가능성을 찾아낸 바 있었다. 그것은 한마디로 '개별화를 통한 통치'에 반대하는 것으로, 이미 주어진 개인적 지위를 의문시하는 투쟁이다. 개인들을 분리시키고, 다른 이들과의 연계를 깨뜨리며, 공동체 생활을 분열시키고, 개인을 자신에게 고착시키고, 억압적인 방식으로 자신을 스스로의 정체성에 묶어두는 모든 것에 대한 공격. 투쟁의 목표는 권력효과 그 자체로서 지식, 권한, 자격 등에 연결되어 있는 권력효과에 대한 반항이고, 지식의 특권에 반대하는 투쟁이다. 또한 그것은 특정한 경제적·정치적 통치형태에 한정되지 않는 횡단적 투쟁이다. 그것은 주적을 찾지 않고, 눈앞의 직접적인 적을 보며, 해방, 혁명, 계급투쟁의 종식과 같은 미래의 해결책을 찾지 않는다.[84]

저항에 대한 이러한 생각은 이후 일반화되어 '주체화'라는 개념으로, 즉 지식의 체계화된 규범이나 권력의 구속적 규범에서 벗어나, 자신에게 스스로 부과하는 자신의 임의적인 규범을 통해 스스로를 주체로 만들어내는 것으로 발전한다. 즉 권력이 불가피한 것이며 벗어날 수 없는 것이라면, 차라리 자신의 외부에서 주어지는 권력에 의해서가 아니라 차라리 거기에 거리를 두면서 자기 스스로 부과하는 권력을 통해서 스스로를 주체화하려는 것이다. 여기서 "자기 자신을 다스리는 자만이 다른 사람을 다스릴 수 있다"는 그리스의 사례가, "자기 자신을 배려하고 돌보는", 근대와는 다른 윤리학의 가능성을 시사하는 것으로 떠오른다(하지만 그것은 '대안'도 '모델'도 아니다).

이런 점에서 말년의 푸코가 제시한 윤리학적 문제설정은, 권력이 불가피한 만큼 거기서 벗어날 수 없다는 허무주의가 아니라, 권력의 궁지에

---

84) 푸코, 「주체와 권력」, 301~302쪽.

서 사유한 (근대)권력에 대한 비판의 한 형식임이 분명하다. 그럼에도 불구하고 그가 이전에 가지고 있던 전복적 사유와 강력한 비판적 문제화 방식은 분명히 소멸되거나 지극히 약화된다(알다시피 이는 문체(style)의 변화로까지 이어진다). 그리고 저항과 연대를 통한 어떤 권력(관계)의 전복은 윤리적 실천의 전망에 자리를 내준다. 이는 아직 전복적 사유의 지반에 머물러 있고자 하는 한, 인정할 수는 있어도 수용하기는 힘든 것이다. 우리가 그의 마지막 제안에 혁명적 주석을 달며 받아들이기보다는, 차라리 그가 처했던 궁지로 다시 돌아가 권력과 저항에 대해 다시 근본적으로 사고하고자 하는 것은 바로 이런 이유에서다.

2) 저항과 권력

권력의 연구를 통해 권력에 대한 저항 가능성의 지점을 찾으려 했던 미시정치학은, 권력은 불가피하고 영원하며 권력을 넘어서는 것은 불가능하다는 결론에 이름으로써 그 내적인 난점을 드러냈다. 우리는 이 난점을 두 개의 주제와 연관해서 검토할 것이다. 그 하나는 권력과 저항의 관계이고, 다른 하나는 권력과 적대의 관계인데, 후자는 앞서 푸코가 기각한 바 있는 '니체적 가정'(적대의 가정)과는 다른 문제다.

첫째, 저항과 권력. 이 문제는 앞서 권력 개념을 다루면서 언급한 명제들, 즉 '권력은 아래로부터 나온다' '권력은 긍정적이다' 내지 '권력은 생산적이다'라는 명제에 의해 야기된다. 우선 권력이 아래로부터 나오는 것이라면 대체 저항은 어떻게 가능한가? 또 권력자 없이 권력이 행사되며 지배자와 피지배자의 대립을 제거한다면, 대체 누가 누구에 대해 저항하는 것인가?[85]

---

85) "권력에도 똑같이 저항하는 무언가가 있다. 그리고 우리는 권력을 행사하는 자들

권력이 '아래'로부터 나온다고 할 때 '아래'는 피지배자 내지 피지배 적 위치도, 아래에 있는 자도 아니다. 그것은 권력이 행사되는 장치의 아 래, 그리하여 권력의 신경이 작동하는 장치의 말단이며, 그 대상과 직접 적으로 접촉하고 부딪히는 하부다. 그것은 권력의 도식이 담론이나 제도 를 통해 대상에 작용하는 지점이며, 권력이 '실행'된다고 할 때 실행이 란 말이 직접적인 의미를 갖는 수준이다. 아이의 행동을 감시하고 통제 하는 부모, 그들을 그렇게 관계짓는 교육적 관계에 의해 권력은 실행된 다. 미시적인 동작 하나하나까지 규범화된 통제의 도식에 따라 움직이도 록 강제되는 분업화된 노동자의 수족 사이에서, 그들의 맞물린 작업에 의해 권력은 실행된다. 나사를 늦게 돌리는 채플린은 바로 옆의 망치나 노동자가 닦달하는 데 따라 좀더 빠르게 나사를 조여대야 한다. 행동 하 나하나에 직접적으로 관여하는 이러한 관계 속에서 권력은 실행된다는 것이다.

　그렇다면 푸코가 보기에 권력에 대한 저항은 권력이 행사되는 바로 그

과 그것에 복종하는 자들 사이에 아무런 차이도 보지 못한다"(J. Baudrillard, *Oublier Foucault*, Galilée, 1977, 박봉희 옮김, 「푸코를 잊어버리기」, 『세계의 문 학』 53호(1989년 가을), 민음사, 390쪽).
　한편 보드리야르는 권력이 생산적이란 명제에서 역전이나 전복이 불가능한 권력 개념을 본다(389쪽). 이러한 권력 개념은 마르크스나 들뢰즈와 마찬가지로, 그 역 시 '생산의 거울'에, 즉 모든 것을 '생산'의 개념을 통해 포착하는 '상상계'에 갇 혀 있기 때문이라고 본다. 대신 자신은 푸코의 '기능적 관점' 대신에 유혹과 술책 으로서, 역전 가능한 교환으로서 권력을 정의하려 한다. 하지만 유혹이라는 기술 내지 술책을 권력의 정의 자체로 끌어들임으로써 확보되는 권력의 '역전 가능성' 은, 무한한 상호 역전으로 나아감에 따라 만들어지는 허무주의의 유혹을 대가로 지불해야 했다. 권력이란 어차피 유혹하는 것이고, 권력을 역전하려는 시도 역시 그 유혹의 놀이 안에 있는 것이기 때문이다. 그런데 아이러니컬한 것은 그가 역전 가능성으로 권력의 유혹을, 따라서 권력을 정의하려 하자마자 그는 곧바로 권력의 점유자들을 전제하는 근대의 정치학적 전제를 다시 도입하게 된다는 점이다.

지점에서 발생할 수 있는 셈이다. 작업거부 혹은 태업, 혹은 출근거부나 취업거부, 담배 피우는 아이, 몰래 자위하는 아이, 혹은 가출하는 아이 등등. 그것은 특정한 행동을 정의하고 강제하며 감시하는 권력의 도식에서 이탈하는 방식으로 진행된다. 그것은 지배자에 대해 저항한다기보다는 권력의 도식에 저항한다. 따라서 권력은 아래로부터 나온다는 명제가 저항의 가능성을 봉쇄하지는 않는다. 그것이 문제가 되는 것은 차라리 권력의 도식에 따라 움직이는 사람들의 관계가 집합적인(몰(mole)적인) 적대를 이룰 수 있다는 것을 보지 못하는 데 있다. 다음 절에서 이 문제로 다시 돌아갈 것이다.

다음으로 권력은 생산적이라는 명제. 권력이 주체를 생산한다면 그 주체가 권력에 저항하는 이유는 무엇인가? 혹은 권력이 주체(의 복종)를 생산한다면, 주체가 바로 그 동일한 권력에 대해 저항할 이유는 무엇인가? 즉 동일한 권력이 복종과 저항을 동시에 생산한다고 해야 하는가?[86] 예컨대 학교에서 학생들로 하여금 어떤 지식과 특정한 활동능력을 갖도록 작용할 때, 병원에서 규율이 건강을 생산할 때, 감옥에서 범죄자를 유익한 활동에 맞도록 훈육할 때, 바로 그 동일한 권력이 그에 반하는 저항을

---

86) 하버마스는 이 문제를 보는 데도 지극히 일면적이다. 그는 오직 푸코가 자신의 계보학적 주장을 정당화하기 위해서는 어떤 규범에 의존할 수밖에 없다는 얘기로 권력이론의 난점을 다루고 있어서, 프레이저(N. Fraser)를 인용하면서 복종과 저항을 다루는 경우에조차도, 어째서 복종보다 저항이 바람직한가를 질문하고는, 여기에는 어떤 모종의 규범을 도입해야 함을 지적할 뿐이다(하버마스, 『현대성의 철학적 담론』, 336쪽). 그러나 이처럼 가치(value)와 가치평가(évaluation)를 비판철학의 중심으로 끌어들이는(G. Deleuze, *Nietzsche et la philosophie*, PUF, 1962, 신범순·조영복 옮김, 『니체, 철학의 주사위』, 인간사랑, 1993, 21~22쪽 참조) 것이 '니체주의자'에게는 전혀 문제가 되지 않는다. 왜냐하면 니체처럼 계보학은 힘이라는 양과 의지라는 질에 대한 가치평가를 그 내재적 요소로 하고 있기 때문이다. 이에 대해서는 주 91) 참조.

야기한다는 것인가? 그 저항의 이유는 무엇인가? 만약 동일한 권력이 복종과 저항을 동시에 생산한다면, 그 권력 개념은 모든 것을 말하기에 아무것도 말해주지 못하게 되는 것은 아닐까? 여기서 우리는 푸코 권력 개념의 가장 근본적인 공백 중 하나를 발견한다.

이 문제를 좀더 명확히 하기 위해서 우리는 좀더 근본적인 질문을 던져야 한다 : '개개인을 주체로 생산하기 위해 권력이 있어야 할 이유는 무엇인가? 권력이 무언가를 길들인다면 길들일 이유는 무엇이며 길들일 대상은 무엇인가? 한마디로, 권력이 필요한 이유는 대체 무엇인가?'

그 답은 분명하다. 길들이지 않으면, 권력을 통해 특정한 활동의 형식을 부과하지 않으면 안될 무언가가 있기 때문이다. 그대로 둔다면 제멋대로 활동해서 어떤 정해진 질서를 깨뜨릴 것이 분명한 어떤 '위험스런' — 혹은 '무질서한' — 힘이 있기 때문이다. 이 힘을 『안티-오이디푸스(L'anti-Œdipe)』의 들뢰즈/가타리처럼 '욕망'이라고 부르든, 프로이트처럼 '거시기'라고 부르든, 아니면 프로이트-라이히처럼 '리비도'라고 부르든간에 말이다. 여기서 중요한 것은 그 힘이 어떤 실체인가가 아니다. 그 힘의 본질을 무엇이라고 보는가와 무관하게, 어쨌든 권력이란 개념이 정의되려는 순간 이미 논리적으로 필요한 전제가 있다는 점이다. 길들여야 할 대상, 특정한 형식을 부과함으로써 유용하고 유익한 활동능력으로 생산해낼 대상이. 혹은 이렇게 말해도 좋다면, 생산될 어떤 활동능력의 질료가.[87]

---

87) 이 힘을, 들뢰즈/가타리처럼 무언가를 생산할 수 있는 힘이요 어떤 행동을 만들어 내려는 의지라는 점에서 '(생산하는) 욕망'이라고 부를 수 있다. 그러나 이는, 수많은 비판가들의 우려와는 달리, 어떤 생물학적 힘에 어떤 근원적 지위를 부여하는 생물학주의도, 어떤 본질적 실체를 가정하는 실체론도 아니다. 왜냐하면 방금 보았듯이 그것은, 존재하는 어떤 질서나 권력을 말하려는 순간 이미 전제할 수밖에 없는 어떤 것에 붙이는 '이름'일 뿐이기 때문이다.

그것은 그대로 둔다면 어떠한 질서나 형식, 정해진 관계로부터 벗어날 것이란 점에서 '탈주적인 힘'이다.[88] 권력이란 바로 이 힘에 대해 작용하는 것이고, 이 힘을 길들이고 포섭하려는 것이며, 그 힘에 어떤 형식을 부과함으로써 그것을 생산적인 어떤 능력으로 생산하는 것이다.[89] 그것은 '저항'으로 정의되기 이전에 이미 존재하는 힘이다. 권력이 있는 곳에서 그것은 이제 '저항'으로 정의된다. 그것이 없다면, 길들여지지 않은 그 힘이 이미 존재하지 않는다면, 길들이려는 권력은 대체 존재할 이유를 어

---

88) 이는 들뢰즈/가타리 자신이 지적한 대로 푸코와 그들 간의 차이점 가운데 하나다.

89) 따라서 권력 이전의 어떤 힘을 상정하는 것이, 혹은 그것을 '욕망'이란 이름으로 개념화하는 것이 이른바 '억압가설'을 재도입하는 것은 결코 아니란 점을 확인해두자. 더불어 푸코가 '억압가설'을 비판하는 이유에 대해 잠시 언급하자. 여기서 그가 비판하려는 것은 예컨대 성이 억압되었다는 주장이나, 권력기술이 억압하는 방식으로 작동할 수 있다는 주장이 아니다. 오히려 그가 '억압가설'을 비판하면서 중요하게 포착하려는 것은 권력이 단지 억압하는 방식으로만 작용하지는 않는다는 것이고, 좀더 근본적으로는 억압하는 방식으로 작용하든 아니든간에, 권력이 어떤 긍정적인 활동능력을 생산한다는 것이었다(이와 관련해 나는 주 52)에서 권력의 생산적 효과를 지적하는 것 또한 권력기술 내지 작동방식을 일면화할 우려가 있다고 지적한 바 있다). '억압가설'을 명시하여 비판했던 것은 그것이 권력의 작동방식뿐만 아니라 그 효과에 관해서도, 이러한 긍정적이고 생산적인 양상을 보지 못하게 한다는 점 때문이었으며, 억압을 제거하면 모든 것이 해결된다고 본다는 점 때문이었다.
이를 둘러싼 논란과 오해는 사실상 매우 광범위했고, 이에 대해 그는 『성의 역사』 1권 독일어판(Suhrkamp, 1983) 「서문」에서 다음과 같이 쓰고 있다. "나는 성의 억압이 없었다고 주장한 적은 한 번도 없다. 다만 권력, 지식, 성의 관계를 판독해내기 위해 책의 전체적인 분석을 억압의 개념 주변에 유기적으로 배치해야만 하지 않을까 생각했을 뿐이다. 그리고 또 성의 금지, 방해, 거부, 은폐 등을, 단순히 억압만을 목표로 삼지는 않는 복합적이고 전면적인 전략에 삽입시켜 생각하지 않는다면, 우리는 진실을 알 수 없을 것이라고 생각했을 뿐이다"(에리봉, 『미셸 푸코』하권, 136~137쪽에서 재인용. 강조는 인용자). 에리봉(D. Eribon) 말대로 정말 "푸코는 독자가 자신의 책을 잘못 읽고, 잘못 이해했다는 쓸쓸한 감정"을 가질 만했다(같은 책, 137쪽).

디서 발견할 수 있을까? 그런 점에서 굳이 푸코의 용어를 그대로 쓰자면 다음과 같이 말해야 한다 : "권력 이전에 이미 저항이 존재한다."[90] 탈주적인 힘의 선차성.

결국 권력이란 탈주적인 힘의 능동적-작용적(active) 힘에 반하여 작용한다는 점에서 반동적-반작용적(reactive) 힘이며, 탈주적 힘의 규제와 통제를 의미한다는 점에서, 그것은 긍정적인 방식으로 작동하는 경우에도, 또 생산적인 효과를 갖는 경우에도 근본적으로 부정적(négative) 의지다.[91] 반면 탈주적 힘의 선차성을 부정하고, 권력을 선차적인 것으로 개념화할 경우 그 상반되는 두 가지 힘의 가치는 반전된다. 다시 말해 저항을 권력을 통해서만 정의하고, 권력을 통해서 야기되는 것이라고 보는 순간, 그것은 긍정적인 힘에 대해 반동적인 힘의 가치를 갖게 된다. 그러한 권력/저항의 개념적 관계 위에서 '권력은 긍정적이다' 내지 '권력은 생산적이다'라는 명제가 제시될 때, 푸코의 의도와는 무관하게, 저항은 부정적이고 반동적인 힘으로서 가치를 획득하게 된다. 이제 저항은 꿈꿀 이유마저(꿈꿀 가치마저!) 상실할 위험 앞에 선다. 푸코의 윤리학에서 저

---

90) 이 문제에 관해서는 이진경, 「글쓰기와 폭탄 ; 〈카프카〉가 성(城)으로 간 까닭은?」, 『필로시네마 혹은 탈주의 철학에 관한 7편의 영화』, 새길, 1995, 177∼182쪽 참조.
91) 니체에게서 권력의지는 힘들간의 관계로 정의된다. 힘에는 능동적 힘과 반동적 힘이 있다. 무언가를 야기하고 자극하고 무언가를 생산하는 힘이 '능동적 힘'이라면, 야기되고 자극되고 유용한 효과를 생산하도록 유도된 힘은 '반동적 힘'이다. 후자는 능동적 힘에 대해 되작용하고 반작용하는 힘이지만, 그것 역시 '유용한 효과'를 생산하도록 행사되며, 단순히 수동적인 힘이나 반향적인 힘이 아니다. 한편 권력의지는 힘들간 관계를 특정하게 차별화하는 미분적-차이적이고 발생적인 요소로서, 관계된 힘들간의 질을 규정한다. 그 질 역시 상반되는 두 가지로 나뉜다. 어떤 힘의 능동적 작용에 좋은 '가치를 부여'(évaluation)하고 무언가를 하도록 하는 '긍정적인' 의지와, 그것을 나쁘게 평가(évaluation)하고 — 같은 말이지만, 반동적 힘에 가치를 부여하고 — 무언가를 하지 못하게 규제하는 '부정적인' 의지가 그 것이다(들뢰즈, 『니체, 철학의 주사위』, 95∼103쪽 등 참조).

항이란 개념을 발견하기 힘들게 되는 것이, 차라리 금욕적 절제를 통해 '자아의 실천'(pratique de soi)으로 나아가는 것이 이와 무관하다고 할 수 있을까?

3) 권력과 적대

둘째, 권력과 적대. 이 문제는 푸코가 언급한 것보다는 언급하지 않은 데서, 개념화하는 데서보다는 개념화하지 않는 데서 나온다. 단적으로 말하자면, 그의 권력이론에는 적대의 개념이 결여되어 있다는 것이다. 하지만 이것이 앞서 그의 권력 개념을 요약하면서, 한때 그가 갖고 있었으나 나중에 포기한 이른바 '적대의 가정'과는 다른 것이다.

푸코가 적대의 가정을 통해 지칭하려고 했던 것은, 지배/피지배 관계로서 권력관계의 대립, 혹은 지배계급의 전략과 피지배자 간의 대립이다. 그런데 그의 권력 개념이 미시적 차원에서 개별적인 대상에 대해 작용하는 한, 그 대립은 결코 집단간의 적대(예를 들면 계급간 적대처럼)가 아니라, 지배집단과 개인, 혹은 권력의 전략과 개인 간의 적대다. 감옥에서 적대는 훈육적인 권력의 전략 내지 권력을 행사하는 장치와 수감자 개개인 간의 관계를 지칭한다. 그는 궁극적인 적대자를 묻는 질문에 다음과 같이 답한다.

이것은 하나의 가설에 불과하지만, 모든 것이 서로에 대해 적대적이라고 할 수 있을 것입니다. 한편은 프롤레타리아이고 다른 한편은 부르주아라는 식으로 투쟁의 형태를 나눌 수는 없는 것입니다. 말하자면 부르주아와 프롤레타리아만의 투쟁이 있는 것은 아니란 뜻입니다. 그렇다면 누가 누구에게 대항해서 싸우는 것이겠습니까?[92]

여기서 푸코는 이런 '적대'의 궁극적인 요소를 개인 내지 개인을 이루는 하위체계라고 말한다. 이로써 그는 특정한 부류의 사람들간, 즉 집단 간의 관계로서 적대 개념을 거부하고 있는 셈이다. 왜냐하면 적대란 사람들의 지속적이고 특정한 관계이기에, 모든 개별자간의 대립, 혹은 그 이하 수준에서의 대립을 적대라고 하는 것은 별다른 의미가 없기 때문이다. 다만 그 용어가 뜻하는 것은 권력이 아래로부터, 각인(各人)간에 행사된다고 할 때, 그에 대한 각인의 '저항'이라는 것이다. 이는 성적 장치를 통해 생체권력을 분석할 때도, 치안장치를 통해 사목적 권력을 분석하는 경우에도 마찬가지였다. 언제나 대립은 권력과 개인(혹은 그 이하) 내지 권력의 전략과 개인 간에 있으며, 그 이외의 어디서도 별도의 관계를 찾지 않는다. 결국 그가 말하는 적대 내지 대립이란 권력/저항의 대립이요 적대일 뿐이다. 그것은 우리의 개념으로 말하면 탈주적 힘과 권력의 대립과 동의어이다.

여기서 권력과 저항을 둘러싼 또 다른 난점이 발견된다. 앞서 사목권력에 대한 논의에서 본 것처럼 푸코는 권력관계나 권력의 장치를 전복하려 하지 않으며, 다만 대상을 개별화하고 억압적인 방식으로 주어진 정체성에 묶는 권력에 대해, 그리고 그것에 의해 이미 주어진 개인적 지위에 대해 투쟁할 것을 제안한 바 있다. 그것은 권력관계나 그 장치를 그대로 둔 채 다만 권력의 효과에 대해 저항하는 것을 뜻한다. 이는 그가 권력과 저항을 개인과 권력, 개인과 권력의 전략, 혹은 개인과 권력장치의 양극 안에서만 포착하기 때문이다. 다시 말해 저항이나 투쟁은 개인과 사목적 권력 간에, 개인과 통치장치 간에, 개인과 국가 간에 설정된다. 이러한 저항이 선택할 수 있는 길은 두 가지 극을 갖는다. 하나는 국가적 통치권력의 효과에 대해 가능한 모든 지점에서 저항하는 '부정적인' 무정부적 투

---

92) 푸코, 「육체의 고백」, 홍성민 옮김, 『권력과 지식』, 252~253쪽(강조는 인용자).

쟁이고, 다른 하나는 그런 권력에 대해 거리를 둘 수 있는 개개인의 '긍정적인' 윤리적 실천이다.

이러한 '난점' — 이는 아직도 전복을 꿈꾸는 자들에게나 그런 것이지만 — 은 권력이 적대 없이, 혹은 적대와 무관하게 정의된다는 점에 기인한다. 물론 여기서 적대는 집단간의 적대, 몰적인 적대다. 다시 말해 푸코가 포착한 권력관계와는 다른 차원의 대립 내지 적대가 있으며, 권력관계가 그리로 환원되지는 않는다 해도 그것과 무관하게 작동하지는 않는다는 것이다.[93]

예컨대 이해관계의 대립을 통해 구성되는 계급간의 적대관계는, 권력이 행사되는 장치가 그리로 환원되지는 않는다고 하더라도, 결코 후자와 무관하지 않다.

차라리 우리는 다음과 같이 말해야 하는바, 어떠한 배치(agencement)는 다양한 방식으로 상이한 집단들을, 그리고 종종 집단들간의 몰적인 적대를 만들어낸다. 예를 들어 자본주의에서 생산의 배치는 한편으로는 자본가를 자본의 도식에 따라 판단하고 행동하는 자본의 담지자(Träger)로 만들고, 노동자를 예컨대 테일러적 도식에 따라 행동하는 생산요소로 만든다는 점에서 권력의 장치다. 그러나 다른 한편으로 그것은 자본가와 노동자를 이윤 대 임금 간의, 노동을 시키는 자 대 노동하는 자 간의, 잉여노동시간 대 필요노동시간 간의 적대적 이해관계를 만들어낸다. 이 두 가지 차원의 긴밀함을 보여주기 위해서는, 노동자를 탈숙련화시키는 '실질적 포섭'의 권력기술이 이윤의 증대와 밀접한 것이라는 점을 지적하는 것만으로 충분하다. 여기서 우리는 다음과 같이 말할 수 있다 : 어떤 배치가 몰적 적대를 포함하는 한, 권력은 단일하지 않으며 차라리 복수적이다. 예를 들면 부르주아들이 자신의 계급적 신체를 구성하기 위해 성을 이용하

---

93) 이는 '미시적 차원'과 '거시적 차원'의 차이를, 그 이질성을 정의한다.

는 권력기술이 노동자 가족에게는 (동일하게) 적용되지 않았다는 푸코 자신의 언급이[94] 그럴 가능성을 시사한다. 공장에서 작동하는 권력의 도식은 단적으로 말해 노동자에게는 '테일러적인 동작관리의 도식'으로 부과될 테지만, 자본가에게는 베버 말대로라면 '금욕적 축적의 도식'으로[95] 부과될 것이다. 이 양자를 어떻게 동일한 것이라고 할 수 있을까?

그렇다면 이제 우리는 저항과 투쟁을 개념적으로 구분하여 새로이 정의할 수 있다. 푸코 말처럼 저항이, 권력과 그것이 겨냥한 대상간에, 즉 권력과 탈주적 힘 사이에서 정의된다면, 투쟁은 다양한 물적 적대에 의해, 그리고

---

94) "계급의식의 가장 중요한 형태들 가운데 하나는 육체의 확립이라는 것을 필경 인정해야 한다. 적어도 18세기 부르주아지의 경우에는 그것이 사실이었다. 그 당시 부르주아지는 귀족의 푸른 피를 튼튼한 신체와 건전한 성욕으로 전환시켰다… [반면] 특히 19세기 전반기에 프롤레타리아트에게 가해진 생활조건을 고려하면 알 수 있듯이 그들의 육체와 성은 결코 배려의 대상이 아니었다"(푸코, 『성의 역사』 1권, 139쪽).

95) 베버는 청교도적 소명의식과 금욕주의를 통해 자본주의에 고유한 에토스를, 부르주아적 직업 에토스의 성립을 설명하면서, 동시에 이런 "종교적 금욕의 힘이 성실하고 양심적이고 대단한 노동능력을 가진 동시에 신이 원하는 삶의 목적으로서 노동에 매진하는 노동자들을 제공해주었다"고 말한다(M. Weber, *Die protestantisch Ethik und der Geist des Kapitalismus*, 박성수 옮김, 『프로테스탄티즘의 윤리와 자본주의 정신』, 문예출판사, 1988, 131쪽). 다시 말해 동일한 금욕주의의 에토스가 자본가에게는 축적의 도식이, 노동자에게는 노동의 도식이 되었다는 것이다. 그러나 이는 결코 동일하게 적용될 수 없었다는 것은, '구빈법'(마르크스)이나 '거대한 감금'(푸코)으로 대변되는 유혈낭자한 조치를 통해서만 노동의 습속을 창출할 수 있었다는 것을 확실히 해둘 필요가 있다. 베버 자신도 "'민중'은, 곧 노동자와 수공업자 대중은 오직 빈곤한 경우에만 신에게 복종한다"는 캘빈의 말을 인용하고 있다(같은 책, 132쪽). 그러나 그는 "구빈법의 입법에 적용된 것이 청교도의 가혹한 금욕주의"라고 하지만 이 말은, 이익에 반하여 강제되는 노동의 습관을 통해 형성되는 '금욕'의 도식이, 이해에 부합해 축적으로 이어지는 금욕의 도식과 동일하리란 것을 말하려 하는 것이라면 틀린 말이다. 이에 대해서는 박태호, 「근대적 주체와 합리성 : 베버에서 푸코로?」, 『경제와 사회』, 1994년 겨울호 참조.

나아가 적대하는 생체권력 사이에서 정의되어야 한다. 나아가 권력이 단수로 존재하지 않으며, 오히려 상이한, 때로는 적대적인 권력들로 존재한다면, 권력에 대한 저항 역시 이제는 이 권력들간의 관계 속에서 동적으로 포착되어야 한다. 예를 들어 잉여가치를 위한 생산의 장치에서 작동하는 권력에 대해 노동자가 저항하는 방식(일례로 파업)은 자본가 자신이 저항하는 방식(일례로 낭비)과 다를 것이 분명하다. 이러한 저항의 양상의 차이를 지워버린다면, 그것은 이미 개념으로서의 가치를 잃게 된다.

투쟁과 결부될 때 저항은 적대적 관계를 전복하는 적극적이고 긍정적인 가능성을 새로이 발견할 수 있으며, 개인적 저항을 넘어서 특정한 역사적 형태의 권력의 장치 내지 권력기술의 전복을 꿈꿀 수도 있을 것이다. 마찬가지로 적대와는 다른 차원에서 작용하는 권력(들)/저항에 결부될 때 투쟁은 단지 적대적 이해관계를 전복하는 것으로는 넘어설 수 없는 '권력관계'의 문제로까지 확장된다. 예컨대 자본주의적 소유관계의 변혁이 그 자체로 권력의 변환은 아니며, 피지배계급 자신이 지배적 권력에 포섭되어 있었던 한 차라리 동일한 권력행사를 반복할 가능성이 훨씬 크다는 점, 따라서 권력에 대한 저항의 확장이, 그리하여 '권력관계의 형태 변환'이[96] 필요하게 된다는 사실은 지금이라면 그다지 납득하기 어려운 게 아니다.

좀더 나아가, 자본주의의 전복을 꿈꾸는 프롤레타리아 계급이라면, 적대적 이해관계를 낳는 생산의 배치의 전복과 더불어, 테일러주의적 권력기술을 통해 작동하는 부르주아적 생체권력을 대체하여 코뮨적 주체를

---

96) 푸코에게서 추론되는 '권력의 영원성'이 결코 권력의 전복을 꿈꾸지 못하게 하는 것은 아니다. 왜냐하면 전복은 권력(관계) 자체를 겨냥할 수 없지만, 역사적으로 형성되는 특정한 형태의 권력(관계)을 겨냥할 수 있기 때문이다. 마치 마르크스에게 생산이나 생산관계가 영원하지만, 혁명은 결코 생산(관계) 자체의 폐기를 목표로 하지 않으며, 특정한 생산관계의 변환을 목표로 하는 것처럼.

생산할 수 있는 또 다른 '권력기술'을 창조할 수 있어야 하지 않을까?

6. 계급투쟁과 생체정치

지금까지 푸코의 권력 개념을 검토하면서, 우리는 나름대로 두 개의 개념적 난점을 통해 그의 미시정치학이 갖는 난점을 이해하려고 했다. 그에 대해 우리는 '탈주적 힘의 선차성'과 '몰적 적대의 차원'을 추가함으로써 그의 미시정치학이 펼쳐지는 개념적 배치를 변경시킬 수 있으리라고 주장한 셈이다. 이제 마지막으로 이 개념적 배치의 변이 가능성을 '계급투쟁'(이는 다양한 몰적 적대의 하나다. 하지만 극히 중요한 하나다)과 '생체정치'(이는 푸코가 해부정치(학)와 대비시켰던 용어와는 다르게 신체적 무의식 내지 생체권력을 축으로 벌어지는 저항과 투쟁의 양상을 포괄적으로 지칭하는 것으로 정의하자)의 문제를 통해 시험적으로 살펴볼 것이다. 이를, 마르크스를 통해 푸코를 영유하려는 시도라고 보아준다면 고마운 일이다.

우리는 계급투쟁을 몰적 적대로서 존재하는 계급과, 그 집단이 포함하고 있는 권력들(혹은 권력-능력)[97] 간의 관계 속에서, 기존의 지배적 권

---

97) 여기서 '권력(pouvoir)'이란 말은 지배적인 제도나 담론 등을 통해 이미 지배적 위상을 확보하고 있는 권력(관계)을, 대개는 지배적 계급의 전략을 내포하는 권력관계를 지칭한다. 반대로 '능력(puissance)'이란 말은 네그리(A. Negri)의 말을 빌리자면(A. Negri, *L'Anomalie sauvage : Le concept du pouvoir et puissance chez Spinoza*, PUF), 대중들이 갖고 있는, 아직 제도화되지 않아서 안정적이지도 확고하지도 않지만, 아마도 대항적인 담론들(예를 들면 마르크스주의적 담론)이나 제도적인 요소들(예를 들면 당이나 노동조합)을 통해 잠재화된 현실적인 힘을 말한다. 후자 역시 근대의 지배적 배치들을 따라 형성됨으로써 권력과 대칭적인 형

력에 저항하는 '탈주적 힘'을 장악하려는 권력들간 투쟁의 문제로 다시 정립할 수 있다. 계급투쟁은 계급적 권력 내지 조직이라는 실재가 예를 들면 의회에서 거수로써 싸우거나, 거리에서 무기를 들고 펼치는 대리전과 같은 것이 아니며 혹은 잉여가치를 두고 벌이는 이해관계의 게임만도 아니다. 오히려 그것은 계급적 권력이 개인을, 나아가 대중을 장악하려는 투쟁으로 정의될 수 있으며(계급투쟁에 대한 계보학적 정의?), 탈주적 힘의 결속을 통해 기존의 생체권력를 넘어서려는 시도, 그리하여 코뮨적인 새로운 생체권력을 작동시키려는 기도로 파악할 수 있을 것이다.[98] 이때 '대중과의 결합' 내지 '대중의 장악'은 선거에서 지지표를 모으는 '정치'가 아니며, 단지 의식화나 이데올로기적 장악도 아니다. 그것은 차라리 대중들의 생체권력을 만들어내는 기존의 지배적인 습속과 기술, 장치에 반하는 저항이요, 그것을 통해 대중들의 신체적 무의식을 '장악'하려는 투쟁이다. 생체정치와 계급투쟁.

   이런 점에서 우리는 계급투쟁의 때로는 국지적이고 때로는 전면적인 양상과 사건들이 미시적인 수준에서 개인들의 생체권력-신체적 무의식에 미치는 효과에 대해서 다시 주목해야 한다. 예컨대 1987년의 전국적인 노동자투쟁은 그 자체로 경제적인 요구와 조합주의적인 내용을 갖고 있던 매우 '근대적인' 투쟁이었음에도 불구하고, 노동자 대중들로 하여금 기존의 순응적이고 포기적인 삶에서 벗어날 가능성을, 그리고 지배적 권력에 대해 저항할 필요성을, 그 거대한 억압과 지배의 벽의 틈새를 확인할 수 있게 해주었다는 점에서 중요한 의의를 갖는 것은 아니었을까? 그리하여 노동자들 개개인의 사고는 물론 행동 자체에도 커다란 변화를

   태를 취할 수 있다는 것은 물론이며, 이 경우 적대적인, 그러나 동형적인 권력 대 권력의 대립의 양상을 띤다.

98) '탈주적 힘'을 주어로 놓는다면, 그 힘이 지배적인 권력에 저항하기 위해 대항권력으로서 프롤레타리아트와 연합하는 것이라고 할 수 있지 않을까?

초래했다는 점에서 중요한 '정치적' 계기였던 것은 아닐까? 그런 만큼 그것은 적대적 이해관계에서 야기된 계급투쟁이었지만, 동시에 대중들의 신체에 새겨진 습속의 권력, 생체권력에 저항할 계기를 대대적으로 마련한 것이었다는 점에서 '생체정치적' 계기였던 것은 아닐까?

자본주의 전반기에, 혹은 한국이라면 이른바 '산업화' 전반기에 '경제투쟁'이란 이름으로 불린 투쟁이나 그에 연관된 사건이 '정치적' 의미를 가질 수 있었던 것은 바로 이런 맥락에서 이해할 수 있다(예를 들어 전태일의 죽음, 혹은 동일방직 여성노동자들의 투쟁). 혹은 거대 공장의 파업에 대해 전쟁 같은 물리적 공격이 행해지고, 그 여파를 축소하기 위해 '전 사회적인' 비난과 공세의 담론들이 동원되는 것은 잘 알다시피 그로 인해 내주어야 할 임금의 양 때문만은 아니었다. 부르주아지가, 그들이 실제로 내줄 임금이나 양보의 양보다 더 큰 손실을 감수하고라도 노동자들이 투쟁에 의해 무언가를 획득하려는 것 자체를 막으려 할 때, 그것이 갖는 생체정치적 효과가 아니라면 대체 이 '비합리적 선택'을 어떻게 납득할 수 있을까? 그들이 노동자들의 투쟁을 오직 특정 집단의 이해관계로 환원하고, 노동자의 이기적 욕구에서 기인한 것으로 매도하는 것 역시, 예견되는 이 생체정치적 효과를 겨냥한 것이 분명하다.

실제로 투쟁이 임금이나 이해의 문제로 '안정'된 경우, 파업은 제도화된 협상의 일부분이 되기 십상이다. 적어도 어떤 공장이나 회사의 '경제적인' 파업에 국가가 그처럼 떠들썩하게 개입하지는 않는다. 그 개입은 노동자에 대한 양보나 패배가 전체 대중들에게 미칠 (생체)정치적 파장이 문제일 때 발생한다. 억압된 사회에서 노동조합을 만들려는 시도나 심지어 조그만 공장의 파업 하나가 종종 생각 못한 만큼의 큰 파장을 가질 수 있는 것은 바로 그런 생체정치적 효과를 반증하는 것은 아닐까? 계급투쟁의 생체정치적 효과. 이런 의미에서 계급투쟁은 생체정치다. 그것이 대중들 개개인의 신체에 새겨진 생체권력에 대해 일정한 정치적 효과를 행사한다는 점에서. 대대적인 방식으로 대중들을 생체권력에 대한 저항에 나서게 자극한다는 점에서. 그리고 이런 맥락에서라면 어떤 직접적 이익을 위해 제시하는 요구사항보다는 차라리 이러한 생체정치적 효과를 생산할 수 있는 투쟁의 배치와 전개가 더 중요해지는 것은 아닐까?

그렇다면 이젠 거꾸로 생체정치를 계급투쟁의 차원에서 정의할 수 있다. 그것은 대중을 장악하여 자신이 통제할 수 있는 주체로 생산하려는, 적대적인 계급간의 투쟁이다. 가령 17세기 이래 유럽 전체에 걸쳐 나타나던 기계에 대한 노동자들의 반란, 특히 '러다이트 운동'이란 이름으로 상징되는 자연발생적인 기계파괴운동은[99] 기계적 리듬을 노동자의 신체에 새기려는 '부르주아적' 생체권력에 대한 저항이었다.[100] 테일러가 이른바 '과학적 관리'를 노동과정에 도입하려고 했을 때, 노동자들이 응수했던 강력한 저항[101] 역시 대중의 미시적인 동작까지 장악하려는 '계급적' 생체권력에 대한 저항이었고, 따라서 그것은 생체정치인 만큼 계급투쟁이었다. 따라서 분명하게 말하건대, 생체정치는 계급투쟁이다. 생체정

---

99) K. Marx, *Das Kapital*, Bd. I, 김수행 옮김, 『자본론』 1권 (하), 543쪽 이하.

100) 이 기계적인 생체권력의 계급적 성격은 마르크스가 인용하는 유어(A. Uhr)의 말에 잘 나타난다. 그는 자동식 뮬 방적기에 대해 이렇게 말한다. "그것은 노동계급 안에 질서를 회복할 사명을 지닌 것이었다… 이 발명은 이미 우리가 전개한 학설, 즉 자본은 과학을 자기에게 봉사하게 함으로써 불온한 노동자들로 하여금 순종하지 않을 수 없게 한다는 것을 확증하고 있다… 기계물리학은 빈민들의 억압수단으로서 부유한 자본가들에게 봉사한다는 비판을 받아왔다"(A. Uhr, *The Philosophy of Manufactures*, 『자본론』 1권 (하), 554쪽에서 재인용). 하지만 "분업의 낡은 보루 뒤에서 자신을 난공불락이라고 생각하였던 불평분자들은 근대적 기계기술에 의하여 측면공격을 받아 그들의 방어물이 격멸되었음을 알았으며, 무조건 항복하지 않을 수 없었다"(같은 책, 553쪽에서 재인용).

101) H. Braverman, *Labour and Monopoly Capital : Degradation of Work in the Twentieth Century*, MRP, 1974, 이한주·강남훈 옮김, 『노동과 독점자본』, 까치, 1987, 87쪽 이하 참조.

치 없는 계급투쟁은, 아니 기존의 생체권력을 전복하지 못한 혁명은, 그 것이 정치권력과 국가를 장악하는 경우에조차, 대중의 삶이라는 전장을 '장악' 하지 못한 채 단지 중요한 고지만을 장악한 데 불과한 건 아닐까? 그 경우 새로운 계급권력은 여전히 대중들을 장악하고 있는 낡은 생체권 력의 지휘자 없는 게릴라전(!)에 처음부터 시달릴 운명에 처하게 되는 것은 아닐까? 사회주의의 붕괴는 어쩌면 이처럼 지휘자 없는 게릴라전에 국가권력이 패배한 것을 의미하는 것은 아닐까?

이제 우리는 권력과 개인, 권력과 주체라는 이항대립 속에서 질문하고 대답하는 푸코식의 개념적 배치에서 빗겨나, 차라리 마르크스적인 방식 으로 다시 문제를 정립해야 한다. 권력과 저항을 통해 적대와 투쟁을 사 고하는 것, 적대와 투쟁 속에서 권력과 저항을 사고하는 것. 달리 말하자 면 계급투쟁을 생체정치의 차원에서 사고하며 미시적인 수준에서 혁명 의 문제를 다시 사고하는 것, 혹은 대중의 신체를 장악하고 그들을 포섭 하려는 '생체정치' 안에 새겨진 몰적 적대의 흔적을 추적하는 것. 그리하 여 우리는 현존하는 노동자 신체에 새겨진 무의식적 힘으로서 생체권력 이 적대 속에서 작용하며 적대를 내포하고 있다는 것을 분명히 함으로써 계급적 관점에서 생체권력의 변환을 사고할 수 있을 것이다. 예컨대 감 옥에서 응집된 훈육적 권력에 대한 이른바 '정치경제학' 이 필요한 셈이 다.[102] 대중과 결합 내지 대중을 장악하는 문제를 생체정치의 문제로서

---

102) 이는 사실 푸코의 작업에 포함되어 있는 것이다. 그는 『감시와 처벌』에서 훈육적 권력을 통해 근대적 주체를 생산해내는 것이 부르주아지의 계획과 통제하에 수행 된 것은 아니란 점을 분명히 하면서도, 이러한 방식으로 생산한 "사람의 축적이 자본의 축적과 분리될 수 없을 것이다"(321쪽)라고 명시적으로 말하고 있다. 그 리하여 "근대사회의 형벌제도를 신체에 관한 일종의 정치경제학 속에 다시 위치 지어야 한다"(54쪽)고까지 말한다. 이는 이 시기에 그가 아직 '권력은 지배계급의

다시 정립하는 것, 또는 생체정치적 효과의 차원에서 계급투쟁을 포착하는 것 역시 가능하며 고유한 의미를 가진다. 계급투쟁의 '생체정치학'. 그렇지만 서로 다른 방식으로 말한 이 두 가지는 결코 두 개의 독자적인 영역을 구성하지 않는다. 그것은 적대와 권력, 저항과 투쟁이라는 두 벡터의 다양한 종합을 통해 장치의 역학(dynamique)을 사고하려는 단일한 기획의 대상일 뿐이다. 이런 기획을 '마르크스와 푸코를 결합함으로써 상이한 대상을 뒤섞는 시도'라고 비난한다면, 우리는 다만 정치적 웃음으로 답할 수 있을 뿐이다.

전략적 입장의 총체적 효과'라는 명제를 유지하고 있었다는 점과 결부된 것이다. 이는 몰적 적대 속에서 생체정치의 문제를 사고하려 할 때, 그의 분석이 유효성을 가질 수 있음을 시사하는 것이라고 하겠다.

담론 실천으로서의 푸코의 마르크스 읽기

이구표

그렇다면 사람들은 말한다는 사실, 그리고 그들의 담론은 무한히 퍼져나간다는 사실에서 무엇이 그렇게 위험스러운 것일까?[1]

근대 사고에서 도덕성은 이제 불가능하다… 그것은 해방시키거나 예속시킬 수밖에 없다… 사고는… 그 자체로 하나의 행동, 하나의 위험스런 행위이다.[2]

Marx, Engels, Lenin

---

1) M. Foucault, "The Order of Discourse," Michael Shapiro, ed., *Language and Politics*, New York : New York University Press, 1984, p.109. 이하 OD로 표기함.
2) M. Foucault, *The Order of Things : An Archaeology of the Human Sciences*, Alan Sheridan, trans., New York:Vintage, 1973, p. 328. 이하 OT로 표기함.

1.

최근 인구에 널리 회자되면서 이제는 기정사실화된 이른바 '마르크스주의의 위기'는 탈마르크스주의자로 간주되는 푸코에 대한 관심을 고조시켜온 것이 사실이지만, 다른 한편에는 푸코와 마르크스 간의 관계를 새롭게 조명해보아야 한다는 요구도 계속 있어왔다. 그런데 그들간의 관계를 이해하는 데 가장 근본적인 장애는 그들간에 어떤 단절을 이미 주어진 것으로 받아들이는 오늘날의 일반적 경향보다는 푸코 자신의 마르크스에 대한 특이한 접근법 — 곧 그의 저작에 마르크스가 거의 등장하지 않는다는 사실에 있다. 푸코가 몇몇 인터뷰를 제외하고는, 마르크스에 대해 직접 언급한다거나 인용한다거나 논평하는 경우는 거의 찾아볼 수 없다. 극히 드문 예이기는 하지만 그가 자신의 어떤 생각을 마르크스에게 돌리거나 또는 마르크스를 추켜세울 때조차도 단지 그의 이름을 거명하는 정도에 그칠 뿐이며 그 이상으로 마르크스를 재구성 또는 재해석하려는 노력은 거의 보여주지 않는다.

그러나 푸코의 저작에서의 이러한 마르크스의 부재를 이해하는 데 있어 푸코가 마르크스를 거부했다거나 또는 푸코의 사고에 끼친 마르크스의 영향이 전혀 없다거나 완전히 극복되었다고 단정짓는다면 그것은 큰 오산이다. 앞으로 더욱 상세히 논의되겠지만, 결론부터 말하자면, 마르크스의 부재는 무엇보다도 푸코가 마르크스주의로부터 마르크스를 분리시키기 위해 벌인 지적(知的) 게임의 일부이며, 그것은 특히 마르크스의 저작을 하나의 도그마나 만고불변의 최종적 진리로 만들어왔던 마르크스주의자들의 관념론적 경향(푸코가 '해석의 죽음'으로 간주하는)을 극복하고 마르크스에 대한 '해석의 새로운 가능성'을 열기 위해 푸코가 의도한 유물론적 담론적 전략의 일환으로 보아야 한다. 더 나아가서 이러한 푸코의 유물론적 전략은 우리로 하여금 마르크스에 대한 그의 언급의 유무

(有無)를 넘어서서 왜 그가 마르크스를 다루기보다는 오히려 회피하는 방식으로 마르크스에게 접근하고자 하는가를 묻게 만든다.

마르크스(헤겔과 더불어)에 대한 푸코의 이러한 역설적 입장을 스탠리 아로노비츠(Stanly Aronowitz)는 다음과 같은 흥미로운 말로 풀이하고 있다. 곧, 푸코의 텍스트에서 마르크스와 헤겔의 부재는 곧 거꾸로 그들의 현존(presence)을 보여주는 것으로서, "근대의 역사와 철학에 관한 텍스트에서 마르크스와 헤겔이 빠져 있다면 이것은 곧 그들로부터 벗어나고자 하는 사람들에게 그들이 얼마만큼 넘기 어려운 문제로 남아 있는가를 드러내 보여줄"[3] 뿐이다. 이와 비슷한 맥락에서 에티엔 발리바르는 마르크스에 대한 푸코의 비판적 관계가 취하고 있는 '복합적 형태'에 관해 다음과 같이 말하고 있다. "푸코가 마르크스를 가장 많이 이용한 것은 그가 마르크스를 가장 자주 인용할 때가 아니며, 푸코가 마르크스에 대해 가장 근본적인 비판을 제기한 것도 그가 마르크스를 가장 자세히 읽어내려갈 때가 아니다."[4] 발리바르는 여기서 한걸음 더 나아가 다음과 같이 주장한다. "푸코의 모든 저작은 마르크스와의 진정한 투쟁이라는 관점에서 이해할 수 있으며, 이것은 푸코의 생산성의 한 원동력으로 볼 수 있다… 또한 돌이켜보면, 이러한 마르크스와의 대결의 연속성은 푸코가 이 책 저 책, 이 문서 저 문서를 오가며 추구했던 연구에 통일성을 부여해주는 한 요인으로 볼 수도 있다."[5]

이 글은 푸코가 '마르크스의 유령들'에게 끊임없이 쫓기며 어떻게 싸

3) Stanly Aronowitz, "History as Disruption : On Benjamin and Foucault," *Humanities in Society 2*, no. 2(Spring, 1979), pp. 131, 139.
4) Etienne Balibar, "Foucault and Marx : The Question of Nominalism," T. Armstrong, trans., *Michel Foucault Philosopher*, New York : Routledge, 1992, p. 53.
5) 같은 글, p. 39.

우고 있는가를 그의 저작들을 통해 구체적으로 추적하기 위한 것이라기
보다는 오히려 이러한 작업을 위해 무엇보다 우선적으로 넘어야 할 가장
기본적인 난관, 곧 푸코의 저작에서 마르크스의 부재의 문제를 특히 푸
코의 '담론 실천(discursive practice)' 개념을 통해 이해함으로써 그가
마르크스에 대해 취하고 있는 복합적인 관계의 일단을 밝히고자 하는 데
그 목적이 있다. 이와 동시에, 이 글은 거꾸로 마르크스와 푸코 간의 관
계를 통해 푸코의 '담론' 또는 '담론 실천' 개념의 성격을 이해하고, 더
나아가서 그들에게 공통된 새로운 유물론적 문제설정의 윤곽을 파악하
려는 시도이기도 하다.

2.

　마르크스에 대한 푸코의 직접적이며 명시적인 언급들 — 비록 그 수는
매우 적지만 — 을 살펴보면 우리는 대체로 다음과 같은 두 가지의 상반
되어 보이는 주장들에 접하게 된다. 그 하나는 마르크스의 정치경제학적
사고 또는 마르크스주의가 근본적으로 19세기의 인식론적 틀(또는 에피
스테메)을 벗어나지 못했다는 것이며, 다른 하나는 마르크스가 근대의 역
사적·정치적 의식에 근본적으로 새로운 지평을 열었다는 견해가 그것
이다. 일견 상호 모순적으로 보이는 이러한 주장들은 사실상 푸코와 마
르크스 간의 관계를 이해하는 데 부닥치게 되는 또 다른 난관 또는 장애
로 작용해왔다. 특히 기존의 마르크스주의자들은 첫번째 주장에 대해 지
극히 신경과민적 과잉반응을 보이면서도 그것과는 정반대의 두 번째 주
장에 대해서는 이상하리만치 무관심 또는 침묵으로 일관해옴으로써 일
종의 인지적 부조화의 귀머거리 싸움 속에 스스로를 가두어버리고 있음
을 볼 수 있다. 그러나 저자와 저작 간의 관계에 관한 푸코의 담론 개념

에서 보면 이러한 주장들은 전혀 모순 되지 않는다. 마르크스에 접근하는 데 있어 푸코의 출발점은 마르크스를 전통적 의미의 저자로 간주하기를 일관되게 거부한다는 점에 있다.

> 나에 관한 한, 마르크스는 존재하지 않는다. 즉, 하나의 고유명사를 중심으로 구성된 실체로서 어떤 특정한 개인을 지칭하면서 동시에 그의 저작의 총체를 지칭하기도 하고, 더 나아가 그로부터 말미암은 거대한 역사과정을 지칭하는 그런 존재로서 말이다.[6]

달리 말하자면 푸코는 마르크스를 한 사람의 "저자", 곧 "어떤 특정한 글 또는 진술들의 의미의 시원에 놓여 있으면서 그것들을 하나로 묶어주는 통합원리"로서, 그리고 그러한 저작들의 "창의성 또는 내적 응집성"의 원천으로서의 저자로 만들려는 그 어떠한 시도에도 반대한다.[7] 그에 의하면, 저자는 "담론의 한 기능" ─ 곧, "저자-기능(authorfunction)" ─ 일 뿐이며, 그 역은 아니다. 한 저자는 그의 저작의 존재조건을 결정하는 어떤 특정한 담론과 따로 떨어져 존재하거나 기능할 수 없다. 이러한 관점에서 볼 때, 푸코가 『말과 사물』에서 마르크스의 정치경제학적 저작과 마르크스주의를 인문과학이 등장한 19세기의 인식론적 틀(좀더 구체적으로는 리카도의 경제학) 속에 위상짓고 있다는 것은 그리 놀라운 일이 아니다. "서구지식의 심층 수준에서 마르크스주의는 진정한 단절을 가져오지 못했다. 마르크스주의는 마치 물 속의 물고기처럼 19세기의 사고 안에 존재했다."[8]

---

6) M. Foucault, *Power/Knowledge : Selected Interviews and Other Writings* 1972
  ~1977, Colin Gordon, ed., New York : Pantheon, 1980, p. 76. 이하 PK로 표
  기함.
7) OD, pp. 116~117.

그런데 푸코에게 있어 이러한 견해는 그의 또 다른 주장들 — 곧 마르
크스는 "정치경제학에 기반하여 완전히 새로운 담론 실천을 출범시켰으
며"[9] "역사적·정치적 의식에 근본적인 단절을 가져왔다"[10] 등등 — 로
자연스럽게 이어지며, 이 두 가지 주장들은 상호 양립 가능한 형태로 뒤
섞여 나타난다. 저자와 저작 간의 단일한 관계를 거부하는 푸코의 담론
'이론'에 따르면, 마르크스를 그 자신의 저작의 시원이자 통일성을 의미
하는 저자로 인정하지 않는다는 것은 역설적이게도 마르크스가 스스로
로부터(곧 이전의 그의 사고와 저작들로부터) 그리고 기존의 지배적 담론
들로부터 이루어낸 '단절'을 인정한다는 것을 이미 상정하고 있는 것이
다. 이 점을 이해하기 위해서는 푸코의 '담론 실천' 개념을 더욱 자세히
살펴볼 필요가 있지만, 이 논의에 들어가기 전에 먼저 짚고 넘어가야 할
점은 마르크스와 관련하여 푸코가 사용하고 있는 '단절'의 개념과 알뛰
세르의 이른바 '인식론적 단절'은 어떻게 다른가 하는 문제이다. 이는 푸
코에 따르면 다음과 같다.

　　알뛰세르는 마르크스에 관해 인식론적 단절이라는 말을 사용하고 있는
　반면, 나는 마르크스가 그러한 단절을 대표하지 않는다고 단언한다. 내가
　(『말과 사물』에서) 마르크스에 대해 말했던 것은 정치경제학이라는 엄밀한
　인식론적 영역과 관련해서였다. 마르크스가 리카도의 분석에 가한 수정들
　이 어떤 중요성을 갖는다 할지라도, 나는 그의 경제분석들이 리카도에 의
　해 시작된 인식론적 공간을 벗어났다고 믿지 않는다. 다른 한편, 우리는

---

8) OT, p. 261.

9) M. Foucault, *The Archaeology of Knowledge*, Alan Sheridan, trans., New
　　York : Pantheon, 1972, p. 188. 이하 AK로 표기함.

10) Sylvere Lotringer, ed., *Foucault Live: Interviews, 1966~1984*, New York :
　　Semiotext(e), 1989, p. 14. 이하 FL로 표기함.

마르크스가 인간의 역사적·정치적 의식에 근본적인 단절을 가져왔으며 또한 마르크스의 사회이론은 하나의 완전히 새로운 인식론적 장을 열었다고 생각할 수 있다.[11)]

여기서 분명한 것은, 발리바르도 적절히 지적하고 있듯이, 푸코가 마르크스를 거론할 때 그가 "항상 동일한 '마르크스'를 향하고 있지 않다"는 점이다. 푸코는 대부분의 구조주의적 마르크스주의자들과 같이 초기와 후기 마르크스를 확연히 구분하고 후기 마르크스에서 어떤 단절을 찾는 것처럼 보인다. 그러나 그들과는 달리 푸코는 그러한 단절을 순수히 인식론적인 것으로 — 곧 하나의 새로운 과학적 지식체계로서 마르크스주의가 등장하는 계기로 — 간주하지 않을 뿐만 아니라, 정치·경제에 관한 마르크스의 역사적 분석들이 그러한 단절을 구성한다고도 보지 않는다. 마르크스에게 결정적인 단절은 그의 더 후기 저작들에서 이루어지며, 여기에 나타난 마르크스의 사고는 이론적 또는 변증법적이기보다는 역사적이고 정치전략적이라는 점에서 근대의 관념론적(또는 인류학적) 사고양식을 결정적으로 넘어서고 있다는 것이다.[12)]

「저자란 무엇인가?(What Is an Author?)」(1969)라는 중요한 논문에서 푸코는 마르크스를 19세기 유럽에서 등장한 "특이한 유형의 저자"들 중 한 사람으로 내세운다. 그가 "담론 실천의 창시자들"이라고 부르는 이들 "새로운 유형의 저자들"은 다음과 같은 두 가지 점에서 전통적인 저자들과 구분된다. 첫째, 그들의 저작들은 기존의 담론들 안에서만 기능하는 것이 아니라, 이와 동시에 그 바깥에서 새로운 담론 실천들을 출범시켰

---

11) FL, pp. 14~15.
12) PK, p. 76 ; Lawrence D. Kritzman, ed., *Michel Foucault : Politics, Philosophy, Culture*, New York : Routledge, 1988, p. 123 참조.

다. 둘째, 이 '새로운' 저자들은 전통적인 저자들과는 달리 "그들 자신의 저작들만 생산하는 것이 아니라 그것들과는 다른 텍스트들의 가능성과 형성규칙들을 또한 생산했다." 곧 "마르크스와 프로이트는 '담론 실천의 창시자들'로서, 그들 이후의 텍스트들이 채택할 수 있는 다수의 유사(類似)들을 가능하게 만들었을 뿐만 아니라, 매우 중요하게도 다수의 차이들 또한 가능하게 만들었다. 그들은 그들 자신의 것과는 다른 요소들을 끌어들일 수 있는 공간을 열었다."[13]

여기서 푸코는 '이탈' 또는 '분리'를 뜻하는 접두어 dis와 '뛰다' 또는 '달리다'를 뜻하는 course의 합성어로서 '담론(discourse)' 개념이 갖고 있는 또 다른 어원적 의미를 암시하면서 담론을 '실천'으로, 특히 "산만한 또는 분산적(곧 담론적) 실천"으로 재정의하려 하고 있음을 알 수 있다. 곧 담론은 그것이 어떤 종류 또는 어떤 유형의 것이든지, 항상 자기 동일적인 언어나 논리의 문제 ― "문법과 논리의 규칙들 및 담론의 대상을 지배하는 법칙들" ― 로 환원시킬 수 없는 "특정한 담론적(분산적) 속성이나 관계들"을 갖고 있다.[14] 『지식의 고고학』(1969)에서 푸코는 담론에 존재하는 담론성(discursivity)을 다음과 같은 말로 표현하고 있다. "물론 담론은 기호들로 이루어져 있다. 그러나 담론이 하는 일은 기호들을 사용해 사물들을 지시하는 것 그 이상의 무엇이다. 바로 이러한 '그 이상의 무엇'이 이 담론을 언어와 담화로 환원시킬 수 없게 한다."[15] 서양사상사에서 이러한 담론의 담론성을 최초로 자신들의 담론의 "근본적인 윤리적 원리"로 삼아 "담론(적) 실천"을 창시함으로써 차이의 가능성,

---

13) M. Foucault, "What Is an Author?," Donald F. Bouchard, ed., *Language, Counter-Memory, Practice : Selected Essays and Interviews*, Ithaca : Cornell University Press, 1977, PP. 131~132. 이하 WIA로 표기함.

14) WIA, p. 137.

15) AK, p. 49.

곧 (그 어원적 의미의) "담론의 끝없는 가능성"을 확립시킨 "새로운" 저자들 중의 한 사람이 마르크스였다는 것이다.[16]

여기서 푸코가 '담론 실천의 창시자'로서의 마르크스를 통해 내세우고 있는 주장의 논지는, 마르크스 이전까지의 (그리고 오늘날까지도 지배적인) 서양사상의 전통은 담론의 무한한 가능성을 끊임없이 열기보다는 오히려 그것을 용의주도한 방법으로 제한하고 통제해왔으며, 이것은 특히 담론이 갖고 있는 담론성에 대한 일관된 부정 또는 회피와 불가분의 관계를 갖고 있다는 것이다. 전통적인 서양철학의 관점에서 담론 행위, 곧 말하는 것과 글쓰는 것은 그 주체의 내부 또는 사고의 깊이를 어떤 원칙들에 의거해서 표현(express)하거나 대상(객체)을 사고(주체) 내적으로 표상(represent)하는 행위이다. 따라서 담론은 단지 "생각하는 것과 말하는 것 사이에 어떤 다리를 놓는 것 — 기호들로 입혀져서 말로써 가시화된 사고 또는 거꾸로 행위로 옮겨져서 어떤 의미효과를 생산하는 언어구조에 지나지 않는 것"으로 간주된다.[17] 단적으로 말해, 담론은 단순한 언어와 기호들의 놀이이며, 이러한 의미에서 푸코는 근대의 현상학(의미부여적 근원적 주체에 대한 가정)과 해석학(원초적 의미관계의 선험적 존재의 상정) 그리고 변증법(초월적 의식의 보편적 자기전개 과정으로서의 세계와 역사에 대한 전제)까지를 포함한 서양철학 일반을 통틀어 '기호론 (semiology)'이라고 부른다.[18] 푸코에 의하면, 기호들의 절대적 존재에 대한 믿음에 기반하고 있는 이러한 철학적 담론 개념이 서구사회에서 수행해온 궁극적 기능은, "사고와 담화 사이에서 담론이 차지할 수 있는 공

---

16) WIA, pp. 116, 131.

17) OD, p. 124.

18) M. Foucault, "Nietzsche, Freud, Marx," *Critical Texts 3*, no. 2(Winter, 1986) : 1-5, p. 5(이하 NFM으로 표기함) ; OD, pp. 124~125 ; PK, pp. 114~115 참조.

간을 가능한 한 최대한으로 좁힘"으로써, 달리 말하자면 담론을 기표-기의 간의 대응적 의미관계에 관한 말하기와 글쓰기 그리고 읽기의 놀이로 축소시킴으로써, 담론이 갖고 있는 담론성, 더 나아가서는 "담론의 실재성"마저 부정하고 회피하는 데 있다. 서양문명은 그 "외양상의 담론에 대한 존중과… 외양상의 이성애호증"에도 불구하고 그 밑에는 "담론의 광대한 증식"에 대한 "어떤 두려움", "끊임없고 무질서한 담론의 백가쟁명에 대한… 심대한 이성공포증"이 깔려 있다는 것이다. 따라서 서구사상은 "담론의 풍부함으로부터 가장 위험스런 요소"를 ― 곧 "폭력적이며 불연속적이며 호전적이며 무질서하며… 모험적인 모든 것들을" ― 제거하고 "담론의 질서"를 확보하기 위해 갖가지 담론 내적 및 외적인 원칙과 의식(儀式)과 절차들을 통해 담론의 생산과 순환을 규제하고 통제해왔다.[19] 이런 관점에서 볼 때 서구사회는 담론의 과잉보다는 오히려 담론의 '희박(rarefaction)'으로 특징지어진다.

그런데 역설적이게도, 담론들이 일련의 내적 및 외적 절차들을 통해 끊임없이 통제되고 제한되어왔다는 사실 그 자체가 거꾸로 보여주고 있는 것은 바로 담론의 실재성 ― 곧 끊임없는 통제 아래 놓여 있지만 항상 통제를 벗어나 있는 담론성 또는 "무겁고 만만치 않은 물질성"[20]이 담론 그 자체에는 존재한다는 사실이다. 달리 말하자면, 담론에 대한 담론적 및 비담론적 제약들은 단순한 기호론적 의미관계로 환원될 수 없는 담론성 또는 체계적 질서를 담론에 부여하지만, 이렇게 과잉 결정된 담론성으로 인해 담론은 동시에 그러한 담론 질서의 경계를 항상 넘어설 수밖에 없다. 이것은 앞에서 언급한 바와 같이 푸코가 '담론'의 개념을 '체계적 조직체'와 '분산적 실천'의 이중적 의미로 사용하고 있다는 데

---

19) OD, p. 124~126.
20) OD, p. 109.

서 알 수 있으며, 따라서 그에게 있어 '담론성'은 담론이 근본적으로 갖고 있는 이중성 — 곧 체계성과 분산성 — 을 나타내기 위한 개념이다. 무엇보다도 담론은 단일한 원리에 따라 말과 사물들이 단순히 서로 교차하는 중립적이고 균질적이며 투명한 공간이 아니며, "생각하고 알고 말하는 주체의 장엄한 발현"도 아니다. 담론은 체계적 조직체 또는 "규칙 지배적인 실천"으로서, 그것은 한편으로 대상들을 체계적으로 형성하고 서열 지으며, 다른 한편으로는 주체의 지위와 기능을 규정하고 규제한다.[21] 그러나 다른 한편, 푸코에게 있어서 담론은 그것을 구성하고 있는 담론적 요소들의 이질성 및 복수성 때문에 "항상 그 규칙성의 한계를 시험하고 자신이 받아들이고 작동시키는 질서를 위반하고 전복시키는" 분산적(곧 담론적) 실천이기도 하다.[22] 달리 말하면, 담론은 어떤 획일적인 규칙으로 완전히 다스릴 수 없는 '사건'과 '기회'와 '불연속'의 요소들을 그 안에 갖고 있으며, 이러한 우발적인 요소들로 인해 담론의 공간은 항상 차이와 다양성에 불완전하게 열려 있을 수밖에 없다.

1967년에 발표된 「니체, 프로이트, 마르크스(Nietzsche, Freud, Marx)」에서 이미 푸코는 종교적 주석(commentary, exegesis)의 모델에 의거한 이러한 기호론적 해석의 전통을 극복하고 '해석의 새로운 가능성'을 연 사상가로서 니체, 프로이트와 더불어 마르크스를 꼽고 있다. 푸코에 의하면, 이들의 중요한 공헌은 "아무런 의미를 전혀 갖지 못했던 사물들에 새로운 의미를 부여하거나" 그 밑에 숨겨져 있던 깊은 의미를 밝혀 "서구 세계의 기호들의 숫자를 배가시켰다"는 것과는 전혀 거리가 멀다. 그들의 해석방법의 근본적 차별성은 해석자인 우리들 자신을 해석하는 기술을 제공하고, "그 자신을 항상 반성하는 해석의 과제를 우리에게 부과했

---

21) AK, pp. 40~55.
22) WIA, p. 116.

다"는 데 있다. 간단히 말해 "그들은 실제로 기호의 성격을 변화시켰으며 또한 기호가 일반적으로 해석될 수 있는 방식을 변경시켰다."[23] 특히 마르크스는 니체, 프로이트와 함께 "진리에 대한 순수한 내적 탐구"로서의 "깊이"에 대한 비판을 통해, 또한 해석의 절대점으로서의 "시원에 대한 거부"를 통해, 항상 불완전하고 분열되어 있으며 열려져 있는 해석 그 자체의 성격을 밝혀냄으로써 "기호에 대한 해석의 선차성"을 오늘날의 해석의 원리로 확립시켰다. "만일 해석이 절대로 완전할 수 없다면, 너무 단순하게도 그것은 해석할 아무것도 없기 때문이다. 해석보다 우선적인 것은 아무것도 없다. 결국 모든 것은 이미 해석이기 때문이며, 원래 각각의 기호는 해석을 기다리는 그 어떤 것이 아니라 다른 기호들에 관한 하나의 해석이기 때문이다."[24] 푸코에게 있어, 기호의 시원적이며 절대적 존재를 믿는 전통적 해석은 곧 "해석의 죽음"을 의미하는 반면, 니체와 프로이트 그리고 마르크스에 의해 창시된 해석방법은 "단지 해석만이 있을 뿐"이라고 믿는다는 점에서 "해석의 삶", 곧 "해석의 새로운 가능성"으로의 문을 활짝 열었다. 곧 "이들 세 사람으로부터 시작하여… 해석은 마침내 무한한 과제가 되었다."[25]

그런데 푸코가 말하는 '해석의 새로운 가능성' 또는 '담론의 끝없는 가능성'은 언어적 또는 논리적 제약들로부터 해방된 기호들의 무정부주의적 반란이나 탈주 또는 자의적이며 무제한적인 담론들의 자연발생적 폭발이나 범람의 허용과는 거리가 멀다. 푸코에게 '가능성'의 범주는 어떤 담론의 공간에 내재하면서 동시에 그것을 넘어서는 차이들(곧 담론성)로부터 생겨나는 것으로서, 어떤 주어진 조건 아래 이미 현존하고 있는

---

23) NFM, p. 2.
24) NFM, p. 3.
25) 같은 곳.

가능성을 가리킨다. 이것은 니체와 프로이트 그리고 마르크스 이후로 해석(또는 담론)의 공간이 단순한 기호들만의 투명한 공간이 아니라 해석의 대상이자 주체인 우리가 불가피하게 관여되어 있는 밀도 높고 불투명한 실천의 공간임을 부정할 수 없게 되었다는 사실과 밀접한 관계가 있다. 곧 그들 이후로 기호는 표의(表意)하는 존재로서의 지위를 상실하고 하나의 해석으로서 스스로를 은폐하고 정당화하는 새로운 기능을 얻게 되었다. 해석은 더 이상 기의(記意)에 대한 해석이나 사물의 본질과 이치에 대한 궁구(窮究)가 아니라, 이미 존재하는, 누군가에 의한 해석에 대한 해석이자 "결국 '누가' 그 해석을 제시했느냐"에 대한 해석일 수밖에 없다. 그 결과 이제 해석은 항상 자신에게로 되돌아가 끊임없이 "스스로를 해석할 수밖에 없으며 또한 스스로로부터 등을 돌리지 않을 수 없다."[26] 이런 의미에서, 니체와 프로이트 그리고 마르크스는 우리 주위에 이러한 자기반성적 해석의 '거울들'을 설치하여 우리로 하여금 '영원한 나르시스적 상처'와 대면케 했다는 점에서, 달리 말하자면 오늘날 우리는 그들에 의해 열려진 새로운 해석(담론)의 장(場)으로부터 결코 자유로울 수 없다는 점에서, 우리는 끊임없이 그들에게로 되돌아가 해석자로서의 그들을 해석하고 심문하는 '영속적인 거울놀이'를 되풀이할 수밖에 없다.

따라서 푸코에게 있어서 해석(또는 좀더 넓은 의미에서 담론)의 '끝없는 가능성'은 하나의 실천으로서의 해석의 본질(곧 해석자로서의 우리 자신의 해석에의 개입성 또는 담론의 담론성)과 그러한 '해석 실천'의 창시자들과의 불가분의 영속적 관계(곧 하나의 당위이자 과제로서의 그들에게로의 복귀)에 의해 항상 제약되어 있는 차이의 가능성을 의미한다. 지금까지의 논의를 푸코와 마르크스 간의 관계로 좁혀 보자면, 우리는 여기서 놀랍게도 마르크스로의 복귀(return)를 이야기하는 푸코를 만나게 된다. 앞서

---

26) NFM, pp. 4~5.

살펴본 「저자란 무엇인가?」에서 푸코는 이것을 다음과 같이 표현하고 있다. "담론 실천의 창시자들은… 그들 자신의 것과는 다른 요소들을 끌어들일 수 있는 공간을 열었는데, 그럼에도 불구하고 그것들은 그들에 의해 창시된 담론의 장(場) 안에 남아 있다."[27] 따라서 "이러한 담론의 실천자들은 불가피하게 '그 시원으로 되돌아' 가야만 한다."[28] 특히 푸코는 사물의 본질과 이치를 탐구하는 기호론적 담론의 대표적 모델로서의 과학과의 대조를 통해 '담론 실천의 중요한 요소'로서 '그 창시자들로의 복귀'를 부각시키고 있다.

담론의 창시는, 과학의 창립과는 달리, 그 이후의 발전과 변형들을 이미 넘어서고 있으며 또한 필연적으로 그것들로부터 유리되어 있다. 그 결과 어떤 진술의 이론적 타당성은 그 담론 창시자의 저작과의 관계 속에서 규정되며, 반면 갈릴레오나 뉴턴의 경우 그것은 우주론이나 물리학에서 확립되어 있는 구조적인 고유한 규범들에 의거해서 규정된다. 도식적으로 말하자면, 담론 창시자들의 저작들은 어떤 과학과의 관계나 과학에 의해 규정된 공간 내에 놓여 있지 않다. 오히려 그들의 저작들을 우선적 준거점으로서 그들과 관계를 맺는 것이 바로 과학이나 담론 실천이다.[29]

그렇다면 푸코가 제시하고 있는 '~으로의 복귀(return to)'는 구체적으로 무엇을 의미하는가? 그것은 전통적인 주석과 어떻게 다른가? 그리고 이러한 '복귀'는 차이 — 곧 '담론의 끝없는 가능성' — 와 어떤 관계에 있는가? 여기서 푸코가 내세우고 있는 주장에서 매우 특이한 점은, 그

---

27) WIA, p. 132.
28) WIA, p. 134.
29) WIA, p. 132.

가 마르크스나 프로이트와 같은 담론 실천의 창시자들의 공헌을 그들의 저작들에 씌어진 가시화된 말들에서보다는 그러한 말들 사이에 자리잡고 있는 어떤 여백이나 누락 또는 결여에서 찾고 있다는 점이다. 곧 담론 실천의 창시자들로의 복귀는 "항상 텍스트 그 자체로의 복귀를 의미하며, 특히 있는 그대로의 일차적 텍스트로의 복귀를 통해 그 텍스트의 갈라진 틈과 간극 그리고 부재 안에 놓여 있는 것들에 특히 주의를 기울이는 것이다. 우리는 누락에 의해 가려져 있거나 또는 거짓된 현혹적 풍부함 속에 감추어져 있는 그러한 빈 공간들로 돌아가는 것이다."[30]

여기서 우리는 푸코가 서양사상사에서 전통적으로 사용되어왔다고 보는 두 가지의 중요한 담론통제의 절차, 곧 주석 및 저자의 원칙에 반하여 '복귀'를 정의하고 있음을 알 수 있다. 먼저, 주석은 항상 원전으로서의 텍스트로 돌아가지만, 그 속에서 이미 "말해진 것" 밑에 또는 뒤에 필연적으로 깊숙이 숨겨져 있는 전혀 "말해지지 않은 것", 곧 "텍스트 이외의 어떤 것"을 끊임없이 밝혀내야 하는 역설적 작업이다. 그러나 겉으로 드러난 기의의 과도한 풍부함과 그에 따른 "새로운 담론의 끝없는 구성"에도 불구하고, 주석은 언어에 의해 불완전하게 표현될 수밖에 없는 사고의 정수이자 잔여로서의 기의의 (기표에 대한) 잉여 또는 선차성을 항상 전제로 한다. 이런 점에서 주석에서 '복귀'는 "태초의 말씀"(동시에 최후의 말씀)의 계시, "단순한 암송" "위장된 반복의 꿈" 또는 반복과 동일성의 지루한 놀이에 지나지 않는다.[31] 이에 비해 푸코의 '복귀'는 텍스트(근대적 해석학에서는 일상적 관행) 속에 감추어져 있는 어떤 깊은 의미나 진리를 드러내려는 것이 아니라, 텍스트 그 자체 또는 "이미 말해진 것

---

30) WIA, p. 135.

31) OD, p. 116 ; M. Foucault, *The Birth of the Clinic: An archaeology of Medical Perception*, Alan Sheridan, trans., New York : Vintage, 1973, pp. xvi~xvii.

들"로 되돌아가서 "그것들을 통해, 그것들간의 관계 속에, 그리고 그들 사이의 간격 안에 나타나 있는" 어떤 것 — 곧 스스로에게 부과된 담론성 및 물질성 — 을 재발견하려는 것이다.[32] 달리 말하자면, "우리는 담론으로부터 그 내부로 가는 것이 아니라… 담론 그 자체를… 기반으로 그것이 갖고 있는 가능성의 외적 조건들" — 그 존재조건들, 규칙성 및 역사적 변형 가능 조건들 등 — 을 향해 나아가는 것이다."[33]

따라서 푸코가 말하는 '마르크스로의 복귀'는 마르크스가 말하지 못했거나 말할 수 없었던 것 또는 그의 텍스트 안에서 지금껏 잠자고 있던 심오한 의미를 밝히거나 일깨우기 위한 것이 아니라, 마르크스의 담론의 역사성 또는 역사적 조건들을 분석하고 그로 인해 오늘날 우리가 필연적으로 마주치게 되는 그의 담론의 문제점이나 공백들을 해소하기 위한 것이다. 그 궁극적 목적은 마르크스에 의해 시작된 담론 실천 안에서 차이들을 만들고 그것을 변형시키는 것이다. 푸코에 의하면, 마르크스가 하나의 새로운 담론 실천을 창시했다면, 그것은 그의 개인적 창의성이나 재능 때문이 아니라, 그로 하여금 기존의 지배적 담론들의 밖 또는 그 경계선에 설 수 있게 만든 어떤 역사적 변화 — 곧 당시에 일어나고 있던 인식구도의 변화 — 때문이다. 이와 마찬가지로 마르크스의 저작들에 존재하는 공백이나 결여는 마르크스 개인의 무능력이나 이론적 오류 또는 실패 등과 같은 "어떤 우연이나 몰이해의 결과가 아니라" 그가 속해 있던 인식구조에서의 역사적 파열(rupture)에서 기인한다는 점에서, 푸코는 그것을 담론 실천의 창시행위에 필연적이며 중요한 한 요소, "근본적이고 건설적인 누락" 또는 "필수적 결여"라고 부른다.

물론 이러한 누락이나 결여는 그 자체의 속성 때문에 마르크스의 담론

---

32) WIA, p. 135.
33) OD, p. 127.

을 그 출발에서부터 다양한 왜곡과 이탈 또는 희화화에 처하게 만들었던 것이 사실이다. 그러나 푸코에 의하면, 마르크스의 담론 실천에 필수적인 누락이나 결여는 다음과 같은 두 가지의 중요한 역사적 의미와 기능을 갖고 있는데, 이것은 이미 이 글의 앞부분에서 언급된 담론 실천의 창시의 두 가지 특징에 대한 결론적 설명이기도 하다. 첫째, 창시적 결여나 누락은 당시의 지배적 담론들과 단절적인 새로운 담론 실천을 출범시키는 데 중요한 역할을 했을 뿐만 아니라, 그것은 오늘날까지도 마르크스의 담론이 기존의 지배적 담론 질서(그 안에 편입되어 있는 대부분의 마르크스주의 담론까지 포함한)에 의해 포착되고 범주화되어 완전히 동화되거나 식민지화되기 어렵게 만드는 장애물로서 중요한 기능을 해왔다. 그 이유는 다음의 두번째 기능과도 관련된 것으로서, 특히 창시적 결여로 인해 마르크스의 담론은 하나의 완성된 지식체계로 전유가 불가능할 뿐만 아니라, 그에 의해 시작된 담론 실천은 그 이후로 끊임없이 변형되어 왔기 때문이다. 둘째로, 담론 실천의 창시는 그것에 고유한 공백 또는 누락에 의해 그 이후의 담론 실천자들을 끊임없이 되돌아오게 만듦으로써, 차이들뿐만 아니라 궁극적으로 마르크스주의 담론 실천 그 자체의 끝없는 변화 — 곧 '담론의 끝없는 가능성' — 를 가능케 한다. 푸코에 의하면, 창시적 누락은 "한편으로 창시행위로의 복귀를 가로막는 장애물로 작용하지만, 그것은 오로지 복귀에 의해서만 해소될 수 있다." 결국 "이러한 복귀는 담론적 메커니즘의 일부로서, 끊임없이 변화를 그 안에 끌어들이며… 담론 실천을 변형시키는 효과적이고도 필수적인 방법이다." 따라서 푸코는 다음과 같이 결론짓고 있다.

갈릴레오의 저작들에 대한 연구는 역학의 역사에 관한 우리의 지식을 바꿀 수 있지만 역학이라는 과학을 바꿀 수는 없다. 반면 프로이트나 마르크스의 책들에 대한 고찰은 정신분석학이나 마르크스주의에 관한 우리

의 이해를 변경시킬 수 있다.[34]

3.

마르크스와 푸코의 담론은 역사의 운동 또는 변화를 끊임없이 추적하고 그 안에 스스로를 위상지으며 또한 그것을 항상 모방하고 있다는 점에서 유물론적 특성을 공통적으로 갖고 있다. 그런데 그들의 담론의 이러한 유물론적 성격은 한편으로 그들로 하여금 근대라는 하나의 시기를 그 경계선에(그 바깥이 아니라) 서서 비판적으로 조망할 수 있게 하지만, 이와 동시에 그들의 담론이 서 있는 기반을 모호하고 불안정하게 만든다. 그 결과 마르크스와 푸코의 지적 편력은 일련의 끊임없는 관심 변화와 관점 변경 그리고 그에 따른 견해 수정과 재정립으로 특징지어진다. 마르크스가 이론을 실천하는 방식은 새로운 역사적 상황이 발생하면 "처음부터 다시 시작해야 하는 것"을 항상 의무로 여기는 것이었다. 그는 많은 글들을 미완으로 남겼으며, 그의 글들의 대부분은 "출판을 위해서가 아니라 자기해명을 위해" 씌어졌다.[35] 이런 점에서, "마르크스는 스스로 출판하지 않기로 한 글들로 사실상 명성을 얻은, 이론의 역사에서 유일한 주요 작가"[36]라는 셸던 월린(Sheldon S. Wolin)의 말은 한 번 음미해 볼 만하다. 푸코 역시 '끊임없이 움직이는 사람'으로 유명하다. 그는 자신의 담론은 "그것이 말하고 있는 장소를 결정하는 것이 아니라 오히려 그것이 발 디딜 수 있는 근거를 피하고 있으며," 자신의 입장은 "내가 아

---

34) WIA, pp. 132~136.

35) K. Marx, *A Contribution to the Critique of Political Economy*, New York : International Publishers, 1970, pp. 19, 23.

36) Sheldon S. Wolin, "On Reading Marx Politically," *Nomos 26* (1983), p. 85.

직도 그렇게 불안정하고 불확실하다고 느끼는 담론 안에서 천천히 모양을 갖추고 있는… 빈 공간"에 놓여 있다고 스스로 진술하고 있다.[37]

이러한 점에서 볼 때 그 동안 마르크스와 푸코의 입장과 견해에 대한 숱한 혼돈과 의심이 있어왔다는 것은 그리 이해하기 어려운 일이 아니며, 그들의 저작들로부터 갖가지 모순, 비일관성, 애매모호성, 긴장, 동요, 공백, 오류 등등을 찾아낸다는 것은 오히려 너무도 쉬운 일일 것이다. 더군다나 잠시도 멈추지 않는 이 두 사상가들 사이에서 어떤 공통점이나 연속성보다는 차이점이나 단절성이 더 두드러져 보이는 것은 어쩌면 당연한 일일지도 모른다. 그러나 우리가 지금까지 논의한 푸코의 담론 실천 개념과 그 창시자로서의 마르크스에 대한 그의 견해를 고려한다면, 그들 각각을 어떤 이론적 틀이나 체계 속에 위치짓는다든지, 그들 각자의 견해나 관점들을 창의성이나 일관성 또는 통합성의 시각에서 파악한다든지, 또는 그들간의 관계를 단순한 지적(知的) 연속 — 단절의 이분법적 틀에 끼워맞춘다든지 하는 모든 시도는 무의미할 뿐만 아니라, 많은 경우 문제의 핵심을 밝히기보다는 오히려 흐리거나 은폐한다는 점이 명확해진다. 서양사상사에 대한 그들의 공통된 유물론적 도전 그 자체는 우리로 하여금 단순히 그들의 생각의 내부 또는 그 깊이를 드러내거나 또는 밝히는 전통적 의미의 해석을 넘어서서 그들 담론의 외적(곧 역사적) 조건들 또는 그들이 발 딛고 있는 (유물론적) 담론의 공간에 눈을 돌릴 것을 요구한다. 달리 말하면, 서양철학의 전통에 대해 마르크스가 '실천'의 개념을 통해 그리고 푸코가 '담론 실천'의 개념을 통해 던지고 있는 질문은 담론 또는 지식은 자기 외적인 무엇으로부터 끊임없는 물질적 제약을 받으며 만들어지는 것이 아닌가 하는 것이다. 마르크스에 의하면, "철학자들은 세계를 다양한 방식으로 단지 해석만 해왔으나, 문제는 세

---

37) AK, pp. 17, 205.

계를 변화시키는 것이다." 푸코에게 있어서, "담론은 단순히 욕망을 나타내는 (또는 숨기는) 것이 아니라 욕망의 대상이기도 하다… 담론은 단순히 투쟁이나 지배체제를 해석하기만 하는 것이 아니라, 그것을 위해서, 또 그것에 의해서 투쟁이 존재한다." 담론은 "투쟁, 곧 정치적 투쟁의 대상"이자 도구이다.[38)]

따라서 마르크스와 푸코의 담론을 하나의 철학 또는 하나의 완결된 지식체계로 전유한다는 것은 불가능하며 어떤 의미로는 바람직하지도 않다. 또한 그들간에 어떤 지적인 계보나 이론적 접합을 시도하는 것 역시 그렇다. 그들의 담론에는 항상 스스로를 넘어서는 정치적·전략적 과잉이 있으며, 따라서 그들간의 관계는 철학적 또는 이론적이기보다는 역사적 또는 정치적이기 때문이다. 푸코의 '담론 실천' 개념은 단순히 지식의 문제로 환원될 수 없는 이러한 정치-전략적 과잉을 나타내기 위한 것이며, 특히 마르크스의 담론을 기반으로 하여 자신의 담론을 기존의 지배적 담론 질서에 의한 통제와 동화 그리고 규범화로부터 보호하기 위한 정치적 의도와 전략을 그 안에 담고 있다.

이러한 관점에서 볼 때, 최근 활발히 일고 있는 푸코에 대한 관심과 논의가 대부분 철학적이거나 이론적인 틀 속에 머물러 있거나 그의 담론을 학문화하려는 강한 편향성을 보이고 있는 점을 어떻게 보아야 할까? 아마도 푸코를 이리저리 늘리거나 줄이거나 뒤틀어서 우스꽝스럽게 만든, 적지 않은 제멋에 겨운 글이나 번역들은 가볍게 웃고 넘길 수 있다는 점에서 정신건강에 보탬이 될 수도(?) 있을 것이다. 오히려 훨씬 더 근본적인 문제는 푸코를 저 유구한 서양사상사 일반이나 몇 갈래에 편입시켜 한 사람의 훌륭한 철학자나 이론가로 만드는 마술 또는 기적을 이루어내는 좀더 일반적인 진지하고도 엄숙한 글들에 있다고 본다. 이러한 부류

---

38) OD, p. 110 ; AK, p. 120.

의 논의는 대부분 철학(곧 '지식에 대한 사랑')의 보편성을 운위하면서도 '포스트모던적 푸코'는 미국에서 만들어진 '가짜' 푸코로 거부하는 한편 '진짜' 푸코는 '프랑스 철학자'로, 그의 담론은 '프랑스제'로 간주하는 기묘한 태도를 보인다. 이러한 철학적 글들은 또한 푸코가 보여주는 사유의 깊이에 천착하는 경향을 보이는데, 가령 권력과 저항 간의 관계(곧 어느 것이 먼저이냐)에 대한 어처구니없을 정도로 진지하고 심각한 논의가 그 대표적인 예일 것이다. 이러한 철학적 논의의 근본적인 문제점은, 푸코를 어떤 특정한 방식으로 위치짓고 체계화하고 이론화하고 학문화하는 가운데 부지불식간에 그의 담론의 정치적 효과를 무디게 하거나 흩어버리고, 더 나아가서는 그것을 기존의 지배적 담론의 헤게모니적 질서 속에 순치시키고 동화시키는 '담론 경찰'의 역할을 스스로 떠맡아 훌륭하게 수행하고 있다는 사실을 깨닫지 못하고 있다는 데 있다. 우리는 여기서 푸코가 왜 '끊임없이 움직이는 사람'이기를 자처하는가를 다음의 그의 너무도 유명한 말과 함께 되새겨볼 필요가 있다. "내가 누구인지 묻지 마라. 그리고 나에게 항상 똑같을 것을 요구하지 마라. 우리의 글들이 질서정연하게 씌어지고 있는지 지켜보는 일은 관리나 경찰에게 맡겨라. 적어도 우리가 글을 쓸 때만은 그들의 도덕성을 면제해달라."[39]

---

39) AK, p. 17.

푸코의 사상적 배경과 방법*

이정우

1. 미셸 푸코의 지적 배경과 방법에 대하여

우리가 어떤 사상가를 읽을 때 미리 알아두어야
할 기본적인 두 가지 사항이 있는데, 하나는 그 사
람의 문제가 무엇이냐는 것입니다. 그 사람이 한평
생에 걸쳐서 도대체 무엇을 하려고 했는가, 또 그
사람의 문제가 어떤 식으로 구조화되어 있는가를
알아야 합니다. 그러니까 그 사람에게서, 예컨대 과
학과 예술의 관계는 어떻게 정립되어 있고, 정치적
인 실천의 문제와 이론적인 개념들은 어떤 식으로
조직되어 있는가 하는 식으로, 그 사람의 문제가
어떤 방식으로 정식화되고 구성되어 있는가를 이

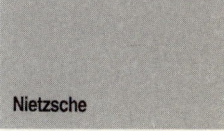

Nietzsche

---

* 이 글은 1997년 2월에 중앙대학교에서 실시된 특강을
채록하여 재정리한 것이다.

해할 필요가 있습니다. 그것을 흔히 문제틀(problèmatique)이라고 하죠. 문제틀 혹은 문제구성이라고도 번역할 수 있는데, 그 사람의 문제틀이 어떻게 짜여 있는가를 이해해야 합니다. 그 다음 두번째로는 문제를 어떤 방법으로 접근했는가, 어떤 개념과 논리를 가지고 요리해 들어갔는가를 알아야 합니다. 이렇게 우리가 한 사람의 사상가를 이해하려면 그 사람의 문제 의식과 방법을 알아야 합니다. 그런데 문제의식을 알려면 그 사람이 살던 시대와 또 바로 앞의 시대에 일어났던 일들을 알아야 하고, 방법을 알려면 그 사람이 영향을 받았던 사람들을 알아야 하겠죠. 그런 것이 필요합니다. 여기서는 주로 방법에 대해 논하려고 합니다.

그것은 곧『지식의 고고학』서론에 나와 있는 푸코의 지적 계보, 또는 지적 배경이 되겠습니다. 어떤 사람이 자신의 지적 배경을 직접 서술하는 일은 그렇게 흔한 일이 아닌데,『지식의 고고학』서문을 보면 푸코는 자신의 지적 배경과 방법에 대해서 스스로 서술해놓았습니다. 푸코의 진술을 길잡이로 해서 말씀드려보도록 하겠습니다. 푸코의『지식의 고고학』서문에 나타난 문제의식은 결국 타자(他者)의 사유 혹은 바깥의 사유, 극한의 사유라고 할 수 있습니다. 그때까지 서구 사유에서 중심을 차지해온 영역, 인물, 문제, 개념 들이 아니라 배제되어온 여러 사항들을 연구한다는 의미에서 타자의 사유라고 할 수 있으며, 또 한편으로 데카르트 이래의 의식중심 철학, 의식이든 정신이든 주체든, 의식중심 철학의 바깥으로 나와 좀더 객관적인 조건들을 연구하는 방식으로 나아간다는 점에서 바깥의 사유라고도 할 수 있겠습니다.

푸코는 우리가 살고 있는 사회나 삶에는 눈에 보이지 않게 여러 가지 선(線)들이 그어져 있다고 생각합니다. 대표적인 것으로는 예컨대 정상적인 사람과 광인을 가르고 있는 선을 들 수 있습니다. 그 선상(線上)에서 사유한다는 거죠. 광인과 정상인을 가르고 있는 선상을 따라서 사유합니다. 만약에 완전히 정상인의 편에서 얘기하면 광인에 대해서 얘기한다는 것이 불가능하겠죠. 왜냐하면 푸코는 광인이 안되어보았기 때문입니다. 그렇다고 해서 아예 광인이 되어버리면 푸코는 책을 못 썼겠죠. 책을 쓰고 논리를 전개한다는 것 자체가 이미 어떤 형태로든 이성적 활동을 전제하는 것이기 때문입니다. 그러니까 푸코는 그 사이, 광인과 정상인, 죄인과 합법적 인간, 그 극한에서 사유하고 있다, 이렇게 볼 수 있습니다.

그러면 푸코로 하여금 타자나 바깥이나 극한의 사유를 할 수 있도록 해준 선구적 인물이나 사조를 살펴봅시다. 그것은 다른 말로 표현하면 19세기 이래의 유럽의 역사에 대해서 생각해보는 것이기도 합니다. 우선 푸코는 마르크스를 언급하고 있는데 그 이유는 마르크스가 칸트, 헤겔 등 독일 고전철학의 영향을 강하게 받았으면서도 의식이 세계를 구성한다거나 세계라고 하는 것이 정신의 자기실현이라고 하는 고전관념론의 테두리를 벗어나 '오히려 의식이 어떻게 구성되는가?' 라고 물음으로써 의식이나 주체라고 하는 중심으로부터 탈피했기 때문입니다. 그러나 마르크스와 푸코의 차이도 생각해보아야 합니다. 마르크스가 의식 바깥으로 나가서 찾아낸 현실, 그러니까 의식이나 주체에 어떤 작용을 끼치는 바깥을 사유했다 해도, 바깥에서 의식을 조건짓고 모양짓는 그 존재가 마르크스에게는 생산양식이 되겠죠. 그러나 푸코의 경우 생산양식이라는 생각을 배제하지는 않지만, 그것보다 훨씬 다양하고 넓은 층위를 끌어들입니다.

다음에 푸코는 니체를 언급합니다. 니체는 마르크스와는 상당히 다른 방식으로 사유합니다. 마르크스는 주지주의적 혹은 과학적이라고나 할까, 말하자면 실증적인 방식이고, 니체는 상당히 주정주의적이라고 할 문학적이고 감성적인 형태로 사유했습니다. 형태는 다르지만 니체도 역시 탈주체 철학을 전개한 사람이죠. 니체도 데카르트의 코기토(cogito)라든가, 칸트의 선험적 주체 개념을 아주 날카롭게 비판하지 않았습니까? 그리고 역사라고 하는 것도 헤겔식의 이성의 목적론에서 벗어나서 차이를, 다시

177

말해서 헤겔처럼 역사 속에서 발생하는 모든 사건들이 일정한 의미연관성으로 묶여 하나의 넓은 의미의 드라마로 전개되는 그런 과정이 아니라 역사 속에서 예기치 않았던 어떤 차이, 이를테면 급진적인 차이가 등장하고, 그 등장으로 인해 우리의 삶의 방식이 재조직되는 그런 차이를 사유하면서, 그것을 계보학적인 사유로 제시합니다. 그것이 또 하나의 중요한 사항이 되고요. 또 하나는 그때까지 인간의 본성을 이성이라든가 사유, 주체, 의식, 정신 등으로 보았는데, 니체는 멘 드 비랑(Maine de Biran)이나 쇼펜하우어처럼 욕구 내지 의지 같은 것으로 보았습니다. 이 점이 또 푸코에게 상당히 많은 영향을 끼치고 있습니다.

그 다음에 푸코는 구조주의를 언급하고 있습니다. 구조주의 역시 레비-스트로스의 인류학이나 라캉의 정신분석학에서 볼 수 있는 것처럼 전통적인 주체나 의식, 정신 같은 범주들보다는 오히려 그 주체나 의식이 그 안에 들어가서 일정하게 모양지어지는 장(場) — 그것을 이 사람들은 구조라고 하죠 — 그 구조를 드러냄으로써 주체 철학을 논박합니다. 다시 말해서 문화나 우리 인간의 삶의 양식이나 의식이라고 하는 것은 자족적인 근대적 이성에 의해 이루어진다기보다는 그 의식의 밑바탕에서 작동하는 어떤 익명적 법칙성에 따라서 움직이고 있다는 것이죠. 그것이 구조주의의 기본 발상입니다. 구조주의적 사유는 마르크스나 니체적인 생각을 발전시켜서 훨씬 더 상세하고 과학적인 방식으로 바깥의 사유를 전개했다고 할 수 있습니다.

그리고 또 하나 중요하게 언급해야 할 것은 문학자들의 영향입니다. 푸코는 많은 문학자로부터 영향을 받았는데, 푸코 자신이 한 인터뷰에서 블랑쇼(Maurice Blanchot)와 바타유(Georges Bataille), 클로소프스키(Pierre Klossowski) 이 세 사람의 영향을 강조합니다. 블랑쇼는, 푸코도 그에게 「바깥의 사유(La pensée du dehors)」라는 글을 바친 바 있습니다만, 바깥의 사유를 제시합니다. 다시 말해서 언어라고 하는 것이 의식의 표현이 아니라 거꾸로 의식 속에서 솟아오르는 것이라는 거죠. 극단적으로 표현하면 사람이 말을 하는 것이 아니라 말이 사람의 입을 통해서 자기 자신의 모습을 드러내는, 그런 언어철학을 제시하는 사람입니다. 바타유는 위반의 문제, 즉 우리 삶 속에 그어져 있는 어떤 선이나 규칙들을 일탈하는 '위반'의 문제를 가르쳐주었고, 클로소프스키는 시뮬라크르(simulacre)의 문제, 복제물, 모사물의 문제를 가르쳐주었습니다. 그래서 이 세 사람의 영향 또한 크다고 할 수 있겠죠.

그래서 결국 정리해보면, 마르크스 같은 경우는 푸코와의 유사성보다는 차이가 더 크다고 할 수 있습니다. 물론 마르크스는 현대 지식인의 고전이기 때문에 당연히 마르크스를 전제해야 하겠지만, 미시적으로 들어가 따져보면 오히려 차이가 더 큽니다. 마르크스는 역시 근대적인 인물로 봐야 할 것 같아요. 근대적인 인물이면서도 근대문명이 이룩한 한가운데에서 첨예한 모순을 꿰뚫어본 사람이죠. 하지만 그 모순을 개념화하고 극복하려는 방식 자체는 역시 대단히 근대적인 형태를 가지고 있다고 해야 하겠죠. 결국 푸코의 지적 배경을 이루는 것은 니체 이후의 서구 반합리주의이자 실증주의와 관념론에 대비되는 타자의 사유이고, 그는 기본적으로 여기에 몸담고 있다고 할 수 있습니다.

그런데 그런 태도가 가지고 있는 일종의 정치적 위상 혹은 사회적 입장은 무엇일까요? 서구사회에서 주류를 형성하고 있는 삶과 사상이라고 하는 것은 기본적으로 고대나 중세 시대에는 귀족(귀족이란 대체적으로 세속적 귀족 즉 왕가라든가 귀족이고, 또 하나는 성직자로 이루어진 귀족입니다), 근대 이후에는 시민계급입니다. 그냥 시민계급이라고 하면 애매한 용어가 될 수도 있습니다. 왜냐하면 지금에야 누구나 다 시민이니까. 그래서 정확히 말해 당시의 시민계급이란 근대적 의미의 서구 부르주아 계급이죠. 부르주아 계급이 역사의 주류 내지 주인공을 형성했다고 볼 수 있습니다. 그리고 그런 계급에 의해서 만들어진 사상이나 철학이 결국 합리주의라든가 또는 관념론, 실증주의 등입니다. 물론 우리가 조심해야 할 것은 그런 정치적 차원과 철학적 차원 사이에 단순한 인과관계를 설정하는 것입니다. 극단적인 예로 히틀러가 니체를 인용했다고 해서 니체를 히틀러주의자라고 이야기하는 것은 잘못이기 때문에, 사상과 현실 사이에 단순한 인과관계가 있는 것처럼 얘기하는 것은 곤란합니다. 그러나 어쨌든 아주 넓게 보면 과학, 민주주의, 합리성, 근면과 성실, 실증성, 이런 것들이 근대 부르주아 계급이 만들어낸 가치체계라고 말할 수 있습니다. 결국 니체 이후에 이런 타자의 사유를 전개한 사람들은 그 사회에서 보면 반골들입니다. 대개 한 사회에서 그 사회의 규칙과 주류, 동일자를 거부하고 나서는 것은 정치적 유형과 미학적 유형 두 가지입니다. 다시 말해서 저항세력을 만들어 주류에 저항하는 것이 정치적 저항인데, 마르크스가 간 길이 그런 길이죠. 니체가 간 길은 미학적 저항입니다. 예를 들어서 음악이나 영화, 사상 같은 정신적인 것을 만들어서 사람들의 정신을 바꾸어 저항하는 유형입니다. 푸코 같은 경우는 대체적으로 보면 전기에는 미학적 스타일의 저항이 강하고 생의 후기에 가면 정치적인 의미에서의 저항이 강하죠. 그러니까 결국 푸코는 서구의 주류문화에 저항하는 반(反)사유의 길을 걸어간 사람이고, 마르크스로부터는 정치적 저항을, 니체로부터는 미학적 저항을 배웠다고 볼 수 있습니다. 결국 기본적으로 그런 위상에 있는 사람이라고 할 수 있죠.

이러한 지적 배경을 가지고 푸코가 이룩한 몇 가지 점을 정리해본다면 타자의 사유, 탈중심화, 탈주체 철학 등입니다. 타자의 사유라는 것은 전통 주류철학이 이야기하는 시원 같은 것(그것이 형상의 고향이든 신이든 주체이든간에), 그리고 전통, 진화(이때의 진화는 생물학적이라기보다는 사회적 진화를 얘기하는 것입니다), 목적, 생명(자기동일성, 연속성을 가지고 계속 이어나가는 것이 생명이니까요), 드라마라고 하는 형태의 사유로부터 그때까지 일반적인 합리론에서는 꺼려오던 불연속이라든가 계열, 극한 등의 차원을 드러내는 것입니다. 아울러 타자의 사유는 의식이라든가 주체 같은 휴머니즘(흔히 휴머니즘이라고 하면 그 뉘앙스가 상당히 긍정적이고 좋은 것이지만, 이때 휴머니즘은 인간중심주의, 그러니까 인간의 일종의 자아도취를 말하는 겁니다), 인본주의로부터 벗어나 구조를 분석하고 무의식을 연구하는, 그런 쪽으로 나아갑니다. 그것을 철학적으로 정리한다면 탈주체 철학이라고 할 수 있습니다. 그래서 인간의 죽음을 얘기하는데, 이때 말하는 인간이란 근대적 의미의 선험적 주체, 즉 세계를 구성하는 그런 의미의 인간이 죽었다는 얘기입니다. 다시 말해 이제는 이전과는 다른 형태의 새로운 인간이 나와야 하겠죠. 혹자는 푸코를 단순한 허무주의자로 해석하는데, 그것은 우스꽝스러운 해석이 되어버려요. 푸코가 인간의 죽음을 얘기할 때 그것은 근대적 주체의 죽음을 의미하기 때문입니다. 이제 대체적으로 정리해보면 푸코의 문제의식은 결국 서구 사유에서 철학으로 말하면 실증주의 또는 합리론, 관념론 등에 대한 저항, 정치로 말하면 부르주아 사회를 통해서 형성된 서구의 주류문화에 저항하는 반(反)문화를 추종한다고 볼 수 있습니다. 요컨대 니체, 구조주의, 블랑쇼, 바타유, 클로소프스키, 이런 식의 사유를 지향한다고 볼 수 있습니다.

그런데 푸코는 그러한 문제의식을 어떤 방법과 개념으로 연구해나갔느냐 하는 것이 또 하나의 중요한 문제입니다. 그것을 이해하기 위해서는 푸코가 활동하기 시작한 50년대 이전 시대 그러니까 3, 40년대에 이룩된 프랑스 인식론의 성과들을 염두에 두어야 합니다. 여기에는 아날학파도 있고 바슐라르, 캉길렘, 세르(Michel Serres) 그리고 게루(Martial Guéroult) 같은 사람도 있습니다.

우선 아날학파는 두 가지 역사를 동시에 극복했다고 볼 수 있습니다. 하나는 실증주의이고 또 하나는 거대이론입니다. 그 두 가지는 정반대입니다. 실증주의는 역사를 서술할 때 주관, 또는 사실 이외의 철학적 틀을 가지고 들어가서 역사를 구성하는 것을 거부합니다. 그러니까 역사 속에

서 일어났던 일을 있는 그대로 서술하는 거죠. 랑케(Leopold von Ranke)
의 유명한 선언이 있죠? "사태가 실제 어떠했느냐(wie es eigentlich ge-
wesen), 그것을 얘기해야 한다." 그래서 미슐레(Jules Michelet) 같은 사
람은 유명한 일화가 있지 않습니까? 역사를 서술할 때 주관을 피하겠다,
그런데 이 세상에 살고 있으면 신문을 본다든가 해서 현재를 자꾸 투영
하게 되므로 아예 현실을 떠나서 실증적으로 하겠다, 이래서 도서관에
들어가지 않았습니까? 그래서 바깥세계와 아예 차단된 채 책을 썼죠. 그
런 유의 실증주의가 있었는가 하면 그 맞은편에는 거대이론이 있습니다.
거대이론은 두말할 필요 없이 헤겔과 마르크스의 변증법입니다. 역사를
하나의 거대한 드라마로 파악하는, 또 이 세상에서 벌어지는 사건들은
무의미하게 벌어지는 것이 아니라 일정한 의미연관성을 가지며 계기
(Moment)로서 다 연결된다고 하는 거대이론 말입니다. 그런데 아날학파
는 실증주의를 지향하면서도 19세기적인 실증주의가 아니라 구조 개념
을 가지고 들어오고, 또 거대이론을 지향하면서도 근대적인 변증법이 아
니라 불연속의 철학을 갖고 들어와요. 그 점에서 이 사조는 19세기의 두
가지 역사철학, 즉 실증주의와 변증법을 동시에 거부한다고 볼 수 있습
니다.

　그러면 실증적이면서도 아니라는 것은 무슨 뜻인가? 아날학파는 19세
기의 실증주의자들보다도 더 실증적입니다. 19세기 역사가들은 외교문서
라든가 유명한 문서들만을 연구했지만 아날학파는 이를테면 밀이 어떤
항구에서 얼마나 수출되는가, 수출할 때 전표 같은 것을 어떻게 남기는
가 하는 것까지 다 연구합니다. 또 어떤 지방의 영주가 세금을 부과하는
과정 같은 것까지 다 조사합니다. 아주 미시적인 사람들이죠. 그러면서도
동시에 구조를 얘기합니다. 그런 미시적이고 실증적인 자료들을 조사해
보면 결국 역사의 표면, 즉 암살, 전쟁, 외교 같은 정치적인 사건 아래에
아주 조용한, 변화가 없는 하층의 역사가 있다는 거예요. 이 학파는 그것

을 '장기 지속' '주춧돌' '침전물' 식으로 표현하죠. 예를 들어서 조선시대 중기라고 하면 우리는 흔히 4대사화라든가 임진왜란, 연산군의 폭정과 물러남, 이런 것들을 얘기하지 않습니까? 그런데 아날학파는 그 시대 사람들은 농사는 어떻게 지었고 의복은 어떻게 입었는가, 가옥구조는 어떠했는가를, 즉 한마디로 말해서 삶의 저변을 연구하는 겁니다. 그리고 그 저변이라는 것은 쉽게 안 변한다는 거지요. 궁전에서는 누가 왕이 되고 암살을 당해서 죽고 하지만, 생활의 밑바탕에 깔려 있는 저변은 오랜 시간을 지속한다는 겁니다. 그래서 브로델(Fernand Braudel)이 쓴 『물질문명』 같은 책은, 제 기억으로는 아마 1400~1800년까지의 역사에 대한 서술인데 그 400년간의 역사를 쭉 서술하는 것이고, 『필립 2세 시대의 지중해 세계』도 굉장히 긴 시간을 놓고 얘기합니다.

그것이 하나의 중요한 모티프가 되는데, 이것이 푸코에게 어떻게 적용되는지는 금방 이해할 수 있습니다. 그의 모든 책들을 보면 푸코는 대개 르네상스 시대, 고전시대, 근대, 현대, 이렇게 굵직하게 나누지 않습니까? 나누고 나서 하나의 판을, 개체가 아니라 전체 판을 얘기하잖아요. 그리고 선형적인(linear) 사건들이 아니라 밑바탕에서 작동하는 'décrochage'를 선호합니다. 참 번역하기 어려운 말인데 이 말은 기계나 기차 같은 데에서 꽉 물려 있던 것이 풀린다는 뜻입니다. 그러니까 역사가 연속으로 가다가 어느 순간에 끊어진다는 얘기입니다.

다른 한편 역사를 바라보는 19세기 거대이론의 입장은 결국 이 세상에서 벌어지는 역사, 이야기라는 것은 궁극적으로 거대한 하나라는 것입니다. 그런데 아날학파는 그것이 아니라 역사를 어떤 수준, 어떤 성층(strate), 어떤 계열로 잡느냐에 따라 다른 역사가 나온다고 주장합니다. 이런 식으로 여러 가지 새로운 형태의 논의수준을 발견해냅니다. 그런데 푸코의 철학을 밑받침하는 가장 기본적인 담론은 역시 역사학입니다. 그의 책 제목 자체가 다 '~의 역사'입니다. 그래서 아날학파와 미셸 푸코는 뗄 수 없는 관계를 맺고 있다고 할 수 있습니다. 실제로 푸코는 아날 학파의 역사 서술에 꽤 많은 지면을 할애하고 있습니다.

그 다음에 중요한 사람이 바슐라르입니다. 푸코는 바슐라르에게서 배우지는 않았지만 두 사람은 서로 서신을 교환하곤 했습니다. 바슐라르가 과학사, 인식론을 연구하는 중요한 방법론은 불연속의 문제들입니다. 프랑스의 인식론은 독일이나 영미의 인식론과 좀 다르죠. 독일이나 영미의 인식론이 의식과 대상의 관계를 다루는 담론, 지각, 경험, 의식 등을 주로 연구하는 반면, 프랑스의 인식론은 과학사, 좀더 넓게 말하면 담론사를 연구하는 것입니다. 프랑스 사람들이 인식론이라고 말하는 것은 영미식으로 말하면 과학사, 과학철학을 뜻합니다. 프랑스 인식론에 대한 바슐라르의 기본적인 공헌은 불연속의 문제입니다. 바슐라르는 이전에는 전통적으로 과학사를 마치 헤겔, 마르크스의 역사철학과 비슷하게, 인간이 아주 무지한 시대로부터 근대과학이 탄생하는 시대까지 이르는 일종의 드라마라고 할까, 연속적인 진화의 과정으로 보았는데, 바슐라르는 그와 달리 과학사란 불연속을 통해서 발전한다고 보았습니다. 그래서 과학은 조금씩 쌓여가는 것이 아니라 일정한 시간 동안에는 정체해 있다가, 즉 일정한 시간 동안에는 그 시대의 과학자들이 합의하는 '정상성(normalité)'이 있으나(미국의 과학사가 토머스 쿤(Thomas Kuhn)이 얘기하는 정상과학과 다소 비슷한 개념입니다. 우리나라에는 주로 쿤이 많이 소개되었는데, 쿤의 논의들은 거의 대부분 이미 바슐라르가 언급해놓은 것들입니다), 언젠가는 그 합의로는 해결할 수 없는 문제가 발생하고, 그렇게 되면 새로운 틀의 부재로 난항을 겪다가 어느 순간에 비약적으로 전혀 새로운 사고체계가 등장하게 된다는 겁니다. 일례로 라부아지에가 대표적인데, 어떤 물질이 탄다는 것은 무엇인가가 날아간다는 것이 기본적이고 일상적인 상식이었는데, 그는 물질이 탄다는 것은 거꾸로 그 물질이 산소와 결합하는 것이라며 일반적인 사고양식을 완전히 뒤집었죠. 이를테면 이런 식으로 갑자기 발전한다는 겁니다.

바슐라르는 그런 식의 활동을 '인식론적 활동'이라 지칭하고, 상식을 넘어야 과학으로 갈 수 있다고 했으며, 넘을 듯 말 듯한 이 선을 '문턱(seuil)'이라는 말로 표현했습니다. 프랑스 철학책을 읽으면 문턱이라는 말이 자주 등장합니다. 바슐라르는 과학사의 불연속과 인식론적 단절을 주장합니다. 한편 정신분석은 거꾸로입니다. 즉 인식론적인 단절이 일어나기 전에 사람들로 하여금 기존의 생각에서 벗어나지 못하게 하는 요인, 강박관념과 같은 것을 드러내는 거죠. 왜 이 시대 사람들은 이 생각을 못했을까? 즉 인식론적 문턱을 넘어가지 못하게 만든 무의식적인 메커니즘을 연구하는 것이 정신분석입니다. 그래서 바슐라르는 시작이라든가 선구자, 회귀라고 하는 식의 생각으로 가기보다는 새로운 유형의 합리성을 들추어내는 거죠. 그래서 어떤 한 시대에는 어떤 하나의 틀에 따라서 사물을 이해하는 것이 합리적인 겁니다. 그런데 다른 시대로 넘어가면서 이제 이런 식의 사고는 아주 낡은 것이 되어버리고 새로운 유형의 합리성이 탄생하는 겁니다. 이 생각도 푸코에게 아주 많은 영향을 끼쳐요. 그래서 어떤 단절이 일어나면 합리성에 대한 기준이 바뀐다는 겁니다. 그런데 바슐라르 같은 경우는 이렇게 바뀐다고 해서 끊어지는 것이 아닙니다. 아리스토텔레스 물리학에서 뉴턴 역학으로 가도 거기에는 논리가 잘 연결되어서 한쪽에서 설명 못한 것을 다른 쪽에서 더 하고, 이런 식의 계단형으로 발전해나간다는 것입니다. 그런데 푸코 같은 경우는 불연속의 성격이 더 강해요. 왜냐하면 바슐라르가 다루는 영역은 물리학이지만 푸코가 다루는 영역은 그것이 아니거든요. 푸코에게는 합리성의 기준이 아주 달라져버립니다. 바슐라르는 푸코뿐만 아니라 그 이후의 대부분의 인식론자들에게 지대한 영향을 끼치는 비중이 큰 사람이기 때문에 푸코를 알기 위해서는 반드시 바슐라르를 봐야 합니다.

그 다음에 나온 사람이 캉길렘인데, 캉길렘은 니체와 더불어 푸코에게 아마도 가장 큰 영향을 끼친 사람이라고 할 수 있을 겁니다. 캉길렘은 먼저 '개념들의 변위와 변환'을 얘기합니다. 흔히 과학사는 이론들의 발전을 중심으로 서술됩니다. 그런데 단순하게 생각하면 이론이라는 것이 결국 개념들을 다 조합해놓은 것 아닌가 할 수 있지만 캉길렘의 통찰에 따르면 이론의 층위에 초점을 맞추는 경우와 개념의 층위에 초점을 맞추는 경우에 상당히 다른 결과가 나온다는 거예요. 예를 들어 춘추전국시대를 연구한다면, 흔히 유교를 중심으로 유교라고 하는 사상체계를 주로 연구합니다. 그런데 개념사를 중심 과제로 할 때는 인(仁)이라는 개념이 유교라고 하는 사상체계에 의해서 매끈하게 구성되기 그 이전에 역사의 저변에서 어떻게 형성되어왔고 변환되어왔는가를 연구합니다. 그러니까 이론에 초점을 맞출 때와 개념에 초점을 맞출 때 그 결과는 상당히 다르다는 겁니다. 개념사, 개념들의 역사는 이론사와는 별도로 그 자체로서 역사의 또 다른 층위를 형성하고 있다는 거예요. 거기에 초점을 맞추는 거죠. 푸코 같은 경우도 예를 들어 고전시대를 연구한다면 린네의 분류체계나 리카도의 경제학의 내용을 연구하는 것이 아니라 오히려 그런 것들의 토대, 더 밑의 장(場)을 다루는 겁니다. 여기에 캉길렘의 영향력이 있다고 보아야겠습니다.

그 다음에 '과학의 미시적 층위와 거시적 층위'가 있습니다. 층위라고 하는 말은 'échelle'를 번역한 것인데, 이것은 일상적인 의미에서는 사닥다리라는 말입니다. 말뜻 그대로 역사라든가 담론을 어느 수준에서 끊어 볼 것이냐를 의미하는데, 예컨대 어떤 사람이 의학을 연구할 때 의학사 전체를 층위로 잡아서 연구하느냐 아니면 내과, 외과, 산부인과 식으로 분류된 분과를 층위로 잡아서 연구하느냐, 아니면 'X-ray'라는 기계의 역사를 연구하느냐에 따라서 다 다릅니다. 그런데 일반적으로는 그런 연구들을 다 합해놓으면 그것이 곧 의학의 역사가 될 것이라고 생각하지만 사실은 그렇지 않다는 겁니다. 부분의 합이 전체가 아니라는 것이죠.

다른 말로 하면 'X-ray'의 역사를 연구할 때 필요한 개념체계와 산부인과 역사를 연구할 때 필요한 개념체계가 다르다는 겁니다. 일정한 층위를 잡을 때마다 그 층위에 적절하게 맞는 개념을 만들어서 접근해야 하겠죠? 그렇기 때문에 예컨대 산부인과의 역사, 내과의 역사, 정형외과의 역사, 이런 것들을 다 모았다고 해서 매끈하게 의학사 전체의 역사가 나오는 것이 아니라는 겁니다. 각각의 역사마다 필요로 하는 개념틀이 다 다르기 때문입니다. 그러니까 역사서술이라고 하는 것이 그렇게 단순한 것이 아니라는 얘기입니다.

그리고 '반복적 재분배'라는 것은 과학사를 서술할 때 도대체 무엇을 서술하고 무엇을 빼야 하는가, 무엇을 강조하고 무엇을 강조하지 않을 것인가 하는 가치판단이나 규범적인 것은 어쩔 수 없이 현재를 기준으로 할 수밖에 없다는 것을 의미합니다. 예컨대 현대에 이르러 유전학이 발달하면 유전의 역사가 재조명되는 거죠. 그래서 반복적으로 과학사 전체가 재분배됩니다.

세르 같은 사람은 수학사에서 캉길렘 유의 작업을 했습니다. 그는 아마 푸코보다 대여섯살 아래인데, 클레르몽-페랑에 있는 대학에 있을 때 푸코와 함께 연구했죠. 『말과 사물』 1부에 나오는 라이프니츠에 대한 논의는 세르의 영향을 많이 받은 겁니다. 거의 같이 썼다고 해도 과언이 아닙니다.

그리고 또 한 사람으로 철학사가 마르시알 게루를 들 수 있는데, 그의 철학사의 특징은 역시 불연속의 도입과 구조주의적 사유라고 할 수 있습니다. 한 사람의 철학체계를 철학사적 연속선상에서 연구하는 것이 아니라 완전히 독립된 개념체계로 연구하는 것입니다. 그래서 데카르트라고 하면 데카르트 이전과 이후를 연결시켜서 발생론적으로, 역사적으로 연구하는 것이 아니라 그것이 하나의 독립된 공간을 이루고 있다고 전제하고서 그 공간의 체계를 연구하는 것이죠. 상당히 구조주의적 성격을 띠고 있다고 볼 수 있습니다. 보통 구조주의 하면 소쉬르(Ferdinand de Saussure)의 언어학만 가지고 얘기하는 경향이 있는데, 사실은 소쉬르 언어학만이 아니라 수학에서도 이미 구조주의적인 색채가 나타나고 철학사 연구에서도 구조주의적인 면이 나타나죠. 그래서 구조주의를 좀더 넓은 시각에서 볼 필요가 있습니다.

마지막으로 알튀세르인데, 푸코는 『독일이데올로기』 이전의 마르크스와 그 이후의 마르크스에 있어 바슐라르의 인식론적 단절 개념을 끌어들여 단절을 얘기한 그런 인식론자로서의 알튀세르를 언급하고 있지만, 사실 더 중요한 것은 제도를 형성하고 있는 심급들, 예컨대 병원, 경찰, 정치제도 등을 분석하는 면에서 알튀세르의 영향이 컸다고 볼 수 있습니다. 알튀세르의 '이데올로기적 국가기구'에 대한 분석에서 오히려 더 큰 영향을 받았다고 볼 수 있습니다.

요약하면, 푸코 철학의 기본 문제는 마르크스, 니체로부터 구조주의, 초현실주의에 이르기까지 이어져온 타자의 사유, 바깥의 사유, 극한의 사유이고 이것을 아날학파의 새로운 역사 및 바슐라르, 캉길렘, 세르, 게루, 알튀세르 등에게서 영향받은 새로운 방법론을 동원해서 실행했다고 할 수 있습니다. 더 압축적으로 얘기하면 니체 이래의 타자의 사유를 바슐라르 이래의 인식론을 가지고 실행했다고 할 수 있습니다. 여기서 타자의 사유를 실행했다는 것은 광기 등등을 다루었다는 의미이고, 또 인식론을 가지고서 했다는 것은 바로 고고학, 계보학적으로 서술했다는 뜻입니다. 푸코가 많은 영향을 끼치고 세계적인 인물이 된 중요한 이유 중의 하나는, 이 두 가지 따로 분리되어 있던 것들을, 아주 다른 이런 이질적인 것들을 절묘하게 결합하고 있기 때문입니다. 그래서 예컨대 광기와 감옥을 얘기할 때 반골사상가적인 그런 면이 있으면서도 또 깊이 들어가면 아주 미시적이고 과학사적이고 인식론적인 냄새가 많이 풍깁니다. 그런 점에서 니체적인 문제를 가지고 있지만 니체처럼 감성이나 은유로 표현하는 그런 차원이 아니라 아주 정교한 이론으로 얘기하는 것이고, 또 역으로 바꾸어 말하면 상당히 정교한 인식론을 얘기하지만 그냥 학문적인 연구에서 그치는 것이 아니라 문명사적으로 깊은 함의를 지니고 있는, 어떤 매력적인 생기를 가지고 있는 사유입니다. 그런 두 가지가 절묘하게 결합되어 있어요. 아마 거기에 푸코가 푸코일 수 있는 장점이나 매력이 있다고 볼 수 있겠죠.

이제 한국사회에 푸코의 문제의식이나 방법론이 들어온 과정을 봅시다. 80년대까지는 저항이라고 하면 그것은 기본적으로 정치적 저항을 얘기하는 것이고, 사회구도도 보수주의자와 급진주의자로 정확하게 나누어져 있었으며, 대부분의 지식인들은(앞장서서 하는 사람도 있었고 소극적인 사람들도 있었지만) 적어도 심정적으로는 이런 정치적 저항, 이쪽[왼쪽]에 서 있었는데, 90년대에 들어오면 상황이 달라집니다. 의식이라는 것이 타자가 정확하게 등장해야 같이 등장하죠? 예컨대 길을 가다가 호랑이가 나타나면 나의 모든 의식이 한곳에 집중되지 않습니까? 그런데 90년대는 쉽게 말하면 의식을 집중시킬 대상이 사라져버렸습니다. 그러니 당연히 의식이 흩어져버릴 수밖에 없죠. 그래서 이 저항이라는 것의 양태가 상당히 달라지죠. 그러면서 마르크스에 대한 일종의 대체물로서, 푸코가 한국에서는 주로 두 가지 맥락에서 등장한 것 같습니다. 하나는 정치적 저항으로서 푸코의 권력이론이 마르크스에 대한 보완 내지는 대체로 들어왔고, 미학적 저항으로는 주로 영문학자들에 의해서 포스트모더니즘 — 어떻게 보면 좀 엉뚱한 범주인데 — 으로 들어와서 비평계에 영향을 주었습니다. 이런 두 가지 길이 같이 한국으로 들어온 겁니다. 그리고 앞으로도 푸코의 영향력은 계속 지속될 것 같습니다. 왜냐하면 역사라고 하는 것이 끝났다고 말하는 것은 매우 우스운 얘기니까요. 인간이 사는 한 권력은 존속되고 거기에 또 모순이 존재하는 것이고, 그것이 어떤 순간에 일정한 강도(强度)를, 문턱을 넘어서면 또 저항이 나오는 식으로 반복되는 것이지, 5, 6공화국이 끝났다고 해서 마치 새 세상이 온 것처럼 얘기하는 것은 아주 우스운 얘기죠. 그래서 푸코의 철학은 앞으로도 정치적 맥락에서나 미학적 맥락에서 계속 영향을 끼칠 것입니다.

그런데 한 가지 조심해야 할 사항은 인류가 만들어낸 어떤 사상도 시간이 흐르면 항상 희화화(parody)로 흐른다는 사실입니다. 말하자면 예수가 있으면 예수쟁이가 있고, 석가가 있으면 땡중이 있고, 마르크스가 있으면 좌익소아병자가 있고, 이런 식이죠. 모든 문화와 사상이라는 것이 처음에 나올 때 그 맥락에서는 신선하고 순수하지만 시간이 가면 이상한 형태로 변질되고 희화화되는 것이 어떻게 보면 필연적인 현상인데, 한국에서 요새 그런 현상이 벌어지고 있는 것은 아닐까요? 얼마 전에 영화를 연구하는 모임에 가서 「파리에서의 마지막 탱고」와 「블레이드 러너」를 주제로 강연을 했습니다. 어떤 사람이 강연내용에 대한 질문은 제쳐두고 이런 질문을 했습니다. "프랑스 철학자들이 그렇게 하는 것은('그렇게' 라는 것이 무엇을 뜻하는지는 잘 모르겠습니다) 다 자신의 권력을 위해서 그런 것이 아니냐? …그리고 오늘 선생님이 나와서 얘기하는 것도 다 권력 때문에 그런 것이 아니냐? …90년대에 들어서 이렇게 영화에 대한 관심이 많아진 것도 권력 때문이 아니냐?" 어떻게 보면 질문을 한 것이 아니라 일종의 시비를 건 거죠. 요컨대 살아가는 모든 것이 다 권력 때문이라는 데에야 무엇이라고 대답하기가 참 곤란하더군요. 예를 들면 이런 식이죠. 또 어떤 책들을 보면 덮어놓고 모든 것을 '뒤집어보고' '가꾸로 보고' '제쳐 보고' '또 해체시켜 보고' 이런 식으로 이상하게 선정주의로 빠지는 것이 많은 것 같아요. 이렇게 모든 것이 권력의 작용이라는 식으로, 엉뚱하게 푸코도 희화화되는 것 아닐까요? 이런 것을 가리켜 'vulgarisation' 이라고 합니다. 또 거꾸로 그렇게 이상하게 된 푸코를 보고 그를 비난하는 사람들도 많습니다.

이것은 불행한 일입니다. 우리가 미처 제대로 맛을 보기도 전에, 미처

190

푸코의 원전을 음미하면서 무엇인가를 배우기도 전에, 그전에 이미 희화화가 되어버리고 그것을 보고 또 푸코를 욕하는 사람이 나오는 이상한 현상이 벌어져버렸어요. 어떤 사람의 얘기가 99가지가 다 틀리고 한 가지만 맞아도 그 한 가지를 배우면 된다고 생각합니다. 그리고 푸코가 어떤 의미가 있는가는 사람마다 다 다른 겁니다. 가치를 실체화해서 이것이 맞다, 틀리다 하는 것은 우스운 일이죠. 그것을 보는 바로 그 사람이 푸코에게서 무엇을 얻느냐가 중요한 것입니다. 그 사람이 어떤 문제를 가지고 있고 푸코의 어떤 측면에서 무엇을 얻느냐 하는 것이 중요하겠죠. 가치라는 것을 단순하게 실체화해서 마치 종교인들이 석가나 예수를 구분하듯이 그렇게 접근해서는 곤란합니다. 최근에 나타나는 엉뚱한 부작용들과는 거리를 두고 차분하게 푸코가 얘기하는 것을 들어보고, 거기서 나의 사유에 도움이 될 만한 것이 있다면 그것을 소화해서 내 것으로 만들면 되는 겁니다.

이런 식의 엉뚱한 일들이 판치는 데는 프랑스 인식론이 많이 소개되지 않은 것이 커다란 원인 중 하나인 것 같습니다. 예를 들어서 바슐라르나 캉길렘이나 세르 같은 사람들에 대한 연구가 많이 이루어져 있는 상태에서 푸코가 들어왔다면 아마도 그런 현상이 이렇게 빨리 오지는 않았으리라고 생각됩니다. 우리는 거의 대부분 주로 변증법이라든가 칸트, 데카르트, 후설 같은 관념론 철학을 배웠습니다. 그러다가 너무나 갑작스럽게 하늘에서 뚝 떨어지듯이 푸코, 들뢰즈, 데리다가 쏟아져들어오면서 소화불량에 걸렸다고 할까, 위장장애에 걸렸다고 할까, 그래서 이런 현상이 벌어지는 것 같습니다.

2. 질문과 답변

질문 : 아까 비유적인 표현으로 소화불량이라고 말씀하셨는데, 영문학을 전공하는 저 같은 경우에는 실제로 그렇게 보입니다. 오늘 말씀하신 문제들과 영향관계를 충분히 검토하지 않은 상태에서 이런 용어들을 수용하다 보니 명확하지 않은 개념들 때문에 많은 어려움을 느끼고 있습니다. 예를 들어 '동일자'라든가 '주체 철학' '타자' '담론' 같은 개념들이 푸코의 철학에서 쓰일 때와 데리다, 라캉 같은 다른 프랑스 철학자들로 확대되었을 때 조금씩 차이가 있다고 생각되는데 이런 개념의 차이를 어떤 식으로 보아야 하는지 말씀해주십시오.

답변 : 동일자라고 하는 말은 멀리로는 플라톤으로 거슬러올라갑니다. 『티마이오스』를 보면 조물주가 이 세상을 만들어내는데, 이때 그가 사용한 가장 근본적인 논리로서 동일자와 타자라는 말이 처음 나옵니다. 그런데 이 맥락이 여러 맥락으로 전이가 되면서 현대철학에 와서 어떤 사유체계든 현실적 제도든 그 체계나 제도의 중심을 차지하고 그 체계나 제도에서 긍정적이고 플러스적인 의미를 부여받는 그런 중심을 뜻하게 되었습니다. 예를 들어서 기독교 사회에서는 신(神)이 동일자가 되겠죠? 또 데카르트나 칸트, 후설과 같은 유의 철학에서는 의식, 주체가 동일자가 될 겁니다. 말하자면 이론적 중심이라고 할까, 은유적으로 말해서 빛과 어둠이 있을 때 빛 아래에 있는 부분을 동일자라고 많이 얘기합니다. 그래서 레비-스트로스에게 동일자는 유럽 사회이고, 라캉에게 동일자는 전통적인 의미의 의식이며, 푸코에게 동일자는 한 사회에서 정상적이라고 인정받는 것들입니다. 이렇게 의미가 자꾸 전이가 됩니다. 그래서 많은 혼란이 옵니다.

타자라고 할 때는 은유적으로 말해서 빛 바깥에 있는 어둠, 예를 들어서 고대 그리스에서는 이성이 아닌 광기, 중세시대에는 악마라든가 사탄 같은 것, 또 의식중심 철학에서는 의식 바깥에 있는 비합리적인 요소들, 의지라든가 상상력, 주관, 감성 같은 것들, 그 맥락에 따라서 계속 바뀌죠. 그런데 60년대 이후에 프랑스 철학에서, 동일자와 타자는 다양한 맥락이 있지만 가장 기본적인 용법은 역시 현상학으로 대변되는 의식중심 철학, 주체 철학이 동일자라는 개념과 동일시되고 그 바깥을 사유하는 것을 타자라고 말하고 있습니다. 그래서 이 용어는 그때그때마다 조심스럽게 사용해야 할 것 같습니다.

주체 철학이라고 하는 말은 사실은 우리 말에 없는 표현인데, 보통 주체사상이라고 해서 김일성의 사상을 가리키죠. 최근에 보니까 『주체 철학 노트』라는 책이 나와서 혼란을 주는데, 그것하고 관계가 없는 것은 아니지만(왜냐하면 기본적으로 김일성/황장엽의 주체사상도 근대적인 주체 개념에 많이 기대고 있으니까) 주체 철학은 칸트 이래의 선험적 주체를 의미와 인식과 역사의 가능 조건으로, 의미와 역사와 인식을 가능하게 해주는 기반으로 놓고 나가는 유, 그런 계열의 철학을 제가 '주체 철학'이라고 표현했습니다. 이 용어도 우리가 조심해야 할 것 같고요.

그리고 원래 담론이라는 말은, 라이프니츠의 『형이상학에 관한 언설(*Discours sur la métaphysique*)』이라는 말에서 볼 수 있듯이, 언설(저도 처음에는 이 말을 담론이 아니라 언설로 번역했습니다)이라는 뜻입니다. 언설이란 일정한 논리와 개념과 방법을 갖춰서 자신의 얘기를 체계적으로 개진하는 것을 말합니다. 그런데 시대가 갈수록 이 말의 외연이 넓어지는 것 같아요. 왜냐하면 시간이 갈수록 언어가 가지고 있는 규칙이나 영역이 깨지기 때문이죠. 예를 들어 제가 대학원 다닐 때까지만 해도 잡지라는 것은 극소수였고 영화잡지도 없었습니다. 또 잡지는 아무나 내는 것이 아니었으며, 글을 쓴다는 것은 극소수의 지식인이 누리는 특권이었는데, 지금은 그렇지 않습니다. 지금은 별별 잡지가 다 있잖아요? 낚시잡지, 컴퓨터잡지 등등이 불규칙적으로 쏟아져나오고, 지면이 증폭되고 글

쓴다는 것도 일반화된 시대가 왔죠. 아마 그런 현상하고 뗄 수 없는 관계가 있는 것 같아요. 옛날에는 『논어』라든가 기독교의 『바이블』, 칸트의 『순수이성비판』 같은 것이 텍스트였는데, 지금은 다 텍스트로 보죠. 심지어 사람들이 옷 입는 것도 텍스트로 보잖아요. 이런 식으로 말이 인플레이션되는 것 같아요. 그러면서 담론이라는 말이 더 어울리는 말이 되어 버렸죠. 그래서 이 말은 번역이 가지각색이에요. 어떤 사람은 언술, 또 혹자는 언설, 담론, 언술행위 등등으로 다양하게 번역하는데, 저는 개인적으로 'discours'는 '담론'으로, 'énoncé'는 '언표'로 번역하고 있습니다. 담론이라는 말이 가장 일반화되고 있는 것 같습니다. 그러나 용어란 처음 그 말이 나온 맥락을 모르는 상태에서 일반화되어버리면 언어사용에 많은 혼란이 초래되죠.

'해체'라는 말이 대표적인 말 같습니다. 해체란 단순히 '부수다'라는 말이 아니거든요. 하이데거가 그 말을 제일 먼저 사용했고 데리다가 아주 고심 끝에 만들어낸 말인데, 결코 파괴적인 것만이 아니라 다른 것의 중심주의를 와해시켜나가는 과정에서 어둠 속에 갇혀 있던 것들을 끄집어내는 것, 다시 말해 빛으로부터 차단되어 있던 어둠들을 뒤집어서 드러내는 작업을 말합니다. 일본 학자가 데리다와 자세하게 의논해서 '해체(解體)'라고 번역했다고 하는데, 데리다의 책을 거의 읽어본 적도 없는 사람들이 해체라고 하니까 무엇인가를 부수는 것이구나 생각하고, 또 그 말의 원래 맥락이 정확하게 이해가 안된 상태에서 그 말이 얼핏 던져주는, 이성적 차원 이전의 인상(impression)이 일반화되는 것 같아요. 해체한다니까 요새는 시대가 모든 것을 다 부수는 그런 시대구나 하는 식의 이해가 되어버리는 거죠. 앞에서 말한 희화화를 생각해보시면 좋을 것 같습니다. 그래서 철학 용어를 쓸 때 그 연원을 잘 생각하여 조심스럽게 용어를 사용해야 합니다.

질문 : 바슐라르의 인식론적 단절, 이 부분이 많이 얘기됩니다. 이것을

푸코와 연관시켜서 말씀하셨는데, 이 개념이 푸코와 알튀세르에게서 어떻게 변이되는지 자세히 알고 싶습니다.

답변 : 바슐라르의 인식론적 단절이라는 개념은 과학의 발달이 그 이전의 것들에 기반해서, 말하자면 그것들을 키워서 성립하는 것이 아니라 이전의 것을 부정하면서 나온다는 것입니다. 비유한다면, 로켓은 그 받침대가 무너져야 발사되죠? 즉 도약을 통해서 진행한다는 것이고 그 도약이란 다른 말로 표현하면 그 이전까지 사람들의 뇌리를 사로잡고 있던 통념이라든가 확신 같은 것을 역전시키면서 등장한다는 것이죠. 과학사의 불연속이 발생하는데, 예를 들어 코페르니쿠스의 지동설과 같은 것이 그런 것입니다. 누구나 지구가 평평하다는 것을 상식으로 받아들이는데 지구는 둥글다고 했으니까 말이죠. 그런데 바슐라르에게는 그런 과학사의 불연속이 있으면서도 동시에 적어도 물리학(바슐라르의 주요 영역이 물리학이니까) 영역에서는 과학의 발전을 인정합니다. 뒤에 나온 이론이 앞에 나온 이론을 하나의 경우(case)로서 포함한다는 것이죠. 즉 기하학의 경우, 유클리드 기하학으로부터 비유클리드 기하학으로 불연속적으로 발전합니다. 예를 들어서 삼각형의 내각의 합이 180°보다 크거나 작게 되는 그런 공간은 유클리드적 사고로는 생각하기 힘든 거죠. 그렇다고 해서 그것이 완전히 대화가 안되는 것은 아니라는 겁니다. 삼각형의 내각의 합이 음일 수도 있고 양일 수도 있지만 영일 수도 있죠. 영인 경우가 유클리드 기하학이라는 거예요. 그러니까 유클리드 공간은 일반화된 공간의 한 경우가 되는 거죠. 또 뉴턴 역학체계와 아인슈타인 역학체계가 그렇고, 열역학과 통계역학의 관계가 그렇습니다. 그리고 어떻게 보면 푸코와 마르크스의 관계도 그렇게 조명해볼 수 있습니다. 마르크스야말로 사실은 타자를 맨 처음 사유한 사람이죠. 노동자계급이라는 것이 유럽 사회의 타자 아니었습니까? 그전까지의 철학자들은 지배적인 문화만을 보았는데, 그는 처음으로 타자에게 눈을 돌린 겁니다. 푸코 같은 경우

는 그 타자를 일반화하고 있습니다. 노동자계급만이 아니라 동성연애자, 여성, 광인 같은 수많은 영역으로. 그러니까 노동자계급이라는 타자는 타자 일반의 한 경우가 되는 거죠. 그런 식으로 포섭이 된다는 말입니다. 포섭된다는 것을 바슐라르는 '감싼다(envelopper)'고 표현합니다. 그런 식으로 불연속적이면서 동시에 발전한다는 것을 인정하는 거죠.

그런데 푸코의 경우는 그가 다루는 영역이 물리학의 영역이 아니라 정신병리학, 임상의학 같은 '지식'의 영역이잖아요. 그런 영역에서 푸코는 발전이라는 것을 무턱대고 거부하는 것은 아니지만(거부하는 것은 아닙니다. 이 점을 오해하면 안되는데, 발전되는 점은 분명히 있어요. 예를 들어 정신병리학의 경우, 기계나 약은 발전하잖아요?) 단지 바슐라르처럼 매끈하게 이전 과학이 이후 과학의 한 부분으로 포섭된다고 보지는 않는 거죠. 사용하는 개념, 도구, 기본 논리와 같은 것이 달라진다는 것입니다. 그러면서 푸코는 역사의 불연속을 더 강조하는 것 같아요.

푸코나 바슐라르의 말을 종합해보면 어떤 결과가 나올까요? 결국 역사의 계열을 무엇으로 잡느냐에 따라서 연속이냐 불연속이냐, 발전이냐 단절이냐에 대한 대답이 달라진다고 결론을 내려야겠죠. 그래서 물리학이나 수학 같은 영역에서는 발전을 인정할 수 있지만, 어떤 영역에서는 발전을 인정하기 힘든 경우도 있을 겁니다. 정치를 예로 본다면 춘추전국시대의 정치와 지금의 정치가 무엇이 달라졌습니까? 푸코나 바슐라르의 얘기를 잘 흡수해서 종합해보면 역사를 일의적으로 규정하기가 참 어렵다는 사실을 깨닫게 됩니다. 어떤 층위에서, 어떤 계열에서 보는가에 따라서 역사를 바라보는 논리도 달라져야 한다는 겁니다. 역사를 하나의 굵은 계열로 볼 수 있을 것인가? 물론 우리의 학문적 이상은 그런 계열들이 다 종합되어서 역사가 어떻게 거대하게 흘러왔는지를 보고 싶어합니다. 그러나 단번에 그렇게 할 수는 없습니다. 그런 계열들을 미시적으로 잘 연구해가면서, 그런 것들이 통합되어가면 우리는 역사를 조금 더 거시적으로 볼 수 있을 겁니다. 제가 보기에 거시적인 것을 포기할 필요는 없는 것 같아요. 그것은 언제나 하나의 학문적 이상으로 남아 있는 거죠. 다만 과거처럼, 예컨대 변증법과 같은 논리를 전제하고 나서 그 틀로서 모든 것을 해석하는 것의 한계는 어느 정도 드러났다고 보아야겠죠.

질문 : 저도 거대이론, 미시이론의 층위 문제에 대해 질문드리고자 합니다. 제가 푸코에게 가지고 있는 불만은, 알튀세르의 중층결정과는 달리 그의 저작에 나타나는 층위는 하나라는 점입니다. 그것이 성(性)에 대해서든지 지식, 광인, 혹은 권력에 대해서든지 말입니다. 또 마르크스의 경우, 탈중심화라고 말씀하셨지만 그가 서양의 입장에서 노동의 소외를 지적한 것은 사실이지만, 제3세계의 입장에서 보면 제3세계를 도외시하다가 러시아혁명을 통해서 시정되는 과정을 밟는다고 보이는데요. 그래서 저는 다분히 중층적인 문제에 대해서 푸코가 간과한 부분을 들어보고 싶습니다.

답변 : 마르크스의 경우 동양사회를 아시아적 생산양식으로 간단하게 처리해버립니다. 들뢰즈와 가타리는 반대로 아시아적 생산양식을 가장 보편적인 것으로 봅니다. 알튀세르는 「모순과 중층결정(Contradiction et surdétermination)」이라는 논문에서 러시아혁명의 예를 들고 있죠. 그래서 역사적 사건의 결정은 경제적인 것만이 아니라 이데올로기를 비롯한 네 가지 심급들(이 용어는 원래 법률용어입니다. 법원에 사건이 접수되면 이것을 어느 분야에 보내느냐 하는 것을 말합니다)의 복잡한 구조적 인과와 중층결정으로 설명하죠. 그런데 푸코는 광기라든가 병원같이 하나의 심급만을 잡습니다. 어떤 사람은 푸코를 외과의사에 비유합니다. 그러니까 일단 다른 것은 다 무시하고, 예컨대 흉부가 안 좋다면 흉부만 단도직입적으로 날카롭게 파고들어가는 거죠. 어떤 사람은 농담 비슷하게 이 사람의 아버지가 외과의사이다 보니 아버지의 수술방식과 이 사람의 스타일에 아주 비슷한 데가 있다고 얘기합니다. 그렇지만 우리는 푸코의 저

197

작들을 연결시켜 볼 필요가 있습니다. 그의 책 한 권은 하나의 심급을 다루고 있지만 합하면 다양한 심급들을 다루고 있기 때문입니다. 질문자의 불만은 그런 얘기들을 잘 모아서 거시적인 얘기들도 해주었으면 더 좋지 않았겠느냐 하는 것인데, 푸코 자신은 그런 거대담론에 대해 알레르기를 가지고 있었고 그렇게 하지 말자는 것이 그 사람의 주요 주장입니다. 역사를 그렇게 보지 말고 잘라서 보고, 인간이라는 주체가 어떻게 작품화되었는가를 보는 것이 아니라 실제 역사의 장 속에서 주체가 어떻게 분열되었는가를 살펴보는 것이니까. 저도 그런 공감을 하고 있습니다. 물론 19세기의 거대이론처럼 마치 역사가 각본이 있어서 움직이는 것처럼(실제로 마르크스는 연출가의 비유를 들고 있죠) 보는 것도 문제가 있지만, 또 지금 지적하신 것처럼 거기에 지나치게 알레르기가 있어서 그냥 미시적인 분석에만 만족한다면 간단히 말해서 역사철학은 없는 거죠. 그런 아쉬움은 있습니다. 그 점은 우리가 보충해나가야 하겠죠.

그런 점에서 저는 들뢰즈와 가타리가 무척 흥미롭다고 봐요. 마찬가지로 인식론에서는 세르가요. 왜냐하면 인식론에서 세르야말로 자연과학, 수학, 생물학, 또 인문과학, 언어학, 문학, 법률 등 거의 모든 담론체계들을 종합적으로 다루면서도 헤겔처럼 하나의 논리로 시종 일관하는 것이 아니라, 각각의 담론들의 개별성을 인정하면서도 그것들이 속해 있는 공통의 공간, 전체 공간을 추구하거든요. 그런 점에서 인식론에서 앞으로 세르가 연구되어야 할 것 같습니다. 사회-역사 철학에서는 들뢰즈와 가타리가 새로운 거대이론을 제시하고 있습니다. 헤겔에서 역사가 정신 (Geist)의 자기발현이듯이 들뢰즈와 가타리는 욕구라는 하나의 개념으로 역사를 설명합니다. 푸코가 거대이론을 회피하고 미시적이라면 이 사람들은 어떻게 보면 너무나 거대하다 할 정도로 욕구를 가지고 미개사회로부터 20세기까지 다 설명하고 있습니다. 그래서 앞으로 들뢰즈와 가타리를 읽어볼 필요가 있어요. 미시적인 것은 푸코가 도움을 많이 주고 거시

적으로는 헤겔, 마르크스 이래로 또 하나의 거대이론을 제시하는 사람들
이 들뢰즈와 가타리죠.

질문: '극한'의 철학이라는 얘기를 많이 하셨는데, 오히려 '경계'라고
표현했을 때 푸코가 얘기하고자 했던 것이 명확하게 드러나지 않을까요?

답변: 맥락에 따라서 그럴 것 같아요. '사이'라는 말로 표현할 수도
있고, 지금 말씀하셨듯이 '경계'라는 말도 좋고, '극한'이라는 말은 끝이
라고 하는 뉘앙스가 강한데, 극한이라는 말을 쓰면 사실 동일자 쪽에 주
안점이 많이 가 있습니다. 말하자면 이성의 끝에서 보자는 것이니까요.
그런데 저는 어떤 학자가 책을 쓰고 논리를 전개하고 강의를 하고 토론
을 하는 것은 이미 그 사람이 학문이라는 공간에 속해 있는 것이라고 생
각합니다. 아무리 그 사람이 광기를 얘기하고 노동을 얘기해도 말입니다.
예를 들어 우리가 지금 노동을 얘기한다고 해도 우리 자신이 현재 육체
적인 일을 하고 있는 것은 아니잖아요? 여기에 앉아서 노동에 대해서 얘
기하고 있는 거죠. 광기도 마찬가지인 것 같습니다. 데리다의 비판이 바
로 그런 것인데, 사실 푸코가 책을 쓰고 언어로 얘기하고 논리를 전개하
는 이상 그 사람은 어디까지나 이성적인 행위를 하고 있는 겁니다. 자기
가 광기에 대해서 얘기하고 있지만 이성이라는 그 동일자는 피할 수가
없는 거예요. 진짜로 자신이 여기에 동일자로 앉아서 타자에 대해서 얘
기하는 그 정도로 만족하지 못하겠다면 사실 그것은 그만두어야죠. 논리
적인 일관성이 있으려면 아예 미치거나 아예 책의 세계를 떠나 노동판에
뛰어드는 것이 맞는 얘기죠. 저는 어떤 사람이 책을 쓰거나 말을 하고 논
리를 전개하고 토론을 하는 것은 이미 그 사람이 학문적 얘기를 하고 있
다는 의미에서 '끝'이라는 말을 쓴 겁니다. 그렇지만 여기에만 머무르지
말고 그 끝까지 가보자는 의미에서 '극한'이라는 말을 쓴 것입니다. 그러
나 '극한'이라는 말이 부적절한 면도 있는 것 같습니다. 맥락에 따라서
'경계'라는 말도 괜찮고 '사이'라는 말도 괜찮을 것 같아요.

질문 : 프랑스의 인식론이나 담론사 연구에서 보면 바슐라르나 캉길렘 같은 경우는 알튀세르와 연결되는 것으로 알고 있습니다. 조금 전에 푸코의 개별적인 연구들을 합하면 하나의 거대이론이 가능할 수도 있다고 말씀하셨는데, 알튀세르는 자신의 연구체계들을 나름대로 구축하려고 했던 것으로 보입니다. 똑같은 계보를 가지고 있는 것으로 보이는 알튀세르와 푸코는 마르크스주의와 어떤 연관이 있는지 알고 싶습니다.

답변 : 아주 단적으로 얘기하면, 알튀세르는 인식론자나 구조주의자이기 이전에 마르크스주의자입니다. 저는 마르크스주의라는 사상은 그 자체가 종교적인 성격을 가지고 있다고 봅니다. 일단 그 안에 들어가면 그것을 변형시킬 수는 있어도 절대로 포기할 수는 없는, 그야말로 한 인간이 어떻게 살 것인가 하는 선택의 문제로 귀결되는데, 알튀세르에게 인식론이나 구조주의는 하나의 방법론이나 보조물이지 본질은 아닙니다. 근본적으로 알튀세르는 마르크스주의자예요. 그러나 푸코는 기본적으로 마르크스주의자가 아니죠. 마르크스의 영향을 어느 정도 받았을지는 몰라도(현대의 지식인은 한 번씩은 마르크스의 세례를 받게 마련이니까), 기본적으로 푸코는 어디까지나 그 바깥에 있는 사람이고, 알튀세르는 그 안에 있는 사람입니다.

질문 : 푸코와 마르크스주의자의 관계에 대해 질문하고 싶은데요, 사이드(Edward Said)의 영향을 받은 탈심리이론가들은 푸코를 마르크스주의자로 보려는 노력을 많이 기울이는 것 같습니다. 그래서 푸코가 마르크스주의자가 아니라 해도 느슨하게라도 그런 유형에 속할 수 있는 가능성을 여쭙고 싶습니다. 또 미국의 신역사주의가 특히 푸코의 영향을 많이 받았다고 들었는데, 이것은 영국에서는 문화유물론이라고 해서 마르크스주의와의 관련 속에서 역사를 재구성하려 하고 그 방법론에서 기존의 마르크스주의의 유토피아적인 거대이론은 지양하고 이제까지 간과되어왔던 미시적인 것들은 살려내고 있는 것으로 보입니다. 이러한 신역사주의

와 문화유물론적 관점에서 푸코와 마르크스주의의 관계에 대한 보충적인 답변을 듣고 싶습니다.

답변 : 신역사주의와 아날학파는 다릅니다. 아날학파도 '신역사(nouvelle histoire)'라는 말은 쓰지만 신역사주의는 오히려 아날학파 이후에(아날학파는 기본적으로 구조주의와 맥을 같이하는 것이고), 구조주의 이후에, 구조주의가 무시했던 역사를 다시 살리려는 상당히 최근의 입장입니다. 문화유물론도 마찬가지죠. 저는 그 계통에 대해서 자세히 모르지만, 레이먼드 윌리엄스(Raymond Williams) 같은 사람이 있죠. 그리고 탈식민주의를 주장하는 에드워드 사이드, 또 무페와 라클라우의 포스트마르크스주의 같은 경우도 기본적으로 마르크스주의에 연원을 두고 있으면서 마르크스주의의 아쉬웠던 점을 보충하고자 했는데, 이때 크게 도움을 준 사람이 푸코입니다. 일단 푸코는 이런 계열들과는 다른 계열을 형성했다고 보아야겠죠. 그러나 이 사람들이 마르크스주의를 나름대로 개혁하는 데 푸코가 상당히 도움이 되었다는 것은 사실입니다. 또한 마르크스와 푸코는 여러 가지 점에서 다르죠. 중시하는 심급도 다르고 역사에서의 목적론의 문제도 다릅니다. 공통점을 찾는다면 타자의 사유라는 것, 서구의 주류 관념론 내지 합리론에서 눈을 돌렸다는 점입니다. 마르크스는 노동자를 보았고 푸코는 마르크스도 미처 보지 못한 것을 보았다고 할 수 있겠죠.

질문 : 역사서술에 대해서 질문을 드리고 싶습니다. 푸코가 타자들의 역사를 고고학적·계보학적으로 서술했다고 말씀하셨는데, 일반적으로 역사서술에서 과거의 지배자 중심의 태도에서 벗어나 문화 같은 것을 중심으로 서술하는 것까지는 이해가 되는데, 푸코가 타자들의 역사를 '고고학적·계보학적으로' 서술했다는 것의 의미가 무엇인지 잘 이해가 안 갑니다.

답변 : 타자들의 역사라는 것은 푸코의 문제의식이고, 고고학적·계보

학적이라는 것은 그의 방법입니다. 다시 말해서 푸코는 아날학파와 바슐라르, 캉길렘, 세르 등의 방법론을 흡수하면서도 그것을 자기식으로 재창조해낸 것이죠. 그런데 고고학이란 표현을 왜 썼는가를 봅시다. 요즘 TV에서「임꺽정」이라는 드라마를 하는데 그것을 보면 우리가 흔히 보아온 사극은 궁전의 애기, 왕이나 왕의 외척, 중신 들의 애기인데, 그런 역사에 의해 묻혀진 역사가 새롭게 발견되죠. 고고학이란 그런 묻혀진 역사를 캐내어서 드러내는 겁니다. 그러니까『광기의 역사』라고 하면, 우리가 알고 있는 역사는 의사들이 광인들을 구성한 역사였는데, 푸코의 표현에 따르면 그는 "침묵의 고고학을 쓴다"고 하죠. 즉 침묵한, 말하지 못했던 사람들의 역사를 드러내는 것을 일종의 은유를 사용해서 고고학이라고 표현한 겁니다. 계보학이라는 말은 니체가 사용한 말입니다. 계보학이란 한 시대의 가치들 — 정의, 진리, 선, 이성 같은 것들 — 을 문제삼습니다. 전통 철학에서는 이 가치들이 의심의 여지 없이 우리에게 주어진 것으로 보았거든요. 신이 주었든 자연이 주었든, 근원적으로 말이죠. 그런데 니체는 이런 것들은 만들어진 것, 형성된 것이라고 애기합니다. 그래서 그 형성의 과정을 추적하는 겁니다. 그런데 왜 차이가 문제가 되는가 하면 우리가 현재 이러저러한 가치체계를 가지고 있는데, 그 형성을 거슬러올라가보면 역사의 어느 시점에서 우리가 지금 당연하게 여기는 가치가 소멸하게 되는 그런 지점에 도달한다는 거예요. 이것은 마치 우리가 가계(家系)를 추적하는 것과 비슷한 것이죠. 그런 역사방법론을 계보학(généalogie)이라고 합니다. 그래서 고고학적・계보학적으로 타자들을 서술하겠다는 것이죠.

질문: 아까 아날학파를 설명하시면서 아날학파가 실증주의나 거대이론을 극복했다고 하셨습니다. 그런데 역사에서 과거에 실제로 있었던 일을 구체적으로 살려낸 것이 실증주의라고 알고 있고, 오히려 오늘날에 와서 역사를 허구적인 것으로 받아들이는 것이 아날학파의 영향으로 보

이는데요. 푸코가 아직 드러나지 않은 것을 드러낸다면 오히려 실증적인 방법론을 가진 것이 아닐까요?

답변 : 그렇습니다. 푸코는 아주 실증적인 사람이죠. 그런데 역사가 허구라는 것은 어떤 의미입니까?

질문 : 역사를 실제 지배자의 입장에서 서술하는 것을 가리킵니다. 그러니까 어떤 시대의 전체적인 역사는 재구성해낼 수 없다는 것이죠.

답변 : 푸코는 지배자의 입장에서 매끈하게, 드라마처럼 만들어진 역사가 아니라 밑바탕에 너저분하게 흩어져 있는, 파묻혀 있는 역사를 드러낸다는 의미에서 실증주의자라는 말을 쓸 수도 있겠죠. 실증주의라는 사조는 근대 부르주아 사회의 주춧돌 아닙니까? 푸코는 그런 의미의 실증주의는 거부하지만, 학문하는 스타일은 대단히 실증주의적인 사람이에요. 아주 꼼꼼한 사람이죠.

질문 : 그런 점에서 푸코의 '에피스테메'도 실증적으로 조사를 한 것이고 거의 통계학적으로 나온 것이 아닐까요?

답변 : 그렇습니다. 에피스테메도 얼핏 보기에 마치 헤겔의 시대정신처럼 보이지만 전혀 그런 것이 아니죠. 역사의 밑바탕에 깔려 있는 무수한 것들이 형성하는 관계들의 체계를 에피스테메라고 이해해야 합니다. 사실 에피스테메는 비난을 받기도 합니다. 왜냐하면 『말과 사물』에서 보면 마치 한 시대가 엄밀한 틀이 있는 듯이 얘기하기 때문입니다. 그 자신이 있는 그대로를 실증적으로 서술하겠다고 얘기하지만 시대를 마치 수학 공식처럼 나누잖아요. 그래서 그가 실제로 표방한 것과 실제 결과가 안 맞지 않느냐는 비난을 듣죠. 장 뤽 고다르 같은 영화감독은 푸코를 상당히 싫어했는데, 그는 푸코에게 "당신은 어떻게 이 시대의 사람들은 이렇게 살 수밖에 없었다고 함부로 말할 수 있느냐? 내가 당신 같은 사람들 때문에 영화를 만든다"고 말했다는 일화가 있죠. 장 뤽 고다르는 일부러 영화를 엉성하게 만듭니다. 미국 영화처럼 극적으로 완결되는 것이 아니

라 시점이 왔다갔다 이동을 하고 어느 순간에 갑자기 이야기(story)가 무너지곤 하죠.

질문 : 에피스테메라는 개념이 푸코에게 개인적인 전술적 용어로서 사용되는 것이 아닌가 하는 생각이 듭니다. 그가 에피스테메를 설정했을 때, 그것을 통해서 한 시대를 가장 잘 설명할 수 있을 것이라는 나름대로의 계획이 있었을 것 같아요.

답변 : '에피스테메'란 간단하게 말하면 레비-스트로스가 말하는 '구조'와 유비적으로 만들어낸 것입니다. 그런데 레비-스트로스의 구조는 아주 커서 미개인들의 의식구조가 현대에까지 지배한다고 말하죠. 푸코는 그 구조를 몇 개로 잘라서 다원화합니다. 파르메니데스의 일자(一者)를 후기 자연철학자들이 자르듯이. 푸코의 철학을 구조주의와 관련시켜서 정의한다면 다원적·실증적 구조주의라고 할 수 있습니다. 구조주의는 실증주의가 아니에요. 왜냐하면 구조주의는 실증적인 것 이면에 어떤 규칙성이 있다는 것을 주장하니까. 그런데 푸코는 그와는 달리 실증적인 것을 가지고 작업을 하겠다는 것이죠.

질문 : 앞에서 탈주체 철학이라는 표현을 쓰시고 인간의 죽음이란 근대적 주체의 죽음이라고 말씀하셨습니다. 그런데 우선 이 탈주체라는 개념이 잘 파악되지 않고, 근대적 주체의 죽음과 푸코가 말하는 저자의 죽음 사이의 관련을 알고 싶습니다.

답변 : 탈주체 철학을 아주 쉽게 말하면 근대 철학자들이 그토록 소중하게 생각해온 선험적 의식으로부터 바깥으로 나온다는 것입니다. 그래서 의식이 주인공이고 의식의 대상이 엑스트라가 되는 것이 아니라 그 의식의 안에 들어 있는 장(場)이 주인공이 되고 의식은 그 장의 결과로서 존재하게 되는 것이 탈주체 철학이죠. 물론 이 말은 조심스럽게 사용해야 하는데, 맥락을 모르면서 쓰면 마치 인간이 죽은 것처럼 되기 때문입니다. 이것은 인식론적 맥락이 전제가 된 표현이라고 아시면 되겠습

204

니다.

질문 : 그렇다면 푸코는 근대 이후에는 주체가 없다고 얘기하는 것입니까? 마르크스의 경우 그는 소외받는 주체를 세우기 위해 소외나 해방을 얘기했다고 생각되는데요. 그렇다면 푸코는 주체를 망각하고 있는 것이 아닐까요?

답변 : 주체의 개념을 중시하는 입장에서 보면 푸코의 철학에 찬성하기 힘들 겁니다. 그런데 푸코의 이런 식의 태도를 어떻게 받아들일 것인가는 해석하는 사람의 입장인 것 같아요. 개인적으로, 처음 푸코를 읽었을 때 매력을 느낀 이유는 제가 대학원에서 철학을 배울 때 항상 많이 들었던 데카르트, 헤겔, 후설, 하이데거, 사르트르, 메를로-퐁티 등등을 보면서 내가 살고 있는 삶과 잘 맞지 않는다는 것을 느꼈기 때문입니다. 저에겐 오히려 카프카나 카뮈나 사회학자들이 말하는 것이 더 맞는 것 같았어요. 푸코의 근대 철학전통에 대한 급진적인 비판을 읽으면서 제가 평소에 '이게 아닌데'라고 생각했던 것을 거기에서 발견하고 일종의 카타르시스 같은 것을 느꼈어요. 『담론의 공간』을 썼을 때의 저의 문제의식은 더 나아가지 못하고 사실 거기에 머물렀습니다. 그러나 지금 와서 곰곰이 생각해보면 현대인의 찢기고 분열되고(특히 저는 카프카를 읽으면서 많은 공감을 느꼈는데) 말 그대로 해체되고 불투명한 그런 모습을 그 자체로 표현하는 것은 일종의 카타르시스에 그치는 것이 아니지 않은가 합니다. 그렇다고 해서 귀에 듣기만 좋은 화려한 얘기들을 지금에 와서 한다는 것도 어색한 일이고.

그래서 여러모로 갈가리 찢긴 20세기를 소화하면서도 다시 전통적인 가치들이 가지고 있는 맥락을 재해석해봐야 할 것 같아요. 또 재해석할 때 서구의 근대로 가지 말고 우리의 전통으로 가야 할 것 같습니다. 사실은 푸코와 같은 식의 생각이 전혀 다른 형태이긴 하지만 이미 동양에 있습니다. 불가와 도가가 이런 식의 생각이거든요. 데리다가 한 얘기도 전체적으로 품고 있는 영감은(미시적으로 들어가서 학문적으로 접근하면 다다를 수도 있지만) 아주 도가적이고 불가적인 것이죠. 그리고 유가는 동일자를 구성하는 문화였고 도가와 불가는 그 바깥에서 동일자를 해체시키려는 문화를 이끌어왔습니다. 그러니까 푸코의 문제의식 자체가 이미 동아시아의 역사 속에 있어요. 이제는 인간의 죽음을 얘기해서 서구 근대철학을 부수는 데에서 만족감을 느끼는 것에서 더 나아가야 합니다.

또 하나는 우리가 니체 이후의 서구의 반골사상가들을 덮어놓고 추앙하는 것이 현명한 태도인지도 검토해보아야 합니다. 이런 반골지식인들 — 이들의 저항은 일종의 미학적 표출인데 — 이 유럽적인 삶의 틀이나 분위기, 구조 속에서는 매력적인지 몰라도 내가 지금 이 한국이라는 나라에서 그들을 추종하고 흉내낸다는 것이 얼마만큼 현명한 일인지는 냉정하게 반성해야 합니다. 그것은 개인의 문제이기 때문에 답안이 없는 것이긴 하지만, 저는 이런 유의 철학을 기본적으로 받아들이면서도 거리를 두려고 노력하고 있어요. 이제는 우리의 목소리를 내야 하지 않을까 하는 생각이 듭니다. 우리 색깔로 21세기라는 새로운 전환기를 맞이하고 동아시아적인 논리로 나아가야 하지 않을까 생각합니다. 그래서 '인간의 죽음'과 같은 얘기는, 제 생각에는 어느 정도 시효성이 지나가고 있는 것 같아요.

질문 : 많은 사람들이 푸코를 구조주의자라고 말하고, 푸코 자신은 자신이 구조주의자임을 부정하지만 일부 학자들은 푸코 사상의 근간이 구조주의로부터 나왔고 니체로부터 영향을 받았다고 주장하는데 구조주의와 포스트구조주의를 어떻게 구분할 수 있는지, 그리고 푸코의 사상을 어떻게 범주화시킬 수 있는지 알고 싶습니다.

답변 : 구조주의자들 중에서 '나는 구조주의자다'라고 얘기하는 사람은 별로 없어요. 레비-스트로스만 자신이 구조주의자라고 말했어요. 그런데 철학사가들이 나중에 라캉의 정신분석학적인 작업, 알튀세르의 정

치경제학적인 작업, 롤랑 바르트(Roland Barthes)의 비평, 푸코의 고고학 같은 것을 묶은 것이죠. 이렇게 공통으로 묶을 때 이 묶음 속에 있는 사람들은 어떤 의미에서 폭력을 당하는 것입니다. 그들 자신은 '나는 구조주의자가 아니다'라고 항변하지만 남들이 이들을 그렇게 규정하는 거죠. 제가 보기에 푸코의 고고학은 분명히 구조주의와 뗄 수 없는 관계에 있습니다. 왜냐하면 그가 말하는 에피스테메가 바로 구조이기 때문입니다. 그는 아까 얘기했듯이 실증적이고 다원적인 구조주의자입니다. 그리고 그는 계보학으로 넘어가면서 구조주의를 완전히 탈피합니다. 그러면서 포스트구조주의로 넘어가죠. 그래서 그의 고고학은 다소 느슨한 의미에서의 구조주의라고 할 수 있습니다. 그런데 포스트구조주의는, 예를 들어서 '중앙대학교'는 하나인데 내가 그곳을 벗어나고 싶다고 하면, 어떤 사람은 이쪽으로 갈 수도 있고 또 다른 사람은 다른 방향으로 갈 수도 있듯이, 구조주의에서 벗어나는 각종 사람들을 편의상 모아서 포스트구조주의라고 부르는 것이지 마치 현상학같이 어떤 사조나 개념이 있는 것은 전혀 아닙니다. 구조주의라는 말 자체도 쉽게 사용할 수 없지만, 특히 포스트구조주의라는 말은 대단히 조심스럽게 사용해야 합니다. 우리는 세르의 인식론도 포스트구조주의라고 부르고 들뢰즈와 가타리의 철학이나 데리다의 해체주의도, 푸코의 계보학도, 또 피에르 부르디외(Pierre Bourdieu)의 사회학도 흔히 포스트구조주의라고 부르거든요.

그래서 우리는 포스트구조주의에는 여러 가지 종류가 있다는 것을 전제하고, '후기구조주의'와 '탈구조주의'를 다르게 사용하기로 약속했으면 합니다. 물론 이 양자를 어디에서 나눌 것인가 하는 문제는 있지만, 후기구조주의는 장이론(場理論)을 어느 정도 전제하면서도 장이론에 결여되어 있는 시간, 운동, 불연속, 욕구 등을 거기에 가미시키는 것을 말합니다. 푸코의 고고학이나 라캉의 정신분석학, 알튀세르·장 프티토(Jean Petitat)의 언어학, 르네 톰(René Thom) 등이 여기에 속하죠. 그런데 탈구조주의는 장이론을 포기하고 아예 그것에서 벗어나는 것을 말합니다. 데리다의 해체주의나 리오타르(Lyotar)의 포스트모더니즘이 대표적으로 여기에 속하죠. 그래서 구조주의로부터 떨어진 거리에 의해서 굳이 도식화를 한다면, 레비-스트로스와 같이 정형적이고 엄밀한 인간과학으로서의 구조주의가 있고, 이것과 아주 가까이 있는 것이 라캉의 정신분석학과 알튀세르의 정치경제학, 푸코의 고고학이고, 여기서 조금 벗어나지만 이런 요소들을 여전히 많이 가지고 있는 것이 푸코의 계보학과 르네 톰, 장 프티토(그는 자신의 구조주의를 원래의 정적이고 공간적인 구조주의에 비해서 '역동적인 구조주의'라고 표현합니다) 그리고 미셸 세르, 피에르 부르디외 등이죠. 이들은 구조주의로부터 상당히 탈피하려고 노력하지만 기본틀은 아직도 구조주의를 많이 간직하고 있습니다. 구조주의도 또 하나의 형이상학이라고 급진적으로 비판하면서 이들과 아예 갈라서는 사람이 데리다와 리오타르의 포스트모더니즘이죠. 그런데 우리나라에는 이상하게 '포스트모더니즘'이라는 말이 모호하게 이 모두를 포괄하는 것처럼 사용되고 있습니다. 사실은 그것이 전혀 아니고 그런 식으로 언어를 사용하면 아주 곤란합니다. 결국 리오타르의 포스트모더니즘이나 보드리야르 같은 사람들은 구조주의에서 아예 벗어나 있고, 그 중간 정도에 있는 사람이 들뢰즈와 가타리가 되겠죠. 들뢰즈와 가타리는 구조가 아니라 욕구를 가지고 설명하기 때문에 구조주의에서 많이 벗어나지만 '장'의 개념이 '디아그람(diagramme)' 같은 형태로 암암리에 많이 등장해요. 이와 같이 구조주의로부터 시작하는 스펙트럼이 있는 것입니다. 즉 약간 변형된 형태, 조금 변형되기는 했지만 원그림에 가까운 것, 그 다음에 완전히 달라지는 것 등이 있죠. 그래서 우리가 포스트모더니즘이나 포스트구조주의라는 말로 총체화하는 것을 아주 조심해야 합니다.

　그리고 우리가 프랑스의 사유에서 배울 점은 독일 철학이나 동양사상, 미국의 분석철학에서처럼 '~주의'가 아니라, 개별적인 내용들(예를 들어서 알튀세르가 실제로 러시아혁명을 분석하는 형태 등등)입니다. 아직 푸코나 알튀세르 정도가 연구되어 있을 뿐 거의 연구가 안되어 있죠. 그런데 이런 상태에서 다 합쳐서 '포스트구조주의는 ~하다'라고 단정적으로 말하거나, 더욱 엉뚱하게 어떤 사람은 '포스트모더니즘은 ~하다'라면서 알레르기 반응을 보입니다. 이것은 아주 바람직하지 못한 현상입니다. 그리고 어떤 사람이 프랑스의 사유에 관심이 있다고 해서 굳이 이 사람들을 전부 다 알아야 할 이유가 어디에 있습니까? 우리는 프랑스 사상가들의 수집가는 아니잖아요? 일단 자기 문제가 있어야 합니다. 예를 들어서 문학비평가로서 언어를 바라보는 새로운 시각을 얻고 싶다거나, 또 정치학을 하는 사람으로서 권력문제를 보는 새로운 관점이 필요하다거나, 또 어떤 사람은 인간의 몸에 관심이 많을 수도 있죠. 이런 식으로 사람마다 자기 문제의식이 다 다르죠. 그러니까 자기 문제의식을 확실하게 가지고 무엇을 어떻게 읽을 것인가를 알고서 프랑스 사상을 보아야 합니다. 그렇지 않고 내 문제는 별로 없는데, 요새 프랑스 사상을 모르면 무식한 사람 취급을 받는다고 이것저것 다 읽는다면 그야말로 부질없는 짓이죠. 그 사람이 혹시 프랑스 철학의 전문가라면 몰라도 큰 의미는 없는 일입니다. 우리나라에서는 구체적인 얘기는 별로 하지 않고 거시적으로만 '구조주의' '포스트구조주의' '포스트모더니즘' 식으로 총체화하고, 툭하면 '해체주의 뒤에 남는 것이 무엇인가'라는 식의 큰 이야기만 하려고 하는데 사실 우리가 이들로부터 배울 점은 그런 것이 아닙니다. 이들로부터 배울 것은 현실을 구성하고 있는 것들을 분석하고 있는 실제 내용이죠.

질문 : '담론'과 '지식' '에피스테메'가 『지식의 고고학』에 나오는 중심적인 개념 같습니다. 그런데 이 세 가지는 어떻게 보면 비슷하게 보입니다. 이것들을 어떻게 구분할 수 있겠습니까?

답변 : '담론'은 요사이 그 말의 의미가 아주 넓어져서 일반적으로 인간이 기호를 사용해서 만들어낸 모든 문화적 성과들을 가리킵니다. 그런

데 푸코가 지식(savoir)이라고 말할 때에는 아주 과학적인 담론들 아래에 있는 담론들, 예를 들어 수학, 물리학처럼 이론(異論)의 여지 없이 누구나 인정하는 과학까지는 아직 못 가고, 그렇다고 해서 일상적인 담론이 아니라 나름대로 체계화되어 있고 과학이 되려고 하는 그런 담론들이죠. 실제 푸코는 정신병리학, 임상의학, 부(富)의 분석, 자연사, 일반 문법, 형법학, 법의학, 정신분석학 같은 그런 담론들을 분석하고 있습니다. 이런 담론들은 기본적으로 과학이 되려는 이상(理想)을 가지고 있지만 어쩔 수 없이 이데올로기적·정치적 요소들을 도저히 피하지 못하거나 완전히 떨어버리지 못한 그 중간에 있는 것들이죠. 이 지식의 영역을 발견한 것이 사실 푸코의 공헌입니다. 우리가 담론의 층위를 보면, 맨 아래에 언표가 있습니다. 푸코는 어떤 기호가 이 세상에 막 등장한 것을 다 언표라고 부릅니다. 우리의 말이나 심지어 소리도 언표죠. 그런데 그것이 조직되면 우리의 여러 가지 일상적 이야기들이 됩니다. 그것보다 형식적으로 좀더 조직화가 되면 문학작품이 될 수도 있고, 정치연설 혹은 외교문서가 될 수도 있는 거죠. 거기서 가장 학문적으로 치밀하게 조직된 것이 수학 같은 것 아닙니까? 그런데 지식은 가장 고도로 조직된 과학 아래 층위에 놓여 있으면서도 인식론자들에게도, 사회학자, 역사학자 들에게도 무시당하죠. 인식론자들은 제대로 된 과학에, 즉 상대성 이론이나 다윈의 진화론과 같은 것에 관심이 있기 때문에 전통적인 인식론자는 이런 지식을 다루지 않고, 거꾸로 역사학자나 사회학자는 오히려 이 아래에 관심이 있습니다. 그래서 지식은 인식론자들에게도, 그리고 역사·사회학자들에게도 배척당한 영역입니다. 이 지식의 영역을 발굴한 것이 푸코의 가장 큰 공헌입니다.

그리고 그 지식들을 가능하게 해주는 조건들이 있겠지요? 예를 들어서 18세기 말, 19세기 초에 임상의학이라고 하는 새로운 담론양태가 생겨났는데 그것이 생겨난 이유는 당시의 의학제도, 프랑스혁명이 준 영향, 또 해부학이 가져온 성과 등의 조건들 때문이겠죠. 그런 조건들이 일정하게 관련 맺어서 어떤 장을 이룬다는 것입니다. 예를 들어서 우리가 이 건물에서 존재하고 있는데, 이 건물을 가능하게 하는 조건들이 있을 것 아닙니까? 지반도 있을 것이고, 이 건물을 지은 목수, 설계사, 또 눈에 보이지는 않지만 이 건물을 짓게 된 제도적·정치적 배경 같은 가능 조건이 있을 겁니다. 이 가능 조건들의 집합을 푸코는 에피스테메라고 부르는 겁니다.

좀더 이해를 돕기 위해 하나의 도식을 그려보면, 이것이 단순한 존재의 영역이고, 이곳으로부터 어떤 의미의 영역, 기호의 영역으로 넘어갑니다. 예를 들어서 여기에 피아노가 있다고 하면 피아노가 있는 이 상태에서는 의미나 문화가 아직 일어나지 않습니다. 그런데 내가 피아노를 연주하기 시작할 때부터 기호, 문화, 의미가 존재하게 되는데 이것들의 가장 원초적인 질료들을 언표라고 하는 것입니다. 수학자가 쓰는 기호나 음악가가 다루는 하나하나의 소리 역시 언표들이죠. 이런 것들이 도식화되어서 예컨대 도, 파, 레, 도, 파, 시 하면 도식화가 잘 안되니까 화음이 잘 이루어지지 않지만, 도미솔 하면 제대로 된 화음이 나오잖아요. 이것은 그냥 덩어리, 질료 들이고 그것에 규칙이 들어가면 조직화되는 것입니다. 고도로, 그리고 가장 위에 조직화되는 것을 우리는 과학이라 하고, 그 바로 아래에 있는 것으로서 푸코가 특유하게 발굴해낸 영역을 지식이라고 합니다. 언표들이 조직된 것을 일반적으로 말하면 담론이고, 이 지식의 여러 가지 가능 조건들이 에피스테메입니다.

$$\begin{array}{l} \underline{\qquad\qquad\qquad} \quad \text{과학성의 문턱} \\ \uparrow \\ \underline{\qquad\qquad\qquad} \quad \text{지식의 문턱(이데올로기 포함)} \\ \uparrow \\ \underline{\qquad\qquad\qquad} \quad \text{담론화의 문턱} \\ \uparrow \\ \underline{\qquad\qquad\qquad} \quad \text{언표의 문턱} \end{array}$$

질문 : 그러면 이 도식 속에서 이데올로기의 영역은 어디에 속하는 것입니까?

답변 : 이데올로기를 생각하려면 우선 바슐라르를 연상해야 할 것 같습니다. 바슐라르의 인식론적 단절이 무엇인가 하면, 결국 그 이전까지는 과학이 못 되는 층위에 있던 것이 단절되어 과학의 층위로 상승하는 과정입니다. 그러니까 코페르니쿠스 이전의 천문학은 아직 근대적 의미의 천문학의 문턱을 못 넘어선 것이죠. 코페르니쿠스나 갈릴레오가 나타나면서 문턱을 넘어서게 되었죠. 그런데 바슐라르가 말하는 인식론적 문턱을 못 넘어서게 만드는 것들, 그 장애물들 중에서 중요한 하나의 요소가 바로 이데올로기입니다. 그리고 이 이데올로기를 떠나버렸을 때, 인식론적으로 상승하는 것입니다. 즉 지식이라고 하는 것은 에피스테메 안에 이데올로기라고 하는 요소가 들어가 있는 것이죠. 임상의학을 예로 들면, 임상의학을 가능하게 해주는 가능한 많은 조건들에는 그 시대의 정치적 배경이나 혹은 인권사상이라고 하는 식의 이데올로기가 있을 것 아닙니까? 이 안에 있는 이데올로기들을 만들어내는 것을 떨어버렸을 때 상승해서 인식론적 단절이 이루어져 과학이 되는 것이죠. 이 과정이 바로 바슐라르식으로 말하면 인식론의 단절의 과정이에요. 그런 단절의 과정을 통해서 정화된 것이 바로 과학인 것입니다. 이 도식에서 밑으로 내려갈수록 삶이 되는 것이고, 제가 '담론의 공간'이라고 말할 때는 바로 이것 전체를 지칭하는 것입니다.

질문 : 언표가 질료라고 했을 때, 그렇다면 푸코가 말한 언표된 것과 언표되지 않은 것 사이의 구분은 어떻게 보아야 합니까?

답변 : 언표된 것과 언표되지 않은 것, 혹은 담론과 비담론이라고도 말하는데, 비담론적 차원은 언어적 차원이 아닌 것입니다. 예컨대 건물은 비담론이죠. 물론 이 세상에 담론을 거치지 않는 비담론은 없지만 분석해보면 담론과 비담론을 구분할 수 있다는 것이죠. 그래서 메를로-퐁티

식으로 얘기하면 몸이라는 것 자체가 의미를 담지하고 있는 것이지만, 푸코식으로 분석하면 몸은 비담론이 되겠죠. 이 세상에서 담론과 비담론은 분리되어 있지 않고 그것들을 분리하기는 거의 불가능에 가깝지만 개념적으로, 마치 아리스토텔레스가 질료와 형상을 개념적으로 구분하듯이 구분할 수는 있죠. 그래서 같은 에피스테메에 속한다고 하더라도, 예를 들어 임상의학이 탄생한 당시의 파리의 건물구조나 사람의 행위 같은 것은 비담론이죠. 그러나 그때 남긴 문서 같은 것은 담론입니다.

질문: 보통 구조주의 언어학에서는 랑그(langue)와 파롤(parol)을 구분하고서 파롤은 제외시키고 랑그만을 분석합니다. 그럼 푸코가 말하는 언표는 말의 차원을 포괄하는 것입니까?

답변: 물론 푸코의 언표는 파롤을 포괄합니다. 오히려 언표는 파롤보다 더 내려가는 것이죠. 파롤의 경우만 하더라도 우리가 앉아서 대화를 할 때에도 어떤 암묵적인 규칙(한 사람이 말할 때 다른 사람은 쉬는 등)이 있잖아요. 푸코는 더 나아가서 가능한 모든 경우의 수를 다 생각합니다. 그런데 문제는 푸코가 논리적으로 다 구분해놓았지만, 그 자신이 집중적으로 분석하는 영역은 바로 지식의 영역이라는 것입니다. 즉 언어철학적으로는 끝까지 그 가능성들을 다 펼쳐놓았지만 실제로 자신이 분석하는 것은 일상적인 대화가 아니라 지식인 것이죠.

이제 자기 이야기를 좀 곁들여가면서 말씀해주시고 제가 거기에 대해 코멘트하는 식으로 진행해봅시다. 어느 분이 먼저 말씀해주시겠어요?

질문: 선생님이 먼저 화두를 좀 던져주시는 것이 좋을 것 같은데요.

답변: 그러니까 푸코에 대해 어떻게 관심을 가지게 되었는가, 그리고 푸코에 대해서 어떤 식으로 이해하고 있는가, 또 푸코를 읽으면서 어떤 난점을 느꼈는가, 그리고 푸코를 매개해서 어떤 작업을 하고 싶은가, 그런 식의 얘기를 한번 해봤으면 좋겠어요. 자기 자신의 얘기를 좀 덧붙여도 괜찮고요. 어떤 분이 먼저 말씀하실까요?

질문 : 푸코의 주체화 양식에 대해서 얘기하고 싶은데요.

답변 : 주체화 양식이라는 것은 여러 가지 맥락으로 논의되는데, 이전에 얘기했듯이 주체화라는 것은 인간이 자기 자신을 어떤 일정한 형태의 주체로 만들어가는 과정, 그 양식을 말하는 것입니다. 마치 마르크스가 생산양식이라는 말로 한 시대에 생산을 위해 필요한 모든 조건들이 틀지어지는 방식을 얘기했듯이, 주체화 양식이라는 것은 어떤 시대에 사람들이 스스로를 주체로서 정립하기 위해 사용하는 양태를 말하는 거죠. 좀더 객관화시켜 얘기하면, 인간이 주체로서 자기를 정립하는 데에 반드시 들어가는 조건들을 주체화 양식이라고 할 수 있습니다. 푸코가 후기 저작에서 계속해서 탐구하려고 했던 것이 바로 주체화 양식이었던 것 같습니다.

질문 : 후기 알튀세르 같은 사람들의 이론에서 보면 마르크스를 일단 뛰어난 계급투쟁의 이론가로 정의하면서 그에게 결여되었고 부족한 것이 무엇이었는가 하는 물음을 던집니다. 그리고 그 결론으로서 주체화 양식의 문제가 결정적으로 부족하다고 합니다. 그들이 이해하고 있는 주체화라는 문제는 푸코가 『성의 역사(*Histoire de la sexualité*)』 2권(*L'Usage de plaisir*)에서 밝히고 있는 것처럼 개인이 주체화되는 개인적 주체의 문제는 아닌 것 같고, 대중적 주체를 고민하는 것 같습니다. 그러면서 그들은 스피노자를 끌어들이지 않습니까? 그후에 들뢰즈를 읽어보니까 아마 이런 식의 고민을 했던 것 같습니다. 푸코도 『성의 역사』 2권에서 이런 식의 고민을 하는 것처럼 보여서 읽어보았는데 맥락은 틀리지만 결론적으로 주체화 양식의 문제를 도출하는 것 같습니다. 요즈음 마르크스의 사상을 연구하는 사람들의 경우, 신체의 문제, 몸의 문제를 사회이론으로 어떻게 도입할 것인가를 고민하고 있는 것으로 보입니다. 이와 같이 주체화 양식에 대한 논의가 최근에 사회이론(특히 마르크스 사상에서도 마찬가지이고)에서 진행되고 있는데 그 논의의 가닥을 정리해주셨으면

좋겠습니다.

　두번째는 신체, 몸의 문제입니다. 『담론의 질서』 해설에서 신체는 권력의 작용점이자 저항의 시발점이라고 말씀하셨습니다. 그렇다면 이 신체가 사회이론에서 중심적인 대상이라는 생각이 드는데요. 그런데 이전에는 신체나 육체가 아니라 사회적 관계가 중심을 차지했었습니다. 마르크스는 『독일이데올로기』에서 "사회적 존재가 사회적 의식을 결정한다"고 했는데, 여기에서 사회적 존재라는 표현은 사회적 관계를 의미하지 않습니까? 이런 점에서 신체 내지 몸의 문제를 사회이론 내에서 어떻게 처리해야 할 것인가를 묻고 싶습니다.

　답변 : 우선 첫번째 물음을 두 가지로 나누어서 생각해봅시다. 그러니까 마르크스를 지금 어떻게 이해할 것인가와 마르크스에게서 주체화 양식을 어떻게 이해할 것인가 이 두 가지인데, 한 사상에 대해서 그 사상이 가지고 있는 시사적 의미와 철학적 의미는 좀 구분해서 보아야 할 것 같습니다. 한 철학자가 지금 당장 어떤 정치적 맥락에서 어떤 영향력과 어떤 행동지침을 줄 수 있는가 하는 문제와 그 사람이 지닌 사유의 깊이가 어느 정도이고 철학사적으로 얼마만큼의 무게를 가지는가의 문제는 다른 문제로 보입니다.

　시대가 바뀌었다고 해서 마르크스의 이론이 유효성을 잃어버렸다고는 생각하지 않습니다. 왜냐하면 고전적인 사상이라는 것은 어떤 형태로든 특정한 상황이 오면 또다시 살아날 수 있는 깊이를 담지하고 있기 때문입니다. 예컨대 오랫동안 스피노자가 언급되지 않다가 다시금 어떤 맥락이 주어지니까 부활하지 않습니까? 그런 것을 고전사상이라고 볼 수 있어요. 고전사상은 한때 그냥 나왔다가 사라지는 것이 아닙니다. 마르크스의 사상은 자본주의라는 삶의 양태가 존속하는 한 언제나 고전으로 머물 것입니다. 그리고 마르크스가 이전에 너무나 지나치게 학문을 넘어서서 종교 내지 이데올로기적 신봉의 대상이 되어왔기 때문에, 바로 그 시대가 바뀌자 역으로 갑작스럽게 또다시 너무나 지나치게 비판의 대상, 망각의 대상이 되었다고 볼 수 있습니다. 차라리 처음부터 우리가 마르크스를 차분히 공부하였다면 조금은 다른 결과가 나왔을 수도 있었다고 봅니다. 그리고 한국사회에서 보면, 어떤 의미에서 7, 80년대의 한국사회는, 마르크스가 생각하는 19세기 산업혁명이 일어났던 시대의 모델이라기보다는 파시즘의 모델에 더 가까운 것 같습니다. 그런데 마르크스는 파시즘을 경험하지는 않았거든요. 그렇기 때문에 7, 80년대보다는 지금이 더 마르크스를 읽어볼 만한 시대인지도 모르겠습니다. 지금은 파시즘이 어느 정도 퇴색해가고 있고 반면에 고도로 후기산업 사회적인 양태가 나타나고, 계급분화가 심하게 일어나고 있습니다. 과거에 한국사회에 계급이라는 것은 일부 특권계층과 나머지 사람 전부라는 식의 간단한 구조였는데, 어떤 면에서 지금이야말로 계급구조가 아주 선명한 형태로 나타나고 있다고 봅니다. 그렇다면 지금이야말로 오히려 7, 80년대보다 마르크스를 더 읽어볼 만하지, 덜 읽어야 한다고는 생각지 않습니다. 저 개인적으로는. 사회의 분위기와 학술적인 내용은 서로 구분해야 할 것 같아요. '혁명을 일으키자!' '만국의 프롤레타리아여, 단결하라!' 이런 식의 분위기가 우리 사회에서 이미 어느 정도 사라졌다고 해서 자본주의라는 생산양식에 대한 마르크스의 분석이 무효화되는 것은 아닙니다. 그것을 구분해서 생각해야 합니다.

그 다음 주체화 양식의 문제인데, 주체화 양식이라는 것은 마르크스에게 부족했다고 말할 수 있지만 전혀 없었다고 말할 수는 없습니다. 주체화 양식이라는 것은 그 어느 시대, 어떤 문화, 어떤 사람에게도 항상 존재하는 것입니다. 왜냐하면 인간의 가장 근원적인 속성 중 하나가 자기 스스로에 대해 물음을 던지는 것이기 때문이죠. 설사 학자가 아니고 깊이 있는 사유를 하지 않는 사람조차도, 그것을 깊이 밀고 나가지 않아서 그렇지, 평소에 늘 그런 물음을 던지곤 합니다. 그렇기 때문에 주체화 양식이라는 것은 사실 어떤 사고에나 다 있는 것입니다. 단지 그것이 명시적으로 전개되지 않을 뿐이죠. 그런데 마르크스에게 주체화 양식이라고 하면, 우선 그에게 주체라는 개념은 혁명주체입니다. 즉 그는 '누가 역사의 담지자인가?'라는 물음을 던지고, 그것은 바로 프롤레타리아 계급이라고 말하죠. 이것이 마르크스의 기본적인 주체이론입니다. 여기서 마르크스에게 부족한 면이 있다면, 프롤레타리아를 집합적으로 다 묶어서 혁명주체라고 얘기하는 데 그쳤을 뿐, 거기에서 더 나아가 인간의 욕망이라든가 언어, 신체, 권력 등 삶의 저변에 놓여 있는 미시적이고 아주 복잡한 주체화 양식으로까지는 내려가지 않는다는 것입니다. 하지만 그런다고 해서 그의 사유체계에서 별문제가 되는 것은 아닙니다. 그가 그런 것까지 연구할 이유가 별로 없다는 것이죠. 어떤 사상가를 읽을 때는 항상 그의 문제틀을 가지고 생각해야 합니다. 주체화 양식이라는 것은 어느 사상가한테나 항상 조금씩은 함축되어 있는 것이고, 그렇기 때문에 주체화 양식이 있다, 없다고 말하는 것은 좀 곤란할 것 같습니다.

그리고 현대사회에서 신체가 왜 그렇게 문제가 되는가 하는 것은 쉽게 이야기하기가 어려운 문제인데, 저 같은 경우에 그 원인은 감성적 문화 및 대중문화의 발달과 뗄 수 없는 관계가 있다고 생각합니다. 과거에 감성적 언표들(감성적 언표라고 하는 것은 개념화되기 이전에 우리의 몸을 통해서 발생하는 언표들이죠. 제가 지금 말하는 것도 감성적 언표이고, 눈에 보이는 색깔도 다 감성적 언표입니다)은 지극히 한정되어 있었습니다. 고대나 중세, 근대의 사람들이 느끼는 감성적 언표라고 하는 것은 따지고 보면 자연의 모습과 인간의 행위, 그 두 가지 이외에 별로 없었죠. 지금은 그렇지가 않습니다. 영화도 있고, 그림책, TV, 만화, 비디오 등등, 또 그외에도 수많은 감성적 언표들이 쏟아져나오고 있습니다. 그런데 그 감성적 언표의 원천은 신체거든요. 때문에 우리의 삶 자체가 개념에 의해서라기보다는 이마주(image)에 의해서 지배되는 사회가 도래한 것입니다. 그러면서 우리의 관심사가 다분히 신체 쪽으로 많이 기울어지게 된 것이죠.
무엇인가를 개념화하고 사고하는 쪽보다는 영상화한다거나 느낌으로 오
는 것이 강하게 된 겁니다. 그러한 관심을 나름대로 학문화하고 담론화
하는 방식은 여러 가지 차이가 있습니다. 푸코처럼 사회-역사철학 스타
일로 수행하는 사람도 있고, 메를로-퐁티처럼 현상학적 스타일로 하는
사람, 또 들뢰즈처럼 과거의 정신철학을 부정하고 일종의 현대적 형태의
유물론을 구축한 사람, 또 부르디외처럼 문화적 자본·문화적 행위양태
들을 분석하는 사람, 이런 식의 분석은 계속해서 앞으로도 많이 발달할
것 같습니다.

  질문 : 제 작업에서 육체의 개념에 대한 정립이 시급한데, 이 강의를
들은 후 푸코의 바깥의 사유를 접함으로써 사고의 폭이 넓어졌습니다.
프랑스에서는 바슐라르의 경우 『꿈꿀 권리(*Le droit de rêver*)』라는 책에
서 그림에 대해서 논하고, 푸코 같은 경우에도 『이것은 파이프가 아니다
(*Ceci n'est pas une pipe*)』에서 그림에 대해 말하고 있으며, 들뢰즈의 경
우에도 『감각의 논리(*Logique de la sensation*)』라는 저서를 보면 작가와
의 관계가 밀접함을 알 수 있습니다. 그런데 우리나라에서는 그런 예가
별로 없습니다. 우리나라에서도 서양처럼 철학자와 예술가의 밀접한 관
계를 발견할 수 있으면 좋겠습니다.

  답변 : 프랑스에서의 예술과 철학의 관계와 일반적으로 예술과 철학의
관계, 이 두 가지로 나누어서 얘기해볼까요? 프랑스(아마 프랑스보다는 유
럽 문화 일반에 대한 얘기가 될 것 같습니다)에서 철학과 예술은 대단히 먼
거리에 놓여 있었습니다. 왜냐하면 전통적인 서구 사유는 감각적인 것에
는 부정적인 인식론적 위상을, 이성적인 것에는 더욱 높은 인식론적 위
상을 부여해왔기 때문입니다. '감각적인(sensible)' 것보다는 '가지적인
(可知的, intelligible)' 것을 추구한 플라톤 철학으로부터 시작하는 전통
형이상학이 그러했고, 근대에 들어오면 우리가 경험하는 여러 가지 성질

중에서 감각적으로 경험하는 제2성질은 제외시키고 감각에 좌우되지 않는 객관적 성질만을 추구하지 않습니까(그것이 과학으로 가는 길이죠)? 이와 같이 플라톤 이래의 서구 전통 형이상학과 근대 이래의 서구과학은 감각적인 것, 주관적인 것을 취급하지 않고 객관적인 것을 추구합니다. 그래서 사회적으로도 예술가와 철학자는 무관한 사이였죠. 신분상으로 보아도 철학자들은 특권층 바로 아래에 자리잡고 있었고 예술가들은 아주 낮은 신분에 속했습니다. 그렇기 때문에 미켈란젤로나 레오나르도 다 빈치같이 오늘의 우리가 위대한 예술가로 추앙하는 사람들도 그 시대에는 우리나라의 중인(中人) 정도에 해당하는 취급을 받았습니다.

그러나 19세기에 오면 서양사회의 지형도가 달라집니다. 과학문명, 그리고 모든 것을 분석하고 합리화하고 계산하는 사고방식이 발달하고, 과학이 기술로 응용되어 산업사회가 도래하죠. 과거에 철학은 과학과 짝을 이루고 있었고 다른 한편으로 예술과 기술이 한덩어리를 형성하고 있었는데, 철학과 과학을 가르는 선이 그어지고 과학과 기술이 조우하고, 또 철학과 예술의 만남이 이루어지게 됩니다. 그리고 이런 철학과 예술의 만남의 배경에는 분석적 합리주의와 기계적 물질문명이라는 시대적 흐름에 저항한 19세기 인문 지식인의 활동으로서, 유럽에서 철학사상과 특히 문학가들이 공동전선을 형성한 것을 들 수 있습니다. 그때 이후로 유럽에서는 예를 들어서 베르크손과 프루스트, 또 메를로-퐁티와 세잔, 사르트르와 보들레르, 또 푸코와 마그리트(René Magritte)의 관계같이 철학사상과 문학가들이 계속 유대를 맺어오고 있습니다.

그 다음에 일반적으로 예술과 철학의 관계에 대해서 간단하게 정의하면, 예술은 감각적·감성적 언표들을 다루는 것이고 철학은 개념적 언표들을 다루는 것이라고 할 수 있습니다. 그런데 제가 보기에 감성적 언표와 개념적 언표는 끝에서 만나는 것 같아요. 예를 들어 우리가 어떤 사상가를 공부해서 일정한 수준에 도달하면 그 사람에 대한 이마주가 생깁니다. 헤겔 하면 우주적 운동 같은 이마주가(물론 어느 정도는 주관적이겠지만), 플라톤 하면 수학적인 이마주가, 베르크손 하면 물결이 흘러가고 있는 이마주가 연상되는 식으로 일종의 이마주가 있죠? 이런 식으로 사유가 진행되고 그 끝에 이르면 어떤 이마주가 형성됩니다.

그런데 역으로 감성적 언표들은 이것을 아주 깊게 느끼면 어떤 하나의 단어로 집약되는 것 같아요. 물론 이것은 사람마다 차이가 있고, 여기에 일정한 법칙성은 없겠죠. 예컨대 저는 개인적으로 신기한 경험을 한 적이 있는데, 드보르작의 「첼로협주곡」을 처음 들었을 때 그 곡의 배경에 대해서는 전혀 모른 채(드보르작이 어떤 삶을 살았고 어느 나라 사람인지조차도 모르는 상태에서 그의 음악을 들었는데) 한 악장을 듣고 있자니 왠지 '죽음'이 연상되는 거예요. 나중에 알고 보니까 그 곡은 드보르작이 가까운 사람의 죽음을 겪고 그 슬픔 속에서 썼다고 하더군요. 이처럼 어떤 사상에 대해서 정리가 되면 그것이 이마주로 떠오르고, 역으로 어떤 그림이나 음악이나 문학은 나중에 하나의 개념으로 집약됩니다. 그 결과 예술과 철학은 근원적으로 일치하는 것이 아닌가 하는 생각이 듭니다. 다만 추구하는 방법에서 차이가 날 뿐이죠. 즉 예술은 신체적·감성적·이마주의 차원이라면 철학은 정신적·이성적·개념적 차원에서 성립하는 것이죠. 그래서 저는 예술은 형상화된 철학이고 철학은 개념화된 예술이라고 생각합니다.

한국에서의 예술가와 철학자의 관계는 아직 그리 활성화되어 있지 못합니다. 예술가들은 철학에 관심이 있고 철학을 받아들이려 노력하는 모습을 보이고 있는 것 같은데, 철학자들 중에는 예술을 받아들이려고 애쓰는 사람들이 극히 드문 것으로 보아서 관계가 일방적인 것 같습니다. 그러니까 문학가나 예술가들을 보면 상당히 철학을 지향한다고 할까요. 특히 요사이 그림은 제목 자체가 예를 들어 '무(無)의 고백' 같은 식으로 굉장히 철학적입니다. 그런데 우리나라 철학자 중에는 마치 들뢰즈가 카프카나 프루스트에 대해 쓰고, 푸코가 루셀(Raymond Roussel)에 대해 쓰는 것처럼 예술가나 문학가를 테마로 삼아서 좋은 글을 남긴 경우는 거의 없는 것 같습니다. 아직 그런 분위기가 형성되어 있지 않은 거죠.

그리고 우리나라 철학계는 일종의 동일자적인 성격이 강한 것 같습니다. 철학을 '~하다'라고 정의하고는 여기에 속하지 않는 것이 섞일 경우에는 과민반응을 보입니다. 예를 들어서 사회적 배경이나 역사적 배경에 대해 말하면 '그것은 철학이 아니라 저널리즘이다'라고 비난하죠. 마찬가지로 예술에 대해 얘기하면 '그것은 시(詩)이다'라고 말장난 비슷한 것으로 치부해버립니다. 이런 현상은 우리 지식계의 불균형으로 보입니다. 프랑스 문화계에서처럼 열린 담론계가 형성되었으면 하는 것이 제 바람입니다.

제3부 욕구의 형이상학과 노마돌로지

들뢰즈에서 마르크스로
분절된 신체들의 사회

들뢰즈에서 마르크스로*

이마무라 히도토(박미옥 옮김)

1.

이 글의 제목을 「들뢰즈에서 마르크스로」라고
붙였는데, 그렇다고 해서 들뢰즈를 부정하고 마르
크스로 돌아가자고 주장하려는 것은 아니다. 또 들
뢰즈가 언급하는 내용이 모두 마르크스에게 있었
다고 강변하려는 것도 아니다.

들뢰즈/가타리는 『천 개의 고원』에서, 비록 그
주제를 볼 때 마르크스주의를 논하고 있지는 않지
만, 기성 마르크스주의의 파산을 선고하고 있다. 그
러나 마르크스주의가 어떤 측면에서 실천적 사상
으로서 좌절했는지는 세밀하게 논증하고 있지 않

Félix Guattari

---

* 이 글은 원래 일본의 월간 철학잡지 『現代思想』(1984년
9월호)에 실린 것을 번역한 것이다.

다. 그들은 논적과 헛된 논쟁을 하거나 수동적이고 부정적인 비판에 구애받지 않겠다는 의지를 가진 것일까. 들뢰즈/가타리는 항상 부정적인 비판에 머물러 있기보다는, 일찍이 마르크스와 엥겔스가 과제로 인식한 문제를 스스로 맡아서 현재 상황에서 그 과제를 실현하기 위한 사상적 근거와 실천적 방향을 적극적으로 제시하고자 했다고 보인다. 쓸데없이 과거의 난점을 왈가왈부하지 않고 단숨에 사상정립으로 곧장 나아가는 식이다. 들뢰즈/가타리의 저서가 가지고 있는 깔끔함은 바로 여기서 비롯되며, 또 그 점 때문에 그들과 동시대인으로서 이해하고 싶은 마음도 생겨난다. 그들은 연역적 추론(apriorism) 방식으로 서술하고 있다. 그들이 제시한 철학적·존재론적 개념에 대한 논증은 없다. '이렇게 세계를 보자, 그렇게 하면…'이라는 식이다. 철학적 개념은 불과 몇 개 되지 않는다. 그리고 인용의 모자이크만 한없이 많다. 단 몇 가지 기본 용어로 복잡한 세계를 서술하는 게 실로 흥미진진하다. 이런 방식으로 들뢰즈/가타리는 세계를 변화시킨다거나 세계가 변한다는 것이 어떤 것인지를 말하고자 한다. 그들에게는 세계를 해석하는 쪽보다 세계를 변화시키는 쪽이 훨씬 중대한 문제이다. 그래서 일찍이 마르크스가 치열하게 씨름한 문제와 공통성이 있다. 요컨대 들뢰즈/가타리는 말로 표현하지는 않았지만 마르크스의 과제를 현대에서 풀어 보이려 한 것이다. 저자들의 의도를 보더라도 『천 개의 고원』은 현대판 『에티카(Ethika)』이자, 스피노자-마르크스 유의 '자연사' 철학이다.

20세기의 마르크스주의(스탈린주의)는 사상으로는 교조주의가 되어버렸고, 실천적으로는 억압적이고 권력지향적인 운동으로 변질했다. 이렇게 변질된 마르크스주의를 내용에서부터 변혁시키고자 하는 노력도 몇 차례 시도되었으나(그람시, 루카치, 알튀세르 등) 만족할 만한 성공을 거두었다고 말하기는 어렵다. 우선 마르크스주의 용어법과 사고양식을 전부 괄호 안에 넣으면 어떻게 될까. 확실히 들뢰즈/가타리는 그런 유의 시도를 했다고 할 수 있다. 바로 이 점에서 들뢰즈/가타리의 저서는 마르크스주의 외부에서 가해진, 역사적 마르크스주의에 대한 간접적인 형태의 파산 선고이기도 하다.

세계를 변화시킨다는 과제는 19세기 후반부터 20세기로 접어들어서까지 마르크스주의의 전유물이었다. 하지만 그 변혁의 전유자가 변혁을 포기하였다면, 기성 마르크스주의가 아닌 다른 사상이 세계변혁의 과제를 담당하는 것도 자연스러운 추세이다. 일찍이 초기 사회주의자들이 세계 변혁을 기도하였고 잇따라 마르크스, 엥겔스가 그것을 이어받았으며, 현대에 들어와서는 기성 마르크스주의가 아닌 별종의 사상이 계승하고 있다. 바야흐로 시대는 이 같은 단계에 이르렀다고 볼 수 있지 않을까 싶다. 어찌 되었든 들뢰즈/가타리의 작업은 새로운 단계에서 새로운 세계변혁의 이데(idée)를 제시하는 최초의 시도일 것이다. 그들의 작업으로 충분하다고 할 수는 없다. 그 방식에도 여러 가지 난점이 있거니와 존재론 차원에서도 여전히 해결되지 않은 문제가 있다. 그렇다고는 해도 그들의 노력이 새로운 사상운동의 시작을 알리는 하나의 신호인 것만은 틀림없다. 필자는 들뢰즈/가타리의 저서를 실천적 사상으로 받아들인다. 그리고 이런 각도에서 들뢰즈와 마르크스의 연관성을 다시 한 번 고찰해보고자 한다. 마르크스를 다시 읽는 데 들뢰즈의 철학과 실천적 제안이 어떤 영향을 미치는가, 이 점이 바로 이 글의 목표이다.

들뢰즈/가타리는 이런 논의가 어떤 식으로 진행되든 개의치 않을지도 모른다. 아니 어쩌면 환영할지도 모른다. 필자는 아무래도 상관없지만, 아무쪼록 그들이 노력해서 완성한 대작이 있는 터라 거기서 무엇인가를 조금이라도 배우고, 경우에 따라서는 이쪽에서 임의로 확대해석하면서 과거의 사상적 유산을 다시 읽는 계기로 삼는다고 해서 그 때문에 혼란을 일으키는 사람은 아마 없을 것이다.

그래서 우선 마르크스 사상이 내포한 현실성(actuality)을 필자의 관점에서 제시하고, 이어서 들뢰즈의 사상을 마르크스와 연관시켜서 고찰해 보기로 하겠다.

2. 마르크스의 현실성

현대의 사회인식과 실천적인 과제에서 볼 때, 마르크스의 사상과 이론 은 어디서 현실성(actuality)을 가지는 것일까. 이 물음을 생각하려면 적 어도 다음 두 가지 사고방식을 먼저 극복해야 한다.

첫째로, 현대사회의 표층적인 변동에 현혹된 나머지 마치 그것이 본질 적인 대전환인 양 잘못 판단하고 마르크스 사상을 19세기 사상 혹은 시 대에 뒤떨어진 사상으로 단죄하는 사고방식이다. 이 사고방식에도 몇 가 지 유형이 있지만, 일반적으로 비마르크스 또는 반마르크스 사상가들이 이런 입장을 취한다. 마르크스에게 호의적인 시각을 가진 사람들 가운데 도 혹자는 깊이 파고들어가 보면 이와 유사한 판단을 내리고 있다. 마르 크스를 19세기의 탁월한 사상가로 평가하면서도, 마르크스 사상은 현대 20세기에 들어와서는 타당성을 잃었고 역사적인 사명을 다했다는 입장 이 그 예이다. 19세기까지의 근대사회에서 사회적 불치병이라고 낙인 찍 혔던 빈곤문제는 중요성을 상실했으며, 따라서 노동이나 생산을 중심으 로 정립된 사상의 유효성 역시 사라지고, 오히려 소비나 기호, 상징 등에 관한 연구가 점점 크게 부각되고 있는데도 마르크스 사상은 이런 현상을 해명하는 이론적 장치가 없거니와 그것을 만들어낼 가능성도 없다고 운 운한다. 이를테면 보드리야르의 논의가 이런 유의 마르크스 비판의 전형 이다. 독자적인 사상적 대안을 제시하고 있다는 사실 그 자체만 가지고 도 보드리야르의 비판방식을 경솔하게 무시할 수는 없지만, 이런 보드리 야르조차 마르크스를 억지로 19세기적 한계에 밀어넣고 있다는 점에서는 앞서 말한 마르크스 비판의 유형에서 한 발자국도 벗어나지 않는다. 과거의 사상 따위를 언제까지나 시시콜콜 따지고 들 수 없으므로 지체 없이 자신이 생각하는 바를 표명해야 한다고 말한다면 그 역시 나름대로 살아가는 방식이라 뭐라고 불평할 생각은 없다. 하지만 사상과 이론은 개인고백적인 소설처럼 다루어서도 안되며, 또 그렇게 하는 것이 사상이나 이론의 사명인 것도 아니다. 근래에 들어서 평범하지 않은 이른바 독창적인 견해를 찾는 풍조가 강하게 일고 있다. 과연 그와 같은 독창적 (original)인 것이 존재하는지 확실치 않지만 말이다. 하지만 이것은 환상이다. 이런 견해는 문제를 추구하기보다는, 일시적으로 사람을 현혹시키는 결론이나 해답을 성급하게 구하는 심리적인 빈곤에서 비롯되는 술수이다. 과거 고전사상가들은 자신들의 연구를 독창성(originality) 또는 독자성을 찾아내는 과정으로 삼지 않았다. 그들의 탐구는 곧 자신들이 제기한 질문, 또 자신들이 조명한 문제의 폭과 깊이를 조사하는 과정이었다. 마키아벨리나 헤겔이 제시한 해답이 지금도 그대로 통용된다고 생각하는 어리석은 사람은 없다. 그렇지만 그들이 붙잡고 씨름한 물음과 문제는 현재에도 매우 중요한 의의를 지닌다. 마르크스 역시 마찬가지이다. 마르크스를 시대에 뒤떨어졌다고 보는 사람들은 늘 해답에만 사로잡혀 있는 수험생이나 진배없다.

둘째로, 또 하나 피해야 할 사고방식은 다름아니라 전통적인 마르크스주의의 발상형식이다. 마르크스 사후 100년 동안, 거의 신앙심에 가까운 태도로 마르크스의 문구를 신봉하면서도 실제로는 19, 20세기의 각종 이데올로기를 가지고 마르크스를 수용하는 사고양식이 지배적이었다. 따라서 마르크스주의가 굳건한 단결력을 과시하기보다 끊임없이 내부분쟁에 시달렸던 것도 그 속에 은연중에 침투해 있는 갖가지 이데올로기간의 갈등 때문이었다. 마르크스주의 내부에서 그 지배권을 놓고 싸우던 역사주의, 경제결정론, 인간중심주의, 소외론, 실존주의, 자연주의 등등은 모두

근대 시민사회가 낳은 이데올로기이다. 때로는 서구의 고대 형이상학이
나 중세 형이상학의 근대판(종말론(eschatology) 같은 것이 그 예이다)조
차 마르크스주의 형태로 치장하기도 한다. 집단적 사상운동이 발전하는
과정에서는 필연적으로 이데올로기가 혼재되게 마련이므로, 이와 같은
사태가 마르크스주의에서만 눈에 띄는 것은 아니다. 그렇지만 과거의 사
상적 유산을 완전히 뛰어넘었다고 주장되는 마르크스주의가 현실에서는
각종 이데올로기의 혼합물에 지나지 않는 사상으로 변질되었다는 사실,
그리고 마르크스주의가 그것을 자각하지 못하는 데 더 큰 문제가 있다.
여러 마르크스주의자들이 내놓은 갖가지 주장들은, 마르크스의 문구로
포장되어 있어서 일단 마르크스적 내지는 유물론적으로 보일 수는 있다
해도, 실은 서구 형이상학이 파견한 트로이의 목마에 불과할지도 모르는
일이다. 전통적 마르크스주의는 성전(聖典) 교조주의와 근대 부르주아 이
데올로기의 혼합물과 같은 존재이다.

이상의 두 가지 유형의 사고방식은 어떻게든 피해나가야 한다. 전면적
으로 피할 수 있기를 보장할 길은 없지만, 적어도 회피하려는 자세는 지
켜나가야 할 것이다. 우리 주위에는 이데올로기의 대류가 한없이 넓어지
고 있다. 어떤 시도를 할 때는 이데올로기군(群)에 맞닥뜨리게 마련인데,
여기서 회피라는 것은 이런 이데올로기군을 무시하는 자세가 아니라 이
데올로기 비판을 통해서 그러한 발상의 함정에 빠지지 않으려고 노력하
는 자세를 뜻한다. 마르크스 사상에서 이 비판은 반드시 필요한 행위이
다. 마르크스의 저술을 읽는 과정 하나하나가 곧 이데올로기 비판(즉 자
기 안에 있는 모든 이데올로기에 대한 비판)이 되어야 한다. 읽는 것은 뛰어
난 이론적 실천이며, 또 이론적 실천은 읽히는 것과 읽는 것 양 측면에
따라다니는 이데올로기와의 끊임없는 투쟁이다. 이는 얼핏 쓸모없는 것
처럼 보여도 실은 매우 생산적인 행위이다. 왜냐하면 비판은 부정적 고
발이 아니라 사고의 창조력을 북돋우고 활성화시켜주는 행위이기 때문

이다. 비판적 정신을 부정적으로만 평가하는 사람은 긍정적 행위에 대한 이해 역시 천박하다. 비판은 매우 적극적이고 긍정적인 행위이다. 일찍이 알튀세르는 이론적 실천을 테마로 해서 이 점을 강조했다.

이제 마르크스로 돌아가자. 여기서는 마르크스의 현실성을 사회과학적 차원과 사회철학적 차원으로 나누어 간단하게 필자의 입장을 밝히고자 한다.

1) 사회과학적 연구

마르크스가 『자본론』으로 수렴되는 방대한 양의 저작과 초고들을 집필하면서 지향한 바를 단순히 '경제학의 재건'이라고 표현할 수는 없다. 전통적 마르크스주의는 때때로 경제결정론의 경향을 강하게 표출하고 또 그 때문에 경제학을 모든 학문의 중심으로 삼게 되어 『자본론』도 경제결정론과 경제학 중심주의 각도에서만 읽었다. 마르크스주의의 『자본론』 이해는 비마르크스주의 진영도 수용하고 있다. 이렇게 해서 어느새 『자본론』은, 또 이것과 연관되는 모든 저작들은 한낱 경제학적 작품으로 간주되었다. 확실히 마르크스는 '경제학'이 다루는 소재와 동일한 소재를 다루었다. '경제학'과 『자본론』 모두 분석대상은 똑같이 자본주의 경제이다. 그리고 어떤 인식적 평면에서든 등장하는 전문용어(technical term), 이를테면 상품, 화폐, 자본, 이윤, 이자, 지대, 축적, 재생산 등은 그에 대한 해석은 각각 다를지언정 마치 상호간에 동일한 용어처럼 보인다. 사용하는 주체가 달라도 이 용어들은 여전히 '경제학 용어'로 간주되고 있는 것이다. 그러나 분석적으로 반성해보면, 용어는 동일해도 그 용어의 내용은 물론, 그 용어가 담당하고 있는 기능은 다르다. 용어나 말의 위상을 결정하는 이론적인 문맥 또는 문제설정이 마르크스와 '경제학'에서는 전혀 달라진다. 물론 마르크스는 고전경제학을 배웠다. 그런데 마르크스가 경제학자가 되기 위해서 '경제학' 공부를 했던 것일까. 그 동기가 무엇이든 상관없다고 볼 수도 있겠지만, 이 점이 마르크스를 평가할 때 의외로 중요한 요점이 될 수도 있다. 마르크스는 자본주의를 분석하기 위해서 계속 '경제학'의 용어를 빌려와서 이 용어들을 다른 방향에서 사용한다. '경제학'은 자본주의 또는 근대 시민사회를 분석하는 데 필요한 당장의 이론적 무기를 제공해왔지만, 이런 이론장치는 여전히 이데올로기로 치장되어 있다. 어느 것을 보더라도 하나같이 물신성으로 덮쒸워져 있거나 혹은 물신성의 산물이다. 마르크스는 경제학의 인식세계 안에 있으면서도 그 용어들을 '경제학'과는 다른 문맥에서 사용하였으며, 또 그 용어들이 묘사하는 상징화된 자본주의의 상을 용어의 비판적 해부를 통해서 해체하려고 했다. 이런 의미에서, 마르크스의 『자본론』을 비롯한 그 밖의 저술은 분명히 경제세계를 다루고 있지만, 그것은 '경제학'의 이론적 문제설정, 혹은 경제학이 자본주의를 다루고 문제를 설정하는 방식과는 근본적으로 다른 문맥에서의 사회과학적 인식이다. 따라서 마르크스 연구에서는 '경제학'의 시각을 일단 우리의 눈앞에서 해체해보는 것이 무엇보다 중요하다. 이때 '경제학'은 경제를 다루는 것이면 무엇이든 경제학이라고 부르는 그런 통속적인 의미가 아니고, 특정한 이론적 구조에 따라 엄밀하게 방향설정이 되어 있는 사고양식을 가리킨다. '경제학'의 인식론적 안내에 따라 그 용어체계를 속속들이 지배하면서 어지간히 주의깊게 다루지 않으면, 우리는 용어체계와 함께 '경제학'의 지평 속으로 빨려들어가고 말 터이다. 전통적 마르크스주의는 '경제학'이라는 이데올로기의 함정에 빠진 하나의 희생양이다. 그래서 여기서는 경제학이 이데올로기인지, 또는 서구 형이상학의 사회과학판(版)인지 하는 것은 다루지 않으려 한다. 다만 이 글에서는 '경제학'의 눈으로 마르크스를 보는 100년의 전통을 일단은 부술 필요가 있다는 점을 말하고 싶을 따름이다.

마르크스의 이론적 의도는 그의 저서들에서 거듭 언급된 '경제(학)비

판' 이라는 표현법에서 드러난다. 그 비판은 경제생활과 경제학이 만들어
낸 실용적이고 의례적인 범주에 대한 '비판' 이며, 그러한 비판을 통해서
자본주의 운동과 메커니즘을 '비판적으로 서술' 하는 것이다. 여기서 더
나아가 '경제(학)비판' 은 자본주의에서 탈출하는 방향을 제시하는 사회
철학적 서술이기도 했다. 기존의 자본주의 체계에 대한 세밀한 분석은
방치해두고 다른 세계에 관한 서술로써 비판적 대응을 대체하는 것도 사
회사상의 한 가지 존재방식이긴 하지만, 이것은 몇 가지 선례에서 볼 수
있듯이 상상화에 그치고 만다(이런 유의 작업 가운데는 현재에도 중요한 의
의를 가지는 것이 있지만 말이다). 사회과학은 언제나 실천적 전망과 분리
되어서는 안된다. 현실에 대한 대응이 결핍된 사회과학은 존재할 수 없
다(대응이란 직접적인 유효성을 목적으로 하지 않는다). 기존에 있는 모든
범주를 비판적으로 처리하는 과정 없이는 현실구조를 해명해낼 수 없다.
가령 자본주의는 자본주의 이데올로기와 하나가 되어 있는 현실태이므
로 이 이데올로기(예를 들어 '경제학')의 껍질을 벗기는 과정을 거칠 때
비로소 자본주의를 분석할 수 있다. 범주 비판은 인식에 반드시 필요한
요소이다. 범주 체계가 위기에 이르기까지 몰고 가는 것이 바로 비판이
다. 범주 비판과 연결된 자본주의의 비판적 서술과정 자체가 범주의 혁
신과 새로운 개념 정립을 낳는다. 경제학비판은 이런 유의 행위의 총체
적 표현이며, 어쩌면 끝이 없는 행위일 것이다. 이러한 행위는 기존 질서
로부터의 탈출로를 찾는 것을 연구목표로 삼는다. '우리는 어디를 통해
서 어디로 갈 것인가' 를 제시하는 사회사상의 구상은 사회인식과 분리되
어서는 이루어질 수 없는 것이다. 이 실천적 전망이 없으면, 비판적 인식
의 동력 또한 생겨나지 않는다. 이러한 작업은 얼핏 지루하고 평범해 보
인다. 그저 익숙한 지적 노리개에 만족해하면서 하루살이 인생을 즐기는
사람은 이런 작업을 견딜 수 없어 한다(또 이런 사람은 현실과의 투쟁을
망각하고 간단한 선험적 추론(apriorism)을 제시하고는 마치 독창적인 양하

는 지적 쾌락에 젖어 있기 십상이다).

사회과학 연구는 수수하게 천천히 진행된다. 소재와 개념의 연성(練成)에도 일종의 현장조사(fieldwork)가 반드시 필요하다. 어떤 의미에서는 이 현장조사가 전부라고 할 수 있다. 학설사와 사상사에서 성가시고 시간이 걸리는 작업이 바로 이런 현장조사다. 화폐와 자본의 기본 개념 또한 이따금 수수께끼투성이다. 매듭이 지어졌다고 생각하는 것 자체가 경제학 지상주의에 빠져 있는 것이다. 화폐와 자본을 실물적으로 보면 수수께끼란 없다. 마르크스의 물신론은 이 수수께끼를 푸는 쪽으로 한걸음 다가갔지만, 전면적으로 매듭이 지어져 있지는 않다. 화폐와 자본뿐 아니라 노동이나 생산 역시 마찬가지이다. 상징적으로 표현하면, 자본과 노동이라는 테마는 자본주의 메커니즘에 대한 해명(단순히 경제적 메커니즘에 한정되지 않는다)으로 인도할 뿐 아니라, 근대 시민사회의 역사적 위상도 구획지어줄 것이다. 마르크스의 『자본론』은 이 과제를 스스로 떠맡은 최초의 성과였다(막스 베버는 후자의 과제를 마르크스를 근거로 해서 수행했다고 할 수 있다. 마르크스와 베버 커플은 유행에 뒤진 듯하지만, 실제로는 전혀 그렇지 않다. 바야흐로 마르크스와 베버 커플은 점점 더 사실성(reality)을 띠어가고 있다. 마르크스의 물음, 베버의 질문은 끝나기는커녕 집요하게 우리를 따라다닐 것이다).

『자본론』의 첫번째 대상은 자본주의 생산양식의 구조인데, 그것은 단순히 '경제의 운동법칙'을 분석하는 데 머물지 않는다. 생산과 유통의 구조가 밝혀졌다고 해서 그것으로 끝나는 것은 아니다. 경제와 경제학의 물신화·신격화는 기껏해야 재생산구조에서 탐구의 손길을 멈추어버리고 만다. 마르크스가 비판적으로 지향한 것은 자본주의의 지배, 자본의 권력 생산 과정이기도 하다. 경제 차원에서의 정치와 권력 이론을 정립하는 것을 지향하기도 했다. 상품, 화폐, 자본이라는 가치형식이 철저한 정치의 실천이자, 지배와 폭력의 실천임을 끝까지 해명해내지 않으면 안된다. 그런데 '경제학'은 이 문제를 전면적으로 탈락(dropout)시켜버린다. 이 한 가지 사실만 보더라도 『자본론』이 얼마나 '경제학'에서 멀어져 있는지 알 수 있다. 가치형식의 운동(경제적), 또 그와 동시에 가치체(자본)의 지배와 폭력, 즉 권력운동을 범주 비판을 통해서 해명하는 것이 정치경제(학) 비판이다.

마르크스 경제학이나 근대경제학 모두 경제와 경제학의 물신화이다. 여기에서는 자본과 가치형식의 권력론은 완전히 탈락한다. 이 물신화의 이론적 표현이 '균형론'이다. 자본의 재생산과정을 균형론에 근거해서 해석하거나, 시장경제를 일반 균형으로 해석하고는 마치 할 일을 다한 듯 만족해하는 것이 권력론을 포기한 '경제학'의 지금까지의 모습이다. 마르크스 경제학의 공황론이라 해도 균형론에 근거한 전제 위에서의 불균형론이다. 시자와(鹽澤由典)는 『근대경제학에 대한 반성(近代經濟學への反省)』에서, 마르크스 경제학과 근대경제학을 포함해서 '경제학'이 얼마나 심각하게 균형론에 물들어 있는가를 예리하게 지적했다. 균형론은 인식론적 장애물, 다시 말해 이데올로기적 지식이다. 그 이데올로기성은 균형이라는 이름 아래 경제를 순수경제로 단순화시켜서 정치와 권력과 폭력을 은폐하기 때문이다. 서구의 경제학 인식론에 관한 저서 가운데 가장 뛰어난 책이라면 질 그랑제의 『경제학방법론』을 꼽을 수 있는데, 그 그랑제조차 균형 개념을 인식론의 발전으로 보고 있다. 이 점에서는 시자와의 책이 그랑제를 훨씬 능가한 성과이다. 그랑제 역시 '경제학' 이데올로기에 깊이 빠져 있는 것이다. 그런데 시자와는 균형론의 이데올로기성을 적나라하게 폭로하면서도 마르크스의 가치형태론의 의의를 권력론으로까지 확대해서 고찰하지는 않았다. 그는 마르크스의 가치형태론을 '설득어법'(즉 수사학)으로 보는데, 그렇다면 마르크스가 왜 이런 '설득'적인 수사학을 변증법적으로 사용하는가는 밝히지 않고 있다. 하지만 필자는 시자와의 적극적 제언을 권력, 지배, 폭력이라는 정치의 생산 및 재

생산 과정론 쪽으로 확대해서 생각하고 싶다.

　이런 과정에서 마르크스의 사회과학적 달성을 여러 각도에서 재음미하고, 또 그로부터 거듭 전망을 이끌어낼 가망이 생긴다고 본다.

　2) 사회철학

　마르크스의 단편적인 '철학적' 발언에서 체계적인 존재론을 도출하기란 상당히 무리이다. 일찍이 헤겔의 형이상학 체계를 모방해서 '유물론'적 형이상학 체계를 세우려는 시도가 있었다(소비에트의 변증법적 유물론, 즉 A. M. 데보린(Deborin)과 미친(Michin)의 시도). 이런 시도는 완전히 관념론이며, 심리적으로는 서구 아카데미즘에 대한 동경에서 나온 데 불과하다. 마르크스주의 비판은 이런 시도에 냉소를 보냄으로써 한숨 돌릴 수 있었다. 그런가 하면 마르크스로부터 또 하나의 철학체계를 이끌어내려는 시도가 있었다. 소외론적 인간학은 어찌 되었든 일관성 있는 존재론 체계로 구성될 수 있는 희망이 있었다. 청년 마르크스의 작업은, 헤겔의 엄격성이라는 탁월함을 갖추고 있었지만, 청년 마르크스의 소외론을 출발점으로 해서 다각적인 형태로 체계적인 철학을 세울 전망을 가질 수 있었다. 루카치, 마르쿠제, 사르트르, 르페브르(Georges Lefebvre), 코르슈(K. Korsch), 골드만은 나름대로의 개성을 발휘해서 소외론적 인간학의 길을 개척해나갔던 것이다. 루카치나 사르트르의 작업에서는 무시할 수 없는 중요한 성과가 있었음을 부정할 수 없다. 또 그들의 작업을 갈락터처럼 포기하고 돌아보지 않는 것은 성실하지 못한 태도이긴 하지만, 그래도 현재 소외론의 존재론적 전제가 이데올로기적 주관성에 무비판적으로 의지했다는 것은 확실히 보여주고 있다. 아도르노(Theodor Adorno)와 호르크하이머(Max Horkheimer)의 『계몽의 변증법(Dialektik der Aufkärung)』이나 아도르노의 『부정의 변증법(Negative Dialektik)』은 간접적인 형태로 근대적 주체성과 그 모든 변형태(variation)의 이데올로기성을 폭로했다. 알튀세르와 히로마쓰(廣末涉)는 자기 유파의 고유한 방식으로 소외론의 자기동일적인 전제를 허물어뜨렸다. 푸코는 마르크스와 니체의 충격을 수용하면서 근대의 주체성이 권력에 의해서 형성된 결과임을 밝혀냈다. 주체화(subjectfication)는 동시에 예속화(subjection)이다. 푸코에 따르면, 주체성은 권력생산 과정의 생산물이자, 권력과 상보적 존재이다. 주체성의 자율(autonomy)은 환상이며, 주체성은 곧 예속성으로서 타율(heteronomy)이다. 여기에 이르면, 동일성으로의 회귀 또는 동일성의 재획득을 지향하는 소외론은 타율의 동일적 주체를 궁극적인 목적으로 삼는 한, 근대 이데올로기의 하나에 지나지 않는다는 것이 확연히 드러난다. 마르크스의 '철학'을 새롭게 고찰하려면, 소외론이라는 의인화(anthropomorphism, 주체가 신격화되고 있기 때문이다)로부터 한없이 멀어진 지점에서 다시 출발하는 길밖에 없다. 시기상조인 (또는 시대에 뒤떨어진) 체계적 존재론을 좇는 것도 당장은 피하는 것이 아마 현명할 것이다. 마르크스의 사회과학적 작업에 입각해서 '철학적'으로 사고하기 위해서는 그가 파고든 사회현실, 사회문제를 주체화하는 길을 선택하는 편이 바람직하다. 여기서는 이와 같은 작업을 사회철학이라고 부르기로 한다.

그런데 몇 가지 문제가 있다. 예를 들어, 노동생산성 문제는 근대사회의 토대와 관련된다. 근대의 합리성 문제와 노동문제는 동전의 양면과 같아서 이것은 넓게 기술문제와 상통한다. 이성과 노동은 근대 정신권의 양극을 구성한다. 이 문제를 깊이 파고들 때는 근대 이전의 인간노동이 생활세계에서 차지하는 위치와 의미를 상호 대비하는 것이 불가피해진다. 비교연구 덕분에 근대적 노동이 기술발전과 더불어 더욱더 합리성을 띠게 된 것은 사실이지만, 또 한편으로는 역사상 가장 빈곤한 내용으로까지 축소되었다는 점도 밝혀질 것이다. 실천적 사상은 근대노동의 운명에서 교훈을 끌어낼 필요가 있다. 마르크스는 철저하게 빈곤해진 노동(경제적 의미가 아니라 생활세계상의 의미에서)을 어떻게 처리하고 또 어떤 사회조직을 전망하는지, 그에 관해서는 확실한 비전을 제시하지 않았다. 이것이 마르크스의 사회사상에 늘 따라다니는 가장 중요한 난점 가운데 하나이다. 노동 없는 사회는 생각할 수 없지만, 그렇다고 해서 근대적 노동의 연장선상에서 사회조직을 전망할 수도 없다. 인간에게 '일'의 의미는 무엇인가. 일은 자유를 압박하는 것인가, 자유를 개발하는 것인가? 일은 권력과 지배의 도구인가, 그렇지 않으면 그것을 돌파하는 힘인가? 이런 문제들은 여전히 해결되지 않은 채 남아 있다. 마르크스의 물음은 해결되지 않았기 때문에 정작 현실성을 갖는다.

　권력, 폭력, 투쟁 같은 일련의 사회문제도 있다. 질서의 형성과 붕괴, 실천적 커뮤니케이션, 지배와 예속 등은 제반 사회관계를 구성하는 요소이므로 이것을 빼놓고 '사회'를 생각할 수 없다. '경제'는 자립해 있는 것이 아니고 정치와 하나로 연결되어 있으므로, 경제와 정치의 내적 관계에 초점을 맞출 필요가 있다. 모든 것을 경제에서 볼 것이 아니라, 경제나 이데올로기 각 층에서 관철되고 있는 '정치적인 것'(폭력, 권력)의 운동, 그 생산과정을 전면에 내세울 때가 온 것 같다. 앞서도 말했듯이, 마르크스는 경제에서의 '정치', 즉 자본이라는 권력의 생산과정 역시, 아니 바로 이것을 인식의 대상으로 삼았다. 이제 우리는 한 발 더 나아가 이른바 이데올로기적·문화적 상부구조에서의 권력-정치운동에도 분석의 메스를 가해야 한다. 모든 차원에서 볼 수 있는 '투쟁'의 문제와 또 투쟁의 지평을 형성하는 권력의 에테르와 같은 편재성(遍在性) 문제도 있다. '정치적인 것'은 좁은 의미의 정치를 벗어난 곳에까지 사정거리를 넓혀준다. 사회적 존재와 정치적인 것은 불가분의 관계이다. 정치나 권력에서 가장 멀다고 생각되는 정신이나 사고 영역에까지 정치와 권력은 손을 뻗치고 있다.

　그렇다면 인간 개체적 자유의 문제는 과거와 같이 소박하게 논할 수 있는 성질의 것이 아니다. 인간정신의 근저까지 정치와 권력의 생산과정에 포위되어 있다면, 자유를 논한다는 것이 도대체 무슨 의미가 있을까? 과연 개체의 자유란 존재하는가? 어떤 조건 아래서 자유와 해방을 말할 수 있는 것일까? 자유를 너그럽게 이야기할 수 있었던 헤겔, 마르크스, 밀은 참으로 행복했다. 아도르노가 부딪혀서 고뇌했듯이, 20세기 들어서 자유의 존재 가능성은 매우 작아졌다. '어려운 자유'(레비나스(E. Lévinas))라고 표현하지 않을 수 없다. 그러나 사회철학의 과제가 있다고 하면, 그것은 이 어려운 자유와 어려운 개체 해방을 말하는 것일 터이다. 블로흐(Ernst Bloch)가 '희망'이라고 부르고, 벤야민이 '구제'라고 부른 것이 다름아니라 이것이다. 마르크스의 사회철학은 어쩌면 여기에서 최대의 시련을 겪는 게 아닐까 싶다.

3. 들뢰즈와 마르크스

　어떤 의미에서, 어떤 문맥에서 마르크스와 들뢰즈(/가타리)는 연관성을 가지는 것일까. 또 어떤 점에서 들뢰즈(/가타리)의 저서는 마르크스를 생생하게 다시 읽는 데 기여하는 것일까. 먼저 들뢰즈의 철학적 구성을 살펴보자.

　들뢰즈의 철학은 그의 주요 저서의 하나인 『차이와 반복(Différence et Répétition)』에 응축되어 있다. 이 책은 서구 형이상학 역사의 총괄이라고 할 만한데, 보통 철학사가 연대기적으로 서술되고 있는 것과 달리, 들뢰즈는 과거의 모든 철학사 가운데 잊혀진 채 파묻혀 있던 관념을 발굴해내는 방식을 취했다. 이따금 폭력적으로까지 억지로 끌어낸 해석이 보이기도 하지만, 반(反)철학적인 철학사 서술을 시도한 것만은 분명하다. 그의 시각은 힘의 운동, 생성 그 자체이며, 그로부터 과거의 사건을 재해석하고 있다. '존재는 곧 힘이다' 라는 말은 플라톤이 비공식적으로 존재론에 관해서 선언한 문구이지만, 들뢰즈 철학의 중심에 있는 것도 힘으로서의 존재이다. 들뢰즈의 정신에, 그중에서도 특히 짙은 그림자를 드리우고 있는 사상가는 스피노자와 니체이다. 들뢰즈의 『스피노자와 표현의 문제(*Spinoza et le Probléme de l'expression*)』는 스피노자를 철저하게 '힘의 사상가' 로 읽고 있다. 이 책은 근래의 스피노자 연구의 백미이자, 사실 이 책을 읽는 것 자체가 전통적인 스피노자 상이 역전되는 사고를 하는 과정일 것이다. 난감하게도 들뢰즈의 이 스피노자 연구에서 강한 충격을 받고 안토니오 네그리(Antonio Negri)는 『야성의 변칙(*Anomaly*)』을 썼다. 이 역시 근래의 스피노자 연구 가운데 가장 주목할 만한 성과인데, 네그리는 들뢰즈보다 더 철저하게 스피노자를 힘의 철학자로 읽는다. 들뢰즈가 스피노자를 니체와 무리하게 연결시키는 데 비해 네그리는 스피노자를 마르크스와 연결시키려 한다. 아무튼 들뢰즈는 스피노자론이나 니체론(『니체와 철학(*Nietzsche et la Philosophie*)』)을 통해서 힘의 존재론을 정립했다. 존재는 힘이요, 생명은 힘이다.

들뢰즈의 존재론이 구체적인 형태로 전개되고 있는 저서는 가타리와 공동 집필한 『천 개의 고원』이다. 이 책은 매우 복잡한 소재를 잔뜩 담고 있는 것처럼 보이지만, 그 소재들을 처리해나가는 개념장치는 일관되게 엄밀성을 지니고 있다. 제목 자체가 하나의 새로운 존재관을 표명한다. 그 취지를 서설 「리좀(Rhizome)」에서 압축적으로 예시하고, 결론에서 다시 한 번 책 전체를 힘의 존재론의 범주론으로 요약하고 있다. 『천 개의 고원』의 범주(기관 없는 신체, 강도, 운동, 유목민(nomad) 등)는 모두 힘으로서의 존재를 서술하기 위해서 고안된 것들이다. 이 모든 용어를 들뢰즈/가타리가 만들어낸 것은 아니고 스피노자나 니체에게서 빌려오거나 그들의 용어를 변형시킨 것이지만, 하나같이 '힘의 표출의 직접성' 이라는 시각에서 체계적으로 편성되어 있다. 들뢰즈/가타리는 복잡한 것을 복잡하게 말하지 않고 오히려 하나의 사항을 반복적으로 서술하고 있다. 힘의 직접적인 표출이나 생성운동이 어떤 것인지 그 각각의 영역을 때로는 거시적으로, 또 때로는 미시적으로 순례하는 형식으로 설명하고 있다고 해도 좋을 것이다. 힘의 표출의 자연발생성이 살아 있는 것의 본질이며, 하나가 아니라 다양하게 생성하는 것이 생의 근본이라고 말한다. 중심으로 향하지 않고 편향적으로, 여러 방향으로 비켜가는 것이야말로 힘의 자연발생성의 본성이다. 유목이랄까, 변신과도 같은 것이다.

들뢰즈/가타리식의 형태에서 힘의 존재론은 그대로 실천철학이 되고 있다. 아마 그들은 현대의 『에티카』를 쓰겠다는 의도를 가졌을 것이다. 이론과 실천을 분리시키지 않고 한꺼번에 제시하는 것이 『천 개의 고원』이다. 이론적으로는 일관된 체계성을 갖추었고 또 그것을 쓰는 사람과 읽는 사람이 함께 기존 질서에서 '벗어나는' (철저하게 지상으로) '쾌락'을 맛볼 수 있게 하는 책이기도 하다. '읽히기' 위해 노력한 흔적이 있다. 문제는 의식적으로 아카데미즘에서 탈피하고자 했다. 이른바 미학적인 효과를 노린 것이다. 철학적 주장이 힘으로서의 존재이기 때문에 힘의 하나로서의 글쓰기 역시 힘 또는 강도의 음조(音調)를 지녀야 한다. 책의 내용(주장)과 표현형식이 곧 힘의 표출인 듯이 고안된 것이 『천 개의 고원』이 지닌 하나의 독자성이 아닐까 싶다.

그런데 필자는 마르크스 역시 힘의 사상가라고 본다. 마르크스의 '계급투쟁'은 사회학적 개념이기 이전에 존재론적 개념이다(계급보다 투쟁에 중점을 두어야 한다). 마르크스 사상의 현실성은 확실히 힘의 존재론에 있다. 마르크스론에서는 이 방면이 미개척영역이지만, 들뢰즈/가타리의 작업은 마르크스의 근본 사상에 빛을 던져서 마르크스를 현대 또는 미래의 사상가로 부활시키는 데 공헌할 것이다. 들뢰즈/가타리는 의식적으로 마르크스에 접근하지는 않았다. 오히려 스피노자만 전면에 내세우고 있는

데, 일찍이는 알튀세르, 근래에 들어서는 네그리가 시도했듯이, 스피노자가 부각되면 반드시 마르크스도 부상한다. 물론 마르크스의 '힘의 존재론'은 들뢰즈/가타리와 다른 형태로 서술되어야 하겠지만, 그들의 존재관은 '마르크스를 읽는 눈'을 순식간에 바꾸어놓고 만다. 그들이 아무리 마르크스를 피하려고 해도 사물의 필연성에 따라 마르크스로 회귀한다.

헤겔주의의 동일자 철학 시각으로 해석되어오던 마르크스를 그로부터 해방시키려면 더 이상 마르크스 저작만으로는 불가능할지도 모른다. 알튀세르, 들뢰즈, 네그리가 했던 것처럼, 헤겔로 수렴될 수 없었던 스피노자를 우회한다거나, 니체의 '권력의지'를 혹은 프로이트를 우회하는 과정을 반드시 거쳐야 할 것이다. 마르크스의 작업에 잠재되어 있는 발전 가능성, 그 깊이와 높이를 규명하기 위해서는 다양한 우회적인 방법이 필요하다. 이 점에 관해서 적어도 들뢰즈/가타리의 저작은 스피노자-니체라는 공명판을 두고서 마르크스의 충격을 받아들이고 있다고 할 수 있다. 이것만으로도 마르크스 독해에 대해서 '시사'하는 바가 크다. 앞서 말한 노동과 관련해서 보자면, 마르크스의 노동 개념은 단순히 경제적 개념이 아니고 힘의 존재론의 범주로 새롭게 파악될 수 있다. 그것이 어떤 것인가는 아직 확정할 수 없지만, 아무튼 노동론을 돌파하는 길을 이 시각에서 구할 수 있다고 필자는 본다. 폭력이나 권력 역시 마찬가지이다. 확실히 들뢰즈/가타리는 직접적으로는 마르크스와 동일하게 현상을 다루지 않지만, 그들의 작업을 그들과 독립해서 개작하면서 마르크스를 다시 읽는 것으로 뻗어나갈 수도 있을 터이다. 들뢰즈/가타리의 가장 큰 공헌은 다름아니라 힘의 철학의 강력한 발판을 만들었다는 것이다.

그런데 실천적 전망으로서 들뢰즈/가타리의 '노마디즘(nomadism, 遊牧論)', '탈주선' '변신' '전쟁기계' 등은 무척 흥미롭다. 사람이 '지금, 여기'에 어떻게 살고 있는 것일까. 변혁이나 혁명을 먼 미래의 궁극적인 목적이라고 내세움으로써 생활세계의 충실함을 영원히 공중에 매달아놓

아버린 '혁명주의'에 대항해서 생활의 변혁을 지연시키지 않는 것이 현대의 과제가 되어왔다. 들뢰즈/가타리의 실천론은 '지금, 여기'에서의 변혁이 중심 테마이다. 권력의 질서 속에서 그것을 빠져나올 구멍을 발견하거나 생산함으로써 그 구멍을 통과해서 새로운 생활을 발견해가는 것, 그것이 '탈주'나 '변신'의 수사학이라고 들뢰즈/가타리는 말한다. 변신은 다른 무엇으로 이루어진 것이며 권력에 의해서 일원화도, 질서화도 되지 않는(될 수 없는) 생활전략이다. '탈주'는 수동적인 도피가 아니고 권력의 질서화를 거부하는 투쟁책략이다. 들뢰즈/가타리가 '유목론'을 게릴라전에 비유하고 있는 데 주목해야 한다. 권력의 질서화(속령화)에서 벗어난다는 의미에서는 '달아나는' 것이며, 질서(모든 의미에서의 경제-정치)에서 '빠져나오는 구멍'을 만들어낸다는 의미에서는 '투쟁'하는 것이다. 들뢰즈/가타리의 유토피아는 시간적·공간적으로 저편 멀리 있는 것이 아니고 일상적으로 실현할 수 있는 현실적 행동이다. 매일 끊임없이 권력의 일원화로부터 탈출하는 생활양식을 창조하는 것이 곧 현실적 유토피아의 실현이거니와 '지금, 여기'의 유토피아이다. 끊임없이 창조되어야 한다는 점에서 탈출은 '아직-아닌' 성격을 띠지만, 일상적으로 실행 가능성을 가지는 점에서 극히 현실적인 비유토피아성을 지니고 있다.

들뢰즈/가타리의 탈주선은 언제나 그곳에서 볼 수 있는 것이 아니라 '발견'되어야 한다. 질서운동은 잠재적으로 탈주선을 생산하지만, 탈주선은 분석 혹은 상상을 통해서 '발견될' 필요가 있다. 이 점을 마르크스에 적용한다면 어떻게 될까. 마르크스에서는 가치형태로서의 '노동자'와 '프롤레타리아'를 개념적으로 구별해야 한다. '노동자'는 자본가(이 역시 가치형태이다)에게 이율배반적으로 대항한다. 동일한 토대에서 동일한 권리를 가지고 대항하고자 해도 양자는 동일한 체계와 그 권력의 일원화에 갇혀 있다. 마르크스는 산업 '노동자'가 그 독자적인 위치 때문에 끊임없이 '프롤레타리아화' 되어가는 경향을 간파했다. 개념적으로 '노동자'는 그 자체가 하나의 가치형태이므로 아직 '프롤레타리아'는 아니다. 그러나 '노동자'는 '프롤레타리아'로 나아가는 경향성 속에서 포착되고 있다. 프롤레타리아화 과정은 권력질서 속에서 권력 자체가 만들어내는 '빠져나갈 구멍'이자, 들뢰즈/가타리식으로 말하면 탈주선이다. 산업 '노동자'가 프롤레타리아화의 길을 달려나가는 것을 멈추었을 때(또는 멈추지 않을 수 없을 때) 산업노동자계급은 자본이라는 권력체제의 안전장치가 된다. 마르크스는 프롤레타리아화라는 배제의 선(제3항 배제효과), 배제의 구멍이 계속 만들어지고 있는 한은 오직 프롤레타리아(비가치형태적 존재자)만이 이 '구멍'을 빠져나와서 다른 종류의 세계로 나아갈 가능성이 있다고 보았던 것이다. 마르크스의 계급투쟁론은 이 빠져나갈 구멍을 만드는 활동에 관한 것이지, 임금을 둘러싼 흥정이나 권력획득 경쟁에 관한 것이 아니다. 다시 말해 마르크스의 프롤레타리아화론이나 투쟁론은 들뢰즈식으로 표현하면 일종의 노마디즘이며, 프롤레타리아는 노마드(nomad)이다. 가치형태의 권력에 더할 수 없이 순응하고 있는 산업 '노동자'가 노마드-프롤레타리아일 수 없다면, 노마드-프롤레타리아의 '위치'에 서는 것을 다른 존재자에게서 찾아야 할 것이다. 현대에 들어와서는 뜻있는 사람, 즉 권력의 마수에서 벗어나고자 하는 자는 누구나 프롤레타리아가 될 수 있거니와, 노마디즘-프롤레타리아화를 실천할 수 있다. 자유는 제도상의 권리이기 전에 비제도적인 실천이다. 권력의 용해제가 될 수 있는가 없는가, 그것이 현대 자유론의 요체이다. 들뢰즈/가타리가 제시한 자유론의 실마리는 마르크스의 프롤레타리아화 개념(idée)과 본질적으로는 차이가 없다. 그렇지만 마르크스에서는 예감이었던 것을 더 구체적으로 전개해서 보여주는 데 들뢰즈/가타리의 사회철학적 의미가 있다고 할 수 있겠다.

한편 이제까지의 인간론은 넓은 의미의 소외론이자 존재-신학이었다. 도식적으로 표현하면, 하나가 둘이 되고 둘이 또 하나가 되는 동일성-근거-낙원의 철학이다. 헤겔주의, 초기 마르크스, 사르트르와 루카치는 이 점에서 선형적인(linear) 일원화(一者) 철학이다. 분열되고 소외된 상태를 또 한 번 '하나' '통일'로 되돌려놓는 것을 소외로부터의 회복이라고 간주했고 더구나 거기에 '화해'가 있다고 보았다.

그런데 '둘' 혹은 다양태를 '하나' 또는 '일양태'로 만드는 것은 항상 적인 권력형성 또는 질서화가 아닐까. 소외라는 용어를 거꾸로 사용하면, 그것이야말로 소외태가 아닐까. 들뢰즈는 소외론을 전도시킨다. 둘 내지 다수가 하나가 되는 일원화에 대해서 둘 내지 다수를 결코 하나로 만들지 않는 방향, 바로 그것이야말로 생활의 본래적인 모습이라고 강조한다. 따라서 헤겔의 목적론적 지양논리는 거부된다. 사르트르의 전체화도 거부된다. 반대로 존재의 다양성, 생활양태의 '분열성'은 힘으로서의 존재의 본질이므로, 다양성과 분열성을 직접적이고도 있는 그대로 살리는 것이 권력과 질서의 해체로 이어지며, 또 그로부터의 탈출이 될 것이다. 지양과 일원화를 변증법의 핵심이라고 본다면(이것이 전통적인 변증법의 입장이다), 들뢰즈의 철학은 반변증법이다.

들뢰즈/가타리의 '다양성' '분열성' 개념은 중요하다. 이 점은 일찍이 아도르노가 지적한 바이지만, 마르크스를 고찰할 때도 이 점에서 출발하는 편이 바람직하다고 생각한다. 다른 글에서 이미 지적했으나, 마르크스의 실천론-노동론은 이질적인 모든 활동의 자유롭고 다양한 전개를 지향했다. 마르크스의 단편적인 기술을 다양태 측면에서 전면적으로 확대할 필요가 있다. 이 면에서는 들뢰즈의 작업이 없어도 가능하겠지만, 아무쪼록 들뢰즈가 힘들여 정립한 다양성 이론에서 촉발을 받지 않은 체할 필요도 없을 것이다.

사람에 따라서는 들뢰즈를 가지고 마르크스 청산을 생각하는 경우도 있을 것이다. 들뢰즈 쪽에서 볼 때도 이것은 잘못되었다. 새삼스럽게 마르크스를 교조적으로 지킬 이유는 없겠지만, 그토록 강력한 촉발력을 이데올로기적으로 무시하는 것은 전혀 충실하지 못한 태도이다. 그래서 상당히 무리한 도출이기는 하지만, 들뢰즈가 마르크스로 나아가는 길을 묘사해보려고 생각했던 것이다.

물론 들뢰즈 철학에도 비판해야 할 점이라든가, 다시 생각해야 할 점, 누락되어 있는 점이 당연히 있다. 그러나 이것은 또 다른 이야기다. 이런 점들을 논하기 위해서는 들뢰즈의 작업을 적어도 반세기 현대사상사 맥락(context) 속에 위치지어놓고 고찰해야 한다. 쉽지 않은 작업이다. 기회를 보아서 시도하겠다고 마음먹고 있지만, 지금은 들뢰즈의 적극적인 면을 밝히는 것으로 만족하고자 한다. (박미옥 ; 편집대행사 '산글' 대표)

분절된 신체들의 사회

알폰소 링기스(박미선, 황은주 옮김)

　계약에 의해 형성된 사회라는 개념에서는 법을 계약 내용의 초월적이고 보편적으로 유효하며 초시간적인 지평으로 가정한다. 또 계약이라는 개념에서 개인은 자율적인 행동인 혹은 이해와 의지의 담지자로 개별화된 개체로 규정된다.

　또한 우리의 문화는 유기체의 갖가지 기능들과 마찬가지로 하나의 통합된 개인들의 다양성이라는 사회체의 이미지를 지니고 있다. 사회의 유사체 역할을 하는 소규모의 신체는 그 기능에 따라 정의되는 일련의 부분과 기관들로 구성되는데, 그 기관과 조직들은 고정되어 있고 상호 보완적이다.

　최근의 구조주의는 사회조직을 언어와 여성, 재화, 서비스의 교환을 조절하는 체계로 정의하였다. 소쉬르의 언어학은 용어의 가치를 그 의미로부터 분리시켰다. 즉 한 용어의 의미를 생각하는 것은

Lévi-Strauss

곧 그 용어가 지시대상을 가리키는 방법을 생각하는 것이며, 한 용어의 가치를 생각한다는 것은 그것을 대신할 수 있는 다른 용어들을 고려하는 것이라는 의미이다. 종족사회에서 의무와 권력의 분할을 결정하는 친족 구조를, 남성들이 여성의 분배와 교환을 목적으로 만든 규칙으로 간주한 것이 바로 언어를 하나의 경제체계로, 즉 메시지를 담고 있는 용어들의 유통의 장으로 보는 이와 같은 시각이었다. 권력, 제의, 의식, 종교, 신화 그리고 이데올로기의 도상(圖象)과 관례 역시 다양한 가치들의 유통을 위해 구조화된 장으로 고려될 것이다.

교환가 모델(exchangist model)에서 사회적 장을 구성하는 항들은 단순히 개인, 사회계약론이 전제한 등장인물이 결코 아니다. 교환가 모델에 가장 기본이 되는 것은 항들이 몇 가지 용도로 사용될 수 있으며 상호교환이 가능하다는 점이다. 이러한 까닭에 교환가 모델은 사회를 기능에 의해 정의된 항들의 통합된 위계질서로 묘사하는 낡은 유기체적 이미지와 양립할 수 없다.

들뢰즈와 가타리의 『안티 오이디푸스』[1]는 리비도적 실체, 즉 원초적 과정의 리비도적 신체에 대한 새로운 체계도를 제공하는데, 그 새로운 체계도는 이론가들이 사회에 대해 무엇을 말해야 하는지를 제시할 것이다. 우리의 신체를 유기체 혹은 일련의 통합된 기능으로 본다면, 그것은 들뢰즈와 가타리가 말한 리비도적 신체와 다르다. 오히려 그것은 비유기적(anorganic) 신체이며 오르가슴을 불러일으키는 신체이다. 그리고 이른바 유기체로서의 신체는 일반적으로 2차과정의 리비도적 신체이며 오이디푸스화된 신체이다.

---

1) Deleuze/Guattari, *Capitalism and Schizophrenia : Anti-Œdipus*, vol.I, Robert Hurley, Mark Seem and Helen R. Lane, trans., Minneapolis : University of Minnesota Press, 1983. 이하 이 글에서의 인용은 모두 이 책에서 했음.

비유기적 신체는 그것을 구성하는 조직이 아니라 그것의 상태에 의해 정의된다. 『안티 오이디푸스』는 신체의 상이한 상태들을 구별한다. 신체의 개구부(開口部)는 인접한 기관들과 결합해서 영양분을 빨아들인다. 유아의 입은 강한 양 볼의 힘으로 공기와 온기를 함께 들이켜면서 모유를 빤다. 이 힘은 포만감, 흡족감, 만족감을 가져다 주는데 이런 감정은 단순히 내면적 의식내용에 언뜻언뜻 비치는 감정이 아니다. 만족감은 그 자체가 하나의 힘이기 때문이다. 또 유아의 신체는 개구부들을 닫고 몸을 웅크리고 외부의 흐름에 대해 눈과 귀를 닫아서 신체 자체를 하나의 비유기적인 플레눔 상태로 만든다. 이 상태는 아르토(Artaud)의 표현을 빌리면 '기관 없는 신체'의 상태이다. 이렇게 미분화되고 닫혀진 플레눔은 스스로 생산과 재생산을 한다. 들뢰즈와 가타리는 이드(id), 그리고 이드가 생산하는 일차적 억압을 이러한 신체상태로 규정한다. 신체의 만족감은 죽음에 대한 충동의 일차적인 양식이다. 여기서 죽음에 대한 충동이란 불활성의 정지상태로 되는 충동이 아니라 원초적인 카타토니아(catatonia)이다.

프로이트는 유아가 만족감을 넘어서 쾌락의 표면으로 나아가는 과정에서 보여주는 침흘림에서 이미 리비도적 쾌락을 간파했다. 모든 기관결합(organ-coupling)은 의존성 일탈(anaclitic deviation)을 통해서 성적 만족을 주는 표면들의 과잉생산으로 전환될 수 있다. 말하자면 입은 영양물을 흡수할 수도 있고 또 침을 삼키고 흘리며 재잘댈 수 있다. 그리고 항문은 배설할 뿐 아니라 따뜻한 쾌락의 표면에 그 배설물을 펼쳐놓을 수 있다. 이런 식으로 확장된 쾌락의 표면은, 유아의 얼굴과 어머니의 가슴, 또 유아의 볼과 담요 같은 서로 분간이 되지 않는 접촉의 표면이다. 여기서 기관들은, 쾌락의 표면을 확장하기 위해 고집스럽게 다양한 형태로 기능하면서, 내부의 기능적 신체로 이끄는 개구부가 아니라 신체의 폐쇄된 플레눔의 표면에 부속된 생산장치로 나타난다. 그 표면은 관능의 표면, 즉 만족의 표면이 아니라 프로이트가 말하는 흥분상태, 자유롭게 움직이는 흥분상태의 표면이다. 발산하고 집약하고 교차하고 형성하고 파문을 일으키는 에너지의 흐름이다. 흥분상태는 정확히 '감각작용들', 즉 감각자료, 의미와 지향의 소여들, 혹은 내부의 기능적 신체에 흡수되는 정보단위가 아니다. 접촉현상으로서, 마치 한 표면의 볼록면이 오목면이 있음을 시사하듯이 다른 것을 드러낸다. 유아는 잉여 에너지를 확장된 표면에 펼치면서 표면의 쾌락을 발견하고 표면을 가진다는 것과 외부에 존재한다는 것 그리고 탄생의 즐거움을 발견한다. 생명 그 자체에 부속되어 있는 쾌락의 표면의 이러한 확장은 자궁으로의 회귀, 죽음에 대한 원초적인 충동을 막는다.

이렇게 자유롭게 움직이는 흥분상태는 그 자체의 강도로 자신에게 영향을 미치면서 에고이즘의 소용돌이 속으로 흘러들어간다. 노마드적인, 복수(復數)의 일시적인 표면 에고들 속으로 말이다. 그런데 여기서 잉여 에너지는 스스로를 소비하는 에고이즘의 소용돌이, 즉 쾌락 속에서 소비된다.

만족한 유아 — 입, 눈, 귀, 움켜진 주먹 — 는 우리에게 다름아니라 그 기관들이 부속되어 있는 비유기적 플레눔, 즉 '기관 없는 신체'라는 이미지를 준다. 심지어 프로이트는 유아가 지닌 매력의 상당 부분을 나르시시즘, 폐쇄된 개인이라는 이미지에 대한 매혹으로 환원시켰다. 그러나 유아의 신체는 결코 분리된 실체가 아니다. 처음부터 그것은 어머니, 대지의 어머니, 대지와 공생관계에 있다. 즉 유아의 신체는 세계 — 사회주의적·제국주의적 세계의 무게에 시달리고 착취당하고 짓눌리는 어머니와 공생관계에 있는 것이다. 기관들이 부속되어 있는 폐쇄된 플레눔은 표면효과와 쾌락의 표면, 에고이즘의 소용돌이를 생산하면서 우리 시대의 담론과 실천 속에서만 존재하는 신체의 개별적 집합체로 축소된다. 기관들이 부속되어 있는 폐쇄된 플레눔이 우리의 개별 신체라는 집합체와 동일시되는 것은 탈영토화(deterritorialization), 추상, 형식화 같은 역사적 과정의 잔재이다.

들뢰즈/가타리의 분석은 에너지가 생산·재생산·분배·소비되는 생산적 기구, '기계' 혹은 엔진을 특징으로 한다. 유전학은, 무생물에서 생물체계가 발생하는 지점에서 DNA나 RNA 같은 코드의 유지를 확인한다. 생물체계를 '기계'라고 부를 수 있다면 그것은 그 작동이 단순히 제멋대로 이루어지는 것이 아니기 때문이다. 오히려 생물체계는 코드화되어 있으며 또 코드가 형성되고 유지되는 장소라고 할 수 있다.

들뢰즈와 가타리에서 사회 체계나 구조 혹은 조직의 본질에 대한 질문은 코드에 대한 질문으로 공식화되어 있다. "사회는 무엇보다도 본질이 순환되거나 순환되게 하는 교환을 위한 환경이 아니라 본질적인 것이 표시되는 각인의 소키우스(socius)이다"(142쪽). 사회적 기계는 본질적으로 리비도적 에너지의 코드화된 흐름을 기록하고 전달하고 조절하기 위해 작동한다. 서로 다른 세 종류의 코드화는 소키우스를 대지의 신체(유목사회), 혹은 전제군주의 신체(전제주의 사회), 자본의 신체(자본주의 사회)로 규정한다.

원시적 사회 — 유목·수렵채취 사회 — 는 인간을 세분화하지만 영토는 세분하지 않는다. 대지는 기관이 없는 신체, 즉 생산적 기계, 인간의 기관들이 부속된 미분화된 플레눔이다. 사회들은 영토적(territorial)이거나 대지적(terrestrial)이다. 인간은 대지의 주권자처럼 대지로부터 떨어져 나간 혹은 분리된 존재로 간주되거나 취급되지 않는다. 따라서 원시인은 인간의 신체를 통합적이고 총체적 단위로 경험하지 못한다. 실체, 흐름, 그리고 에너지로 경험되는 기관과 팔다리는 서로 통합되는 것으로서가 아니라 독립적으로 대지에 부속된 것으로 경험된다.

한 개인은 마치 법관처럼 시민적 권리와 책임을 당연히 예상하고서 사회에 진입하지 않는다. 개인은 사회가 조직해온 임무의 배분에서 어떤 한 위치를 택해서, 또는 생산적이거나 방어적인 역할을 완수해서 사회에 진입하는 게 아니다. 유목사회에서는 개개인이 모든 영역의 임무를 수행한다. 개인은 통과의례를 치르고 사회에 진입한다. 통과의례식에서 그는 표지(標識)를 가지게 된다. 더 정확히 말하자면 에너지 생산적인 기관과 팔다리는 각기 분리되어 표지를 가지게 될 것이다. 문신을 새기거나 피부에 상처를 내거나 구멍을 뚫는다든가 할례를 받거나 신체의 일부분 혹은 음핵을 절제당하기도 한다. 이리안자야의 라니족 중에서 독수리족은 입문자의 귀를 뚫어 독수리 깃털을 끼우는데 이것은 그가 독수리가 사는 높은 낭떠러지에 속한다는 표시이다. 카푸아쿠족들 사이에서는 입문자의 콧구멍 격막을 뚫고 멧돼지의 송곳니를 끼우는데 이것은 그가 깊은 숲에 속하는 것을 나타내는 것이다. 아즈맷족에서는 입문자의 귀 가장자리를 뚫고 악어 이빨을 끼워 그가 늪과 강에 속한다는 표지를 남긴다. 그런가 하면 오스트레일리아의 원주민들은 거의 한 달에 걸친 수술을 통해 입문자의 남근 귀두를 잘라 뒤집어서 남근 밑뿌리까지 절개하여 여자처럼 소변을 보게 만드는데 이것은 어머니 대지의 비옥한 신체에 속한다는 표시이다. 신화는 이러한 결합들, 즉 표시되고 독립된 생산적 기관들과 사지 그리고 대지와 그것들의 결속에 대해 말해준다. 파바티(Parvati)는 온몸이 잘려나가 그녀의 신체부위들은 땅으로 떨어졌다. 그녀의 음문은 강가 강에 인접한 바라나시에 떨어져서 소용돌이가 되었고 그녀의 눈은 리시케시에 떨어져 히말라야 산의 호수들이 되었고 그녀의 가슴은 브린다바르에 떨어져 평원에 산들을 만들었다. 시바상에 조각된 남근은 땅에 떨어져 강이며 동굴, 높은 산에 있는 남근상, 종유석, 단층의 노출부들이 되었다.

사회체는 부족의 신체들의 충동적인 기관들을 대지와 결합시킴으로써 스스로를 구성한다. 원시사회는 구성원의 계약에 의해 구성된 것이 아니라 대지에 소속됨으로써 구성되었다. 부족은 분할되거나 구분되지 않은 상태인 대지의 생산적 표면 위에서 거주하며 공동으로 사냥과 채취를 하는 집단이다. 이들은 다름아니라 문신, 상처, 할례, 절개와 같은 표시로써 사회, 사회체 혹은 소키우스를 구성한다.

들뢰즈와 가타리는, 레비-스트로스가 전제한 것처럼 사회를 교환자 개념으로 보는 것에 반대한다. 사회는 개인들이 서로 여자와 재화, 서비스, 메시지를 교환하고 또 거래의 수수(授受)가 지연될 때 이행청구권으로 나타나는 계약 의무사항 등을 주고받는 정도로 설명되는 네트워크가 아니다. 원시사회에서는 나는 여자와 재화를 교환한 사람들하고만 관계를 맺는 것이 아니다. 나는 아무런 빚을 지지 않을 수 있지만, 그러나 부족이 사냥을 가거나 맹수나 적에게 공격을 받을 때 혹은 야영지를 정리해 다른 곳으로 옮겨갈 때, 이 지역에 사는 나, 표범문신이 새겨져 있거나 멧돼지의 어금니로 낸 상처를 가지고 있는 나는 똑같은 표지를 가진 이들에 대해 의무가 있다. 내가 다른 이들에게 제공한 만큼 돌려받지 못해서 생기는 손해로 고통받거나 심지어 나의 목숨을 담보로 하거나 잃을 수도 있는 것은 당연하다. 본래의 의무와 채무는, 받은 것에 상당하는 만큼 돌려주기로 동의한 거래에서 무엇인가를 받았을 때와 같이 개인적으로 계약을 맺어 생기는 것이 아니다. 의무의 본래적인 주체는 페르소나 (persona), 즉 독창적이며 자율적이고 독립적인 대행자로서의 주체가 아니다. 그것은 신체에 어떤 표시가 새겨지고 각인되거나 신체의 일부가 절개되고 상처를 입는다거나 또는 할례를 받거나 문신이 새겨짐으로써 사회의 코드로 가입된 나의 신체, 더 정확하게는 나의 생산적인 신체부분들이다. 부족이 위험에 빠졌을 때, 통과의례식을 거쳐 멧돼지라는 기호가 각인된 자는 모두 임무를 완수하기 위해 자신의 무기를 제공할 의무가 있다. 부족에 재생산이 필요해서 매년 열리는 짝짓기 축제 동안 부족이 다른 반족(半族, 부족사회가 두 무리 등 단계적 친족집단으로 이루어질 때의 그 하나하나를 지칭하는 것 – 옮긴이)에게 접근할 때는 음핵이 제거된

253

여자들은 모두 재생산 기능을 가진 자신의 신체를 축제에 제공하여 상대 반족의 남자를 받아들여야 할 의무가 있다.

원시인은 인간으로서, 개인으로서, 사법상의 주체로서 사회에 소속되는 것이 아니고 대지라는 완전한 신체에 부속된 기관으로서 사회에 소속된다. 사회는 이러한 부속의 표지이다. 부속된 기관들의 다양성이 생산적 표면을 확장시킨다. 들뢰즈와 가타리는 개인들간의 사회적 유대는 각자가 타자에 대해 법률적 기능을 함으로써 형성된다고 보지 않으며 또 언어, 여자, 재화, 서비스를 교환하는 개인들 사이에서의 계약에 의해 형성된다고 인식하지도 않는다. 개인들간의 사회적 유대는 계약이나 교환이 아니라 결합(coupling), 구체적으로 개인들의 결합이 아닌 기관들의 결합이라고 본다.

원시사회는 목소리와 듣기의 결합에 의해 구성된다. 원시적 문화는 서사시, 설화, 구전의 문화이다. 700개의 서로 이해 불가능한 언어들(이것은 적어도 인류 언어의 1/3에 해당한다)로 나누어져 있는 뉴기니의 수렵채취 사회들은 지금까지 그 어떤 전제국가 설립에 개입한 적이 없다. 그들에게는 세습되어오는 추장도 없고, 추장을 선출하지도 않는다. 이 사회들은 대부분 인간사냥을 하는 사회이다. 인간사냥은 전쟁이 아니다. 이들의 싸움에서는 영토도 전리품도 여자도 획득되지 않는다. 오히려 젊은 남자들 각자는 가장 용감하고 멋있는 전사를 찾아서 들판으로 간다. 그것은 그 전사를 죽이고 그의 신체를 먹음으로써 그의 정신을 내재화하기 위해서이다. 한 명 이상을 죽인 남자들은 부족에서 존경받지도 못하고 권력을 얻지도 못한다. 오히려 그들은 왜곡된 살인자로 간주된다. 위대한 자가 위대한 것은 두 가지 면에서이다. 즉 언어의 힘, 그리고 그곳에 사람들이 모여서 서로간의 유대를 재확인하고 멀리 있는 자들과 교류할 수 있는 축제를 조직하는 능력이 그것이다. 그들은 놀라운 기억력과 언어능력을 가졌다. 그들은 12대에 걸친 조상들의 이야기를 할 수 있으며 부족의 역

254

사, 그것의 길운과 축제, 영웅적 행위와 고난을 매혹적인 방식으로 회상하고 되풀이해 이야기할 수 있다. 그들의 특권을 구성하는 것은 특히 긴긴 밤 동안 청중을 사로잡아놓는 바로 이 힘이다. 그들의 언어 그 자체는 문법이 극도로 복잡할 뿐 아니라 또 그들이 제의적이고 시적이고 서사적인 스타일로 공들여 발전시켜놓아서 배우기 매우 어렵다.

두번째 결합은 손과 각인의 표면의 결합이다. 원시적 사회는 제조적이라기보다 회화적인 사회이다. 그들은 땅에 그들의 길과 춤을 새긴다. 그들은 동굴이나 오두막 벽에 새긴다. 또 그들의 몸에 새긴다. 원시인들은 수공예품을 제작하듯이 그렇게 사물이며 거주지, 기념물들을 만들지는 않는다. 그들은 건축능력이 아니라 손의 솜씨를 발전시킨다. 그들은 나뭇가지를 꺾어서 길을 표시하고 연장을 다듬고 바구니와 천을 짠다. 표시를 하는 것은 생각을 표현하기 위해서가 아니라 손재주를 드러내기 위해서이다. 각인은 목소리와 연결되지 않는다. 그들은 알파벳이라든가 표의문자를 만들어내지 않기 때문이다. 손의 기교는 그들에게 그 의미라든가 조작법, 사용법을 설명해서 혹은 도표나 모델을 보여주는 식으로 해서 습득되는 것이 아니고 오히려 즉각적인 감응에 의해서 습득된다. 즉 어린아이의 손은 성인 남녀의 손 움직임을 모방한다. 아이는 부메랑 던지는 법을 숙련된 무리들 속에서 직접 던져봄으로써 배운다. 선교(禪敎)의 활쏘기에서처럼 안내서도, 스승과의 대화도 없다. 스승이 활을 잡고 시위를 당기면 제자는 똑같이 그것을 반복한다.

세번째는 눈과 고통의 결합이다. 통과의례에서 부과된 고통은 공식적이며 극적이다. 즉 바라는 보되, 그 눈은 둘러보거나 탐색하거나 파악하지 않는다. 눈은 움칫하고 고통을 감지한다. 마사이족 처녀가 등에서 허벅지까지 문양을 새기기 위해 오후 내내 가시를 찔러넣는 의식을 치르는 동안 다른 사람들은 마치 고통 위에서 잔치를 벌이는 파리떼와 같은 눈으로 그 의식을 바라보고 있다.

원시인의 각인은 생살을 파고든다. 그래서 표지를 만들거나 상처를 내고 절개를 하는 것, 또는 할례와 음핵 절제는 고통스럽다. 원시적 사회는 잔인한 기계이다. 고통은 결코 최소화되지 않는다. 통과의례는 고통을 배가하며 또 여기에는 이유 없는 단식과 포악한 남자 집에 장기간 감금되어 있는 것, 구타와 출혈 등이 따라다닌다. 표지 만들기는 기나긴 공식적 축제에서 이루어진다. 실로 우리에게 반감을 불러일으키고, 또 우리,『내셔널 지오그래픽(National Geographic)』의 어린 독자, 제국주의자, 선교사 들을 흥분시키는 이런 야만적 행위, 이런 잔인성에 집단적 즐거움이 있는 것은 분명하다. 그런데 우리는 그 원시적인 모욕과 구타, 노역, 노예상태를 풀어헤치면서, 곧 우리 자신의 잔인성을 충족시킨다. 원시사회에서 오랫동안 산 사람들은 곧 잔인한 습관에 길들여진다. 나는 이리안자야에 27년간 살았던 프란체스코회의 한 선교사와 일주일을 보내며, 그가 설립하고서 개인적으로 직원으로 근무하는 병원에서 매일 아침 그를 도와준 적이 있었다. 그가 거칠게 붕대를 뜯어내고 또 잔인하게 사람을 다루고, 아이들에게 예방주사를 놓는 모습을 보고 놀랐지만 곧 이어 호기심이 발동했고 이어서 반감이 일어났다. 그가 세례를 준 — 그의 교구에 입문한 — 사람들도 바늘자국이나 상처자국에 어떤 표시가 새겨져 있었다.

니체는『도덕계보학(The Genealogy of Morals)』의 두번째 에세이에서, 고통이 관객에게 주는 흥분에 관해 이야기한다. 어떤 사람이 병든 자와 같이 누워 있을 때 그 고통과 신음은 공간을 침범하고 그의 신체에 침입하며 그는 전염된 고통 때문에 우울해지고 생기를 잃게 된다. 하지만 누군가가 활발하게 자신에게 혹은 타인에게 고통을 가한다면 그 고통의 광경 속에는 흥분과 환희가 존재한다. 눈은 투명한 공이며, 거기에서는 경험한 고통이, 받아들여진 즐거움으로 변화한다.

니체는 어떤 사람이 상대방에게 상품이나 재화를 제공하고 속임을 당했을 때 그가 만족하는 순간은 법이 개입해서 채무자에게 빚진 것을 갚게 할 때가 아니라 법이 채무자를 벌할 때라는 것을 주목한다. 이 사실은 무엇을 의미하는가 하고 니체는 묻는다. 어떻게 그 채권자는 재화를 받았을 때가 아니라 채무자가 고통받을 때 계약된 거래가 실행되었다고 여기게 되는가? 어떻게 고통이 일종의 상환이 될 수 있는가? 그것은 본래의 사회계약이 재화와 서비스를 위한 것이라기보다 그 재화와 서비스의 쾌락을 위한 것이기 때문이다. 그것은 다른 사람이 고통 겪는 모습을 보는 것이 그 재화와 서비스에서 얻을 수 있는 쾌락에 상당하는 쾌락이기 때문이다.

그러나 본래의 표지는 자유롭게 참여한 개인들간의 계약 — 그로 인해서 한쪽은 채권자, 다른 한쪽은 채무자가 되는 — 의 결과, 즉 계약된 재화가 제공될 때 소멸될 표지가 아니다. 최초의 표지, 최초의 코드화는 사회화 그 자체인데, 그것은 신체의 생산적인 기관들을 해체하여 그 기관들을 문신 새기기, 상처내기, 할례, 절개, 음핵 절제를 통해 대지의 신체와 결합하도록 코드화한다. 이 표지들은 고통을 동반하면서 만들어진다. 니체는 이러한 낙인은 몇 가지 '하지 말아야 할 것'을 기억에 표시하는 — 혹은 그러한 기억을 창출하는 — 데 쓸모가 있다고 말할 뿐, 그 이상은 말하지 않는다. 고통이 뒤따르는 의식(儀式)은 공식적인 의식이요, 부족의 단결을 확인하는 축제이다. 그들의 눈은 바라보고 또 처음부터 쾌락의 잉여가치를 이끌어내는 운명을 지니고 있다. 그것은 원래 그들에게 채무가 있는, 계약된 쾌락이 아니다. 그것은 사회화 자체가 발생시키는 본원적인 잉여가치이다. 그렇게 표지를 가진 사람이 집단의 다른 구성원들과 제한된 거래를 시작하고, 또 신중하게 그 자신의 계약채무에 대해서 갚을 것인지, 갚지 않을 것인지를 결정하고 또 갚지 않을 경우 채권자에게 그가 고통받는 모습을 보여주는 쾌락을 제공해야 하는 것은 단지 그 이후의 일이다.

원시사회가 여러 결합들에서 생산되는 에너지의 코드화된 흐름을 기록·전달·조절하는 수단으로서의 표지는 읽혀지지 않는다. 원시인의 표지는 개념에 관한 기호가 아니다. 그것은 손을 위한 도식이며 길이다. 길에서 발견하는 표범의 발자국은 표범의 이름이나 개념을 가리키는 것이 아니라, 그 표범 자체와 직접 연결된다. 사람이 길이나 입문자의 신체에 새긴 표범의 발톱자국은 '표범'의 이름을 부르고 그 이름의 의미를 생각하는 목소리와 관계된 것이 아니다. 그것은 직접 표범 그 자체를 가리킨다. 눈은 기호를 읽지 않는다. 눈은 맹수의 표지를 본다. 그것은 움찔하며 고통을 감지한다. 그러나 이제 표범 그 자체는 기호로서 기능한다. 표범의 표지로 구분된 자들은 한 부족, 한 사회로 간주된다. (나는 핀란드와 구소련의 경계에 있는 북극해의 한 광산을 방문한 적이 있다. 나에게 광산을 구경시켜준 젊은 광부는 담배를 피우다가 끌 때는 자기 손에다 껐다. 그의 손은 담뱃불 자국투성이였다. 그리고 다른 광부들도 똑같이 그런다는 걸 발견했다. 나는 그 상처를 보았을 때 그것을 발음할 수 있는 어휘의 표시 — 마치 "47번째 전사, 남(Nam)"이라고 읽을 수 있는 문신처럼 — 로 읽지 않았다. 오히려 담뱃불을 끄는 모습을 보고 그 고통을 감지하며 내 눈은 움찔하였다. 그리고 나는 그 타는 담배를 남쪽에서 북해의 가장자리에 있는 광산으로 가버린 정열적이고 도전적인 젊은 남자들의 기호로 받아들였다. 그들의 손에 찍혀 있는 낙인은 형제애의 봉인으로서 기능했다. 눈은 기호에서 이러한 의미를 읽지 않는다. 눈은 표지에서 고통으로 그리고 타는 담배로, 그 다음엔 타는 담배에 의해 발효된 형제애로 넘어간다.)

코드화된 것들의 본질이 변화하면서 원시사회는 야만사회, 전제국가적 정주사회로 변형되거나 편입된다. 과잉 코드화 때문에 모든 혈연과 혼인 관계는 군주의 신체로 집중된다. 생산적 기관들이 전제군주 신체의 폐쇄된 플레눔에 복속됨에 따라 그들은 대지로부터 분리, 탈영토화된다.

또 야만사회는 사회질서의 생산적 표면을 확장하는 기관들의 결합 내

변화로 특징지어진다. 손은 목소리와 제휴한 그림(graphics)과 결합된다. 문자의 중재를 통한 목소리와 듣기의 결합은 전적으로 새로운 효과를 낳는다. 눈은 고통과 분리되고 마취되어버린다. 문자는 전제국가와 그 기원을 같이한다.[2] 문자는 전제주의적 입법과 관료제에서의 유용성, 회계, 징

---

2) 문자는 참으로 이상한 것이다! 문자의 출현은 인류의 존재조건들에 심오한 변화를 일으킬 수밖에 없었고 또 이러한 변화들은 실제로 특별히 지적(知的)이어야 했던 것처럼 보인다. 문자의 소유는 지식을 보존하는 인간의 적성을 막대하게 배가시킨다. 우리는 문자를 인위적 기억으로 인식하고 싶어하는데, 이 인위적인 기억의 발전은 과거에 대한 쓰라린 자각, 그렇기 때문에 현재와 미래를 조직하는 더 나은 능력을 수반해야 한다. 야만과 문명을 구별하기 위해 제안된 모든 기준들을 제거한 후에 인간은 최소한 문자를 보유하고 싶어할 것이다. 즉 문자를 가진 민족은 고대의 유물을 축적할 수 있고 자신들에게 부여한 목표를 향하여 더욱더 빠른 속도로 진보해나가는 반면에, 문자를 가지지 못함으로써 개별의 기억이 충분히 고정될 수 있는 경계 너머에 있는 과거를 보유할 능력이 없는 민족은 늘 기원이 결여되어 있고 하나의 프로젝트에 대한 항구적인 의식 역시 결여되어 있는 동요하는 역사의 수인(囚人)으로 남아 있게 된다.

그러나 문자와 진화에서의 그 역할에 대해 우리가 아는 그 어느 것도 이러한 개념화를 정당화하지 못한다. 인류역사의 가장 창조적인 국면들 가운데 하나는 농업과 동물의 가축화, 그 밖의 기술이 원인이 되어 신석기시대로 이행하는 동안에 일어났다. 거기에 이르기까지 군소의 인간집단들은 수천 년 동안 자신들의 사유의 결실을 관찰·실험하고 후세에 전해야 했다. 문자를 모르던 동안에 이 거대한 사업은 성공에 의해 입증된 연속성과 엄격함을 가지고 수행되었다. 만약 문자가 기원전 4천~3천 년에 출현했다면, 우리는 이 사실에서 결코 그 조건이 아니라 신석기혁명이라는 이미 오래 전의(그리고 의심할 여지 없이 간접적인) 결과를 보아야 한다. 그것은 어떤 위대한 혁신을 향해 가는가? 기술 면에서, 우리는 이 시기의 건축을 제외하고는 거의 아무것도 예로 들 수 없다. 그러나 이집트인이나 수메르인의 건축은, 코르테스가 그곳에 당도했을 때까지도 문자를 가지고 있지 않던 아메리카인들의 작품보다 더 뛰어난 것은 아니었다. 역으로 서구세계가 문자의 발명에서부터 현대 과학의 탄생에 이르기까지는 대략 5천 년이 걸렸지만, 그 동안 문자가 증가되는 것 이상으로 그 지식이 동요하였다. 그리스나 로마 시민의 삶의 종류와 18세기 유럽 부르주아의 그것은 특별히 차이나는 것이 없다는 언급이 종종 있었다. 신석기시대에 인류는 문자의 도움 없이 거대한 전진을 이룩하였지만, 문자를

세, 국가독점의 확립, 전제국가적 정의, 역사기술을 위해서 고안되었다. 그러나 문자는 그 자체에 초월적이고 전제국가적인 법을 함유하고 있다. 원시인은 특출한 손의 기교를 지니고 있다. 그래서 그들은 손재주의 결핍을 보완할 문자의 필요성을 느끼지 못한다. 그림이 음성과 결합하여 발음된 말의 기호가 될 때 문자는 생산된다.

이제 그림은, 손을 갖다 대고 그것을 조심스럽게 느껴보고 싶게 하는 요르바 입문자의 등에 새겨진 손톱자국에서와 같이, 손과 신체의 움직임을 위한 홈으로 작용하지 않는다. 그림은 서판(書板), 돌, 책을 위해 예정된 것으로서 더 많은 서판 위에 무한정 재생산되고 있다(교실에서 강의되는 교과서는 학생들에 의해 공책에 복사되고 학기말 시험에서 재복사되고 또 나중에 출판을 목적으로 논문을 쓰는 졸업생들에 의해 다시 복사된다). 원시인이 자작나무의 하얀 나무껍질에 난 발톱자국을 바라볼 때 그의 눈은 움찔하며 나무 조직의 상처와 수액을 느끼면서 곧 요루바 입문자의 살에 난 상처와 피로 이동해갔다. 이제 눈은 표지를 볼 때 더 이상 움찔하지

가진 서구의 역사적 문명들은 오랫동안 정체되어 있었다. 19세기와 20세기의 과학적 팽창은 문자 없이는 거의 인식 불가능하다는 것은 의심할 여지가 없다. 그러나 이 필요조건은 확실히 그것을 충분히 설명해주지는 못한다.
만약 문자의 출현을 문명의 어떤 특징적인 흔적과 연결시키고자 한다면, 우리는 또 다른 각도에서 살펴보아야 한다. 충실하게 문자를 뒤따랐던 유일한 현상은 도시와 제국의 형성, 다시 말해 상당수의 개체가 정치체계 속으로 통합되는 것과 신분과 계급으로 위계화되는 것이다. 아무튼 우리가 이집트에서부터 중국까지에서 보는 전형적인 진화, 즉 문자가 사용되기 시작하는 순간이 그와 같은 것이다. 즉 문자는 인간의 계몽을 좋아하기에 앞서 인간의 착취를 좋아하는 것으로 나타난다. 수천의 노동자들을 강도 높은 일을 시키기 위해서 한데 모아놓은 것을 가능하게 하는 이 착취는 방금 전에 제시한 직접적 관계보다 건축의 탄생을 더 잘 설명해준다. 만약 나의 가설이 옳다면, 우리는 문어적 의사소통의 일차적 기능이 노예 상태를 촉진하는 것임을 인정해야 한다. (Claud Lévi-Strauss, *Tristes tropiques*, Paris : Plon, 1955, pp. 265~266).

않으며, 펜이나 인쇄기가 종이의 하얀 표면을 파고들 때 남기는 상처를 보지 못한다. 눈은 벤 자리와 팬 자리, 상처를 볼 능력을 잃었다. 눈은 종이의 조직을 보지도, 전혀 느끼지도 못하고 다만 문자를, 마치 그것이 무색의 공백에 부유하고 있는 평범한 형태인 양 바라보면서 가볍게 스쳐지나간다. 눈은 더 이상 활동적이지도 않으며 고통을 더듬어 찾지도 않고 표범에게로 건너뛰어가지도 않는다. 눈은 이제 스쳐지나가는 추상적 패턴의 흐름 앞에서 수동적이다.

이제 문자는 입 밖으로 표현된 말과 결합된 그림이되, 이 결합에서 음성은 변형된다. 듣기와 원시적 관계를 맺고 있는 목소리는 상호 보완적인 관계로 존재한다. 즉 목소리는 말하고 다른 사람은 듣고 대답한다. 그 움직임은 하나에서 다른 하나로 지그재그로 움직이면서도 휴지(休止)와 침묵에 의해 끊어진다. 이제 문자로 씌어지는 목소리는 이미 직선화되었다. 단어는 더 이상 여기, 이 장소, 땅 위에 서로 마주보고 서 있는 두 원시인 사이에 존재하지 않는다. 단어들은 이제 탈영토화된 직선적 행진 속에서 존재한다. 내가 종이 위에서, "앞으로 새로운 스페인의 시민은 매년 금화 5페소씩을 세금으로 내야 한다"라는 글줄을 읽을 때, 이 단어들이 발언되고 있는 지구상의 위치에 대한 감각은 모두 사라진다. 나는 그 장소와 관계맺는 것이 아니라 오히려 시공간을 초월하여 존재하는 이 기호들이 지닌 의미와 관계를 맺게 되는 것이다. 그 의미들은 그 텍스트가 읽히고 회상되는 곳이면 어디에나 존재하는데, 발화자의 음성은 그 의미들 속에서 반향되지 않기 때문이다. 들뢰즈와 가타리는, 문자는 목소리와 제휴하면서도 그것을 대체하는 그림들의 한 형태라고 말한다. 내가 "귀금속이 달궈질 때 플로지스톤이 발생한다"라는 문구를 읽을 때, 그 단어들을 발화한 목소리를 들으려고 아무리 애써도 그것은 무의미한 일이 되고 말 것이다. 플로지스톤이 고대 화학의 한 개념이었음을 발견하고 문장 속에서 '귀금속'의 의미는 '비(卑)금속'이라는 표현에 대비해서 씌어

진 표현이라고 결정하게 되는 것은 그 다음에 나오는 문장들을 읽어내려
가는 과정에서이다.

이제 목소리는 더 이상 반향되고 노래되고 무엇인가를 되살리거나 불
러일으키지 않는다. 인간은 단지 자신으로 하여금 글을 읽어내려가게 하
는 법칙의 목소리만 들을 뿐이다. 문자는 목소리 — 이제 소리를 내지
않고 비인격적이며 간접적인 목소리 — 와 제휴함으로써 존속한다. 초월
적인 음성은 전체 담론으로부터 일탈하며, 단어들로부터 반향을 떼어놓
는다. 일단 '이 각인은 이 개념을 의미한다'고 선언했고, 또 우리는 그것
을 더 이상 감각적인 소리의 반향으로서가 아니라 다른 기호들과 관련된
기호로서 받아들여야 한다고 선언하는 한에서만 목소리는 그곳에 존재
한다. 메시지와 의미를 듣기 위해서는 인간은 스스로 법칙에 종속되어야
한다. 구체적으로 유의미한 언어의 음운론적·분류학적·구문론적·의미
론적 법칙에 말이다. 그런데 이 법칙들은 사회 전체를 규제하기 때문에
진부하며, 언어의 의미를 규제하는 명령이나 또 다른 법칙에 의해 규정
되어 있다. 문자로 씌어진 언어의 법칙에 자신을 종속시키는 것은 곧 전
제국가의 한 가지 언어의 한 법칙에 스스로 종속되는 것이다.

지그프리트가 마법의 숲에서 나무들의 속삭임을 들을 때, 그는 바람에
뜯기우며 울려퍼지는 그들 개별의 실체와 긴장, 굴절을 듣는다. 그 소리
를 통해, 그리고 그 소리 속에서 지그프리트는 나무들의 내면적 실체 자
체와 마주친다. 그러면서 그는 저 높은 곳, 입법자 보탄의 옥좌에서 내려
온 새가 가져다 준 마법의 음료를 마시고 갑자기 그것들이 의미하는 것
을 들을 수 있게 된다. 그는 더 이상 나무들의 울림은 듣지 못하지만 알
베리흐가 그에게 마법을 걸었고 그를 죽이려고 기다리고 있다는 경고의
메시지를 듣는다.

당신은 높은 안데스 산맥을 헤매다가 밤에 불가에 모여서 두런거리는
사람들의 말소리를 들을 수 있다. 그들이 말하는 케추아어를 이해하지

못하면서도 그 소리를 듣게 되고, 그들 목소리의 가볍고 섬세함과 경쾌함을, 그들의 억양과 속삭임을 듣게 된다. 그들의 말이 그들의 실체의 반향으로서 그리고 들판에 먹이를 찾아다니거나 밤이면 덤불 속에 모여서 자신들의 단란함을 노래하는 점잖은 동물, 메추라기처럼 함께 발성하는 그들의 점잖고 겸손하고 활기차며 예민한 방식의 반향 그 자체로 들리게 된다. 당신은 그들의 비문을 볼 수도 있고 그들이 돌에 새겨놓았거나 혹은 풍상에 찌든 집의 판자에 끄적거려놓은 'Saqsaywaman'이나 'inti-huatana' 같은 문자를 알아볼 수 있을 뿐 아니라 이 표시들을 돌에 난 균열과 틈새, 나뭇결과 다양한 색상을 가지고 형태를 만들어내는 돌과 나무의 실체에 있는 상처와 흠으로 생각할 수 있다. 하지만 만약 당신이 마법의 음료, 이를테면 코카잎 차와 위스키의 칵테일 같은 것을 마셔서 갑자기 그들의 언어를 이해하여 그들이 "콜롬비아 대리인들의 손에 코카인을 넘겨주는 것"에 대해 말하고 있다는 것을 불현듯 알게 된다면, 그때 당신은 전제국가 사회의 코드에 자신을 종속시키는 것이 된다. 당신은 갑자기 그들의 소리를 그들의 목청이나 실체와 연결시키지 않고 오히려 코카인이 언제 어디서나 동일한 것 — 범죄 — 으로 판독되는 워싱턴과 본, 도쿄의 야만적 제국을 통치하기 위해서 설립된 국제적 코드와 연결시키게 된다. 그리고 당신은 스스로 전제국가의 국제적인 코드를 고착화시키는 칙령에 복종하지 않고서는 이 의미를 불가에 모여 두런거리는 속삭임과 분리시킬 수 없다. 그와 동시에 당신은 당신 자신을 그 코드에 집어넣는다. 즉 당신은 관광객, 관찰자, 전제국가에 소속된 보고자 혹은 수공예품, 신상(神像), 기념품, 기억, 불법행동에 대한 현장조사들을 전제국가의 대도시에 가지고 들어오는 또 다른 약탈자로 지칭되고 있는 자신을 발견하게 될 것이다. 만약 당신이 그들과 당신 자신이 법칙에 종속되지 않고 함께 그들의 두런거림에 대해 말하고 싶다면, 만약 당신이 노마드와 불법에 대한 담론을 이야기하고 싶다면, 또 그들이 국외자로서, 노마

드로서, 법 바깥의 존재로서 당신에게 말을 거는 것에 대해 이야기하고
싶다면, 당신은 절대로 이 단어를 발음해서는 안된다. 그렇다면 다른 사
람들은 어떻게 당신이 — 당신처럼 전제국가의 매체를 통해 배웠고 또
계속 배우고 있는 제국주의적 영어로 말하는 사람들이 — 말하는 것을
이해할 것인가. 기껏해야 당신은 전제국가의 코드 내에서만 그들에 대해
말할 수 있다. 그들을 코카인 밀매업자, 테러리스트라고 말할 수 있을 따
름인데, 이와 같은 식으로 말은 일관성을 잃기 시작하면서 허튼소리가
되며 전제국가 문법 자체에 반기를 들게 된다. 당신은 다른 사람들을 음
모가로 만드는 시도를 할 수 있는데, 여기서 음모가란 전제국가 공식 자
체를, 전제국가 담론 자체가 그것에 의해서 혼음과 소음으로 변해버리는
암호로 사용하는 사람을 말한다.

　마르크스는 산업자본주의의 사회적 기계장치에서 인간 신체가 분절되
는 데 대해 언급했다. 노동자들은 조립라인에서 조립하는 손으로서만 혹
은 짐을 지는 다리와 등으로서만 혹은 용광로에 불을 지피는 팔로서만
생산과정과 결합된다. 사무직원이 받는 임금은 단지 그의 손과 눈의 몫
이다. 군인은 무기와 연결된 팔다리일 뿐, 두뇌와 상상력과는 분리되어
있다. 십장은 마음과 분리된 눈이다. 자본가는 자신의 기호(嗜好)와 변덕
과 분리된 계산적인 두뇌이다. 기업은 이러한 부분적 기관들이 부속되어
있는 신체이다.

　마르크스주의는 잃어버린 전체적 유기체, 즉 산업이라는 신체에 부속
되어 있는 다양한 팔다리와 기관들이 원칙적으로 소속되어 있는 유적(類
的) 개체의 그것을 추구한다. 마르크스가 제시하는 혁명은 생산기업의 사
회적 소유, 그 기업에 부속된 신체부분들의 개체적 소유를 실현하고자
한다. 그러나 사실 자본주의 자체는 사적 개체, 그의 신체부분들을 모두
소유하고 자기이익, 즉 자신을 완전체로 공고히 하고 과장하려는 데서
동기유발이 되는 개인을 추구한다. 많은 수의 신체부분들이 결합된 생산

기업의 사적 소유는, 생산기업의 신체를 개체의 통합된 신체에 종속시키는 것을 추구하기 때문이다.

사적 개체는 그의 기관과 생산적 엔진들의 사유화에 의해 구성된다. 기관들을 사유화하고 즉자적인 대상과 그것들의 결합을 해독하고 실체의 흐름과 에너지를 추상화시키는 것은 바로 사회적 기계 그 자체이다. 사유화와 사회적 장으로부터의 제거를 겪는 최초의 기관은 항문이었다. 우리가 대지와 접촉하기 위하여 항문을 사용하는 것 — 배설물을 부식토와 섞고 항문을 나뭇잎으로 닦고, 웅덩이나 냇물에 소변을 보는 행위 — 을 끝낸 지는 이미 오래 되었다. 오래 전에 우리는 항문을 군주의 완전한 신체에 소속시키기를 포기하였다. 중세시대에 신학자들은 예수에게 항문이 있다 없다를 두고 오래도록 다투었다. 하느님과 인간을 중재하는 신-인간적 존재로서의 예수의 성직자적 역할은 통합된 인간 신체를 요구하는 것 같았지만, 항문은 땅에 사회적 코드를 새기는 초월적 언어로서의 예수의 역할과 모순되는 듯했다. 사회는 배설물의 흐름을 탈코드화하고, 그것이 발언되어서는 안되며 그 속에서 의미를 찾으려 해서도 안된다고 선언한다. 그것은 순수한 잉여, 의미와 코드화도 없는 추상적 흐름이 된다. 유아의 공생적 세계의 핵심을 구성하고 있는 사유화, 개별화의 최초의 지대는 유아의 항문이다. 유아는 자기 항문을 감추어야 하고 더 이상 항문이나 그 배설물을 가지고 놀지 말아야 하며 거실에 배설물의 흔적을 남겨서는 안된다. 바로 이 사적 부분에 대한 것이 한 개인의 통합된 사생활을 구성하고 있다. 사적 개체라는 개념은 곧 사회적 결정이나 코드화 없이 그 자체로서 추상적인 흐름들과 실체, 분비물, 에너지들의 원천에 대한 개념이다. 프로이트는 남근기가 항문기에 뒤이어 나타나며 그 위에 세워진다는 것을 이해했다. 예컨대 소년이 그의 페니스가 딱딱해질 때 느끼는 쾌락은 큰창자를 가득 채우고 있는 변이 바깥으로 미끄러져나갈 때 느끼는 쾌락의 외적 연장으로 다가간다. 오이디푸스 콤

플렉스에서 소년은 그의 사실적 페니스와 이 사실적 쾌락을 남근이 되는
추상적 쾌락으로 대체할 것이고 자신을 에고로, 타인에 대한 요구를 만
들어내면서 타인의 대항체로서 가정되는 에고로 만들 것이다. 개체는 남
근과 동일시된다. 여기서 사적 개체로서 그의 신분의 핵심은 그 자신의
책임하에 숨기거나 드러낼 수 있는 남근의 정체성 속에 있다. 들뢰즈와
가타리는 이 남근적 발산의 탈코드화되고 탈영토화된 본질을 강조한다.
원시사회에서 소년의 최초의 사정과 소녀의 초경은 매우 중요하고 코드
화된 공적인 사건이다. 반면 우리 사회에서 사춘기의 정액과 월경은 탈
코드화·탈영토화되고 사유화된다. 그것들은 밤에 잠겨진 문들 너머에서
발생하는 것으로 되어 있다. 시트에 남아 있는 몽정의 증거를 본 사람은
없는 것으로 되어 있다. 이렇게 사유화된 기관과 흐름에서 개체의 사생
활은 구성된다.

　마르크스는 신체의 생산적 부분과 기관들이 산업이라는 완전한 신체
에 부속되는 신체의 분절화를 소외로서 개념화하고서 인간, 즉 신체부분
들이 자기 자신에게 속해 있는 인간의 실현을 추구했다. 총체적 인간, 유
적 개체라는 이 개념은 유토피아적 개념의 지위를 가진다. 따라서 항문
에서부터 시작되는 기관들의 사유화에 관한 개체의 사유화에서 이 개념
의 구성을 증명할 필요가 있었다. 그러나 그렇게 되면 총체적 인간이라
는 유토피아적 개념은 마르크스주의가 그것에 부여한 기능, 다시 말해
마르크스주의가 야만성과 원시성의 사회적 코드화뿐 아니라 자본주의의
사회적 코드화를 비판할 수 있는 기준으로 표상되는 기능을 더 이상 유
지할 수 없게 된다. 왜냐하면 총체적 인간, 사유화된 신체라는 개념은 자
본주의적 코드화의 한 계기이기 때문이다.

　들뢰즈와 가타리가 자본주의의 지평 위에서 그린 분열증적 묵시록은
사회적 장을 교차하며 뿔뿔이 흩어진 신체부분들을 모으지 않을 것이다.
오히려 서로간의 훨씬 더 다양한 결합을 위해 신체부분들을 자유롭게 해

줄 것이다.

왜냐하면 사회적인 것을 산출하는 표면은 새로 입안된 법률들에 의해서뿐 아니라 메시지와 디지털 코드화된 정보, 여성, 영국이나 쿠웨이트에 있는 필리핀 하녀, 재화, 권총, 레드아이나 혹은 누에 미사일, 이란의 한국 스커드 미사일, 일본의 우크라이나 플루토늄, 그리고 싱가포르 은행원과 도쿄 증권업자와 브뤼셀의 컨설턴트 회사들의 서비스의 국제적인 교환을 목적으로 설립된 새로운 기업들에 의해 확장되고 정교해지고 변형되고 있기 때문이다. 인사를 나눈다든가 무엇인가를 이해해서, 범행을 저지르고 붙잡히면서, 관능의 늪에 빠져 있으면서 그리고 또 헤어지면서 서로의 손이 맞붙을 때, 사회적 신체는 발가벗겨지고 배치되고 자극되고 변형된다. 전화기에 갖다 댄 귀가 다른 종족과 다른 대륙의 목소리와 접촉할 때, 그리고 자동화·로봇화·인공두뇌학적으로 프로그램화된 산업이 그 손을, 흔적도 남기지 않고 사라지는 컴퓨터 화면 위에 갖가지 패턴을 투사하는 버튼을 만지는 기능을 제외하고는 그 어떤 기능과도 분리시켜놓는 곳에서 사회적 신체는 그렇게 된다. 또 눈은 더 이상 사막에 묻힌 이라크 군인들의 고통이나 리오와 런던과 뉴욕의 실업자와 무주택자의 고통을 즐기지 않고, 더욱 매혹적이고 황홀하며 비할 바 없이 가시적인 고통들 — 영화 「원초적 본능」이나 「양들의 침묵」에 나오는 고통 — 을 즐기는 곳에서, 그리고 의료기술자의 손이 실직한 여성의 자궁에 사회적으로 상승하고 있는 부부에게서 적출하여 라벨을 붙여놓은 수정란을 착상시키는 곳에서, 두 눈이 전이중인 암이나 초음파로 임신상태를 관찰하는 CAT 스캔을 바라보고 있는 곳에서 말이다. 또 순찰차가 그 손들로 자유롭게 핸드폰의 번호를 누르거나 혹은 콜라 병마개를 따고 권총의 방아쇠를 당기며 로스앤젤레스 고속도로를 질주하는 곳에서, 그리고 막 처형된 중국인 죄수들의 심장과 간과 신장이 병든 재력가와 늙어가는 대중스타들이 리무진을 타고 드나드는 홍콩의 병원들로 쇄도하는 곳에서, 비디

오 카메라를 잡은 손이 속도위반을 한 운전자의 검은 다리를 난타하는 경찰봉을 쥔 손과 연결될 때 사회적 신체는 그와 같이 된다. 젊은 흑인남자의 시체에서 심장과 간, 신장이 떼어져서 할리우드와 라스베이거스의 특급 병원에 입원해 있는 최고경영자와 늙은 대중스타들의 마비된 신체에 이식될 때가 그렇다. 봉쇄선 안에 갇혀 있는 멸시당하는 사람들 속에서 나온 몇몇 젊은이들의 냉혹한 심장과 단련된 신경이 초음속 제트기기술의 최선진적인 경이와 무적의 최신식 무기를 강탈하는 곳에서 그렇다. 카라치의 고등학교 제적자들이 펜타곤의 컴퓨터 디스켓에 바이러스를 투입하여 업무를 마비시킬 때, 기름을 뒤집어쓴 바다새들을 위해 손이 알래스카의 바다까지 미치는 곳에서, 입술은 AIDS 희생자의 고통에 입맞춤하고 손가락은 극심한 고통에서 간신히 벗어나게 된 그 사람의 눈을 감겨주는 곳에서 사회적 신체는 그렇게 된다. (교열 ; 박미옥)

268

제4부 문화와 계급 – 아비투스의 사회학

아비투스, 그 존재론적 의미

아비투스, 그 존재론적 의미

-부르디외 사회학을 철학화하기-

홍성민

1. 글머리에 - '상황'과 '맥락'

외국의 이론을 어떻게 읽고, 무엇을 한국에 수용
할 것인가? 이 질문은 외국의 지식에 첨예하게 노
출되어 있는 한국의 '상황'에서는 언제나 우리에
게 긴장감을 불러일으키는 물음일 수밖에 없다. 외
국 이론을 두고 지식의 전유니, 혹은 지식의 축적
이니 하는 말이 자주 강조되는 까닭도 결국 따지
고 보면, 그러한 외국의 이론들이 한국 현실을 설
명하는 데 반드시 적실성을 갖지 않는다는 현장감
에서 나온 자기반성일 것이다. 그렇다고 서양의 지
적 흐름에 방관하며, 그것은 남의 얘기고 우리는
우리만의 문제와 방법이 있다고 고집을 피운다면,
그것도 지나치게 순진한 얘기다. 사실 우리 상황에
서 더욱 중요한 것은 외국의 지식과 이론을 정확

la distinction(구별짓기)

하게 이해하고 파악하려는 진지한 자세가 아닌가 싶다. 서양의 지적 사유가 생겨나게 된 '맥락'을 모르고, 우리의 '상황'만을 고집하는 것은 분명 문화적 쇼비니즘에 다름아니기 때문이다. 그러나 여전히 문제는 남아 있다. 이러한 자기반성을 통해 긴장감을 늦추지 않는다고 해도 무엇이 우리의 '상황'에서 중요한 문제이고, 어떤 지적 '맥락'에서 저들의 문제의식에 접근해야 할 것인가라는 더 구체적이고, 전략적인 문제가 남아 있다는 뜻이다.

그래서 다시 한 번 자문해보자. 프랑스의 사회학을 어떻게 읽고, 무엇을 한국적 상황에 수용할 것인가라고. 이 자문이 필자에게 더욱 비장하게 다가오는 까닭은 우리가 마주하고 있는 대상이 철학이나 문학비평 혹은 자연과학사가 아니라 사회과학이라는 점에 있다. 인간의 본질이 무엇이고, 사유의 근원적 핵심이 어떤 과정을 밟아 진리에 이르며, 인간은 어떤 예술활동에 희열을 느끼며, 그러한 지적 전통은 어떠한 경로와 변화를 거쳐 오늘에 이르렀는가를 묻는 것은 서양이나 동양이나 그리 다를 바가 없다. 인문과학의 보편성이라고나 할까. 그러나 사회과학, 특히 사회학은 사정이 좀 다르다. 쉽게 예를 들어보자. 프랑스 사람들이 어떤 음식을 먹고, 어떤 옷을 입으며, 그들이 투표행위를 어떻게 하는가를 분석한 프랑스의 사회학적 작업이 도대체 한국적 상황에 무슨 의미를 가질 것인가. 저들의 특수한 '맥락'을 어떻게 또다시 한국이라는 특수한 '상황'에 연결지어 볼 것인가? 이러한 문제제기에 대한 해결책을 찾기 위해서는 단순히 외국의 이론을 어떻게 읽고, 수용할 것인가라는 자기반성을 넘어서, 좀더 까다로운 절차를 거쳐가야만 할 것이다. 이번 기획의 편집자로부터 필자가 주문받은 주제 또한 바로 이러한 문제의식과 일맥상통하는 것이 아닌가 싶다. '프랑스의 사회학을 어떻게 전유할 것인가?'

그럼 이제 문제의 폭을 좁혀보자. 부르디외 사회학을 어떻게 읽고, 무엇을 수용할 것인가? 편집자의 기획의도에 부응하여, 부르디외가 누구인가라는 수준의 소개가 아니라, 부르디외의 전유를 겨냥하면서 이 질문을 함께 생각해보도록 하자. 부르디외의 저작을 읽어본 사람이라면 누구나 느끼는 터이겠지만, 부르디외는 우선 읽고 이해하는 일부터 만만치 않다. 그의 글쓰기가 우리에게 주는 충격은 데리다의 그것에 비견될 만하다. 더구나 그의 관심사는 실로 방대하다. 인류학에서 시작된 그의 지적 편력은, 철학을 기반으로 사회학, 경제학, 언어학, 역사학에까지 뻗어나가 있다. 마르크스의 계급이론을 비판하는 자리에 그는 언제나 베버를 인용하고 있으며, 사회를 '상징의 독점을 두고 벌이는 투쟁의 장'이라고 개념 정의하는 곳에서 우리는 쉽게 뒤르켐(Émile Durkheim)의 『종교생활의 원초적 형태(La forme éllémentaire de la vie religeuse)』의 흔적을 역력히 본다. 맨 처음 그를 세계적인 관심사에 초점을 두도록 만들었던 『재생산(La reproduction)』은 교육사회학의 고전이 되었고, 『호모 아카데미쿠스(Homo Academicus)』는 지식사회학 분야에서 만하임(Karl Mannheim)의 『이데올로기와 유토피아(Idelolgie und Utopie)』에 버금가며, 칸트 미학이론에 반기를 들면서 문학이나 예술작품을 분석하는 부르디외의 사회학적 시각은 아도르노(Theodor Adorno)의 미학이론에 견줄 만하다. 또한 라이트 밀즈(C. Wright Mills)의 표현을 빌려 말하자면, 소위 프랑스판 『파워 엘리트(Power Elite)』 분석이라고 할 수 있는 『국가의 귀족(La noblesse d'état)』에서 부르디외는 분명 이데올로기적 국가장치를 통해 권력이 재생산된다는 알튀세르의 테제를 국가론에 적용시키고 있다. 더구나 엄밀한 하이데거의 철학을 탈신비화시켜가는 그의 지식사회적 해체 작업은 푸코의 『지식의 고고학』에 필적할 만하다.

그래서 이번에는 한국적 '맥락'에서 그를 수용할 가능성에 대해서 생각해보자. 부르디외의 계급이론에 근거하여, 수도권 중산층의 생활양태를 분석해볼 수도 있을 것이고, 특정 지역의 사람들은 왜 보수정권에 표를 던지는가에 대한 집단심리 분석을 시도해보는 것도 한편 가능하다. 그리

273

고 교육제도에서 하층계급이 어떻게 소외되는가를 분석한 그의 교육사
회학에 대한 문제틀을 한국의 입시제도와 연결시켜볼 수도 있을 것이다.
부르디외가 사르트르를 향해 가했던 비판적 분석을 좇아, 함석헌이나 김
지하가 어떤 사회적 계급과 맥락에서 등장한 지식인이었나를 추적해보
는 것이 제법 신선하다면, 80년대에 유행했던 민중예술운동을 그가 그토
록 강조하는 사회적 장의 논리에 비추어 다시 생각해보는 것이 어쩌면
이미 알고 있는 결과를 다시 한 번 반복하는 것에 불과할지도 모르겠다.
    이것이 부르디외를 한국적 상황에 수용한 후에 우리가 예상해볼 수 있
는 결과인가? 이렇게 해보면 부르디외의 사회학이 전유되는가? 그래서 부
르디외의 사회학이 부동(Raymond Boudon)이나 투렌(Alain Touraine)의
그것보다 한수 위에 있고, 한국적 상황에서는 그의 문제의식이 다른 사
람들의 것보다 훨씬 수용가치가 있다고 주장해야 하는가? 필자가 이 자
리에서 강조하고자 하는 것은 부르디외의 문제틀을 이용한 실증작업이
우리에게 유익하니 무익하니 따지자는 것이 결코 아니다. 오히려 필자의
강조점은 그들의 문제의식이 어떠한 특수한 지적 '맥락'에서 생겨난 것
이며, 그리고 우리는 어떠한 '상황'에서 그들의 이론을 받아들이고 있는
가를 끊임없이 반성해야 한다는 점이다. 이것을 강조하는 필자의 입장을
'지식 이전의 국제정치학'이라고 불러보면 어떨까? 예를 하나 들어보자.
80년대 후반부터 한국의 학계에 불어닥친 포스트모더니즘의 경우를 놓
고 볼 때, 그중에서 특히 푸코와 하버마스의 대결양상은 우리가 어떠한
지적 '상황'에 있는지를 잘 보여주는 예라고 생각한다. 지적 전통이 전혀
다른 두 사람이 미국을 통해 한국에 상륙했을 때, 독일 유학파 혹은 미국
에서 유학한 사람들의 푸코에 대한 평가는 별반 차이가 없다. 하버마스
의 우세 쪽으로 논쟁이 끌려갔던 것처럼 보이는 필자의 인상이 틀리지
않았다면, 그 이유로 프랑스 유학파의 세력 부족을 꼽는 것이 지나칠까?
이제 산만한 얘기를 정리하기로 하자. '지식 이전의 국제정치학'을 내세

우는 필자의 의도는 지식의 형성과정을 이해하는 고전적인 자기반성뿐만 아니라, 그것이 어떻게 유통되고 소비되는가마저도 고려해야 한다고 말하고 싶은 것이다. 어떤 사람들이 외국에 유학을 나가, 누구 밑에서 박사학위를 받고, 또 어떤 경로를 거쳐 대학의 교수가 되었으며, 또 그들의 글이 어떤 제도하에 편집되어 일반대중에게 읽히게 되는지까지 추적해본 후에야 비로소 우리는 외국 이론에 대한 전유라는 문제에 대해 신중히 자기평가를 내려볼 수 있을 것이다. 어쩌면 이것이 필자가 부르디외를 읽고 얻은 가장 큰 교훈이며, 또한 이 글을 쓰게 된 동기 중의 하나이기도 하다.

부르디외를 어떻게 읽을 것인가? 한국적 '상황'에서 부르디외의 지적 '맥락'은 무엇인가? 따라서 이 두 질문은 서로 별개의 것으로 구분되어야 한다. 전자가 특수한 지식을 보편화하는 과정이라면, 후자는 보편적으로 해석된 이론을 한국에 다시 한 번 특수화시키는 과정이라고 말할 수 있을 것이다. 이를 위해서 필자는 부르디외가 사회학적 관심사로 자신의 문제의식을 가지치기해나가기 이전의 초기 부르디외에 초점을 두고자 하며, 그리하여 사회학, 언어학, 경제학, 정치학, 예술 분야에서 수없이 반복되어 등장하는 그의 '아비투스(habitus)' 개념이 어떤 인식론적 의미를 갖는지를 이 자리에서 밝혀보고자 한다. 그리하여 이러한 작업을 필자는 '부르디외 사회학을 철학화하기'라고 불러보고 싶다. 이러한 '사회학에 대한 철학화 작업'이 사회학적 특수성을 보편성의 시각에서 포착하고, 평가내려줄 수 있다고 생각하기 때문이다. (물론 철학이 모든 학문에 보편성을 가름하는 기준이라고 말하려는 것은 아니다. 특히 철학마저 사회학 안으로 뭉뚱그리려고 하는 부르디외에게는 이러한 보편화 작업이라는 것이 애당초 불가능한 것인지도 모른다. 그러나 사회를 분석대상으로 하는 사회학의 경우 반드시 개념을 동원한다는 점을 감안할 때, 그러한 개념이 어떠한 경로를 통해 생성되었고, 또 그러한 개념의 사회학적 변이가 무엇인가를 묻는 작업은 분명 사회학 이전의 문제일 것이다. 다시 말해, 필자가 여기서 말하는 '사회학적 특수성에 대한 보편성'이라고 이름붙인 작업은 개념의 계보학을 따져보자는 것이다. 그 이후에 철학적 개념과 그것의 사회학적 활용이 어떻게 다른가 좀더 명쾌하게 밝혀질 수도 있을 것이다.) 물론 이렇게 보편성으로 전화된 해석이 다시 한국적 특수성으로 재해석되는 과정은 위에서 말한 바와 같이 또 다른 어려움이 있다. 그러나 우선 급한 것은 특수성을 보편화하기, 다시 말해 부르디외 사회학에 변주곡이 등장하기 이전에 있었던 기본 테마곡이 무엇이었나를 포착하고자 하는 것이다. 그리고 그것은 이렇게 요약해볼 수 있을 것이다. '오늘날의 자본주의 사회에서 사람들은 어떻게 행동하는가?'

2. 문제의 초점 – 아비투스의 개념

뒤르켐 이래 프랑스가 배출한 최고의 사회학자로 평가받고 있는 부르디외가 발견한 요술지팡이에 대해 살펴보기로 하자. 그러나 그가 사용하고 있는 아비투스라는 개념이 워낙 광범위하고 애매하여, 그것이 겨냥하고 있는 과녁이 어디인가를 포착하기는 그리 만만치가 않다. 그러기에 우선 우리가 손쉬운 출발점으로 삼을 수 있는 근거를 찾아보도록 하자. 부르디외 자신이 거의 유일하게 아비투스에 대해 상세하게 개념 정의를 내리고 있는 『실천적 감각(Le sens pratique)』의 1부 3장이 바로 그곳. 「구조, 아비투스, 실천」이라는 제목을 달고 있는 이 논문에서 부르디외는 아비투스에 대해 이렇게 개념 정의를 내리고 있다.

실존의 조건에 근거하는 특정한 계급에 관련된 조건들이 아비투스를 생산해낸다. 지속적이면서 또 다른 것으로 전이될 수 있는 성향의 체계로

276

서 아비투스는 구조화된 구조이며, 또한 구조화하는 구조처럼 작동하는 경향을 띤다. 다시 말해 발생의 원칙으로서 그리고 실천과 표상을 조직하는 요인으로서 이것은 자신의 목적이 무엇인지 의식하지 않은 채 객관적으로 자신의 목표에 상응하며, 그러한 목표에 도달하기 위해 필요한 동작들을 순간적으로 제어하기에 주어진 규칙들에 복종하는 것은 아니지만, 이러한 작동들은 어느 정도 통제된 성격과 규칙성을 갖는다. 이 모든 것이 행위를 조화시키는 지휘자가 없더라도 집단적으로 조화를 이룬다.

이것이 도대체 무슨 소리인가? 이 문장들을 읽고 느끼는 당혹감이 필자 혼자만의 것인가! 그러나 우리 짜증스러운 흥분을 잠시 가라앉히고 이 문장들에서 부르디외가 하고 싶은 말이 무엇인지 면밀히 살펴보도록 하자. 첫번째 문장의 처음 두 어절이 의미심장하다. '실존의 조건'? 그냥 삶의 조건이라고 하면 어떤가? 그가 굳이 '실존'이라는 말을 쓴 이유가 있는가? 사실 가장 어려운 문제이다. 여기서는 아비투스가 인식론이 아니라 존재론에 연결된 문제라고 지적하는 데서 그치기로 하자. 우리의 논의가 무르익는다면 '실존의 조건'이라는 어구가 어떤 의미를 갖는지 자연스럽게 밝혀질 것이다. 두번째로 눈에 띄는 표현은 '특정한 계급에 관련된 조건'이라는 말. 아비투스는 계급적 상황과 연관되고 있다는 암시이다. 이것은 그의 주저작 『구별짓기(La distinction)』에서 상세하게 묘사된다. 더구나 이것이 그를 전통 마르크스주의자들과 구별짓는 새로운 계급 개념의 근거일 것이다. '성향의 체계'가 세번째 주목의 대상이며, 그리고 부르디외의 개론서에서 후렴구처럼 가장 많이 등장하는 묘사인 '구조화된 구조이며, 또한 구조화하는 구조'라는 표현을 네번째로 주목해야 한다. 그런데 '성향의 체계'는 다섯번째로 주목해야 할, '목적이 무엇인지 의식하지 않은 채 객관적으로 자신의 목표에 상응하며'라는 표현과 연결시켜야 그 본뜻이 더욱 살아난다. 이는 의식과 무의식을 갈라놓는 주객 분리의 전통적인 철학 테마에 대한 도전이다. 왜냐하면 부르디외는 인간의 행동을 설명함에 있어 의식의 내부와 외부가 분리되는 것에 반대하기 때문이다. 인간 행동의 결단이나 실천에 대해 개인의 동기와 목표가 의식의 내면적인 요인들이고, 외부적 자극이나 구조가 의식의 바깥에서 따로 작용하는 또 다른 요인들이라고 나누어 생각할 것이 아니라, 의식의 내부와 외부는 언제나 상호 교감하고 있는 것으로 이해해야 한다는 것이 부르디외의 주장이다. 어렵지 않게 인정할 수 있는 대목이다. 그렇다면 그 교감이란 어떻게 가능한가? 어떻게 하면 안과 밖을 함께 고려할 수 있으며, 그 상호 주체성을 포착할 수 있는 분석의 대상은 무엇인가? 바로 이 질문에 대하여 부르디외는 '성향의 체계'를 분석의 대상으로 삼아야 한다고 대답한다. 그의 사회학적 상상력이 참으로 신선하게 느껴지는 대목임에 분명하다. 성향이란 개인 의식의 내부적 작용임에 틀림없다. 어떤 음악을 들으며, 어떤 음식을 먹고, 어떤 영화를 보러 가는가라는 질문이 바로 개인의 성향을 알아보고자 하는 사회학적 질문의 전형적인 예들이다. 그런데 이러한 개인적인 '좋음'과 '싫음'이 한 개인의 사적인 삶의 여정을 통해서뿐만 아니라, 계급적인 위치에 따라 달리 결정된다고 말한다면, 그것은 그리 상식적인 얘기는 아니다. 이것이 부르디외 사회학이 우리에게 던지고 있는 충격적인 메시지이다. 그런데 잠시 생각해보자. 내가 클래식 음악을 좋아하는 것은 내가 부르주아 계급 출신이기 때문인가? 모든 부르주아 계급은 모두 클래식 음악을 들으면서 주말이면 골프를 치는가? 정말 그런가? 물론 반드시 그렇지는 않다. 그러므로 부르디외는 이렇게 말한다. 아비투스는 '구조화된 구조'이지만, '구조화하는 경향'으로 작동한다고. 부르주아가 아니지만 클래식을 좋아할 수 있는 것은 '나'가 수동적인 자동인형만은 아니라는 뜻이다. 그래서 부르디외는 아비투스라는 개념 하나로 알튀세르와 레비-스트로스의 구조주의를 공격한다. 마지막으로 우리의 주목을 끄는 대목은 '지

278

휘자가 없더라도 집단적으로 조화를 이룬다'는 표현이다. 이것은 멀리 라이프니츠 철학의 '단자론'의 모습과 비슷하다. 라이프니츠의 단자론과 아비투스의 유사성에 대해서는 다른 자리에서 길게 논의할 만한 가치가 있을 것이다.

아비투스를 이해하기는커녕 오히려 혼동스럽다. 이제는 차라리 눈을 크게 떠서 부르디외가 『실천적 감각』을 어떻게 써가고 있는지 살펴보자. 전체를 조망할 수 있는 안목을 가지고 부르디외가 이리저리 공격하고 있는 여러 대목을 차근히 좇아가다 보면, 지금 막 분석해본 아비투스에 대하여 개념 정의내린 여러 문장들이 어떤 함의를 가지고 있는지 좀더 명쾌히 밝혀질 것이다. 우선 『실천적 감각』 1부 2장이 우리에게 많은 시사점을 준다. 「주체성의 상상적 인간학주의」라는 제목의 이 논문은 사르트르에 대한 공격으로부터 시작된다. 물론 이 논문의 주된 공격대상이 사르트르에게만 국한된 것은 아니다. 넓은 의미에서 인간학주의라 불릴 수 있는 일반적인 인식사조들, 예컨대 후설의 현상학이나 사르트르의 실존철학 그리고 경제학에서 합리적 선택론자들(부르디외는 영미 계통의 합리적 선택론의 대표 격으로 존 엘스터(John Elster)의 책을 인용하고 있다)이 그의 공격대상에 모두 포함된다. 다시 말해, 인간의 인식능력에 최우선순위를 두었던 인식사조 전체가 비판의 잣대 위에 놓여 있고, 그 목표는 인간 행동이 그들의 전제처럼 순수하게 합리적이거나 목적론적이지만은 않다는 것을 밝히는 데 있다. 그런데 왜 하필 사르트르가 처음으로 등장하는가? 재미있다. 더구나 프랑스 사회철학 전통에서 사르트르는 60년대를 주름잡았던 실존철학의 대가가 아닌가? 그런 사르트르를 처음으로 비판했다면, 나름대로 깊은 뜻이 있었을 것이다. 그래서인지 논문의 시작부터 사르트르를 공격목표로 설정하게 된 경위를 장황하게 설명한다. 부르디외의 다른 글에서는 찾아보기 힘든 이례적인 현상이다. 그가 무슨 말을 하는지 들어보자.

우선 부르디외가 보기에 사르트르는 인간의 행위를 설명함에 있어 초인간학주의 입장에 있다는 것이다. 다시 말해 인간학주의의 극단이라는 뜻이다. 그래서 사르트르는 '가능성의 영역'의 영역을 전혀 고려하지 않았다는 것이 부르디외가 인간학주의 전체를 비판하면서 처음으로 사르트르를 등장시킨 주된 이유다. 사르트르는 한 개인의 행위가 '과거의 상황'이나 '세계'에 대하여 독립하여 이루어지는 것으로 생각했다는 것이다. 『존재와 무(L'être et le néant)』에서뿐만 아니라 후기 저작인 『변증법적 이성비판(Critique de la raison dialectique)』에서 사르트르가 강조했던 혁명의식이라는 것이 부르디외에게는 지나치게 낭만적으로 보인 듯하다. 계급관에 대한 사르트르의 견해에도 동의할 수 없었는지, 대자적 계급의식이 어떻게 자의식에 대한 충성서약만으로 가능할 수 있느냐고 집요하게 몰아댄다. 다시 말해, 과거에 대한 '성향체계'나 미래에 대한 예견을 전제로 하지 않은 돌발적이고 초월적이며 혁명적인 행동은 이미 환상이라는 것이 비판의 핵심이다. 따라서 부르디외는 사회적 장(champ social)과 의식이 접목되어 서로 영향을 주고받는 경로를 찾아야 한다고 강조한다.

사르트르에 대한 비난의 화살이 부르디외 사회학에 처음으로 등장한 것은 꽤 먼 얘기다. 1966년 알랭 투렌이 그의 대작 『행위의 사회학(Sociologie de l'action)』을 발표했을 때, 부르디외는 레이노(Reynaud)와 함께 『프랑스 사회학회지』에 이 책에 대하여 짤막한 논평을 썼다. 작지만 그 비판의 어조는 실로 엄청나다. 제목이 그것을 웅변한다. 「행위의 사회학은 가능한가?」 다른 사람의 저작을 두고 부르디외가 던지는 비판의 칼날은 날카롭기만 하다. 더구나 투렌의 사회학이 인간의 행위를 문제삼는 마당에, 자신이 내세우는 아비투스도 인간 행위에 관한 것이니, 주목하지 않을 수 없었을 것이다. 사실 그런 의미에서 부르디외가 부동에게 던지고 있는 비난의 논지도 투렌에게 보낸 그것과 크게 다르지 않다. 다만 부동은 문장의 주석에서 은연중에 공격하는 반면, 투렌의 경우는 정면으로 맞서는 경우가 흔하다. 자신의 맞수가 된다고 생각해서인가? 아무튼 부르디외에게 『행위의 사회학』은 미국에서 논의된 '자발적 행위주의' 모델과 크게 다르지 않다고 여겨진 듯하다. 인간 행위의 근거가 무엇인지 묻지 않은 채, 사회적 행위의 가치를 따지는 것은 아무런 의미가 없다는 것이 비판의 핵심이다. 인간 행위의 가치는 '실존이성'의 창조적 개입 이전의 문제라고 강조하면서, 그는 투렌의 인식론적 근거가 주로 사르트르의 실존철학 안에 갇혀 있음을 꼬집고는, 자신의 이론적 근거로 메를로-퐁티와 하이데거의 철학을 제시한다. 사르트르에 반대하는 메를로-퐁티와 하이데거? 이것은 50년대에 한창 진행되었던 인간학주의와 반인간학주의 사이의 치열한 공방전이 아닌가! 그렇다면 부르디외의 인식론적 논거가 무엇인지 확연하게 드러난다.

그러나 여기서 부르디외의 인식론에만 국한되지 말고, 그의 초기 사회학적 관심사가 무엇이었는지 살펴보자. 그렇게 해야만 아비투스의 철학적 근거와 함께 사회학적 변이가 무엇이었는지 동시에 파악될 수 있을 것이다. 부르디외 사회학의 시작은 1956년 그가 알제리 대학의 조교로 근무하던 당시로 거슬러올라간다. 그는 그곳에서 6년 가까운 세월을 보내면서 인류학적 현지조사에 몰두한다. 58년에 처음으로 나온 그의 저서가 바로 당시의 현지조사를 바탕으로 한 『알제리의 사회학(Sociologie de l'Algérie)』이다. 그 이후로도 여러 편의 논문과 통계조사를 모아 책으로 출간하지만, 그 내용이 크게 다르지는 않다. 그중에서 그의 이론적인 관심사를 가장 명쾌하게 찾아볼 수 있는 책은 『알제리 60(Algérie 60)』. 6년간에 걸친 아랍세계에 대한 사회인류학적 경험에 대한 요약본이자 결론에 해당한다고 말할 수 있을 것이다. 여기서 부르디외는 다음과 같은 물음을 던진다. 개인의 정체성은 어디서 기인하는가? 프랑스 식민지를 경험한 알제리 사회에서 개인들은 서구를 통해 이식된 자본주의체제에 어떻게 반응하고, 행동하는가? 사회학개론 수준에서 말한다면 문화충격과 개인의 정체성에 대한 상관관계를 묻는 것이라 할 수 있다. 그러나 문제 설정이 비교적 섬세하다. 자본주의체제가 이식된 다음의 상황에서, 예컨 대 화폐제도와 신용체제가 도입된 이후의 상황에서 왜 알제리에서는 자 본주의 시장경제가 제대로 돌아가지 않는가? 왜 알제리의 노동자들은 시 장 체제에 편입되어 일자리를 찾기보다는 실업의 상태에 머물러 있으려 하는가? 경제학의 한계효용 이론이 여지없이 무너지는 현상인 것이다. 왜냐하면 신고전파 경제학에서 상정한 경제주체에 따르면 시장경제 안 에서 개인들은 시장의 요구와 기대에 순응해야 하기 때문이다. 그러나 부르디외의 주장은, 이러한 경제학적 사고에는 경제행위의 합리성에 대 한 전제로 말미암아, 사회를 보편적인 규칙이 지배하는 추상적인 상태로 화석화시킨 오류가 있다는 것이다. 다시 말해 경제행위자의 의식을 설명 할 도구가 한계효용 이론에는 존재하지 않는다. 따라서 질문이 좀더 구 체적으로 바뀌어야 한다. "개인의 경제적 의식은 어떻게 형성되는가?" 이 곳이 경제학적 질문이 사회학적 관심사로 변해가는 길목이다.

그리고 부르디외의 사회학적 관심사가 인간 행동을 어떻게 설명할 것 인가에 모아졌을 때, 그 설명의 변수로 처음 등장하는 것이 시간의 문제 이다. 『알제리 60』에서 이 문제가 「주관적 기대와 객관적 기회」라는 제목 하에 상세하게 다루어진다. 경제활동의 목표가 필요의 만족에 있고, 전통 사회에서 급작스럽게 자본주의 사회로 진입한 알제리 사람들의 경제행 위의 기본 동기가 안전의 극대화에 있다면, 이러한 두 가지 문화적 충격 사이에서 부르디외의 사회학적 관심사는 개인들이 미래에 대하여 어떤 성향을 갖는가에 모아진다. 즉 계산 가능성이라는 경제학적 요인이 미래 에 대한 접근 가능성이라는 비교적 추상적이고 사회학적 테마로 전화된 것이다. 이러한 전화가 필수적인 이유는, 새로운 자본주의체제에 상응하 는 행동의 합리성(예컨대 신용대부체제를 이용하기 위해 집 안의 장농 속에 숨겨둔 돈뭉치를 은행으로 들고 간다)을 결정짓는 알제리의 상황은 자본주의체제의 존재 여부에 달려 있지 않고, 그러한 외부적 제도와 의식 내부의 갈등 사이에 있기 때문이다. 그 분석의 해결책은 개인 행동의 성향을 어떤 식으로 포착하느냐에 달려 있다. 미래에 대한 시간이 어떻게 개인들에게 이해되는가가 관건이다. 왜냐하면 농사일에 익숙해 있던 사람들이 갑작스럽게 자본주의체제에 적응한다는 것이 그리 용이하지 않기 때문이다. 일년을 단위로 물건을 구입하고, 생산활동뿐만 아니라 소비활동 모두가 농업생산에서 길들여진 시간 개념에 준거하고 있던 사람이 직장에 취직하여 월급을 받고, 이자를 계산하여 돈을 투자한다는 것이 어디 그리 쉽겠는가? 다시 말해, 체제는 쉽게 바뀔 수 있을지 몰라도, 의식은 여전히 과거에 남아 있게 마련이다. 이러한 괴리가 부르디외 사회학의 관심사이다. 따라서 부르디외의 결론은 알제리 카빌리 지방의 하층노동자들이 실업상태로 남아 있는 것은 자본주의체제의 결과물이 아니라, 과거의 전통적인 시간 개념과 자본주의체제가 새롭게 요구한 시간 개념, 특히 미래에 대한 예측 가능성 간의 괴리에서 비롯된 것이라는 것이다. 경제학적으로 말하면, 마찰실업이 아니라, 자발적인 실업이 알제리 하층노동자들의 상태라고 하겠다. 물론 전통적인 농경사회에도 실업자는 존재했었다. 그러나 과거에 있었던 펠라(fellah), 즉 전통적인 실업자와 자본주의체제가 이식된 이후에 생겨난 하층노동자(sous prolétaire)들의 실업상태는 그 질적인 면에서 양상이 다르다. 시간에 대한 성향체계가 완전히 다르기 때문이다.

그러므로 미래의 시간을 평가하는 개인의 가치척도가 현재의 행동을 결정짓는다는 의미에서 미래는 '실천적 미래'이며 '객관적인 가능성'으로 파악되어야 한다. '다가올 미래'는 현재와의 관점에서 설명되어야 하기에, 그것은 단순히 '미리 본다'가 아니라 '미리 준비한다' 혹은 '미리 계획한다'를 의미하는 것이다. 여기서 한 가지 놀라운 사실은 혁명의식이라는 것도 미래에 대한 가능성이 전제된 경우에만 비로소 움트기 시작한다는 부르디외의 주장이다. 현재가 경제적으로 철저하게 박탈당한 소외상태에서는 미래란 아무것도 보장할 수 없는 처참한 상태의 연속으로 인식될 것이고, 그런 상태에서 노동자계급의 혁명의식을 기대한다는 것은 전혀 불가능하다는 것이다. 왜냐하면 알제리의 하층노동자들은 자신의 경제적인 상태가 사회적인 모순에서 비롯된 것이라는 의식마저 박탈당하고 있기 때문이다. 일정한 고정수입을 가진 노동자들의 사회개혁에 대한 성향체계가 실업상태에 있는 하층노동자들에 비교하여 좀더 급진적이라고 말하면서, 부르디외는 구체적으로 8천 프랑(화폐개혁이 있기 전의 단위)이 혁명의식을 고취할 수 있는 경제적 문턱이라고 제시한다. 우리식으로 얘기하자면, 어느 정도 배가 불러야 혁명도 가능하다는 말인데, 마르크스뿐만 아니라 사르트르가 들었으면 놀랄 만하다. 배가 고프면 대자적 계급의식이라는 것도 애당초 가능하지 않다는 뜻이 아닌가!

　인간의 행동을 설명하면서 '외부적 요인의 내재화' 정도로 어렴풋하게 남아 있던 문제의식이 부르디외 사회학에서 아비투스라는 이름을 달고 처음으로 등장하게 되는 것은 그가 알제리에서의 생활을 청산하고 프랑스에 돌아와 현지조사에 착수하면서이다. 그런 의미에서 부르디외는 철학자이기 이전에 자신의 문제의식을 현장 속에서 검증하기 위해 항상 분석대상을 전제로 하는 철저한 인류학자요, 사회학자임에 틀림없다. 프랑스 남부의 베아른이라는 작은 마을을 대상으로 그가 던진 질문은 다른 마을과 비교해서 그곳에는 결혼을 못한 독신들이 왜 그리 많은가 하는 것이었다. 1962년 『농촌연구』지에 기고한 100쪽에 달하는 방대한 논문의 제목은 「독신과 농촌현실」이었고, 거의 같은 내용의 원고가 같은 해 『현대(Le temps moderne)』지에 「농촌사회에서 성관계에 관한 연구」로 발표된다. 후자가 서론이고 전자가 본론이다. 방대한 양의 통계자료와 인터뷰 자료를 통해 부르디외는 1881년부터 1954년 사이의 이 지역의 결혼

율과 출생률 등을 조사하면서, 그 당시에 농촌문제로 부각되던 독신자 증대현상이 어떤 사회적 기원을 갖는지를 추적한다. 구체적인 질문은 다음과 같다. "어떠한 조건 아래서 독신남자들이 그토록 처참하고 사회적으로 버림받은 존재로 취급되게 되었나?" 1914년 이전에도 독신으로 지내는 사람들이 없었던 것은 아니다. 그러나 과거의 결혼관습에서 보면 독신이란 개인의 문제가 아니라 집안 전체 혹은 마을 전체의 문제였기 때문에, 당시에 새롭게 등장하는 독신자들을 바라보는 시각도 달라져야 한다는 것이 부르디외의 견해이다. 즉 1962년에 베아른이라는 마을에서는 사회체계와 개인의 성향체계에 갈등이 빚어지고 있었던 것이다. 1914년을 기점으로 전통과 현대의 단절의 선을 긋고자 하는 것은 앞서 본 알제리의 경우와 흡사하다. 즉 전쟁을 통해 농촌사회에서 결혼관습을 지배하던 경제적 요인이 달라졌다는 것이다.

예를 들어 전통적인 결혼관습에서 가장 중요한 것은 지참금제도였는데, 이것은 집안의 가산을 유지하고 시집온 여자가 시댁의 시어머니와의 관계에서 지나치게 친정의 권위를 유세하지 못하는 정도에서 결정되는 경우가 대부분이었다. 다시 말해, 지나치게 가난한 집의 여자를 며느리로 데려오는 경우에 집안의 딸자식이 시집갈 때 필요한 지참금을 마련하지 못해 부동산을 팔아야 할 형편이 될 것이고, 반대로 지참금이 많은 여자가 집안에 들어오면 여자의 발언권이 너무 세질 것을 우려해서 어머니가 아들의 결혼에 반대했다고 한다. 따라서 남자 상속자들이 차녀나 혹은 막내인 여자와 결혼하는 경우가 대부분이었고, 부잣집 여자들이 가난한 남자와 결혼하는 경우는 있어도 그 반대의 경우는 흔치 않은 일이었다. 우리 사회의 결혼풍습을 생각해보면 백 년 전 프랑스의 어느 시골 마을의 결혼 얘기가 그다지 낯설지 않을 수 있을 것이다. 따라서 이러한 남성 위주의 사회에서 독신이 되는 경우란 거의 대부분 집안의 경제적 조건에 달린 것이며, 독신이 되는 경우도 남자보다는 여자 쪽이 훨씬 많았고, 대부분은 가난한 집안의 차녀나 막내들이었다.

　그런데 전쟁을 겪으면서 지참금제도라는 것이 무의미하게 된다. 인플레가 심한 세상에서 돈을 들고 와 집 안의 장농 속에 넣어둔다는 것이 사회적인 관습으로 남아 있을 리 없다. 그러나 사회적으로 더 크게 변한 것이 있다면 경제적 요인 이외에 결혼을 바라보는 젊은이들의 태도 변화이다. 부모가 반대한다면 집에서 뛰쳐나가서라도 결혼하겠다는 젊은이들이 생겨났고, 심지어는 하루빨리 시골구석에서 벗어나 도시로 도망가기를 원하는 사람들이 많아졌다. 도시문물이 들어온 것이다. 여기서 부르디외의 지적이 자못 흥미롭다. 전통적인 가족사회에서 집안으로부터 독립하기 가장 쉬운 사람들은 막내들이고 또 여자라는 것이다. 이들이 이웃의 도시로 진출하여 새로운 교육을 받고, 새로운 가치관을 가지고 다시 마을로 돌아온다. 그 동안 장남들은 집안의 과업을 이어받아 농사나 짓고 있었음에 틀림없다. 그런데 결혼적령기가 되고 보니 상황이 달라진다. 과거에는 중매인이 있어 돈 많은 집안의 장남들은 쉽게 장가갈 수 있었지만, 새로운 세상에서는 남녀간의 결혼문제에 중매자가 끼여들 수 없다. 그 대신 남자와 여자가 만날 수 있는 유일한 장소는 마을에서 공식적으로 벌어지는 축제에서뿐이다. 여기에서 마음에 드는 여자가 있으면 각자가 개별적으로 접근해야 한다. 그런데 밤낮 농사일에 지쳐 있던 베아른의 농촌 총각이 여자들에게 어떻게 말을 걸어야 할지 몰라 당황해하는 것은 너무도 당연하다. 더구나 이제 선택권은 여자에게 있다. 더 이상 토지가 재산의 척도가 될 수 없는 세상에서, 도시의 새로운 문물을 흠뻑 마시고 온 여자들, 과거에 돈 없는 집안의 막내라고 천대받던 여자들이 이제는 결혼상대를 마음대로 고를 수 있는 시대가 된 것이다. 도시에 나가면 신랑감이 얼마든지 있는데 구태여 농촌 총각에게 시집가려 할 여자가 몇이나 되겠는가! 여기서 부르디외는 비교적 현대화된 이웃마을과 베아른 사이에 뚜렷하게 드러나는 남녀별 결혼비율, 더 나아가서는 배우자들의 주거지역 등을 상세히 비교하고 있다. 이제 남자들이 결혼을 못하고 사회적으로 천대받게 되었다면, 그것은 과거와는 전혀 다른 맥락에서이다. 즉 돈이 없어서 장가를 못 가는 것이 아니라, 새로운 문물에 걸맞은 세련된 몸짓, 부드러운 말투, 유행에 민감한 옷차림 따위를 갖추지 못했기 때문이다. 한마디로 독신남자란 시대에 뒤떨어진 사람을 의미하게 되었다.

카빌리 지방의 하층노동자와 베아른의 독신남자는 똑같이 새로운 시대에 적응하지 못하고 낙오된 사람들이다. 다만 사회학적 분석의 시각이 다르다. 카빌리에서는 시간의 문제가 실업상태를 설명하는 중요한 변수였다면, 베아른에서는 사회적 상황에 적응하지 못하는 독신남자들의 구체적인 행위양식에 초점이 맞춰진다. 여기서 부르디외는 고독한 독신남자들의 행동과 성향을 아비투스 혹은 행동체계(hexis corporelle)라는 용어로 개념화한다. 자신의 세련되지 못한 행위가 여자들을 통해 사회적 의미(signum sociale)를 띠게 되면, 그것은 다시 자신이 시대에 뒤떨어졌다는 내면적인 자각으로 못박이게 되고, 그래서 독신남자들은 더욱 움츠러들게 된다. 그러기에 여자들 앞에 있는 것이 언제나 부담스럽고, 한 번도 여자들과 춤을 출 수가 없다. 춤을 추어야 여자를 만날 텐데… 이것이 부르디외가 아비투스라는 개념을 처음으로 사회적 맥락에 적용한 사례이다.

긴 논의를 잠깐 정리하자. 1962년에 발표된 베아른에서의 결혼제도 분석을 끝으로 부르디외의 인류학적 작업은 막을 내리고 그의 관심사는 일반적인 의미에서 사회학적이고 이론적인 것으로 돌아선다. 66년 들어 처음 발표한 논문이 지식인의 위상을 다룬 것이었고, 같은 해 학교제도와 문화적 지배에 초점을 둔 또 다른 논문을 『프랑스 사회학 연보(L'année sociologique)』에 실었다. 이때부터 부르디외는 사르트르의 그늘에서 벗어나고 있음이 눈에 띈다. 왜냐하면 그 이전의 논문들이 대부분 사르트르가 주관하고 있던 『현대』지에 실렸기 때문이다. 이러한 서지학적 관점을 크게 부각시키려는 해설서가 있기도 하지만, 여기서 필자가 강조하고 싶은 것은 부르디외 사회학의 기초는 알제리에서의 인류학적 작업과 베아른의 결혼제도 분석이 그 밑바탕이라는 점이다. 그 이후 그가 보인 사회학적 작업은 자신이 현장에서 보고 체험한 것을 이리저리 응용한 것이라고 보아도 과언은 아닐 것이다. 왜냐하면 알제리 사회의 분석에서 이미 문화적 지배가 학교를 통해 재생산된다는 그의 중기 사회학적 기본테마가 단초적으로 드러나고 있으며, 미술이나 사진찍기와 같은 문화에 대한 그의 예술사회학적 작업도 따지고 보면 개인 성향을 문화적 제도 속에서 다시 한 번 생각해보려는 인류학적 경험에 대한 사회학적 응용이라고 할 수 있기 때문이다.

  그러나 이러한 평가가 그리 중요하지는 않다. 필자가 던지고 싶은 자문은 오히려 다음과 같은 것이다. 아비투스의 개념적 원산지가 이와 같은 인류학적 관심에서 출발한 것이라면, 모든 수식어를 다 빼버리고 남는 아비투스 개념의 핵심은 무엇인가? 우리가 앞에서 상당한 지면을 할애해 살펴본 인류학적 실증작업 속에서 아비투스의 개념적 활용이 우리에게 새롭게 펼쳐 보인 것은 무엇인가? 우리는 여기서 앞의 두 예를 근거로 적어도 두 가지 가정을 세워볼 수 있다. 첫째는 인간의 행동과 시간의 문제이고, 둘째는 인간의 행동에 내재화된 의식 외부의 요인에 대한 관심사이다. 첫번째 가정에 관련하여 우리는 부르디외가 『알제리 60』을 출간할 즈음에(그런데 이 책의 첫 출간연도는 1977년이다. 1963년에 발표된 『알제리에서의 노동과 노동자들』의 수정증보판이 바로 『알제리 60』이다) 『노동사회학회지』에 기고한 논문을 통해 이러한 입장을 확인할 수 있다. 우선 그 논문의 제목이 「전통적 사회」이고 부제는 '시간과 경제적 행위에 관한 태도에 대하여'라고 되어 있다. 거의 동일한 내용이 반복되는 이 논문은 『알제리 60』의 요약본에 불과한 느낌이다. 그런데 면밀하게 읽어보면 한 가지 작은 차이점이 발견되는데, 그것은 미래에 대한 예측 가능성을 언급하는 부분에서 부르디외가 예외적으로 베르크손의 이름을 단 한 번 거론한다는 것이다. 시간과 자유의 문제, 이것은 베르크손의 문제의식 중에서 가장 유명하게 알려진 주제가 아닌가? 부르디외는 베르크손을 원용하면서 그의 이름을 밝히기를 일부러 피했던 것일까? 두번째 가정에서는 부르디외의 문제의식이 좀더 선명하게 드러난다. 사르트르를 공격하면서 그는 분명하게 자신의 이론적 근거가 하이데거와 메를로-퐁티에 있다고 밝힌 바 있거니와, 『실천적 감각』 1부 1장에서 사회학 연구의 객관성에 대한 한계를 언급하면서, 메를로-퐁티가 강조한 바 있던 인식과 사고 이전의 선(先)술어적 단계에 대해 분명하게 인용하고 있기 때문이다. 더구나 『구별짓기』 3장에 등장하는 「아비투스와 생활양식」에서 부르디외가 즐겨 사용하는 '육체적 도식(schéma corporel)'이라는 것이 메를로-퐁티가 『지각의 현상학(Phénoménologie de la perception)』에서 그토록 고민했던 철학적 주제가 아닌가! 그런데 『구별짓기』에는 메를로-퐁티의 이름이 보이지 않는다. 이제는 조금 충격적이다.

물론 부르디외가 베르크손이나 메를로-퐁티를 그대로 답습하고 있다고 말할 수는 없다. 더구나 사회학의 영역에서 그가 개척한 업적을 인정하지 않을 수 없다. 그럼에도 불구하고 아비투스를 좀더 객관적으로 분석해보려는 우리의 입장에서는 그가 요술지팡이처럼 휘둘러대는 아비투스라는 것이 과연 기존의 철학적 개념과 대비하여 얼마나 독창성이 있으며, 그것이 새롭게 펼쳐 열어 보인 인식의 지평이 무엇인가라고 반문해보지 않을 수 없을 것이다. 이것이 바로 필자가 부르디외 사회학에 직접 뛰어들기 전에 그의 사회학 전체를 관통하는 기본 개념을 철학적으로 검토해보자고 제의하는 까닭이다. 부르디외 사회학을 철학화한다는 것은 부르디외가 아비투스 개념을 과감하게 사용하고 있는 대목에서 다시 그 개념의 적실성을 되새기면서, 그가 비판하는 사람(사르트르)과 그가 인식론적으로 빚지고 있다고 인정하는 사람들로부터(베르크손과 메를로-퐁티), 부르디외의 비판과 빚짐에 대하여 객관적으로 검토하고 평가해가는 것을 의미한다. 철학과 사회학이라는 두 학문의 간극을 넘어서야 하는 무리가 있음을 잘 알면서도, 이러한 작업이 필요하다고 주장하고 싶은 필자의 의도는, 이런 식의 거리두기 작업만이 부르디외 사회학이 우리 현실에 어떤 의미를 갖는지 평가 내릴 수 있는 좀더 정확한 기준을 만들어줄 것이라는 믿음에서 기인한 것이다. 다시 말해 부르디외 사회학의 공헌을 분명 인정하면서도, 그것이 자칫 물신화되지는 말아야 한다고 필자는 생각했던 것이다.

3. 육체의 계보학

육체라니? 생물시간이나 의대생들의 해부학 수업도 아니며, 패션 모델에 대해 얘기하자는 것도 아니고, 프랑스의 사회철학에 나타난 아비투스의 개념에 대해서 논의하자면서 육체에 대해서 말을 한다니, 이것이 무슨 잠꼬대 같은 소리인가? 그러나 부르디외의 문제의식을 관통하는 핵심 테마가 무엇이었나를 다시 한 번 생각해보자. 앞서 살펴본 바와 같이『실천적 감각』에 등장한 아비투스에 대한 정의 속에서 우리는 그가 끌어안고 있는 가장 큰 고민거리가 의식과 외부세계의 관계였음을 어렵지 않게 파악할 수 있다. 실존의 조건이 생산해내는 아비투스가 개인의 성향을 형성하고, 그것이 개인 행동의 지침이 되어 세계 속으로 다시 투영된다는 것이 아비투스의 핵심이 아니었는가. 바꾸어 말하자면, 개인의 의식 밖에 있는 사회구조가 의식 안으로 침투하고 나면, 과거의 기억을 담지하고 있던 의식의 내부가 이러한 외부적 요인에 대해 일정한 가치관을 형성한 뒤 다시 의식 외부로 반작용해간다는 것이다. 개인 행동이 계급적 관점에서 추상화되고, 사회적 장의 논리에 따라 분절되어, 상징적 폭력의 양상을 띤다는 부르디외의 사회학적 통찰력이 분명 중요하다. 그러나 아비투스 개념의 인식론적인 의미를 온전히 파악하려 한다면, 우리는 이러한 계급적 폭력성의 논리에 앞서 객관성과 주관성이 하나로 마주치는 부분, 즉 육체의 영역에 부르디외가 어떻게 접근했는가에 좀더 주목해야 한다. 왜냐하면 육체야말로 실존의 조건이 사회구조의 영향을 실어 나르는 장소이고, 또 개인의 의식이 혹은 무의식이 인식의 형상을 만들어가는 자리이며, 그리하여 마침내 주체와 객체가 함께 어우러져 존재의 가능성을 드러내는 차원이기 때문이다. 즉 육체는 인식론과 존재론을 동시에 말할 수 있는 분석의 대상인 것이다. 사실 좀더 거시적인 안목을 가지고 본다면, 프랑스의 근대철학은 거의 대부분이 이러한 주체와 객체의 혼합 혹은 육체와 영혼의 변증법적 결합이라는 문제를 두고 오랫동안 숙고해왔는지도 모른다. 바로 이러한 이유로 해서 필자는 부르디외 사회학을 철학화하자는 서두의 논제를 위해, 아비투스 개념을 프랑스 사회철학의 전통과 접목시켜 비교해보려고 한다. 다시 말해, 아비투스에 대한 계보학을 잠시 살펴보자는 것이다.

그런 의미에서 우리의 시작은 데카르트여야 함이 마땅하다. 근대의 새벽을 열었던 데카르트의 철학적 숙고를 가로지르던 핵심은 결국 육체와 영혼의 분리였다고 해도 과언이 아니다. 또한 스피노자와 말브랑슈(Nicolas de Malebranche)의 윤리학 또한 데카르트가 버리고 간 육체에 대한 얘기일 수 있다. 그러니 다시 물어보자. 어떤 육체를 말하는가? 더 이상 의심할 수 없는 인식의 존재론적 기반을 찾아야 했던 데카르트의 철학적 고뇌 속에는 분명 인간의 육체란 우리가 믿을 수 없는 감각의 말단에 불과했다. 따라서 데카르트는 외부세계에 대한 관념과 관념들의 관계를 거기에 함의된 내용의 실재성에 따라 검토하려 했다. 즉, 그에게 관념과 표상의 관계는 기본적으로 경험적이지 않고 선험적이다. 그러한 선험성의 궁극적 기반이 바로 확증된 존재로서의 '자아'인 것이다. 이것이 바로 'Cogito ergo sum' 테제가 잉태한 데카르트의 '나'이며, 근대의 철학적 담론이 자신의 진리성을 담보하기 위해 준비한 인식론의 근거이다. 그러나 이러한 근대성의 출발점으로서 데카르트의 '나'에는 분명 오해의 여지가 있다. 예컨대 세번째 『성찰(Méditations)』에서 데카르트가 보인 '나'의 유한성에 대한 인정과 무한자로서의 '신'에 대한 '나'의 자연스러운 존재론적 귀속은 우리로 하여금 그가 상정한 '나'가 반드시 '유아론적' 귀결이며 '미완의 관념론자'라고 잘라 말할 수 없게 한다. 더구나 말년의 작품인 『정념론(Traité des passions de l'âme)』에서 그가 보인 존재론적 흔들림을 되새겨보자. 데카르트가 『성찰』을 쓸 당시만 해도 그토록 우려해 마지않았던 '사악한 신(malin génie)'이 아니더라도, 인간의 욕망이나 사랑 혹은 분노 따위가 인간의 사려에 분별력을 세우고자 할 때 얼마나 큰 방해가 되는지를 그는 이미 알고 있지 않았을까? 따라서 심신평행론의 눈으로만 '코기토'를 읽는 것은 어쩌면 데카르트가 『성찰』의 서문으로 붙인 「독자들에게 보내는 편지」에서 보인 그의 우려를 우리가 그대로 범하는 것인지도 모른다. 합리적 사유(영혼)와 기계론적 세계관(육체)이라는 상반된 두 세계의 대립만이 데카르트 철학의 기본 구도라고 단순화해버린다면, 우리는 그가 예비한 윤리의 축을 잃어버리고 말 것이기 때문이다.

따라서 칸트의 수입으로부터 비롯된 독일의 코기토 해석이 셸링이나 피히테를 거쳐 헤겔에 이르러 절대정신의 완성이라는 인간중심주의 꽃을 화창하게 피우고 있을 때, 프랑스의 철학사는 줄곧 데카르트가 남긴 코기토의 유산을 '영혼과 육체의 결합'이라는 변증법으로 해결하려고 한다. 스피노자, 말브랑슈, 멘 드 비랑, 라베송(Félix Ravaisson), 그리고 베르크손이 바로 데카르트가 남긴 숙제를 풀려고 했던 프상스 철학사의 계보에 등장하는 대사상가들이다. 그리하여 데카르트가 완성하지 못한 '우둔

한 관념론'과 '현명한 관념론'의 결합은 그가 죽은 지 두 세기가 지나서야 그 실마리를 찾는다. 그가 바로 베르크손. 그에게 닥친 첫번째 질문은 그러나 외부세계에 대한 표상의 문제가 아니고, 인간의 의지와 행위의 문제로 모아진다. 초기 데카르트가 아니라, 『정념론』에서 드러났던 존재론적으로 혼동스러워하는 말년의 데카르트가 베르크손의 관심이었나 보다. 『의식에 직접적으로 주어진 소여에 관한 시론(*Essai sur les données immédiates de la conscience*)』에서 베르크손이 던진 질문은 '우리는 어떻게 우리가 원하는 것을 할 수 있는가'였다. 인간이 가지고 있는 동기나 의식상태가 자신의 행위와 직접적인 인과관계가 없다고 생각한 베르크손은 사실적 법칙으로서의 물력론도, 인간 의식의 심리상태에 인과관계를 설정한 관념연합설도 거부하면서, 인간의 의식상태는 사물이 아니라 진행과정이기에, 인간의 감정에 대한 파악은 공간에서가 아니라 시간 속에서 이루어져야 한다고 주장한다. 따라서 베르크손의 시간은 '순수한 지속'을 의미하는 것으로 인과론적 계열을 전제한 데카르트나 칸트의 시간 개념과는 전혀 다른 것이다. 이제 시간은 과거에서 현재를 거쳐 미래로 순항하는 것이 아니라, 현재와 과거라는 시간은 이미 미래를 상정하고 있으며, 현재 속의 '나'는 언제나 과거와 미래를 넘나드는 두 개의 얼굴을 갖는다. 그의 구분대로 '표면적 자아'와 '심층적 자아'를 나누어본다면, 전자는 일상 속에 파묻힌 일그러진 자아, 혹은 습관에 물든 자아이고, 후자는 자신의 일상을 박차고 일어나 미래를 가능하게 만드는 능동적인 자아를 뜻한다.

여기가 바로 베르크손의 자유론이 등장하는 대목이다. 자유란 따라서 칸트처럼 이성적 반성을 전제로 한 보편적 선을 의미하지 않는다. '너는 할 수 있기 때문에 해야 한다'는 칸트의 정언명령은 서로 다른 차원의 존재론을 기반으로 할 때만 가능하기 때문이다. 그러나 인간의 실존이 어디 그렇게 이성적 반성의 차원과 실천이성의 차원으로 분리될 수 있는가! 플라톤 이래 데카르트와 칸트에 이르기까지 근대철학의 오류는 지성과 의지를 혼동한 것에 있다는 베르크손의 지적은 따라서 '자아'란 인식과 실천의 중간에 끼어 있는 표류하는 존재에 불과하다는 새로운 철학적 명제로 우리를 이끌어간다. 그런 '표류하는 자아' '기생적 자아'에 대한 베르크손의 성찰이 가장 명확히 나타난 저작이 바로 『물질과 기억(Matière et mémoire)』이다. 현재의 '나'가 행위하는 '자아'로서 존재한다면, 그런 나의 기원은 어디서부터 출발하는 것인가? '나'는 이미 과거의 '나'로부터 유래하는 것이기에 현재의 지각과 행위 또한 과거의 기억과 습관에서 자유로울 수 없을 것이다. 또한 '현재의 나'란 언제나 외부세계를 상대로 끊임없는 지각과 행위를 주고받는 '나'이기에 이제 '자아'란 데카르트식의 코기토일 수가 없다. 그러므로 데카르트의 "나는 생각한다, 따라서 존재한다"는 명제는 베르크손에 와서 "나는 행동한다, 따라서 존재한다"로 바뀌게 되는 것이다. 의식이란 사색이 아니라 행위이기 때문이다.

우리는 여기서 프랑스 실존철학의 사상적 원류를 보고 있다. 기억이 하나의 무의식처럼 나의 의식에 남아 있고, 또 사회적 습관이 나의 육체 위에 각인되어 나의 행위를 제어한다면(인식과 행위의 이중적 결합, 이것이 바로 데카르트가 남긴 숙제였던 '육체와 영혼의 결합'에 대한 베르크손의 해결책일 것이다), 나의 선택은 의지와 전혀 무관한 것인가? 어떻게 하면 나의 행위가 기억과 습관을 벗어난 진정한 자아의 모습에 이를 수 있는가? 『의식에 직접적으로 주어진 소여에 관한 시론』이나 『물질과 기억』이 그의 인식론이었다면, 『창조적 진화(L'évolution créatrice)』에서 베르크손은 존재론적인 숙고에 빠져 있다가, 그의 최후의 대작인 『도덕과 종교의 두 원천(Les deux sources de la morale et de la religion)』에서 이 질문을 사회철학의 지평으로 끌고 간다. 새로운 습관의 가능성은 이제 사회와 인류 전체를 관통하는 계시와 영감에서 가능하다는 것이 그의 결론이다.

필연성에서의 해방이 자유라고 한다면, 물질적 기억이나 습관에서부터 벗어나려는 자아의 모습은 분명 '투쟁하는 나(le moi militant)'이며, 그런 투쟁의 가능성은 칸트와 같은 지성주의가 아니라 예상할 수 없는 '돌발성'에서 시작되기 때문이다. 또한 그러한 돌발성이 지성주의를 넘어서는 까닭은 '열린 사회'를 지향하는 새로운 도덕이 사회적 의무감이나 규제의 차원이 아닌 인격의 모범을 따르는 자발적인 의식에서 비롯되기 때문이다. 들뢰즈의 지적처럼 베르크손에서의 자유는 인식론이 아니라 존재론의 차원에 있다. 다시 말해 사회적 습관을 벗어날 수 있는 단 하나의 방법은 종교적 감화에 있다는 것이다. 그러므로 베르크손에게 종교란 인성의 사악한 습성에서 벗어나 인류 전체가 해방을 향해 나아갈 수 있는 열린 도덕의 유일한 길이다. 그는 예수의 산상설교가 얼마나 많은 사람들을 감화시켰으며, 예수의 선구자적 삶이 인류역사에 얼마나 큰 변화를 초래했는지에 대해 역설하고 있다.

이러한 베르크손의 종교적 신비주의에 대항하며 등장한 것이 바로 사르트르의 실존철학이다. 물론 『존재와 무』를 헤겔이나 후설 그리고 하이데거를 겨냥한 사르트르의 비판적 시각에 초점을 두어 독서하는 방법도 일견 타당하다. 아니 어쩌면 그렇게 읽어온 독해가 지금까지 사르트르에 대한 일반적 평가였는지도 모른다. 그러나 사르트르가 은밀하게 감추고 있는 몇 가지 대목에서 우리는 그가 마주하고 있는 철학적 상대가 베르크손이나 마르셀(Gabriel Marcel) 같은 신비적 이상주의였다는 점을 찾아낼 수 있다. 『존재와 무』 4부에서 가장 진지하게 전개되고 있는 자유론이 바로 그곳. 사르트르는 여기서 행위의 선택이란 곧 의식을 의미하는 것이라고 못박으며, 곧바로 베르크손을 비판한다. 베르크손이 실제성(le réel)의 뒤로 내버렸던 가능성(le possible)을 사르트르가 다시 구해낸 것이다. 이제 사르트르에 와서 가능성이란 세계 내에 실존하는 나의 '순수한 자기투사'로 변신하게 된다. 따라서 무의식이란 순수한 자기투사의 한 부분일 뿐, 그것이 의식과 양분되어 따로 분류될 수 있는 성질의 것이 아니다. 『존재와 무』 1부 2장의 '자기기만(la mauvaise foi)'에 대한 분석에서 사르트르가 보인 줄기찬 열정을 생각해보라. 일반 심리론자들과 마찬가지로 프로이트의 무의식은 인간 행위의 선택을 무동기적 작용이라는 신비적 영역에 방치해둔 채, 그것이 가능하게 된 존재론의 차원을 분석하지 못하고 있다고 그는 비판한다. 다시 말해 무의식의 분석에는 미래에 대한 조망이 빠져 있다는 것이다(퐁탈리(J.-B. Pontalis)의 암시처럼 사르트르가 프로이트 심리학에 대해 가졌던 깊은 통찰력에 대해서 우리는 다시 한 번 조명해보아야 할 것이다. 특히 프랑스 68사상가들의 지적 계보에 거의 빠지지 않고 프로이트가 등장하는 것은 이 부분에서 더욱 의미심장하다. 왜냐하면 사르트르의 주체가 지나치게 초월적인 것이라고 비판한 그들이 내세운 인식론적인 근거가 프로이트였기 때문이다). 그러므로 사르트르의 비유처럼 아담이 사과를 따먹게 된 것은 전적으로 그의 선택이며, 그의 순수한 자기투사일 뿐이다. 아담의 또 다른 행위 가능성을 설정한 라이프니츠의 단자론적 해석이 사르트르의 비판의 표적이 된 까닭도, 그것이 시간의 논리적 순서를 상징적 표현으로 대치한 것에 불과하며, 사과를 따먹은 아담의 행위가 아담의 본성과 관련되어 있다는 우발성으로 빠져들고 말기 때문이다. 줄곧 반복되는 사르트르의 주장은 바로 현재의 선택은 언제나 미래를 전제로 한다는 것이며, 또한 그러한 선택의 기반은 나의 의식이라는 점이다. 이것이 바로 '실존이 본질을 앞선다'라는 실존철학의 유명한 테제가 뜻하고 있는 바이다. 다시 말해, '즉자적 자아(en-soi)'의 모습이 '대자적 자아(pour-soi)'로 초월하는 순간이 바로 자유의 요체이다.

  그렇다고 사르트르가 상정한 초월적 자아의 모습이 반드시 데카르트나 칸트 유의 의식적 자아(le moi conscient)였는가? 사실 이 대목이 사르트르의 실존철학을 극단적인 인간중심주의로 몰아붙였던, 이른바 '프

랑스 68사상'의 도전장에 나타난 기본 항목 중의 하나임에 틀림없다. 그
러나 과연 그런가?『존재와 무』3부에 등장한 '타자 존재'에 대한 고려
에서 보듯이, 나의 육체 위에 각인되어 있는 타인의 시선이 나의 실존을
구속하는 지옥과 같은 존재라고 토로한 초기 사르트르나, 후기 저작인
『변증법적 이성비판』에서 마르크스에 대해 실존적 해석을 가하고 있는
사르트르의 태도에서 우리는 분명 그가 순진한 관념론자가 아니었음을
쉽게 알아차릴 수 있다. 그런데 왜 그가 지난 20년간 그리도 혹독하게
비난의 대상이 되어야 했을까? 레비-스트로스, 알튀세르, 푸코, 들뢰즈,
부르디외에 이르는 이른바 프랑스의 '포스트모더니스트'들의 원성이 한
결같이 사르트르에 가해졌던 까닭은 무엇인가?

　사르트르에 대한 비판의 화살을 가장 먼저 당긴 사람은 그의 절친한
친구였던 메를로-퐁티였다.『행동의 구조(*Structure du comportement*)』
와『지각의 현상학』에서 메를로-퐁티의 주제는 인간의 육체가 판단 이
전의 선술어적 존재임을 밝히는 데 모아진다. 사르트르가 인간의 육체를
즉자적 존재로, 그리고 의식을 대자적 존재로 양분했다면, 메를로-퐁티
의 육체는 그러한 양분법을 거부한다. 왜냐하면 의식의 지향성과 육체의
운동적 경험이 세계 내에서 결코 분리될 수 없기 때문이다. 감각으로서
의 나의 육체는 습관화된 운동성을 통해 기능하기에, 그것은 이미 육체
와 의식의 가정적 종합을 전제로 한 것이다. 메를로-퐁티가 들고 있는
예를 따르면, 인간의 성적 욕망이나 언어행위는 의식의 선택적 작용이
아니라, 세계 내 존재로서 육체가 공간적 배열 속에서 갖는 선술어적 지
향작용이다. 즉 메를로-퐁티의 '자아'는 주체와 객체를 양분하여 갈라놓
은 경계선상에 애매하게 서 있다. 그러기에 타자와의 관계도 사르트르의
그것과는 사뭇 달라, 타자를 전제하지 않는 '나'는 성립 불가능할 뿐 아
니라(상호 주관성의 테제), '의식의 지향성' 또한 시간과 역사성의 깊이
속에서 파악되지 않으면 안되는 것이다. 그러기에 메를로-퐁티는 '체험

된 삶의 공간'을 강조한다(이것은 부르디외가 『구별짓기』에서 즐겨 사용하는 '삶의 공간'이라는 표현과 그대로 일치한다). '침전된 역사' 속에서 육체에 각인된 언어와 감각이 만들어내는 메를로-퐁티의 '주체'는 그런 의미에서 사르트르의 '대자적 자아'를 '상공비행하는 철학(la philosophie de survol)'이라고 쏘아붙인다. 일상적인 생활세계가 없다면 자유도 없기 때문이다. 사르트르에 있어서 자유의 주체가 '초월적 주체'였다면, 메를로-퐁티의 그것은 '상황적 주체'라고 할 수 있다.

이러한 메를로-퐁티의 '상황적 주체'는 베르크손의 주체관에 대해서도 찬성하지 않는다. 사르트르와 메를로-퐁티의 대결 양상은 비교적 우리에게 잘 알려져 있는 터이지만, 베르크손을 메를로-퐁티가 어떻게 읽었는가는 우리에게 낯설게 남아 있다. 그러나 육체의 계보학을 추적하고 있는 우리에게는 사르트르와의 대결 못지않게 베르크손과의 충돌 또한 중요하다. 은밀하게 드러나는 베르크손에 대한 비판은 크게 보아 두 가지다. 첫째는 『의식에 직접적으로 주어진 소여에 관한 시론』의 주제에서 '직접적으로' 주어진다는 베르크손의 입장을 받아들일 수 없다는 것이다. 이유는 어렵지 않다. 메를로-퐁티의 지적에 따르면, 의식에 소여가 '직접적'으로 주어지기 위해서는 베르크손의 주체가 기본적으로 눈이 멀고 귀가 들리지 않는 독존적인 존재여야 한다. 직관적 인식으로의 회귀란 따라서 외부세계와의 단절을 의미할 뿐만 아니라, 순수한 의식을 전제로 할 때만 가능하다. 그러나 순수한 의식이란 메를로-퐁티에게 지나치게 순진한(naive) 얘기로 들릴 수밖에 없다. 세계를 읽는 의식이란 칸트 유의 지성주의도 아니지만, 베르크손식의 순수한 내면의 세계만을 의미하는 것일 수도 없기 때문이다. 지각이란 의식의 경험을 전제로 할 때만이 가능하다. 메를로-퐁티가 강조하는 '지각의 장'이란 바로 과학주의가 혹은 경험주의가 아무런 검증 없이 옆으로 비켜가고 있는 의식의 전제를 재검토할 수 있는 가능성 영역을 말한다. '사고'를 통해 '사고되지 않은 것'을 파악하자는 것이다.

베르크손에 대한 메를로-퐁티의 두번째 비판은 '기억'에 대한 문제이다. 베르크손이 관념연합설을 비판했지만, 메를로-퐁티가 보기에 그의 입장에는 시간을 인과론적으로 설명하려는 경험주의 흔적이 여전히 남아 있다. 육체 위에 남겨진 기억이 베르크손에게 엔그램(engramme, 과거의 개인적인 사건이 기억 속에 남아 있는 흔적)이라 한다면, 메를로-퐁티의 육체는 기억의 문제를 판토마임(pantomime, 행동의 형태)으로 다룬다. 따라서 과거의 기억이 현재의 개별적인 이해에 따라 현재진행형으로 등장한다면, 과거에 대한 기억이 어떻게 육체 위에 보존될 수 있는가를 설명할 수 없지 않겠는가라고 메를로-퐁티는 베르크손에게 따져 묻는다. 시간이란 의식을 무의식으로 연결시키는 존재론적인 고리라고 파악하는 메를로-퐁티에게는 현재의 이해가 과거를 불러오는 것이 아니라, 현재의 지각 안에 이미 과거가 함께 존재하고 있는 것으로 해석된다. 그러므로 지각한다는 것은 이미 사회적 공간 안에서의 육체의 위치와 행동반경을 전제하고 있음을 함축하는 하나의 행위다. 『지각의 현상학』 2부에서 「지각된 세계」를 서술하면서 메를로-퐁티가 '느낌'이나 '공간'에 대해 강조한 이유가 바로 이것이다. 따라서 메를로-퐁티에 와서 코기토에 대한 정의가 다시 한 번 달라진다. "나는 할 수 있기 때문에 존재한다(je peux, alors je suis)."

그리고 한 발 더 나가면, 행동 가능성으로서의 코기토가 메를로-퐁티의 후기 저작에서는 무의식과 슬며시 연결된다. 『소르본 강의록(Cours de Sorbonne)』에 등장하는 피아제(Jean Piaget)의 아동심리학에 대한 그의 관심사나 헤나르(Hesnard)의 저작인 『오늘날 프로이트의 중요성』에 붙인 서문은 메를로-퐁티가 프로이트 심리학에 지대한 관심을 가지고 있었음을 잘 보여주는 중요한 실증자료들이다. 메를로-퐁티는 처음에 사르트르의 즉자적 자아와 대자적 자아의 경계를 무너뜨리더니, 나중에는 의식과 무의식마저 섞어놓고 있다. 그러기에 흔히들 메를로-퐁티의 철학은 애매성의 경계 위에 서 있다고 말한다. 후설과 하이데거 사이에 있는가 하면, 베르크손과 사르트르의 중간쯤에 끼여 있다. 그 사이에서 인간중심주의의 실존철학이 막을 내리고 구조주의가 시작되었을 것이다.

메를로-퐁티가 개척해놓은 반인간주의적 철학은 인류학 분야의 레비-스트로스의 그것과 함께 60년대를 풍미했던 프랑스 구조주의의 새로운 지평을 열었다. 특히 메를로-퐁티가 수입한 소쉬르 언어학의 영향은 프랑스 지성계에 엄청난 영향력을 발휘한다. 그러나 프랑스에 수입된 소쉬르 언어학은 전통적인 구조주의 틀에서보다는 생활세계의 맥락에서 그 효율성이 더욱 강조된 느낌이 짙다. 메를로-퐁티식으로 표현한다면, '제도화된 언어'로서 랑그보다는 차라리 '말하고 있는 언어(langue parlant)'인 파롤이 주목의 대상이 되었다는 것이다. 이곳이 바로 육체에 대해 고민하던 철학이 자신의 사고의 영역을 사회학으로까지 확장시키게 되는 문턱이다. 그런 의미에서 생활세계에서 활동하는 상황적 주체의 모습을 찾아내기 위해 도입된 언어사회학이 인간의 육체를 포착하는 방법은 그 범위가 실로 다양하다.

우선 바르트의 기호학 연구가 주목받을 만하다. 『기호학 요강(L'Éléments de sémiologie)』으로부터 시작된 언어사회학적 기틀이 그를 신문 잡지와 같은 활자매체뿐만 아니라, 의상체계와 같은 넓은 의미의 문화행위에 대한 기호학적 분석을 시도하도록 자극한다. 그러나 역시 그는 사회학자라기보다는 문학평론가라고 평가하는 것이 더 정확할 것이다. 말년의 그는 『텍스트의 즐거움(Le plaisir du texte)』이라는 문학적 탐미주의로 돌아가고 만다. 따라서 기호학적 시각으로 육체를 가장 정교하게 분석해낸 사람을 꼽는다면 그것은 분명 보드리야르일 것이다. 개인의 소비행태를 분석하면서 마르크스를 도입한 보드리야르의 상품관계 분석은 노동뿐만이 아니라 인간의 육체가 오늘날 자본주의 사회에서 하나의 물신성으로 교환되고 있음을 밝히고 있다.『소비의 사회(*Société de consomption*)』에서 보드리야르는 인간의 성적 육체가 욕망의 기제를 통해 소비되고, 유통되는 상품교환 관계를 기호학적으로 풀어간다. 대중매체의 광고 효과를 통해 개인들은 자신의 욕망과는 아무런 상관도 없는 상품들을 사들인다. 더구나 욕망의 대상은 슈퍼마켓의 진열대 위에 놓인 실제적인 물건들이 아니라, 표상으로 포장된 허구적인 이미지들이라는 것이다. 그러나 보드리야르의 마르크스 독해는 다소 지나치다. '상징적 육체'를 포착한 그의 기호학적 논리가 생산의 논리에까지 적용되어서는 안되었을 것이다. 더구나 소비문화에 대한 그의 고발도 인식론적으로 너무 성급하다. 인간의 욕망이 잠재되었다거나 억압되었다고 말하는 것은 수긍할 만하지만, 인간의 욕망에 아무런 실체가 없다고 주장한다면, 거기에는 쉽게 동의할 수가 없다. 분명『상징적 교환과 죽음(*L'échange symbolique et la mort*)』이후의 보드리야르에게는 더 이상 탈출구가 없다.

육체에 대한 사유가 권력의 문제와 마주치는 대목이 바로 여기다. 권력과 지식 그리고 육체. 이 문제를 가장 정교하게 해명해내고 있는 사람이 우리가 익히 알고 있는 미셸 푸코이다. 그는 근대국가 형성기에 권력의 작동기제가 권력의지를 실현시키기 위해 인간의 육체 위에 가해왔던 각양각색의 전략적 효과를 추적한다. 그것을 한마디로 요약하자면, 권력과 지식의 맞물림이다. 따라서 푸코에 와서 인간의 육체는 지식의 폭력성에 무자비하게 분해되고, '착한 육체'와 '나쁜 육체'로 분류된 개별자들이 지식의 격자틀 안으로 밀려들어간다. 이제 주체는 권력의지의 일환에 따라 이리저리 밀려다니는 자동인형에 불과할 뿐, '사유하는 주체' 혹은 '행위하는 주체'란 하나의 환상에 불과하다. 여기서 푸코의 권력 개념에 대해 상세히 논의할 필요는 없을 것이다. 필자 자신이 이미 오래 전에 이 부분에 대해 준비한 짧은 글도 있거니와, 지금 살펴보고 있는 육체의 계보학에서 권력의 성격에 대한 논의가 반드시 적절한 것은 아니기 때문

301

이다. 다만 한 가지 지적하고 싶은 것은 국내에서 발표된 푸코의 권력론에 대한 글 중에서 필자가 받은 인상은, 권력과 육체의 문제를 다루면서 거기에 지식의 문제가 부수적인 것처럼 다루어지고 있다는 점이다. 다시 말해 권력-지식이 하나의 축이고 권력-육체(주체)가 또 다른 축인 것처럼 생각한다면, 그것은 푸코를 잘못 이해한 것이다. 푸코에게서 권력은 언제나 지식과 주체를 하나로 꿰는 중심축이다. 물론 『임상의학의 탄생(Naissance de la clinique)』에서처럼 '보이는 것-권력-말해질 수 있는 것'이라는 테마가 강조될 수 있고, 『담론의 질서』에서처럼 '담론-공간-권력'이라는 축이 강조될 수도 있지만, 초점이 달라졌다고 해서 권력과 주체(육체)와 지식(담론)의 문제를 따로 떨어뜨려 생각해서는 안된다고 힘주어 말하고 싶다.

　권력이 직접 주체(육체)를 다루는 것이 아니라, 일정한 공간 안에서 담론을 통해 주체를 생산한다는 것이 푸코의 핵심 주장이다. 이 부분이 필자에게 중요하게 느껴지는 까닭은 권력과 주체와 지식을 떨어뜨려 생각하게 되면, 소위 『성의 역사』 2권부터 시작되는 윤리학의 축이나 권력에 대한 주체의 저항 문제를 고려할 때, 주체가 권력에 직접 대결하는 것으로 오해를 불러일으킬 수 있기 때문이다. 한 발 더 나아가 필자의 견해를 밝힌다면, 『성의 역사』 2, 3권은 어떤 의미에서 보면 규율사회에서 주체가 어떻게 구성되었는가를 탐색한 『감시와 처벌』이나 『성의 역사』 1권에서 크게 벗어나지 않는다고 말하고 싶다. 『말과 사물』은 고전주의 시대를, 『감시와 처벌』은 근대를, 그리고 『성의 역사』 2, 3권은 고대를 다룬 주체형성의 역사라고 본다면, 후기 푸코에게 윤리의 가능성을 찾으려는 시도는 애초부터 위험스럽다. 물론 '배려(souci)'나 '자아의 기술(technique de soi)'과 같은 존재론적인 용어들이 본격적으로 등장한 것은 『감시와 처벌』에서와는 사뭇 다른 어조임에 틀림없다. 그러나 필자가 여기서 강조하고 싶은 것은 푸코의 권력론을 지식과 주체의 상관관계에서 파악한다면, 이미 초기 푸코에게서 저항의 가능성이 무엇인지 암시되고 있다는 점이다. 그 대표적인 글로 필자는 1963년의 「위반에 대한 서문 - 바타유를 애도하며(Préface à la transgression)」와 1966년에 발표된 「바깥의 사유」를 들고 싶다. 이 두 글을 근거로 주체의 저항에 대해 필자의 견해를 간단히 밝혀보자. 주체가 지식의 격자층 안에서 결정된다면, 주체의 저항도 지식의 틀을 깨는 것으로부터 시작되어야 한다고 생각한다. 『말과 사물』에서 푸코가 지적한 대로 근대의 '나'는 '생명-노동-언어' 라는 지식의 격자틀 안에 갇혀 있다. 그것이 바로 푸코가 말하는 근대적 주체의 '유한성(finitude)' 이다. 초월적이든 경험적이든 주체는 근대의 지식이 만들어놓은 주름 안에 잡혀 있는 것이다. 따라서 주체의 저항이란 내부가 아니라 외부에서부터 시작되며, 외부의 주름이 펴지면서 우리는 광기에 대해 침묵하던 과거와는 달리 광기에 대해 떠들게 되고, 성도착의 금기에 대해 도전할 수도 있게 되는 것이다. 마치 바타유처럼. 따라서 푸코의 분석틀에서 주체의 저항이란 말해지지 않은 것을 말할 수 있게 하는 주체의 도발을 의미하는 것으로 해석할 수 있다. 즉 글쓰기의 양식이 중요하다.

바타유, 클로소프스키, 뷔루(Burroughs), 발라르(Ballard), 그리고 루셀 등이 푸코의 저작에서 중요하게 취급되는 까닭은, 이들이야말로 근대가 만들어놓은 지식의 주름에 '위반하여' 혹은 '저항하여' 새로운 글쓰기를 시도한 사람들이기 때문이다. 물론 주름이 펴지는 것과 주체가 주름에 도전하는 것이 어느쪽이 먼저라고 단정짓기는 곤란하다. 더구나 펴진 주름이 반드시 유토피아라고 말할 수도 없다. 들뢰즈의 표현을 빌리면, 주름은 펴졌다가 다시 접히는 것일 뿐이다. 그런 의미에서 푸코의 윤리의 축은 진리의 문제를 존재론과 연결시킨 하이데거의 질문에 가깝다(재미있는 것은 하이데거의 『존재와 시간(Sein und Zeit)』 1부 6장 41절의 제목이 「마음씀으로서의 현존재」인데 이때 '마음씀' 이란 단어의 불어 번역은

'souci'이다. 푸코의 『성의 역사』 3권의 제목이 아닌가!). 아무튼 권력의 문제와 마주친 육체는 더 이상 광경(spectacle)이 아니다. 육체를 통해 개별자들은 권력의 그물망 안에서 소외되고, 차별받고 있기 때문이다. 게스 청바지를 입은 다리와 그렇지 못한 다리, 그것은 바로 정당한 육체와 그렇지 못한 육체를 의미하며, 지배계급의 육체가 피지배계급의 육체를 지배하고 있음을 웅변하고 있는 것이다. '코드화된 육체' '상품화된 육체'가 계급관계의 분석에서 어떻게 지배와 피지배의 문화를 재생산하는가를 가장 명쾌하게 밝혀내고 있는 사회학자가 바로 피에르 부르디외이다. 그는 『구별짓기』에서 세계 내에 존재하는 개별자들의 체험공간을 극한으로까지 밀고 나아간다. 그리하여 이제 문화의 개념은 음식을 먹는 방법으로부터 가구를 사모으고, 옷을 입으며, 미술관이나 영화관에 출입하는 것에까지 확장되어, 일상생활의 일거수일투족이 계급적 논리에 따라 설명되기에 이른 것이다. 육체는 사유의 대상도, 선택의 자유가 있는 것도 아닌, 계급지배를 재생산하는 미세한 권력그물망의 한 세포에 불과하다.

더욱이 특징적인 것은 그람시가 간파했던 부르주아 계급의 헤게모니적 지배양식이 보드리야르나 푸코를 거쳐 마침내 부르디외에 이르러서는, 그 폭력의 양상이 무의식에까지 침투하게 되었다는 점이다. 부르디외는 샹송을 즐겨 듣는 노동자계급과 클래식 음악을 듣는 부르주아 계급 사이에는 정치 일반에 대한 옳고 그름을 판단하는 정치적 성향뿐만 아니라, 문화적 취향마저 '사회적 장'의 권력게임의 논리에 따라 결정된다고 해석한다. '상품화된 육체'로서 자신의 무의식적 취향마저 빼앗기고 있는 것이다. 분명 부르디외 안에는 상징적인 육체를 다룬 바르트나 보드리야르가 녹아 있고, 권력의 문제를 육체와 연결시키려 했던 푸코의 문제의식이 살아 있다. 특히 푸코와의 대비 속에서 부르디외를 평가해본다면, 전자가 주체화 과정에 동원되는 외부적인 장치들(병원, 감옥)에 치중했다면, 후자는 그러한 장치들이 만들어낸 효과에 주목한다. 즉 행동의 일반양식이 강조된다. 미셸 드 세르토(Michel de Certeau) 식으로 표현한다면, 푸코는 권력의 기술들을 강조한 반면, 부르디외는 당연시된 믿음(doxa)이 어떻게 당연시되는가를 질문한다. 아마도 이것이 부르디외가 푸코를 비판할 수 있는 기반일 것이다. 권력의 장치들(dispositifs)에 대한 역사를 다루었다고 해도, 그것이 어떻게 주체화되는가(subjectivation)는 푸코에게 애매하게 남아 있다는 것이다. 더구나 하나의 권력의 장이 다른 것으로 변해가는 역동성에 대해 푸코는 한마디도 하지 못하고 있다고 공격하면서, 부르디외는 사회적 장의 변화는 계급투쟁의 결과물이라고 대안을 제안한다. 정말 그런가? 일면 타당하기도 하지만, 석연치 않은 부분도 있다. 푸코 입장에서 질문해본다면, 아비투스의 변화가 계급투쟁의 결과라 할 때 개인은 지식의 주름 밖에 있다는 뜻인가? 적어도 하버마스처럼 '좋은 아비투스'와 '나쁜 아비투스'를 준별할 수 있겠는가라는 식의 질문에는 부르디외도 당당하게 외면할 수 있겠지만, 부르디외 자신이 들뢰즈를 인용하면서 아비투스의 형성과정이란 하나의 주름잡힘이라고 인정한 마당에, 그가 주체의 문제를 언급하면서 푸코를 넘어섰다고 말하기는 그리 용이하지 않을 것이다. 그래서 독일 사람들은 푸코나 부르디외, 그리고 데리다를 싸잡아 하이데거의 영역에서 벗어나지 못했다고 평가할는지도 모른다. 프랑스 사회철학이 이러한 독일과의 문화적 자존심 경쟁에서 프랑스 사상의 독특함을 보인다는 것이 그리 쉬운 일은 아니다.

'옳음'과 '그름'(실천이성)뿐만 아니라, '좋음'과 '싫음'(판단이성)도 권력의 효과라고 말한다면, 이제 인간에게 남은 것은 무엇인가? 우선 인간 해방의 논리는 칸트처럼 인류의 보편성으로도, 레닌처럼 부르주아 권력기구의 전복으로서도 불가능하다. 리오타르가 말하는 '거대담론(grand narrative)'의 종말이란 바로 이러한 후기자본주의 사회현상을 가리키고 있는 것이리라. 물신화된 상품으로 전락된 육체의 해방은 자본주의냐 사회주의냐 하는 체제의 선택을 넘어서는 다른 차원의 문제이다. 그러나 포스트모던의 호된 비판을 지나고 난 90년대 프랑스 사회철학은 육체의 해방을 모색하기 위한 새로운 전거를 찾아나서고 있다. 새로운 윤리의 가능성을 탐색하고 있는 사회철학의 최근 흐름 중에 눈에 띄는 사람은 레비나스의 『또 다른 존재의 모습』과 리쾨르의 『타인과 같은 나 자신(*Soi même comme l'autre*)』이다. 레비나스와 리쾨르? 다시 종교적 신비주의로 돌아가자는 뜻인가(레비나스 철학이 유태교 전통에 근거하고 있다는 것은 유명한 사실이며, 또 리쾨르의 초기 저작 중 『의지의 철학(*Philosophie de la volonté*)』 2권은 성경에 나타난 죄가 무엇인가를 다룬 해석학적 작업이었다. 한편 리쾨르의 1977년 강의 제목은 「기억과 망각」이라고 한다. 베르크손을 다시 읽어보겠다는 뜻인가)? 또 다른 일각에서는 하이데거의 눈을 통해 데카르트를 다시 읽으려고 하거나(장 뤽 마리옹(Jean Luc Marion)) 혹은 피히테로부터 시작해 토크빌을(Tocqueville) 거쳐 사르트르로 내려오면서 인간의 이성능력의 가능성을 타진해보는 사람이 있기도 하다(알랭 르노(Alain Renaut)). 또 알튀세르의 눈으로 마르크스를 재해석하는 프랑스 마르크스주의의 흐름 속에는 주체의 저항과 관련해 새로운 경지를 개척하고 있는 다양한 흐름이 있다. 생산조직 말단에서 신포드주의 생산방식에 저항하는 노동자들의 작업상태에 주목하여 새로운 노동 개념을 찾고 있는 파리8대학의 뱅상(J. M. Vincent)이나 네그리 같은 트로츠키주의자들이 있는가 하면, 『자본론』을 메타이론의 차원에서 비판하면서 시장의 논리가 사회주의체제에서도 지속할 수 있음을 보지 못한 것이 마르크스의 치명적인 한계이기에, 마르크스주의 안에 결여된 새로운 자유계약의 논리를 찾기 위해서 롤스(John Rawls)나 하버마스를 끌어들여야 한다고 주장하는 비데와 같은 신고전주의자가 있기도 하고, 그 중간쯤에 마르크스를 로크와 같은 정통 자유주의 노선의 인권정치에 접목시키려는 발리바르와 같은 중도파도 있다. 발리바르가 즐겨 인용하는 곳은 푸르동을 공격하던 마르크스의 『그룬트리세』의 한 대목이다.

커다란 맥락에서 보면, 이들 모두가 데카르트로부터 시작된 근대성의 정치적 상상력에 애매하게 남겨져 있던 영혼과 육체의 한 조각들을 잡고서, 근세기 초 바로크 시대에 바닷가에 그려진 인간의 얼굴이 이제 곧 파도에 씻기고 나면, 그후에 인간의 육체 위에 어떤 모습을 그려넣을 것인가라는 푸코와 들뢰즈가 남긴 물음을 머리 속에 가지고 있을 것이다. 얼굴이 없고 육체만 남은 인간의 모습을 상상하기란 쉽지 않을 것이다.

4. 글을 맺으며

사실 이 글의 제목은 '부르디외 사회학을 철학화하기 위한 시론'이라고 정했어야 옳았을 것이다. 여기서 필자가 전개해온 논의만 가지고서는 부르디외 사회학이 갖는 독창적인 성격을 파악하기 힘들 뿐만 아니라, 아비투스 개념의 철학사적 위치도 그리 명쾌하게 정리되었다고 말할 수 없기 때문이다. 더구나 구조와 행위자에 대한 변증법적 종합이란 명제가 사회학에서 어떤 의미를 갖는지를 좀더 상세히 설명해야만 했을 것이다. '육체와 영혼의 종합'이라는 철학적 명제말고도, 사회학에서 마르크스나 베버의 방법론을 종합한다는 것이 바로 이러한 부르디외 사회학의 기본 테마이고 보면, 필자가 부르디외 사회학으로 접근하는 방법은 분명 사회학적이지는 못하다(부르디외의 아비투스를 기든스(A. Giddens)의 구조화 이론과 연결시키는 것은 프랑스 사회학에서 흔한 일이다). 그러나 부르디외에 대한 필자의 이러한 비사회적 접근방법에 대하여 굳이 변명을 달자면, 이 글은 부르디외 사회학에 대한 서론으로서, 필자가 앞으로 어떤 방향으로 문제의식을 전개시킬 것인가를 보여준 것에 불과하다고 말하고 싶다(아마도 필자에게는 아직도 부르디외에 관한 글을 발표할 기회가 많이

남아 있을 것 같다). 그럼에도 불구하고 이처럼 장황하게 얘기를 끌고 온
것은 필자가 부르디외 사회학에 대하여 가지고 있는 개인적인 인상이나
평가를 독자들에게 전달하고 싶었기 때문이다. 즉 부르디외를 기존에 나
와 있는 해설서와는 다르게 읽고 싶고, 또 다르게 읽어야만 한다는 것이
나의 주장이다.

　그 동안 출간된 부르디외에 대한 연구결과들은 크게 보아 독일권과 영
미권의 경향으로 대비될 수 있다. 프랑크 야닝(Frank Janing)이 소개한
독일권에서는 역시 그들의 문화적 자존심답게 부르디외를 베버나 하버
마스와 연결시키는 정도에 머물고 있다. 베버나 하버마스의 아류라고 생
각하는 것인가? 한편, 영미권에서 부르디외를 읽어가는 방법은 미국 사
회학의 '상징적 상호론자'의 맥락에서 크게 벗어나지 않는 듯하다. 듀이
나 미드(George H. Mead) 그리고 고프먼(Erving Goffman)과 부르디외
를 비교하는 것이 일반적인 경향이다. 사실 부르디외 사회학에 커다란
영향을 준 사람들 중 하나가 고프먼임에 틀림없다. 일찍이 고프먼을 번
역하여 프랑스에 소개한 것도 바로 부르디외 그룹이었다. 프랑스의 경우
는 훨씬 조심스럽다. 아마도 매일 얼굴을 마주하고 있는 사람이니, 그 사
람이 쓴 글에 대해 평가한다는 것이 그만큼 어려웠을 것이다. 85년 『사
회학자의 제국』이라는 제목의 논문 모음이 나온 이래 계속 침묵을 지키
다가, 95년 『비평(Critique)』지에 특집을 냈고, 96년 10월에 『마르크스의
현존(L'Actualité de Marx)』에서 또 특별호를 만들었다. 첫번째가 사회과
학 일반을 상대로 한 평론집이었다면, 두번째는 주로 사회학에 초점을
두었고, 세번째는 역시 그를 마르크스적인 관점에서 평가하고 있다. 또,
아비투스를 중심으로 한 부르디외의 사회학을 '육체의 사회학'이라고 이
름붙여본다면, 우리는 노베르트 엘리아스(Nobert Elias)의 영향을 부르디
외에게서 떼어놓을 수 없을 것이며(부르디외는 1970년대 초에 처음으로 엘
리아스를 초청해 파리에 소개했다), 상징적 폭력의 개념에 초점을 두고 부

르디외 사회학을 관찰하면 에른스트 카시러(Ernest Cassirer)의 흔적도 역력하다(카시러의 『상징형식의 철학(*Philosophie der symbolischen Formen*)』3권을 불어로 번역한 장본인이 바로 부르디외이다). 그러나 그 무엇보다도 부르디외는 역시 뒤르켐 사회학의 후예라고 평가하는 것이 가장 적절할 것이다. 뒤르켐으로부터 부르디외를 관통하는 교육사회학에 대한 관심은 프랑스 사회학의 가장 큰 전통 중의 하나임에 틀림없다.

그럼 한국에서는 부르디외를 어떻게 읽어야 하는가? 이제부터가 필자의 입장이다. 서구에서는 각자가 키워온 철학이나 사회학의 전통에서 부르디외를 읽어볼 수 있겠지만, 우리의 상황에서는 부르디외를 평가할 만한 기준이 없지 않은가? 도대체 무엇을 근거로 부르디외를 읽고 평가할 것인가? 따라서 필자는 부르디외 사회학의 특수성을 우리 상황에서는 보편적인 관점으로 재해석해야 한다고 주장하고 싶은 것이다. 부르디외 사회학이 생긴 지적 토양에서 그의 사회학을 이해하는 것이 첫번째 과제이다. 필자의 이러한 견해는 기존의 해설서와는 강조점이 무척 다르다. 베르크손이나 사르트르 혹은 메를로-퐁티를 통해 부르디외에 접근하겠다는 것이 그런 의미에서 기존의 해석에 익숙해져 있는 부르디외 사회학의 측근들에게는 당혹스럽게 생각될 수도 있을 것이다. 사실 부르디외 사회학은 그가 개념을 얼마나 정교하게 다듬어가고 있으며, 그래서 지금까지 전혀 알지 못한 새로운 인식의 지평을 보여준 것이 무엇인가라고 물을 수 있는 성질의 것이 아니다. 그의 사회학적 업적은 그 동안 개발되어온 철학 개념들을 사회학적으로 적용하여, 그 현장감을 증명한 것만으로도 충분할지 모른다. 그런 점에서 보면 부르디외는 철학마저 거부하는 '사회학주의(sociologisme)'의 극단을 달리고 있는 사람이다. 『사회학자의 작업(*Le métier de sociologue*)』은 부르디외 사회학에서 기초적인 방법론에 해당하는 저술인데, 그곳에서 그는 철학적 사색도 사회학을 통해서 검증된 후에야라만 결실을 볼 수 있다고 강조한다. 사실 그렇다. 의상체계를 분석한 바르트에 비해, 문학을 사회학적으로 분석한 골드만(Lucien Goldman)에 비해, 부르디외의 사회학적 분석은 좀더 현장감이 있고, 훨씬 역사적이다. 이것만으로도 그는 바르트나 골드만에 앞서간다. 더구나 계급분석을 위해 '사진찍기'를 사회학의 주제로 끌어들인 부르디외의 천재성은 죽음을 사회학 조사의 대상으로 삼은 뒤르켐의 탁월한 영감과 비견되어 손색이 없다.

그러나 필자는 여기서 우려를 감출 수 없다. 부르디외의 사회학에는 분명 지나친 구석이 없지 않다. 지금 당장 꼬집어 이런 것이라고 말하기는 힘들지만, 면밀히 읽어가다 보면 그런 느낌이 떠나지를 않는다. 철학이니, 문학이니, 언어학이니, 예술이니 하는 인문과학마저 사회학적 잣대로 재단하는 부르디외는 지나친 사회학주의자가 아닌가 싶다. 그것은 마치 푸코가 역사를 지나치게 이론화했다는 연전의 인상과 비슷하다. 『지식의 고고학』을 읽으면서 마주했던 당혹감이 『구별짓기』에서도 비슷하게 느껴지곤 한다. 따라서 푸코를 약간 구체화하고 싶어했다면, 이제 와서 부르디외는 조금 철학화해보고 싶었던 것이다. 그래야만 혼동스럽지 않고, 그들이 말하는 핵심을 포착할 수 있을 것 같다. 이것이 한국에서의 부르디외 연구의 한 방법이라고 말할 수 있을까?

당장 우리의 현실문제를 해결하기 위해 외국의 지식을 수입한다면, 그것은 너무 성급하다. 더구나 미국이라는 소매상을 통해 들여온 물건을 놓고 이것은 잘 맞아떨어지고, 저것은 우리에게 맞지 않는다고 불평하는 것이 얼마나 우스꽝스러운가. 외국의 이론에 관심을 갖는 것은 우리 스스로가 우리의 문제를 해결하는 데 필요한 지적 기반을 다지기 위한 것이다. 따라서 지식이 유행이어서는 안된다. 그러나 우리 스스로가 문제의식을 갖지 않는다면, 프랑스의 사회철학은 잠깐 스쳐가는 유행에 불과하게 될 것이다. 프랑스제 담론은 그저 프랑스제 담론일 뿐이다. 거기에 빛을 비추고, 그림자를 만드는 것은 바로 우리가 할 일이다. 그런 의미에서 한국사회의 상황을 정확하게 꿰뚫어볼 수 있는 개인적인 안목이 지식의 수입 못지않게 중요할 것이다. 이런 기회에 한국에도 프랑스의 지식을 상대로 하는 전문적인 공식기관이 생겼으면 하는 바람도 있다. '프랑스 사회철학을 어떻게 읽을 것인가?' 라는 질문보다 '부르디외 사회학을 어떻게 읽을 것인가' 라는 구체적인 질문이 필자에게 더욱 어렵게 느껴지는 것은 부르디외 사회학의 독특성 때문만이 아니라, 한국의 지적 상황이 특수하기 때문이기도 하다. 그러므로 부르디외를 읽는 방법은 우리의 상황의 특수성에 따라 푸코나 데리다 혹은 라캉이나 알튀세르와는 또 달라야 한다. 그리고 프랑스 사회학에 대한 특수한 독해는 부르디외뿐만 아니라, 투렌이나 부동, 마페졸리에게도 마찬가지로 적용되어야 할 것이다. 물론 이것은 전적으로 필자의 개인적인 소견에 불과하다.

제5부 그 밖의 담론들-과학, 여성, 정신분석

테크노과학 · 주체 · 여성
정신분석과 페미니즘

테크노과학 · 주체 · 여성

임옥희

「사이보그」

1.

린 랜돌프(Lynn Randolph)의 그림 「사이보그」에
는 한 중국 여성(한국 여성 혹은 베트남 여성이라 해
도 상관없다)의 머리 위에 흰 호랑이가 앉아 있다.[1]
그녀의 손은 엔터 키를 누르기 위해 컴퓨터 자판
기에 닿아 있다. 호랑이의 발톱과 유사한 힘을 가
진 그녀의 손은 컴퓨터망과 연결된다. 그녀의 가슴
은 통합회로의 키보드로 되어 있다. 대지는 컴퓨터
단말기를 둘러싸고 구름 융단처럼 펼쳐져 있고, 구
름 융단의 바깥쪽에 피라미드가 솟아 있다. 가부장

1) Donna Haraway, "The Promises of Monsters : A Re-
generative Politics for Inappropriate/d Others," La-
wrence Grossberg, Cary Nelson and Paula Treichler,
eds., *Cultural Studies*, New York : Routledge, 1992.

린 랜돌프의 「사이보그」

제의 피라미드를 지키는 괴물이 스핑크스였다면, 현대판 스핑크스인 이 여성 앞에서 피라미드는 왜소하기 짝이 없다. 말하자면 피라미드와 스핑크스의 관계가 역전되어 있다. 테크노과학의 힘으로 사이보그가 된 이 '괴물의 약속'이 곧 여성의 미래일까?

이 질문은 다양한 페미니즘의 전략을 가르는 한 지표가 될 수 있다. 자유주의, 정신분석학, 사회주의, 해체주의, 탈식민주의, 실존주의, 흑인, 레즈비언, 생태 등 페미니즘 진영 내부에서도 페미니즘 앞에 붙는 수식어만큼이나 이론적·실천적 편차가 있는 것은 사실이지만, 본고에서는 테크노과학을 대하는 입장에 따라 페미니즘을 대별하고자 한다. 물론 페미니즘 내부에서 테크노토피아·테크노포비아가 그처럼 확연하게 구분되는 것은 아니다. 차이만큼이나 중첩되는 부분이 있기도 하고 이분법이라는 위험이 있지만, 논의의 편의상 거칠게 양분하기로 한다.

테크노과학[2]의 발전으로 가능해진 재생산기술, 유전자공학, DNA 복제, 사이버네틱스, 바이오테크놀러지 등을 페미니즘 운동에 적극적으로 수용하자는 입장이 있다. 슐라미스 파이어스톤(Shulamith Firestone) 등의 급진적 페미니즘의 후예들인 테크노토피아 페미니즘이 이에 해당한다. 파이어스톤은 임신과 분만이라는 생물학적인 조건으로 인해 여성은 남성과의 동등한 경쟁에서 불리할 수밖에 없다고 파악한다. 그러므로 자연분만을 지극한 모성으로 보는 것은 여성해방과는 무관한 반동적인 반(反)문화의 일부이며 "임신은 순전히 가부장제하의 희생경험"이라고 비판한다. 여성에게 본질적으로 주어져 있다고 보는 생물학적인 특성, 즉 임신과 수유 등의 문제를 인조자궁과 위생적인 젖병의 역할로 대체할 때 여성문제는 해결될 것으로 그녀는 이해한다. 이처럼 여성문제를 성모순에서 찾은 급진주의 페미니즘은 남녀차별을 초래한 생물학적인 차이를 테크노과학으로 해결하고자 한다. 그들은 테크노과학으로 여성의 생물학적인 열등성을 극복할 수 있다고 봄으로써 여성의 미래에 대한 무지개빛 청사진을 제시했다.

다른 한편의 페미니즘은 남성과 여성의 본질적인 차이를 주장하면서 테크노포비아 현상을 드러내기도 한다. 서구의 오랜 전통은 여성 · 자연 · 비합리성 · 직관/남성 · 문화 · 합리성 · 이성이라는 이분법을 .유지해 왔다. 이런 역사적인 하중으로 인해, 테크노과학 자체가 여성적인 가치와

---

2) 과학/이데올로기를 대립시킨 알튀세르의 과학은 이데올로기와는 달리 객관적인 실재를 파악해내는 변증법적 유물론으로 간주될 수 있다. 반면 하이데거는 도구적인 테크놀러지에서 벗어나 그리스적인 의미로서의 테크놀러지, 즉 참존재의 의미가 드러나는 순간을 포착하는 시학으로 복귀할 것을 주장한 바 있다. 본고에서 말하는 테크노과학은 자연과학과 테크놀러지라는 좁은 의미로 사용한 것이다.

대립되는 죽음과 군국주의와 전쟁에 대한 '자연스런' 은유가 된다면, 자연, 생명, 모성이라는 가치는 '여성적인 것'과 쉽사리 등치된다. 그 결과 다수의 페미니스트들에게는 테크놀러지의 파문이 곧 생명현상에 적대적인 가부장제의 추방인 것처럼 연결된다. 온전한 육체 개념, 자연, 모성을 남성적인 가치에 비춰 우월한 것으로 주장한다는 점에서 실존주의 페미니즘, 생태 페미니즘 또한 테크노포비아 페미니즘과 같은 궤에 놓을 수 있다. 인접성에 의거해서 테크노포비아 페미니즘의 외연을 좀더 넓히자면 여성적인 글쓰기, 육체 담론, 육체의 쾌락을 주장하는 정신분석학적인 프랑스 페미니즘까지 여기에 포함시킬 수 있다.

그렇다면 테크노토피아들이 주장하는 것처럼 테크놀러지의 발전이 여성에게 긍정적인 힘을 부여하게 될 것인가? 아니면 테크노포비아의 주장처럼 문명과 과학기술이 여성한테 억압적이기만 한가? 테크노과학이 새로운 여성적 주체성, 자연, 모성 등을 전면적으로 전화시킬 또 다른 자궁이 될 것인가? 이럴 경우, 전통과 근대/탈근대의 문제와 더불어, 페미니즘이 제기해 온 계급, 성, 인종의 문제가 개입할 공간은 어디에 있는가? 테크노포비아와 테크노토피아를 중심축으로 페미니즘을 고찰하려면, 이런 문제들을 야기시킨 사회적·역사적·문화적인 문맥, 즉 '탈근대'로 일컬어지는 시대적 맥락과 페미니즘의 관계에 대한 고찰이 선행해야 할 것이다.

2.

17세기부터 19세기에 이르기까지의 고전적인 자연과학과 계몽주의적인 휴머니즘에 토대한 근대적 기획은 저기 바깥에 객관적으로 존재하는 실재 세계와, 그런 세계를 파악해 들이고 의미를 부여하는 통합적인 주체를 상정한다. 역사는 그런 통합적인 주체에 의해 일직선적으로 발전해 나갈 것이라는 전망이 있었다. 역사변혁의 주체세력인 노동자의 계급의식의 조직화로 혁명이 가능할 것이라는 마르크스주의의 낙관적인 믿음이 가능한 것도 그 때문이었다. 그러므로 헤겔의 관념적인 의식주체는 물론이거니와 마르크스주의의 집단적인 (노동)주체 또한 계몽주의적인 휴머니즘에서 완전히 벗어난 것은 아니었다.

하지만 데카르트식의 주/객의 이분법이나, 뉴턴식의 기계론적 인과론에 입각한 세계관은 20세기에 들어 전면적으로 동요한다. 새로운 과학적 패러다임인 현대양자론에 의하면, 물질은 예측불허의 불연속적인 운동을 하며 시간과 공간은 분리될 수 없다. 주체/객체, 상상계/현실 등의 이분법은 근본에서부터 흔들린다. 이런 동요현상은 근대적 기획의 거대 개념들인 주체, 역사, 이성에도 파급된다.

근대서사를 동요시키면서 등장한 탈근대 논의는 자본주의 자체의 변화와 맞물려 있다. 맥루한(Marshall Mcluhan)은 구텐베르크식의 근대적인 지형(紙型)이 합리주의, 산업주의, 대량시장, 보편적인 문자해독과 일반교육을 가져다주었다면, 전자복제시대로 일컬어지는 탈근대 지형은 국가의 경계선마저 불분명한 전 지구적인 시공간의 인식시대를 초래했다고 주장한다. 극소전자혁명과 더불어 자본주의 경계가 구조조정 기간을 거쳐 세계자본주의화되는 복합적인 지형이라는 것이다. 네그리의 표현대로라면, 자본주의의 정보적 재구조화에 따른 하이테크놀러지는 대중노동자의 기반을 잠식하고, 텔레커뮤니케이션 혁명은 자본의 지리적 · 공간적 이동과 시간적인 유연성을 폭발적으로 증대시켰다. 유통정보산업과 금융, 이미지 산업 등 자본주의 자체가 문화상품의 얼굴로 등장하는 단계에 이르면, 굴뚝노동 단계의 생산주체에 토대한 고전적인 정치경제학은 설득력을 상실하게 된다는 것이다.

테크노과학에 의해 하부구조가 변화되었다는 시각은 보드리야르의 시

뮬레이션과 리오타르의 언어게임 이론을 예견하게 해준다. 탈근대를 지
배하는 것은 기호의 정치경제학이다. 이런 기호의 형이상학 시대에 진품
과 모조의 구별은 증발된다. 인공두뇌의 통제시대, 디지털과 DNA 복제
시대에 생산은 하나의 기표에 불과하다. 화폐 기호가 금본위제도와 아무
런 상관이 없는 것이나 마찬가지로 현실과 그것의 지시체는 단절된다.
따라서 심층구조와 표면현상이라는 이분법이 사라진 세계에는 표면만이
존재한다. 감춰진 이면이 없다는 점에서 보드리야르는 소비자본주의 세
계야말로 외설이며, 궁극적인 기표에 도달할 수 없다는 점에서 마스터베
이션의 세계라고 선언한다. 이렇게 본다면, 인간은 역사의 주체는커녕 하
나의 기표에 불과하다. 소비자본주의가 부추기는 '욕망'에 의해 '나는 소
비한다. 고로 나는 존재한다'로 전락한 인간은 권력·지식·욕망의 촘촘
한 그물망 속에서 겨우 주어 역할이나 담당하는 존재로 전락한다.

이처럼 탈근대를 주장하는 이론가들이 의식주체를 굳이 해체의 대상
으로 삼아 인간의 종언을 선언하는 이유는 무엇인가. 이 지점에서 데카
르트로 우회할 필요가 있다. 고전적인 휴머니즘이 주장한 개인은 자율적
이고 안정된 의식주체이다. 이 통합된 주체야말로 세계를 자기 의식으로
소환하는 토대이다. 데카르트는 인간의 육신에서 비롯된 시공간적인 제
약과 혼란을 순수자아로 환원시킴으로써 코기토(cogito)의 토대를 마련
했다. 그에 의하면 사고하는 정신과 육체는 철저히 분리되기 때문에, 육
체가 없다 하더라도 정신 그 자체는 결코 사라지지 않는다. 데카르트는
동질적인 의식주체를 위해 정신/육체를 분리시킨 다음, 감각·지각이 초
래하는 혼란을 육체의 속성으로 억압시킨다.

데카르트의 코기토를 전복시킨 라캉은 데카르트가 철저히 억압하고자
한 바로 그 감각과 지각이 초래한 오인을 주체형성에서 피할 수 없는 단
계로 설정한다. 그것이 라캉의 "나는 존재한다, 내가 아닌 곳에"라는 구
절이다. 라캉은 데카르트처럼 성인남성의 의식주체에 초점을 맞추지 않

고, 유아기 단계에서부터 분석을 시작한다. 어린아이가 세상에 태어난다는 것은 모체와의 분리를 의미한다. 유아는 어머니와의 분리에 의해 이미 근원적인 소외를 경험한다. 유아는 자기 몸을 마음대로 가눌 수도 없고, 타인에게 전적으로 양육을 의존하고 있으므로 자신을 파편들의 집합으로 경험한다. 이런 유아가 6~18개월 정도에 이르면 '나르시시즘적인 동일시 현상'을 경험하게 되는데, 이것이 거울상 단계이다. 이 단계에서 유아는 거울에 비친 자신의 모습을 보고 게슈탈트(Gestalt)를 회복한다. 유아는 자기 신체가 파편화되었다는 환상으로 인한 불안에서 벗어나 게슈탈트가 주는 강렬한 나르시시즘으로 충만감을 맛본다. 이때 거울은 아이에게 자기를 통합된 주체로 반영해주는 모든 대상에 대한 은유이다. 이 최초의 거울이 어머니이다. 유아는 자기 신체의 총체성을 제공해주고 모든 욕구를 충족시켜주는 어머니와 자신을 동일시한다.

이 거울은 유아에게 외부의 형태를 이마고(imago)로 반영한다. 이런 이마고를 자신과 동일시함으로써, 유아는 한무더기의 외부 이미지를 자기로 오인하게 된다. 이 이마고는 주체의 타자이며, 자기소외의 한 형식이다. 이미 파편화되고 소외된 유아가 자신을 총체적인 형태로 파악하는 오인과정이 굳어져서 '나'라는 주체가 형성된다.

이렇게 파악해본다면, 데카르트식의 자족적인 의식주체는 가부장제의 이데올로기적인 구성물일 뿐이다. 낭만적이고 초월적인 부르주아 개인을 수립하는 과정에서 자기동일성을 확보하려는 의식주체는 의식으로 설명되지 않는 부분을 '여성' 혹은 '자연'이라는 이름으로 배제시킨다. 이 보편적인 주체는 자기 내부에 이미 들어와 있는 비합리성, 감수성, 성욕, 무의식과 같이 이성과 의식으로 설명하기 힘든 부분들을 여성적인 것 혹은 비남성적인 것으로 억압해왔다. 서구역사는 동질적인 주체로서의 남성이 곧 이성적인 존재이며, 이성적인 존재가 곧 진리를 추구하는 중심이라는 등식을 만들어왔다. 서구의 전 역사가 이성을 모든 것의 중심축에 위치시킨다는 의미에서 이성중심주의적이고, 이런 담론은 여성적인 것을 언제나 열등성에 대한 은유로 연결시킨다는 점에서 남근이성중심주의이다. 하지만 라캉 이후로 그것이 경제적인 주체이건, 성적인 주체이건 간에 주체는 더 이상 세계를 파악해 들이는 안정된 주체가 못 된다. 이런 개인들을 소환해서 주체로 만들어주는 것이 알튀세르식의 가부장제 이데올로기이다.

후기구조주의적인 주장을 가부장적인 남성주체를 해체한 것으로 환호한다면, 동일한 논리에 의해서 여성주체 역시 해체될 수밖에 없다는 데 페미니즘의 딜레마가 있다. 신의 본질적인 속성은 죽지 않는다는 점이다. 그런데도 불구하고 '신이 죽었다'면 여신 역시 죽지 않을 수 없기 때문이다. 여성의 경험에 입각해서 여성의 정체성을 추구하고, 그런 여성주체가 가부장제를 변혁시킬 것이라는 정치적 기획을 갖고 출발한 것이 페미니즘이다. 통합적인 의식주체가 가부장제의 이데올로기적인 구성물이라면, 여성은 통합적인 여성주체로 구성되기도 전에 해체되어야 한다는 논리와 직면하게 된다.

3.

이런 딜레마에 대처하는 페미니즘의 반응이 동일한 것은 아니다. 1970, 80년대의 영국 페미니스트들 중에서도 줄리엣 미첼(Juliet Mit-chell)은 알튀세르식의 주체 개념을 수용하여 여성적인 주체 역시 이데올로기에 의해 소환된 것으로 파악했다. 따라서 미첼은 인간주체(혹은 여성주체)에 의한 사회변화보다는 오히려 사회구성체의 변화를 통해 여성문제를 해결하고자 한다. 미첼은 여성의 영역을 생산(여성노동력)·재생산(임신, 출산)·성(섹스)·자녀의 사회화라는 네 가지 구성체로 되어 있다고 보는바, 이런 구조의 변화를 중심축으로 여성문제를 해결하고자 한다. 그에 반해 알튀세르식 주체 범주를 아예 무시하고 여성 나름의 차이의 정치성과 여성경험에 입각한 대안적인 여성적 정체성을 정립하고자 하는 페미니즘의 경향성도 존재한다.

이와 같은 페미니즘의 제 경향에서 언제나 불모지로 남아 있던 영역은 과학, 그중에서도 이론과학 영역이었다. 인문과학이 아니라 자연과학의 분야는 남성적인 공간이라는 절망과 체념에 정면으로 도전하고 나온 여성 과학자가 이블린 폭스 켈러(Evelyn Fox Keller)이다. 켈러가 남성적인 원리에 토대해 있다고 본 과학적인 인식론을 탈신비화시키고 있다면, 이와 다른 관점에서 다너 해러웨이(Donna Haraway)는 본질적인 여성성, 여성적 정체성 범주 자체가 가부장제의 테두리에서 벗어나지 못한 것으로 보고 '여성적인 것'(생물학적인 여성이 아니라)의 정치적인 결연을 주장한다.

켈러는 과학이 과연 젠더(gender)와는 상관없이 가치중립적이고 객관적인가라는 질문에 초점을 맞춘다. 토머스 쿤이 『과학혁명의 구조(*The Structure of Scientific Revolution*)』에서 보여준 통찰, 즉 자연과학이 가치중립적이고 객관적이라는 신화를 탈신비화한 것에 바탕하여, 켈러는 여성의 관점에서도 과학이 그처럼 남성적이고 객관적이며 합리적이고 이성적인지를 심문하면서 과학의 정신분석화를 시도한다. 켈러에 의하면 자연과학의 남성화는 여성이라는 은유를 동원함으로써 가능해졌다는 것이다. 영혼/육체, 문명/자연, 남/여의 이분법이 일찍이 플라톤 이래로 서구역사를 관통하는 인식론이었음은 앞에서 지적한 바 있다. 플라톤의 인식론은 가변적인 물질성, 비합리적인 우연성과 무질서에서 벗어나 절대적인 진리 혹은 이데아의 세계에 도달하고자 한다. 하지만 플라톤의 인식론이 당대의 성 담론에 토대해서 이뤄졌다는 것은 흥미롭다. 『향연(*Symposion*)』에서 플라톤은 에로스를 논하면서 에로스가 사랑을 탄생시키고 그런 사랑에 의해 지식에 도달할 것으로 이해한다. 온전한 것만이 진리에 도달한다. 그러므로 온전한 것의 결합으로서의 에로스만이 진리에 대한 앎을 보장해준다. 이 과정은 마치 사랑하는 애인(erastes, lover)과 그런 사랑의 대상인 연인(eromenos, beloved)의 관계에 비견될 수 있다. 플라톤은 완벽한 사랑을 온전한 존재로서의 남성과 남성 사이의 사랑으로 이해한다. 나이든 남성 애인과 미소년인 연인 사이의 동성애는 이성애와 남색이 보여주는 지배/복종의 관계가 아니다. 만약 연인이 애인의 뜻에 복종하거나 쾌락에 몸을 떤다면, 그는 이미 남성으로서의 품위와 남성성을 상실하게 되고 남성시민 계급에서 추락하여 여성과 노예의 위치로 전락한다. 애인과 연인 사이의 동성애는 수동적인 쾌락에 몸을 맡기지 않고 냉정한 정신으로 상대방을 쳐다본다는 의미에서 이성애, 매춘, 남색과는 변별된다. 플라톤은 대등한 남성과 남성이 사랑하되 육체적인 쾌락이 배제될 때에야만 사랑과 지식이 하나가 될 것으로 이해한다. 이것이 바로 사물의 본질에 이르는 플라토닉한 사랑의 정수이자 앎에 이르는 길이다.[3] 대등한 관계로서의 플라톤식 이분법은 베이컨에 이르면 정복과 복종의 관계로 은유화된다. 베이컨은 자연을 순결한 신부로 보고, 과학이라는 남성은 이 순결한 자연을 정복하는 것으로 간주한다.

이와 같은 켈러의 입장은 단단한 과학으로서의 이론물리학 자체를 해체한 것이라기보다는 부드러운 응용과학(의학, 생물학, 유전공학)에서 드러난 성 담론의 은유성을 해체하는 문화론적인 페미니스트의 차원에 머물고 있다.

켈러와는 다른 각도에서 다너 해러웨이는 온전한 여성정체성 찾기에 연연하지 않는다. 후기구조주의의 해체론적 입장을 받아들인 해러웨이의

---

3) Evelyn Fox Keller, *Reflections on Gender and Science*, New Haven : Yale University Press, 1985, 민경숙 · 이현주 옮김, 『과학과 젠더』, 동문선, 1996.

입장에서 볼 때, 단단한 정체성은 부르주아 개인주의가 만들어낸 정치적인 구성물이기 때문이다. 하지만 해러웨이의 입장은 사회주의 페미니즘 내부에서도 이단적인 입장이다. 그녀 스스로 언급하고 있다시피 사회주의 페미니즘에 대한 불경죄가 사이보그 이미지이기 때문이다.

스스로 사회주의 페미니즘에 불경죄를 저지른다고 공언한 다너 해러웨이는 기존 사회주의 페미니즘이 경직된 이론틀에서 벗어나 변화하는 하부구조에 대처할 그야말로 유연한 '유물론'적 자세가 필요함을 역설한다. 기존 사회주의 페미니즘은 (임금)'노동'을 중심으로 계급문제를 제기하고, 노동이 창출하는 교환가치의 잉여분이 잉여가치를 산출한다는 마르크스주의의 이론틀을 차용했다. 그럴 경우 사용가치 · 교환가치 · 잉여가치라는 구도에서 여성의 무보수 가사노동은 사용가치일 뿐 교환가치를 창출하지 못한다. 여성은 교환가치를 창출하는 남성을 위해 그런 남성노동력의 소유자인 자본가를 위해 노동을 제공한다. 이럴 경우, 궁극적으로 여성억압은 여성에게 잉여가치를 환원시키지 않는 자본가에 의한 계급모순으로 귀결되고, 그런 모순을 타파할 행위주체는 노동하는 여성으로 설정된다. 하지만 계급모순을 해결한다고 해서 여성이 경험하는 성모순이 자동적으로 해결되지 않는다는 점을 비판하고 나온 것이 급진주의 페미니즘이지 않던가. 산업현장과 가정에서의 성모순을 가부장적 이데올로기로 해결한다 해도 문제는 여전히 남는다. 개인을 소환해서 주체임을 인지시켜주는 것이 가부장제 이데올로기라면, 이런 무의식과 같은 가부장제와 여성이 어떻게 단절하고 주체로 설 수 있다는 것인가?

이런 문제점과 더불어 여성의 육체 담론을 이론화한 정신분석학적 페미니즘의 입장에서 볼 때, 사회주의 페미니즘은 성을 공리주의화하고 있다는 비난에 직면하게 된다. 육체가 지닌 성적 정체성과 쾌락을 무시한 채, 여성의 성을 재생산 '노동'으로, 노동의 확장으로서의 섹스로 환원시킨다는 비판으로부터 사회주의 페미니즘은 자유로울 수 없다.

　게다가 페미니즘이 분석의 토대로 삼는 가족구조도 초기 산업자본주의 시대 이후로 변화되었다. 프레더릭 제임슨(Frederic Jameson)이 자본주의 발전 3단계를 상업적·초기 산업자본주의, 독점자본주의, 다국적자본주의와 미학적 단계를 연결시키려고 한 것처럼, 해러웨이는 자본주의 단계와 특정한 가족형태 사이의 유비관계를 이끌어내고자 한다.[4] 생산단위로서의 근대적인 대가족은 농촌경제가 해체되면서 산업화된 도시노동력으로 유입된다. 이들은 도시의 주거역학에 적당하도록 핵가족을 형성한다. 해러웨이에 의하면, 초기 산업자본주의는 가부장적 핵가족을 중심으로 했다. 이때부터 일과 가정의 영역이 완전히 분리되면서 일은 공적 영역, 가정은 사적인 영역으로 대별된다. 이 과정에서 가정은 생산단위가 아니라 자본주의의 상품을 소비하는 소비단위가 되어버린다. 아버지가 일의 영역을 대변한다면 어머니는 자녀양육에 묶인 모성으로 대변된다. 이런 경제적인 토대의 변화로 인해 여성은 주체적인 여성보다는 남편과 아이들을 보살피는 주부·어머니·모성의 역할을 강요받는다. 19세기 영미 백인 중산층 중심의 페미니즘이 이 단계에 해당한다. 근대 가족은 복지국가 개념에 의해 가족수당을 제도화한 경우이다. 이때는 이성애 중심의 페미니즘이 개화한 시기이다. 다국적자본주의 시대에 이르러 핵가족은 '가내경제 가구(homework economy household)'가 되었다. 가내경제 가구는 남녀에 상관없이 여성화된 직업을 수행하는 어머니 중심의 반어법적이고 원자화된 가구이다.

　변화된 가족구조와 사회적 모태에 대응하기 위해, 사회주의 페미니즘의 이단아인 해러웨이는 사이보그 이미지를 새로운 여성주체로 내세운다. 그렇다면 해러웨이가 주장하는 사이보그 주체란 과연 어떤 것인가.

---

4) Donna Haraway, "A Manifesto for Cyborgs," Linda J. Nicholson, ed., *Feminism/Postmodernism*, New York : Routledge, 1990.

사이보그는 부르주아 휴머니즘이 주장하는 통합적인 인간주체의 해체이며, 서구의 기원신화를 대체한 것이다. 통합적인 주체가 가부장적인 남근주체라면, 마찬가지 논리로 인해 '통합된' 여성주체를 안이하게 주장하지 못하게 된다. 이런 이론적 딜레마에 대한 대안으로서, 통합된 여성주체를 대신한 것이 사이보그 여성주체이다. 아테네 문명 이후로 억압된 그리스의 신화적인 상상력을 복원한 여성적인 존재가 사이보그이다. 그리스 신화에서 괴물 여성으로 상징된 여성적인 존재는 인간이면서도 동물인 반인반수의 괴물이었다. 힘과 서사를 가진 그들은 인간과 동물이 결합된 이질적인 존재이자, 메데이아처럼 마술사이며 마녀이다. 그들은 마술의 힘으로 불 뿜는 용을 물리치거나 물리칠 방법을 남성한테 일러주고, 영묘한 의술로 자기 목적을 달성하며, 플롯을 꾸미고 주체적으로 자기의 이야기를 짜낸다. 복수를 하기 위해서는 자기가 목숨을 부여한 아이의 목숨마저 거둬들이는 '남근적' 모성이기도 하다. 신화에 등장하는 또 다른 괴물 여성인 메두사는 한때 아름다운 머리결을 자랑했지만, 아테나 여신의 저주로 머리카락이 뱀이 되어버린 괴물이다. 그녀를 쳐다본 남성은 돌로 변한다. 쳐다보는 것만으로도 남성을 거세하는 무서운 힘을 가진 여성이 메두사인 셈이다. 가부장제의 역사에서 괴물적인 것으로 억압당한 여성의 힘과 권력과 주술과 의술을 현대의 테크노과학으로 무장한 것이 해러웨이가 주장하는 사이보그이다.

사이보그는 온전한 육체 개념을 허물고 인간과 동물, 인간과 기계, 인간과 유기체의 이분법을 해체한 비존재의 존재이다. 린 랜돌프의 그림이 보여주다시피, 사이보그는 기계와 육체의 결합이며, 유전자 복제술로 탄생한 이질적인 것이 합성된 존재이다. 뉴질랜드 여성작가인 플레처(Beryl Fletcher)의 작품 『실리콘 언어(*Silicon Tongue*)』에 등장하는 픽슬(Pixel)이 바로 그런 사이보그이다. 픽슬의 어머니 말린(Marlin)은 입양아였다. 말린의 양부모의 정자와 난자를 체외수정시켜 그 수정란을 그녀의 자궁

327

에 착상시켰고, 그로 인해 태어난 존재가 픽슬이다. 이런 경우 픽슬은 누구인가? 말린은 그녀에게 어머니이면서 동시에 언니가 된다. 그녀는 근친상간의 산물이며 기계와 유기체의 혼합물이다. 이런 사이보그 존재는 핵가족을 영토화한 오이디푸스의 시나리오를 근본에서부터 심문하는 것이다. '나는 누구인가'라는 오이디푸스의 물음은 동일성의 원리에 사로잡힌 기원신화이다. 이것은 정신분석학의 동질적인 정체성 찾기에 핵심적인 질문이다. 사이보그는 바로 이 서구의 기원신화를 부정한다. 그래서 해러웨이는 통합된 주체가 되기보다는 이질적인 것의 접합으로서의 여성주체를 주장한다. 여신보다는 차라리 사이보그가 되겠다는 해러웨이의 진술은 바로 그런 의미이다.

SF소설은 이런 사이보그들과 이질적인 것의 접합인 하이브리드들로 넘쳐난다. 다너 해러웨이가 대중문화/본격문화의 경계를 해체하면서 대중문화 장르로 천시받던 SF소설과 영상매체를 높이 평가하는 이유도 바로 이 때문이다.

존 발리(John Varley)의 단편소설에 등장하는 베트남 여성인 리사 퓨는 실리콘을 넣어 성형한 가슴과 보철한 치아를 하고 있다. 컴퓨터 해커인 그녀는 미국 시민이 되기 전, 사이공이 함락되었을 때, 사이공에서 어린 창녀로 생활하다가 캄보디아로 넘어가게 되고, 카메르 루즈의 대학살에서 간신히 살아남는다. 퓨의 할머니는 하노이를 점령한 일본군에게 강간당해 퓨의 어머니를 낳는다. 퓨의 아버지는 반은 중국인이고 반은 베트남인이었다. 미군 대령의 도움으로 미국으로 이민 온 퓨는 자살로 위장된 살인사건을 추적하는 과정에서 셜록 홈즈의 역할을 한다. 그녀는 한국전에서 외상을 입고 은둔자처럼 살아가는 중년의 압펠과 연인 사이가 된다. 간질에다 자폐증이 있는 압펠은 퓨와의 사랑으로 목소리를 회복한다. 하지만 컴퓨터 군사 프로젝트에 너무 깊숙이 개입한 퓨는 죽임을 당한다. 오븐에 엎어진 채 죽은 그녀의 몸은 철저히 망가져 있다. 실리콘 가슴은 녹아버렸고 두뇌는 손상되었다. 압펠은 편집증과 망상 속으로 영원히 가라앉는다.

해러웨이는 이 작품이 인종·성차·역사·국경선의 경계를 넘나들면서 하이브리드인 3세계 여성의 이야기를 엮어짜고 있다고 본다. 퓨는 기원을 알 수 없는 사이보그이다. 해러웨이는 이런 3세계의 하이브리드 여성에 대한 작가의 여성혐오증이 그녀의 육체를 철저히 파괴한 것이라고 해석한다. 궁극적으로 그녀를 파괴한 것은 군국주의적인 자본주의임은 물론이다. 군산복합체로서의 가부장적 자본주의가 퓨의 육체를 영토화하고 관리하려 하지만 그것이 불가능해지자 그녀의 몸을 파괴한 것이다.

소설 『블레이드 러너(Blade Runner)』에서 복제인간 레이첼은 인간과 비인간의 경계를 허물어낸 존재이다. 『슈퍼 루미널(Super Luminal)』은 인간의 위상 자체를 문제삼고 있다. 오르카는 심해의 잠수부이면서 우주비행사를 소망한다. 그는 깊은 바다에서도 살 수 있고 킬러 고래와도 대화할 수 있다. 레니아는 광속으로 달리는 우주선에서 살아남기 위해 심장과 그 밖의 장기를 전부 대체한다. 그들은 공간지각을 변화시키면서 프로테우스처럼 변신한다. 자궁의 생산력에 대한 프랑켄슈타인의 욕망을 풍자하는 이질적인 사이보그는 부르주아의 동일적인 주체를 희화화한다. 따라서 테크노과학에 의한 사이보그적인 여성주체를 수용할 때, 페미니즘은 결속과 저항의 신화를 창출할 수 있다고 해러웨이는 주장한다. 그녀의 입장에 의하면 남근이성중심주의에 대항하는 문화로서의 사이보그는 디아스포라(diaspora)이며 잡종이다. 그녀는 모자이크이자 카니발적 존재이며, 바흐틴(M. Bakhtin)적인 헤테로글로시아(heteroglossia)이다. 해러웨이에 의하면 안정된 여성주체가 아니라 이질적인 것의 결연과 공간적인 결합으로 유연한 정치적 세력이 될 수 있다고 파악한다.

페미니즘이 그저 하나의 이즘이 아니라 가부장제의 변혁을 선언하고 나선 정치적인 실천세력임을 감안한다면, 이처럼 종잡을 수 없는 여성주체가 어떻게 변혁의 동력이 될 수 있다는 것인가? 이런 경우 사이보그를 구성하는 존재는 누구이며, 계급적인 기반은 어떻게 되는가? 사이보그의 정치적인 연대는 가능한가? 그래서 누가 사이보그가 되는가는 페미니즘의 전략에 중요한 관건이 된다. 해러웨이에 의하면 마녀, 엔지니어, 노인, 변태, 어머니들, 사회주의자들, 즉 다시 말하자면 주변화된 모든 계층이 결집되어 하나의 계급을 구성하는 것이 사이보그 정치학이다.

문제는 사이버 페미니즘의 전망이 그렇게 낙관적인가, 페미니즘의 해방의 정치에 기여할 수 있는가, 하는 점이다. 사이보그 이미지가 과학기술 앞에서 여성이 느끼는 무력감과 공포심을 극복하고 과학기술 자체를 여성적인 가치로 순치하려는 전략임은 분명하다. 하지만 해러웨이 스스로 밝히고 있다시피, 사이보그는 군국주의적인 자본주의의 부산물이다. 사이버스페이스에 의한 시공간의 장벽 제거뿐만 아니라 정보의 민주화, 평등화라는 낙관적인 믿음 이면에는 정보 인텔리겐치아와 정보의 프롤레타리아트 사이의 아파르트헤이트(apartheid)가 증폭될 가능성이 상존한다. 컴퓨터로 인해 재택노동이 여성문제를 해결하는 것으로 보지만, 그들은 노동자 축에도 끼이지 못하는 인권의 사각지대에 홀로 고립된 일꾼으로 전락한다. 재택노동은 시간제가 아니라 작업량에 따른 임금제도이기 때문에, 노동강도는 엄청 높아지고 가사노동의 책임까지 전가된다. 게다가 다국적자본주의는 저임금을 찾아 전 지구촌 차원으로 이동한다. 한 예로 한국의 노동자들이 아메리카항공 컴퓨터 자료를 입력하고 받는 임금은 시간당 2달러 50센트였다. 이 일은 이전에 오클라호마 털 사에서 200명의 노동자들이 시간당 6달러를 받고 하던 일이었다. 전자분야에서는 남녀 불문하고 값싼 노동력을 원하기 때문에 노동의 여성화와 빈곤화가 가속되는 마당에, 주변적인 세력의 계급적인 연대가 어떻게 가능해질는지는 미지수이다. 해러웨이식의 테크노토피아는 미래의 낙관적 전망을 위해 현재에 맹목이 되는 아카데미즘으로 치달을 수 있다. 이럴 경우 페

330

미니즘의 정치성은 어디서 찾을 수 있을 것인가 하는 문제는 여전히 문
제로 남는다.

4.

반면 생태학적 페미니즘은 테크노과학 자체를 페미니즘에 적대적인
세력으로 간주한다. 생태페미니스트들의 핵심적인 전제는 세계가 상충되
는 두 개의 문화로 구성되어 있다는 것이다. 사랑과 생명의 원리 즉 여성
으로 대변되는 자연과 모성의 원리와, 소비와 경쟁과 전쟁의 원리인 남
성적인 문명이 그것이다. 그들은 가부장제에 의해 매몰된 선험적인 역사
를 전제하고, 그 역사의 복원이야말로 여성의 미래를 위한 대안이라고
상정한다. 말하자면 여성의 미래를 위해 과거로 되돌아가자는 것이 그들
의 기획이다.

생태페미니즘은 가부장제가 언제나 열등한 여성의 속성으로 간주했던
영역에서 여성의 도덕적인 우월성을 발견한다. 여성의 성적 정체성을 모
성, 양육에서 찾은 길리건(Carol Gilligan)의 경우, '페니스 선망'을 중심
으로 한 오이디푸스 시나리오의 삼각형 구도를 반박하면서 아버지 개입
이전의 어머니와 아이가 맺는 이자적인 단계에 관심을 집중한다. 어머니
와 아이가 맺는 이자적인 관계에서 볼 때, 최초의 사랑의 대상은 남아건
여아건 어머니가 된다. 아들은 남자로서의 성별 정체성을 형성하려면 어
머니와의 거리유지가 필요하다. 아들은 원초적인 사랑의 대상을 포기하
고 사랑의 대상을 아버지한테로 전환해야 하는 이중의 힘든 과업을 수행
해야 한다. 그래서 남아는 대상세계를 객관화하고 추상화시키는 성향이
형성된다. 반면 여아는 자기정체성을 형성하기 위해 사랑의 대상을 전환
하거나 객관적인 거리를 유지할 필요가 없다. 어머니한테서 여성의 성별

역할을 자연스럽게 학습하는 딸은 어머니와 친화력을 형성한다. 딸은 어머니라는 대상세계와 사랑의 관계로 맺어진다(물론 이 관계는 애증의 관계이기는 하다). 이런 논리에 의하면 남성은 대상을 언제나 경쟁관계로 파악하면서 정의와 평등이라는 추상적인 원칙에 집착한다면, 여자는 대상과의 공동체 의식을 우선시하는 도덕적인 우월성을 획득하게 된다. 이렇게 해서 프로이트가 여성의 열등한 속성으로 내세운 항목들은 여성의 우월성으로 자리바꿈을 한다.

여성-자연/남성-문화의 항목은 실존주의 페미니즘에 이르면 내재/초월이라는 항목으로 변주된다. 초월은 문화적인 것이고 이것은 곧 남성적인 것이다. 내재는 하늘을 향해 초월하려는 남자를 구름 위에서 끌어내려 땅에 발 붙이도록 하려는 원칙이다. 플라톤 이래 남성이 망각하고자 하는 자신의 실존적 한계를 인식시키는 존재가 내재적인 여성이다. 남성이 망각하고자 하는 것은 어찌할 수 없는 자기 존재의 한계이다. 자궁에서 태어난 인간은 자궁으로 되돌아갈 수밖에 없다는 한계, 즉 죽을 수밖에 없다는 그 한계를 초월하고 싶은 남성의 욕망이 만들어낸 것이 정신-불멸/육체-소멸이라는 이분법이다. 남성의 객관적인 지식과 추상화는 이 후자의 망각 위에서만 가능하다.

시몬 드 보부아르(Simone de Beauvoir)식의 실존적인 페미니즘과 더불어 여성의 생물학적인 특성에서 여성 사이의 연대와 결속을 주장하는 이론은 프랑스의 정신분석학 페미니즘의 한 측면이기도 하다. 이리가레이(Luce Irigaray)는 여성의 성욕은 언제나 남성과의 관계에서 개념화되었음을 비판하면서, 이런 남근경제에 머물러 있는 한 여성의 리비도 경제와 여성의 열락을 제대로 이해할 수 없다고 주장한다. 여성의 성기관은 끊임없이 접촉하는 두 입술로 되어 있다. 그래서 모든 것을 수치화·고정화시키려는 가부장제 문화로서는 정의 내리기 힘든 존재가 여성이다. 여성은 정의(definition)에 갇히지 않는 만큼 남성들의 추상화된 정의

(justice)와 논리 바깥에 존재한다. 자기 안에 이미 타자를 품고 있는 여성은 하나의 성으로 고정되지 않는다. 그것은 남근경제의 이분법을 허무는 것이다. 그런 의미에서 어머니와 딸의 관계는 그리스 신화에 나오는 데메테르와 페르세포네처럼 공감대와 사랑의 관계가 된다. 이리가레이의 이런 논리는 페미니즘이 레즈비어니즘으로 나가는 한 갈래를 열어준다.

이리가레이에 의하면 모든 것을 소유의 논리로 환원하는 남근경제에서 여성의 열락이 출구를 찾기란 용이하지 않다. 전통적으로 여성은 남성을 위한 사용가치이자, 남성들 사이의 교환가치이기 때문이다. 말하자면 여성은 상품이다. 여성을 교환가치로 사용하면서도 잉여가치는 돌려주지 않는 문화에서, 여성은 저개발의 노예상태에 머물러 있을 수밖에 없다는 것이다. 여성을 경쟁적인 상품으로 만드는 남성들의 안식처로부터 벗어나 다른 여성의 사랑을 갈구하고, 교환시장에서 여성의 프롤레타리아트화에서 벗어나며, 창녀의 조건으로부터 벗어나기 위해 여성은 '전략적인 파업'이 필요하다고 이리가레이는 주장한다(이 전략적인 파업이 무엇인지 정확하게 밝히고 있지는 않지만).

이런 생물학적 본질주의에 의해 생태페미니즘은 가부장제 이전의 유토피아적인 모성적 공간과 생산의 구체적인 작업공간으로서의 자궁을 상정한다. 이런 유토피아적인 공간에 비추어 착취적인 남성원리가 지배한 역사를 전면적으로 재구성해야 한다는 것이 생태페미니즘의 '혁명적인' 주장이다. 그것이 혁명적인 이유는 경쟁과 착취에 토대한 자본주의와는 전면적으로 다른 여성적 패러다임을 주장하고 나서기 때문이다.

남성과는 다른 권력, 언어, 욕망, '부드러운 과학'을 지닌 여성적인 것은 영매나 무당처럼 자연의 살아 있는 숨결을 호흡하고 해석하고 살아 있는 존재들의 고통과 상처에 귀기울인다. 가이아 이론처럼 피 흘리는 대지에 기생하는 인간으로서 지구상에서 자신의 위치를 겸허하게 인정하고 별, 바람소리, 먼지, 진동과 기(氣)의 흐름에 동참해야 한다는 것이 생태페미니즘의 정치성이다.

이와 같은 여성적 원리에 토대한 생태페미니즘은 인간과 자연의 총체적인 복원을 위한 미래의 유토피아를 과거의 기원에서 찾아낸다. 하지만 그들의 본질론적 주장은 문제적이다. 그들이 말하는 자연은 근대화 이전의 낭만화된 자연과 등치되며, 공해로 시달린 도시환경은 그 자연에서 배제되어 있다. 그들의 탈역사화되고 탈문맥화된 자연관에 의하면, 여성·자연은 시대, 계급, 인종, 국경선을 초월하는 어떤 것이다. 라차펠르(Dolores LaChapelle)는 자연과 합일하는 성(sex)과 삶을 영위한 인디언의 생활방식을 찬미한다. 하지만 라차펠르가 찬미한 인디언의 생활터전은 산업폐기물의 매립으로 암 발병률이 타지역에 비해 8배나 높아져 있다. 그게 사라져가는 현실 인디언의 쓸쓸한 뒷모습이다.

'대변(代辯)'의 정치기호학으로 볼 때, 생태페미니즘이 대변하는 '자연'은 과연 어떤가? 생태페미니즘의 자연은 여성연대의 관점이라기보다 중산층 중심의 시선을 대변한 것이다. 임신한 몸으로 공해산업에 종사하는 여성노동자들한테도 '자연은 우리에게 말하고 우리 안에서 말한다'는 구호가 가능할 것인가? 그리핀(Susan Griffin)이 노래하듯이, "우리는 나무이고, 강이고, 바람이다. 우리는 말한다"라고 할 때, 이때 말하는 주체로서의 주관적인 '우리'는 과연 누구인가. 여성이라고 해서 '우리'라는 범주에 함께 묶일 수 있는가. 인공유산의 문제를 생명파괴라는 이유만으로 반대하는 생태페미니즘의 입장은 오히려 보수주의 정치와 이해관계를 같이하는 셈이 된다. 가부장제가 전통적으로 여성의 공간으로 마련해준 가정에서 근대화 이전의 가사노동이야말로 소외되지 않은 노동으로 등치되고, 가정은 아름답다는 구호의 기치 아래 여성한테는 자연과도 같은 공간인 가정으로 여성을 되돌려보내려는 신보수화 물결과 생태페미니즘이 공모하는 우를 범할 수도 있기 때문이다.

5.

  자기만의 방과 경제력만 있으면, 여성의 해방이 가능할 것으로 본 버지니아 울프의 낙관적인 페미니즘과는 달리, 아무리 못난 지아비라도 하늘 같은 권위를 부여하는 것이 올바른 지어미라는 봉건적인 가부장제의 윤리가 시퍼렇게 살아 있는 나라. 자녀 양육, 교육, 건강, 노후복지까지 전적으로 개별 가정의 부담으로 남아 있고, 그 몫의 대부분이 여성의 부담으로 남겨져 있는 나라. 순수혈통에 관한 집착으로 반세기 가까이 미군이 주둔해도 혼혈아가 은폐되는 나라. 일본 제국주의의 역사적 상처인 정신대 할머니들의 생생한 고통을 외면하는 나라. 민족주의와 여성문제가 상충할 때, 여성문제는 문제로 제기되지도 않는 나라. 마초(macho)인 한국 남성보다 미제국주의 앞잡이인 미군을 선택하는 양공주는 비존재로 간주되는 나라. 다국적기업에서 일하는 여성노동자들의 노조운동에 남성 구사대가 난입하는 나라. 원진레이온과 같은 공해산업은 이제 중국으로 수출하면서 1세계의 행태를 반성 없이 반복하는 마르쿠제식의 외설적인 나라. 국민소득 1만 달러를 넘어 중진국이네, 선진국이네 말들 하지만 여성의 정치참여는 거의 전무한 나라. 여자만 나오면 페미니즘이라고 명명해, 페미니즘의 정치성을 희화화시키는 나라.

  이와 같은 사회적 · 문화적 · 환경적 · 역사적 · 이데올로기적인 조건들이 이 땅의 여성을 구속하고 있다는 점을 고려할 때, 1세계 페미니즘이 주장하는 테크노포비아 · 테크노토피아 논쟁은 우리가 어떤 맥락에서 어떻게 수용해야 할는지를 끊임없이 사고하는 지적 긴장과 실천이 있을 때라야만 그 나름의 의미를 지니게 될 것이다. 우리의 문맥에서 전근대적인 봉건적 가부장제에서 여성이 경험한 구체적인 억압의 역사는 증발시키면서, 그 시절을 공동체적인 이상으로 설정할 수는 없을 것이다. 그것은 역사적인 문맥의 반성 없이 『명심보감』을 우리 시대의 도덕적인 지표로 삼는 반동적인 향수와 다를 바 없기 때문이다. 텔레비전과 영상매체가 우리의 의식 속으로 들어와 있다면, 어떤 의미에서 우리는 이미 가상현실과 사이보그의 세계에 살고 있는 셈이다. 하지만 여성운동을 한다는 단체마저 천리안이나 하이텔에 ID 하나 갖춘 곳이 없을 만큼 한국 여성운동은 전근대적인 단계이다. 한국여성단체연합, 한국여성단체협의회와 같은 연합체들도 단체간의 정보를 교환할 자체 네트워크를 조직하지 못하고 있다. 이는 정보자본주의 시대에 한국 여성운동의 빈곤화와 무방비 상태를 단적으로 보여주는 지표이다.

'우리' 페미니즘이 실천적·정치적인 세력으로 연대하려면, 이런 맥락을 고려해서 나름의 패러다임을 창출해야 할 것이다. 오랜 가부장제의 역사가 있고 가족중심주의가 뿌리깊은 곳에서 단시일에 새로운 패러다임을 기대하는 것은 조급증에 불과하다. 페미니즘 내부에서도 아카데미즘과 실천운동이 서로 소 닭 쳐다보듯 할 일이 아니다. 페미니즘이 자체 내의 부문운동과 연대할 뿐만 아니라 여타 사회운동과의 연계 속에서 실천하고 끊임없이 반성하는 유연성을 보일 때, 우리 나름의 페미니즘에 합당한 패러다임이 형성될 것이기 때문이다.

정신분석과 페미니즘

권택영

여성이란 무엇인가와 여성성(femininity)이란 무엇인가는 비슷하면서도 다른 질문이다. 우리는 생물학적 특성으로 여성과 남성을 나눌 수 있다. 인체를 분해하면 분명히 여성과 남성은 각기 다른 신체적 특성을 지닌다. 그런데 이런 특성에도 불구하고 여성과 남성은 같은 기관을 지니며 비슷한 감흥을 지닌다. 도대체 무엇이 어떻게 다르기에 우리는 두 개의 성을 갈라놓는가. 사회적 관습에 의해 나뉘는 여성성과 남성성의 문제에 이르면 이런 질문은 더욱 복잡해진다. 남성 같은 여성과 여성 같은 남성은 어느쪽에 속하는가. 아니 동성애는 사회 관습이 구별지은 성을 넘어 생물학적 차이까지도 지워버리려 한다.

성의 차이는 이토록 복잡한 문제여서 지금까지도 명쾌한 해답이 주어지지 않는다. 여자란 무엇인

Sigmund Freud

가, 그녀는 무엇을 원하는가라는 질문은 철학자들의 끊임없는 질문이었고, 그것은 마치 진리란 무엇인가라는 물음이기도 했다. 그리고 60년대 이후 여성운동이 활발해지면서 그런 물음은 이제 여성 스스로의 것이 되었다. 지금까지 남성들이 규정지어온 여성의 정의를 여성의 입장에서 다시 읽으려는 것이다.

생물학적 특성을 고려하면서도 심리적인 것에서 여성성을 찾으려 했던 사람은 프로이트였다. 그는 원래 해부학을 전공했다가 정신분석의가 되었다. 그래서 여성 히스테리 환자들을 치료하면서 여성성을 성기 해부학과 심리적인 것이 결합된 영역에서 찾으려 했다. 그리고 그의 심리분석은 당대 사회에 적응하지 못하던 환자들을 대상으로 했기에 사회 속의 성문제로 확대될 수밖에 없었다. 아마 이것이 오늘날 많은 여성이론가들이 프로이트와 그를 재해석한 라캉에게서 여성성의 뿌리를 찾는 이유일 것이다. 프로이트만큼 여성성을 설득력 있게 설명해낸 사람이 없으면서도 그것은 남성의 입장에서 씌어졌고 또 당대 가부장제 사회의 산물이기 때문이다.

이 글은 우선 프로이트가 어떻게 여성성을 풀어내는지 알아보고 프로이트의 사례연구 가운데 가장 유명한 도라(Dora)의 경우와 그 글에 대한 여성이론가들의 반발, 그리고 라캉의 이론과 여성이론가들의 대응을 살펴본다. 도라에 대한 미국 페미니스트들의 대응과 라캉에 대한 프랑스 페미니스트들의 대응을 살펴보는 것은 재미있다. 특히 라캉으로부터 독창적인 이론을 만들어내는 크리스테바(Julia Kristeva)를 보면 독창성이라는 것이 하늘에서 뚝 떨어지는 게 아니라 앞선 대가의 어떤 부분을 조금만 수정하면 된다는 것을 보게 된다. 바로 그 '조금만'이라는 게 어려운 것이지만.

1. 프로이트의 여성성

19세기 말부터 정신분석 치료를 시작한 프로이트는 20세기 중반에 이르기까지 전생애에 걸쳐 무의식의 세계를 탐구한다. 흔히 전반부에는 무의식을 강조했고 후반부에는 초자아를 강조하며 무의식을 축소시켰다고 하지만 그의 사상은 전생애에 걸쳐 큰 변함이 없었다. 무의식의 역동적인 힘이 후기의 반복충동에서만큼 강렬하게 나타나는 곳은 없기 때문이다. 아무리 과학적인 분석을 한다지만 인간의 정신을 대상으로 할 때는 경직된 어느 한 이론에 매달릴 수는 없다. 그는 그때그때 자신의 이론을 뒤엎고 새로운 가설을 내세우기는 했지만 무의식과 의식의 역동성, 리비도 혹은 성본능을 인간 심리의 근원으로 삼는 것에는 변함이 없었다. 여성이론에 있어서도 초기의 도라 분석, 중기의 「여성이론에 관한 세 글(The Three Essays on the Theory of Sexuality)」, 그리고 후기의 「여성성(Femininity)」에서 그의 사상이 조금씩 덧붙여지고 수정되지만 큰 줄기는 변함이 없었다. 그 큰 줄기는 오이디푸스 콤플렉스, 거세 콤플렉스, 그리고 '오이디푸스 전(前)단계(Pre-Oedipal Phase)'라는 용어로 압축될 수 있다.

1) 유혹 이론에서 오이디푸스 이론으로

프로이트는 여성의 히스테리를 분석하면서 최면술보다 자유연상 기법을 선호했다. 그는 환자의 기억을 되살려 무엇이 인간의 논리적 사고를 가로막는지 알아내려 했다. 어릴 적에 겪은 아버지 혹은 남성으로부터 겪은 성적인 유혹이 상처로 남아 그후 그것을 연상시키는 상황에 의해 공포를 느끼거나 현실에 적응하지 못하게 된다고 믿은 그는 환자의 기억과 이야기를 듣고 그 속에서 병의 원인을 찾으려 했다. 그러나 환자의 기

억은 사실로 증명될 수가 없었고 다분히 환상에 기인하는 것 같아 그는
이 유혹 이론에 의심을 품게 된다. 그는 인간의 무의식을 지배하는 원초
적 좌절이 무엇일까를 생각했고 드디어 가장 보편적인 인간의 소망을 짚
어낸다. 바로 어머니와의 원초적 결합이다. 억압된 무의식은 곧 어머니에
대한 갈망이라고 할 만큼 프로이트에게 모성은 압도적인 은유다. 그는
오이디푸스 신화에서 그 원형을 찾고 어머니와의 원초적 욕망 때문에 아
버지를 미워하는 것을 오이디푸스 콤플렉스라 이름붙인다. 남아든 여아
든 유아의 가장 근원적 욕망은 자신을 낳아주고 젖을 먹여주는 어머니이
다. 이 모성은 어머니, 연인, 그리고 죽음의 여신인 대지를 상징한다. 어머
니와의 육체적인 접촉은 한치의 양보도 없는 절대사랑을 아이에게 갈망
케 한다. 그러나 나이가 들면 아이는 젖을 떼고 어머니를 떠나야 한다.
아버지의 질서 속으로 들어가야 하는 자각의 단계, 어머니의 품을 떠나
세상으로 들어가는 단계는 아담과 이브가 지식의 열매를 먹고 낙원에서
추방되는 것에 비유될 수 있다. 아담과 이브의 절대적인 사랑, 한치의 양
보도 우수리도 없는 낙원에서의 사랑은 오직 어머니의 품안에서 누릴 수
있는 짧은 시간의 것이었다. 그러나 인간은 늘 낙원을 꿈꾸고 뇌리 속에
서 지워버리지 못한다. 남아는 현실에 적응하는 대가로, 아버지를 따르는
대가로 훗날 어머니와 같은 여자를 얻을 것을 꿈꾼다. 그러면 여아는 어
찌 되는가. 여아는 이보다 복잡하다. 어머니를 향한 강렬한 사랑을 단념
하고 아버지를 따르는데, 남아처럼 또 하나의 아버지가 되는 게 아니라
또 하나의 어머니가 되어 아버지의 욕망의 대상이 되려 하기 때문이다.
남아가 어머니에 대한 사랑을 지속시키는 것에 비해 여아는 사랑의 대상
을 바꾸어야 하는 갈등에 부딪히게 된다. 이것이 오이디푸스 콤플렉스다.
  그런데 유아는 그저 쉽게 어머니를 단념하지 않는다. 그의 갈망은 너
무도 완벽하고 절대적이어서 대단한 협박이 필요하다. 그것이 거세 콤플
렉스이다. 거세된 여아를 보면서 남아는 어머니를 단념하지 않으면 아버

지가 거세할 것이라는 위협을 느낀다. 그리고 자신의 남근을 지켜야 한다는 결심으로 초자아를 기르며 또 하나의 아버지가 된다. 여아는 이와 다르다. 어머니를 처절하게 사랑하던 여아는 자신이 거세되었음을 보며 어머니를 원망한다. 자신에게 남근을 주지 않은 어머니에 대한 증오는 사랑이 강했던 만큼 커지고 그 강렬한 사랑은 이제 아버지에게 옮아간다. 아버지가 남근을 줄 것이라는 환상 때문이다. 그리고 아버지의 아이를 가짐으로써 거세된 현실을 보상받으려 한다. 이것이 여아의 '남근 선망'이다. 프로이트에게 남아는 독립적이고 능동적인 개체이다. 그는 거세 위협으로 인해 오이디푸스 콤플렉스를 극복하고 사회의 일원이 된다. 그의 초자아는 타인을 다스리며 역사와 문화를 창조한다. 그러나 여아는 어머니에 대한 사랑과 증오, 아버지에 대한 갈망 속에서 늘 거세 콤플렉스를 지니고 산다. 아이는 자신의 거세됨을 수치스럽게 여기고 남성 욕망의 대상이 되려 하기에 종속적이고 소극적이다. 그리고 남아를 낳아 자신의 결핍을 보상받으려 한다. 여아는 자신의 결핍을 외모로 채우려 하여 아름답게 치장하며 허영에 빠지기 쉽고 동성끼리 질투가 심하고 사랑과 증오의 갈등을 해소하지 못할 때 히스테리 환자가 된다. 어머니에 대한 강렬한 사랑의 단계인 '오이디푸스 전단계'에서 오이디푸스 단계로의 이행이 남아에게는 일관성이 있지만 여아에게는 포기와 단념을 거쳐 사랑의 대상을 바꾸어야 하고 평생 결핍의 존재로 산다는 것을 의미한다.

이와 같이 프로이트의 '여성성'은 당대 서구사회의 남성중심주의를 그대로 반영한다. 그러면서도 그 속에는 당대 이념을 벗어나는 혁신성이 들어 있다. 여성을 결핍의 존재로 보는 것은 당대의 산물이요, 그런 의식에 틈틈이 저항하는 무의식의 존재를 밝히려 한 것은 그의 혁신이다. 이 보수와 혁신의 양면이 여성에게 도전과 수용의 미끼를 던진다. 그러면 여성은 그의 이론에 어떻게 도전하고 수용하는가.

2) 해방과 억압의 모순성, 그리고 여성의 도전

인간이 그렇게 깔끔한 이성만의 존재가 아니요, 그 밑에 억압된 거대한 무의식과의 역동성에 의해 존재한다는 혁명적인 프로이트도 여성성을 설명하면서는 깔끔한 현실에서 벗어날 수 없었다. 우선 그가 사용하는 용어들이 모두 현실을 그대로 수용하는 것들이다. 그가 곰곰이 생각하여 만들어낸 오이디푸스 콤플렉스도 오이디푸스 신화에서 얻어낸 남성 위주의 용어요, 거세 콤플렉스도 페니스의 유무로 긍정과 부정을 가름짓는 가부장제 용어다. 아마 그는 무의식을 밝히려 한 자신의 혁명성을 깜박 잊고 오이디푸스 상황을 만들어냈는지도 모른다. 그가 현실을 가장 보편성 있게 설명해내는 은유를 이리저리 고안할 때 그는 이미 혁신성에서 보수적인 현실 속으로 들어섰는지도 모른다.

프로이트에 대응하는 여성들은 무엇보다 그가 남성을 적극성, 여성을 수동성이라는 이분법으로 규정짓고 여성을 결핍의 존재로 본 것을 지적한다. '남근 선망'이라니? 그것이 정상적인 여성이라니? 여아는 오이디푸스 상황에 들어설 때 흔히 세 가지 양상을 띤다. 하나는 거세된 사실을 맹렬히 거부하며 성 자체를 혐오하는 부류, 두번째는 역시 거세된 사실을 받아들이지 않고 오이디푸스 전단계의 남성성을 한층 더 밀고 나가는 경우로서 동성애자들, 그리고 세번째는 거세를 받아들이고 어머니를 거부하고 아버지에게 향하는 오이디푸스 콤플렉스의 단계이다. 프로이트는 세번째를 정상적인 여성상이라고 말한다. 눈에 보이는 페니스의 유무로 충족과 결핍을 가른 프로이트를 시각중심주의라고 비판하면서도 여성이론가들은 그의 이론을 가만히 들여다보고 그 속에서 탈출구를 찾아낸다. 그의 이론이 얼핏 내비치는 혁신성은 무엇인가. 바로 '남근기' 혹은 '오이디푸스 전단계'와 위의 두번째 부류인 동성애. 여성이론가들이 무엇보다 견딜 수 없는 것은 여성을 결핍에서 오는 허영과 수치심, 소극성으로 규정짓고 같은 여성끼리 적이 되는 것, 즉 동성인 어머니를 거부해야 하는 부분이었다.

1920년대에 존스(Ernest Jones)는 프로이트의 남근중심주의를 공격하고 거세란 페니스의 유무를 가리키는 게 아니라 성희를 영원히 상실케 하는 위협으로 해석한다. 호니(Karen Horney) 역시 남녀 모두 자신의 내적 본질을 지키기 위한 거세공포가 있다고 주장한다. 여아는 아버지 혹은 남성이 그녀를 강간할지도 모른다는 두려운 근원적 여성 불안을 갖는다. 여아 역시 남근이 있고 그것은 자아보존 본능 같은 것이다. 이 둘의 공통점은 거세의 의미를 인간이 자신을 지키기 위한 불안으로 해석하여 여성 역시 거세에 저항하는 남성성이 있음을 주장한 데 있다.

남근기 혹은 오이디푸스 전단계란 프로이트의 무의식에 해당되는 것으로 성이론에서 혁신적인 부분이다. 유아는 태어나서 어머니를 남근을 가진 절대자로 믿는다. 그리고 자신도 그런 어머니를 사랑하는 적극적인 존재이다. 아담과 이브가 서로를 한치의 의심도 없이 사랑하던 낙원, 바라봄만이 있고 보여짐이 없는 이 시절은 나르시스적 단계이기도 하다. 남근기는 남녀의 의식이 구분되지 않는 평등의 시기다. 프로이트는 도라 분석의 맨 끝에서 인간의 리비도는 하나라고 말한다. 남성성과 여성성 두 가지 특징을 가진 단 하나의 리비도가 거세 콤플렉스에 의해 남성성, 여성성으로 나뉜다. 그렇다면 '남근기'란 무의식이요 단 하나의 리비도요 현실 원칙에 의해 억압되는 쾌락 원칙이다. 그리고 리비도는 하나라는 프로이트의 말은 여성과 남성은 사회에 의해 구분지어지는 인위적인 것이고 인간은 이 양성의 어느 한 성향을 더 지닐 뿐 생물학적인 차원처럼 분명하게 가를 수 없다는 암시이다. 그렇다면 히스테리란 여성이 지닌 남성성을 사회가 관습으로 억압할 때 일어나는 부적응은 아닐까. 이제 프로이트의 도라 분석을 보고 그것에 대한 여성이론가들의 반발 내지 재해석을 본다. 그가 어떻게 혁신과 보수의 갈래에서 헤매고 여성들이

343

어떻게 혁신성을 끄집어내는지.

2. 도라 분석과 여성들의 다시 읽기

1900년 어느 날 18세의 소녀 도라가 프로이트를 찾아온다. 부유한 제조업자인 그녀의 아버지는 딸의 히스테리 증상을 치료해달라고 부탁한다. 3개월에 걸친 치료가 있었고 1901년에 병상일지가 씌어졌다. 그리고 1905년이 되어서야 출판되었는데 그 글이 유명한 「히스테리 분석의 파편(Fragment of an Analysis of a Case of Hysteria)」이다. 프로이트는 이 글의 서문에서 분석이 완벽치 못했음을 밝힌다. 병의 원인을 끝까지 파헤치지 못했고 분석과정이 아니라 분석이 끝난 후 기록되었으며 '전이'의 문제가 치료에 고려되지 못했다는 것이다. 『꿈의 분석(Interpretation of Dreams)』과 오이디푸스 콤플렉스를 막 고안해내던 당시의 프로이트이기에 이 글은 훗날 여성성을 밝히는 글들의 근원이 된다. 또한 그가 무의식을 파헤치면서도 남성이기에 볼 수 없었던 환자의 병인이 훗날 여성이론가들에 의해 지적됨으로써 혁신과 보수, 해방과 억압의 모순된 프로이트를 드러내어 흥미롭다.

도라는 아버지의 병으로 얼마 동안 요양지에서 지낸다. 그녀의 어머니는 철저한 가정주부로 집 안을 쓸고 닦는 일밖에 모른다. 아버지는 K부인의 간호를 받았고 그녀와 밀회를 즐긴다. K씨는 도라에게 구애하고 그녀는 이것을 거부한다. 도라는 아버지가 자신의 밀회를 대가로 딸을 K씨에게 파는 것이라 생각하여 아버지를 미워한다. 그런데 프로이트는 도라의 이런 비난을 "타인에 대한 비난은 똑같은 내용으로 자신을 비난"하는 게 아닌가 의심한다. 『꿈의 분석』에서 프로이트가 즐겨 쓰던 자리바꿈(displacement)이다. 도라는 K씨를 사랑하기 위해 아버지와 K부인의 밀회를 눈감아준다는 것이다. 이렇듯 도라가 무엇을 감추고 있는가에만 신경을 쓴 프로이트는 자신이 쓰고 있는 분석 속에 담긴 많은 사실들을 간과해버린다. 도라는 자신의 여가정교사가 아버지를 사랑하여 아버지와 K부인의 관계를 헐뜯을 때에도 K부인의 아이들을 돌보고 여전히 K부인에게 헌신적 숭배를 보낸다. K씨를 사랑하는 도라는 어느 날 호숫가에서 K씨의 성적 구애를 단호히 거절한다. 왜 그랬을까. 프로이트는 이 호수 장면을 원초적 상흔으로 보고 그것에 집착한다. 도라의 격렬한 거부 뒤에는 강렬한 성적 흥분이 숨어 있다. 도라의 꿈이나 그녀의 목이 간질거리는 증상은 그녀가 아버지와 K부인의 성유희 장면을 그려보는 데서 연유한다. 이제 프로이트는 도라의 아버지가 발기불능이어서 도착적인 장면을 연출했을 것이고 도라는 그런 흥분을 억압하는 데서 히스테리 증상을 일으킨다고 분석한다. 환자가 기억해내는 과거와 그녀가 이야기하는 꿈의 내용을 듣고 성적인 유희와 연결시키는 프로이트는 지금 자신이 K씨가 되어 분석하고 있는 것은 아닌가. 그래서 자신의 욕망을 거절한 도라를 꾸짖고 있는지도 모른다. 나이 든 그가 분석하는 성행위는 자신의 것이지 18세 소녀의 것이 아니지 않은가. 프로이트는 지금 자신이 '전이'를 일으키고 있음을 모른다… 등등. 훗날 분노한 페미니스트들은 이 부분을 프로이트의 남근중심적이고 억압적인 분석의 예로 든다.

프로이트의 파편적이고 중층적인 분석기록은 결론을 이렇게 맺는다. 도라는 아버지를 사랑하고 어머니를 증오했다. 그래서 아버지를 사랑한 가정교사나 K부인과 자신을 동일시한다. 그런데 이루어지지 못하기에 그 사랑에는 증오가 숨어든다. 그리고 그것이 아버지의 피해자인 K씨를 사랑하게 된 동기다. 분석은 여기에서 프로이트가 계속 떠나지 못하고 맴돈 원초적 상흔, 호숫가 장면에 맞추어진다. 왜 도라는 K씨의 접근을 매몰차게 거부했을까. 그 행위를 성적 흥분을 감추려는 것으로 본 프로이트는 그런 거절 밑에 숨은 가장 억압된 무의식을 밝힌다. 도라는 아버지

345

와 동일시하며 K부인을 사랑하고 있는 것이다. 즉 아버지에 대한 애증의 갈등 밑에 K씨에 대한 사랑이 있고 또 그 밑에는 K부인에 대한 흠모가 있었다는 것이다. 그렇다면 이 중층결정의 맨 꼭대기는 오이디푸스 콤플렉스이고 맨 아래는 K부인에 대한 사랑이라는 동성애 혹은 남근기인 오이디푸스 전단계이다. 당시 프로이트는 유혹 이론에서 오이디푸스 이론을 막 고안해냈고 훗날 여성성의 규정에서 강조되는 오이디푸스 전단계는 아직 구체화되지 않았었다. 이때 이미 그의 전생애에 걸쳐 되풀이될 주요 이론들이 파편화된 서술 속에 암시되어 있었던 것이다. 그러나 그는 자신이 펼쳐놓은 글 속에 그런 것들이 숨어 있는 것을 모른 채 분석을 마감해버린다. 그리고 후기에서 서로 솔직히 털어놓지 않았고 도라가 전이를 일으킨 것을 몰랐기 때문에 분석에 실패했노라고 덧붙인다.

도라 분석은 곧 이어 여성이론가들에 의해 비난과 재해석의 도마 위에 오르게 된다. 분석과정에서 프로이트가 보인 남근중심적인 억압적 태도, 어머니를 미워하고 아버지를 사랑한다는 오이디푸스 콤플렉스에 의한 여성 히스테리 설명, 그리고 더 나아가서 프로이트는 결국 도라와 신경전을 벌이고 있는 게 아니냐 등의 비난이다. 그의 글은 도라의 히스테리 못지않게 논리가 결여된 파편이다. 그는 도라와의 무의식적 대립에서 도라와 동일시를 일으키고 있다. 거세 콤플렉스에 사로잡힌 프로이트는 진리를 만들어내야 한다는 강박관념으로 도라의 진정한 여성성을 간과해버린다. 도라의 병의 원인은 아버지에 대한 흠모나 남근 선망이 아니었다. 가장 억압된 병의 원인은 도라가 어머니, 바꾸어 말하면 같은 여성인 K부인을 사랑했던 것에 있다. 어머니에 대한 딸의 사랑을 현실이 수용하지 못하고 어머니에게 등을 돌리고 아버지를 사랑하도록 만들었기에 이 강요에 의해 히스테리를 일으키는 것이다. 사실 프로이트는 위의 분석에서 본 것처럼 그런 사실을 펼쳐놓고는 보지 못한다. 이 맹목은 어디에서 오는가.

도라는 프로이트의 무의식에 깊이 잠재한 인물이었다. 그토록 모호하고 실패한 기록이었음에도 불구하고 그가 전생애에 걸쳐 이룩한 무의식의 탐색과 오이디푸스 전단계, 오이디푸스 단계가 묻혀 있었고 신기하게도 프로이트 자신이 그걸 볼 수가 없었다는 것이다. 그리고 역설적으로 그것이 훗날 이론가들 사이에서 논쟁을 일으켰고 그 분석을 유명하게 만든 이유였다. 도라는 아버지와 K씨에 대한 애증 얽힌 복수를 분석자인 자신에게 옮겨 자기를 버리고 3개월 만에 떠나버렸다고 프로이트는 말한다. 도라의 전이 때문에 분석이 실패했고 그것을 몰랐기 때문에 분석이 제대로 이루어지지 않았다는 것이다. 그러나 훗날 그의 글을 읽은 사람들은 도라의 전이보다도 오히려 프로이트 자신의 '역전이' 때문에 분석이 실패했다고 지적한다. 그것을 맨 처음 지적한 사람은 라캉이었다. 원래 1951년에 쓰인 이 글 「전이에 있어서 간섭(Intervention on Transference)」은 1970년에 영어로 번역될 때까지 영미 쪽이나 페미니스트들에게 큰 영향을 주지 못했다. 라캉의 '역전이'에 관한 글은 70년대 중반부터 논쟁의 주요 쟁점이 된다.

1) 프로이트의 역전이

모던 정신분석은 프로이트가 도라의 사춘기 감흥을 간과했고 도라가 어떻게 자아를 형성해가는지 무시했기에 분석에 실패했다고 말했다. 라캉은 자아의 조정능력을 중시한 모던 정신분석이 프로이트의 본래 의도를 잘못 읽었다고 보고 프로이트로 다시 돌아간다. 그리고 자신이 사는 시대의 논의인 소쉬르 언어학과 구조주의를 결합시켜 (후기)구조주의 정신분석을 만들어낸다. 주체는 언어를 구사하여 진실을 전달하는 게 아니라 언어에 의해 구조된다. 그 언어는 통제할 수 있는 게 아니기 때문이다. 언어는 기표와 기의로 이루어진 자의적인 것이다. 그런데 기표와 기

의의 틈새는 무수히 넓어 하나의 기표는 무수한 기의를 지닌다. 언어가
끝없는 환유이듯 주체 역시 환유적이 되어 투명하지 못하다. 그러므로
분석자는 환자를 독자적으로 꿰뚫어볼 수 없다. 언어를 매개로 하는 정
신분석은 상흔의 근원을 어딘가 깊숙한 곳에서 찾아내는 게 아니라 담론
과정에서 얻어낼 뿐이다. 분석은 두 주체 간의 대화와 전이에 의해 이루
어진다.

　프로이트는 도라가 자신을 K씨나 도라의 아버지로 생각하여 복수했다
고 불평하지만 그러면 프로이트 자신은 담론 밖에서 객관적이고 초월적
인 입장이 될 수 있었는가. 라캉은 도라 분석에서 전이가 일련의 변증법
적인 도치형식을 띠고 있음을 보여준다. 프로이트에게 전이를 일으킨 도
라의 말은 프로이트에게 역시 자신의 입장으로 도치되어 역전이를 일으
킨다. 도라는 프로이트에게 아버지를 기소한다. 그녀는 일체의 조서를 꾸
민다. 그러나 프로이트는 그것에 속을 만큼 어리석지 않다. 누군가에 대
한 비난은 자신을 향한 그와 똑같은 비난을 억압하고 있는 증거다. 도라
는 아버지와 동일시를 일으키고 K부인에게 매료된다. 그러면서 또 한편
으로는 프로이트와 동일시하듯이 K씨와도 동일시한다. 프로이트가 가장
억압된 부분으로 암시했던 도라의 양성성을 라캉은 표층에서, 담론의 만
남 속에서 보여준다. 프로이트에게 깊은 무의식은 라캉에게 표층으로 떠
올라 언어요, 주체가 된다. 왜 그럴까. 혁신적인 사상을 가지고 있으면서
도 현실 원칙에 충실한 프로이트는 동성애를 용납할 수 없었다. 당대 사
회가 그것을 용납할 수 없었기 때문이다. 프로이트의 혁신성은 도라를
앞에 놓고 지극히 보수적이 된다. 그러기에 그는 도라에게 거절당한 K씨
에게 동정을 느끼고 그 자신이 K씨가 되어 도라를 꾸짖는다. 게다가 K
씨는 도라의 아버지를 프로이트에게 끌고 온 장본인이다. 고객유치자로
돈을 벌게 해준 사람이다. 이제 프로이트는 계속 K씨의 사랑 문제에서
맴돈다.

'전이'는 분석자의 편견, 욕망, 불충분한 정보, 넘치는 열정 등이 투명한 분석을 가로막는 것으로 전이를 일으키는 두 주체는 공을 던지듯 자기 입장에서 말을 주고받는다. 프로이트는 훗날 쓴 글 『전이』에서 전이가 되어야만 분석이 성공한다고 말했고 라캉은 전이는 피할 수 없는 것이라고 말한다. 프로이트와 라캉의 차이다.

라캉의 역전이에 따르면 도라 분석에서 계속 맴도는 호숫가 장면은 도라의 원초적 상흔이 아니고 프로이트 자신의 원초적 상흔이 된다. 도라에게 당신은 무엇을 원하는가라고 묻는 것은 프로이트 자신은 무엇을 원하는가라는 물음이다.

라캉의 '역전이' 이후의 도라 비판에 관한 글들을 보자. 1974년 스티븐 마커스는 도라 분석을 모더니스트 픽션으로 본다. 절대진실에의 접근을 시도하지만 그것이 불가능함을 보여주는 병상일지는 문학이다. 다중적이고 다성적인 그의 서술은 나보코프(Vladimir V. Nabokov)나 보르헤스(Jorge L. Borges)의 픽션을 떠올리게 한다. 모호성으로 가득 찬 「히스테리 분석의 파편」에서 주인공은 도라가 아니고 프로이트 자신이다. 그리고 그런 사실을 모르는 프로이트는 '믿을 수 없는 화자'이다. 마커스는 나보코프와 보르헤스처럼 프로이트의 실재에 대한 탐색이 얼마나 모호하고 자의적인지 지적한다. 대상에 대한 해석은 자신의 입장을 떠나 객관적으로 존재할 수 없다는 맥락에서 도라 분석을 읽는 것이다. 닐 허츠(Neil Hertz)는 프로이트와 도라를 헨리 제임스와 그의 여주인공 메이지와 비교한다.[1] 그리고 실패의 원인은 도라의 전이뿐만 아니라 프로이트의 역전이, 즉 자신을 도라와 동일시한 것을 모른 것에 있다고 말한다. 파편적인 서술도 도라의 히스테리와 닮았고 도라의 틈새에 가득 찬 이야

---

1) H. James, Preface to "What Maisie Knew," R. P. Blackmur, ed., *The Art of the Novel*, New York : Scribner, 1934, pp. 148~149.

기처럼 분석도 틈새로 가득 차 있다. 똑같이 근원적 상흔에서 맴돈다. 그는 총체성을 구현하려는 남성적 욕망에도 불구하고 틈새를 드러낸다. 그리고 그것은 바로 자신의 여성성에 저항하는 프로이트의 남성적 항의가 아니겠는가. 허츠는 라캉의 역전이에서 한걸음 나아가 여성의 입장에서 프로이트의 역전이를 해석하고 있다. 남성의 내부에 잠재한 여성성을 지적한 것이다. 남성중심적 서술이 논리적이고 틈새 없는 닫힘이라면 여성의 글은 모호하고 다층적이고 틈새로 가득 차 있다. 그러므로 도라 분석은 프로이트의 무의식 속에 억압된 여성성이 도라에 의해 표출된 글이다.

그러나 뭐니뭐니 해도 프로이트가 가장 질책을 받는 부분은 그가 역전이로 인해 도라의 동성애, 즉 남근기를 간과했다는 데 있다. 프로이트는 1931년에 이르러서야 어머니와 딸의 강렬한 사랑인 오이디푸스 전단계를 인정했다. 그러나 1900년에 이미 그것이 드러났음에도 불구하고 역전이로 인해 그 부분을 놓친 것이다. 자신의 여성성 못지않게 여성이 무의식 속에 간직한 동성애적 남성성을 그가 간과했음을 지적하는 글들 가운데는 히스테리란 바로 남성 우월주의가 여성의 억압된 욕망을 제대로 읽지 못하는 것에 저항하는 것임을 밝힌다.

토릴 모이(Toril Moi)는 라캉의 역전이 글을 이념적인 것으로 발전시킨다.[2] 프로이트가 실패한 것은 도라의 무의식에 깊숙이 잠재한 K부인에 대한 사랑을 간과한 것인데 이것은 단순한 역전이가 아니라 이념적인 것이다. 19세기 말의 억압적인 가부장제 이념에 깊이 침잠된 프로이트는 여성에게 능동적이고 독립적인 특성을 부여하지 않는다. 그래서 동성애 부분을 파헤치지 않는다. 이 점은 라캉도 마찬가지다. 어머니를 향한 사

---

2) T. Moi, "Representation of Patriarchy : Sexuality and Epistemology in Freud's Dora," C. Bernheimer and C. Kahane, eds., *Dora's Case*, New York : Columbia Univ. Press, 1985, pp. 181~199.

랑을 가로막는 현실에 저항하기 위해 도라는 치료를 거부한다. 그러나 패배의 선언이었던 저항은 프로이트에 의해 기록되어 끝없는 해석을 낳는다. 도라의 승리가 아닐까. 정신분석을 담론 사이의 권력싸움으로 연장시키는 토릴 모이의 글에서도 핵심은 역시 '오이디푸스 전단계'를 간과한 프로이트의 이념적 편견이었다.

그러면 여성들이 그렇게도 중시하는 오이디푸스 전단계는 무엇일까. 라캉은 바로 이것을 강조함으로써 선배를 다시 일으키고 동시에 선배를 이겨낸다.

3. 라캉의 상상계

남녀가 성차를 의식하지 못하던 시절, 유아가 어머니에 대한 절대적 사랑을 지닌 시절이 오이디푸스 전단계이다. 이 단계는 '남근기'라고도 불리는데 유아가 사회 속으로 진입하는 오이디푸스 단계 이전으로 현실 원칙에 의해 억압되는 쾌락 원칙이요 의식에 의해 억압되는 무의식이다. 의식과 무의식의 역동성이라는 프로이트의 발견을 억압하고 현실 원칙을 지나치게 강조한 모던 정신분석에 반발한 라캉은 이 무의식을 상상계라는 말로 바꾸고 자아형성에 절대적 위치를 차지하는 '이상적 자아'라고 말한다. 상상계란 아이가 생후 18개월까지 거울 속에서 본 자신의 모습을 완벽한 총체성으로 오인하는 단계다. 어머니의 양팔에 안겨 있음에도 그는 자신을 이상적인 자아로 생각한다. 어머니가 나이며 내가 어머니인 이 단계는 그래서 거울상 단계요, 자아와 타자를 일치시키는 나르시시즘이다. 그런데 이 무의식 혹은 상상계는 아버지의 법, 언어의 세계인 상징계에 진입하면서 통제되는 게 아니라 억압을 뚫고 틈틈이 솟아오른다. "무의식은 언어처럼 구조되어 있다"라는 라캉의 말은 주체가 언어에 의해 구성되기에 무의식이 절대적임을 암시하는 말이다. 무의식 혹은 상상계는 인간이 꿈꾸는 이상적 자아로서 상징계에 들어서면서 차액을 남긴다. 상징계는 오이디푸스 단계로 아버지의 법 혹은 언어의 세계라고 추상화된다. 다시 말하면 상상계는 프로이트의 쾌락 원칙이요 상징계는 현실 원칙이다. 그렇다면 프로이트의 후기 이론인 『쾌락 원칙을 넘어서』는 라캉의 욕망하는 주체이기도 하다. 삶은 쾌락 원칙과 현실 원칙이 끊임없이 교차 반복함으로써 이루어진다는 반복충동이야말로 라캉이 주목한 부분이었다. 그리고 반복을 가능케 하는 인자가 욕망의 동인 혹은 '실재계'라 불리는 '오브제 프티 a'이다. 상상계가 상징계로 들어서며 남기는 차액 혹은 우수리 때문에 인간은 다시 상상계로 들어선다. 그는 남근이 있다고 생각되는 대상(대타자)을 향해 가지만 그것을 손에 넣는 순간 텅 빈 기표(소타자)임을 깨닫고 그 순간 다시 대타자를 향한 환상으로 돌아선다. 이렇듯 주체를 끊임없이 상상계에서 상징계로 순환하게 만드는 차액이 욕망을 지속시키는 동인이요 실재계이다. 그는 프로이트의 오이디푸스 전단계를 확장시켜 자아형성의 근원인 거울상 단계로 설정하고 프로이트의 후기 이론인 반복충동으로 욕망하는 주체를 만든 것이다.

라캉의 욕망하는 주체는 오이디푸스 전단계를 중시하라는 여성이론을 받아들인 셈이다. 라캉에게서 주체는 여성이든 남성이든 분열된다. 아무도 남근을 갖지 못한다. 여아이든 남아이든 남근을 가졌다고 믿었던 상상계는 언어의 세계로 들어서면서 오인으로 드러난다. 남근은 있는 것 같았지만 다가서면 저만치 물러서 손짓하는 신기루와 같은 허상이다. 남근은 누구에게나 있고 동시에 누구에게나 없는 텅 빈 기표이다. 아버지의 법인 상징계는 주체를 거세시키기에 라캉에게 거세 콤플렉스는 극복할 수 없는 필연적인 것이다. 그것은 삶을 지속시키는 욕망의 동인이기 때문이다. 그러기에 여아가 지니는 남근 선망이란 있을 수 없다. 남근이란 언제나 돌아가기를 꿈꾸는 어머니요 대지이지만 그것은 오직 죽음을 통해서만 이루어질 뿐 인간은 살아 있는 한 상상계적 환상과 상징계적 거세를 되풀이하면서 앞으로 나아가는 것이다.

오이디푸스 전단계를 확장시킨 라캉에 의해 페미니스트들의 소망은 이루어졌는가. 그렇지 않았다. 한편에서는 크리스테바처럼 그의 이론을 충실히 계승하여 자기 것으로 만드는가 하면 다른 한편에서는 라캉 역시 남근중심주의자라는 비난이 일어난다.

1) 여성의 반발과 수용

이리가레이는 라캉이 여전히 여성을 결핍으로 본다고 주장한다. 비록 남근이란 더 이상 남성이 가진 페니스가 아니라고 하지만 그는 보편적인 주체의 자리를 내어주지 않는다. 여성이여 그대는 무엇을 원하는가라는 물음은 여전히 남성의 것이고 대답은 들을 수 없다. 크리스테바와 달리 이리가레이는 성차를 분명히 하고 여성성은 표현될 수 있어야 한다고 믿는다. 그녀는 여성의 육체를 지식 생산의 근거로 하여 여성의 관점에서 글을 쓴다. 해체론을 끌어들이고 정신분석을 시도하지만 이리가레이는 여성은 남성과 다르다는 사실을 강조한다. 그리고 그 다름이 열등한 것이 아니라고 말한다. 남성이 닫힘이요 동질성을 강조하는 것에 비해 여성은 열림이요 이질적이다. 다양성, 다성성, 모순 등은 상징질서의 대안으로 여성만의 특성이다.

남녀가 다르지만 우월의 관계가 아니라 공존이라고 주장하는 이리가레이는 라캉의 보편주체가 여성문제를 흐려놓고 여전히 남성의 기준에서 '희열(jouissance)'이라는 단어를 만들 뿐이라고 반박한다. 여성의 '희열'은 오직 남성의 동일시 기준으로는 알 수 없고 들을 수 없다. 여성은 결코 남성처럼 말하지 않는다. 그녀의 '여성적 글쓰기'는 이 다름을 보이기 위한 것이었다. 문장은 시작과 끝이 없고 상징계의 질서를 거부

353

하듯 논리를 거부한다. 어머니와 딸의 사랑이 허락되던 상징계 이전인 오이디푸스 전단계에서 유아는 흉내, 리듬, 옹아리만을 읊었다. 그녀의 문장은 남근기의 문장처럼 경계가 지어지고 합리적인 질서를 전복하고 물 흐르듯 리듬이 충만하다. 데리다의 '보환(supplement)'처럼 가부장제 상징질서를 위협하는 언어다. 논리적이 아닌, 느끼고 만지는 감성의 언어는 오이디푸스 전단계의 글쓰기다.

다른 모든 여성이론가들처럼 이리가레이도 오이디푸스 전단계를 중시한다. 그녀는 어머니와 딸의 사랑의 단계인 상상계를 상징계를 위협하는 글쓰기로 만든다. 그리고 라캉보다 더 생물학적 특성을 강조한다. 여성만이 지닌 생산능력과 비옥한 자양분, 그리고 다름을 끌어안는 열림을 남성과 다른 여성적인 것으로 본다. 그녀에게 여성적 리비도는 남성과 다르다.

엘렌 식수(Helene Cixous)는 이리가레이보다는 라캉을 수용하는 쪽이다. 그녀는 생물학적 특성이나 정신분석의 입장보다 데리다와 라캉의 중심 해체를 여성의 입장으로 끌어들여 글쓰기를 한다. 지금까지 서구사회는 이분법적 우월의 체계로 남성과 여성, 말하기와 글쓰기, 이성과 감성, 빛과 어둠을 규정지어왔다. 남성의 억압된 타자였던 여성은 이제 차이를 가진 타자로서 공존한다. 여성적 리비도는 오이디푸스 전단계에 뿌리내리고 있다. 어머니와의 완벽한 상상적 일치 단계에서 성차는 없었다. 식수는 말하기 대신 글쓰기를 시도한다. 말하기는 남성중심주의의 산물이기 때문이다. 그녀의 글쓰기는 상징계적 질서를 위협할 뿐 또 하나의 질서를 만들지는 않는다. 그것은 남성중심주의를 되풀이하기 때문이다. 여성적 글쓰기는 타자의 글쓰기이기에 미리 규정되지 않는다. 그것은 질서체계로의 편입을 거부하고 논리를 세우지 않는다.

이리가레이가 라캉에게 반발하여 여성 리비도를 남성과 분리시켜 여성적 재현을 강조하는 것에 비해 식수는 라캉을 데리다와 같은 해체론적 입장에서 본다. 그리고 그것을 여성의 입장에서 읽어 정치적인 것으로 만든다. 그녀의 글쓰기는 데리다의 보환적 글쓰기이고 라캉의 타자로서의 글쓰기이다.

정신분석에 대한 여성의 거센 반발을 잠재우고 적극적인 수용으로 물꼬를 튼 사람은 줄리엣 미첼이었고 여성의 입장에서 재창조한 사람은 크리스테바였다. 1960년대 말 케이트 밀레트(Kate Millett)는 『성의 정치학(Sexual Politics)』에서 프로이트를 여성은 수동적, 남성은 능동적이라고 갈라놓고 남성지배를 당연시하게 했다고 비난했다. 70년대 중반 미첼은 『정신분석과 페미니즘(Psychoanalysis and Feminism)』(1974)에서 남성에 대한 적의가 문제해결에 도움이 안 된다고 지적한다. 프로이트는 당대의 남성중심주의 사회를 설명한 것이지 그것을 추천한 것은 아니다. 여성억압을 이해하고 도전하려면 프로이트를 무시하기보다 그를 여성이론에 어떻게 이용할 것인가를 생각해야 한다는 것이다. 그녀는 프로이트가 오이디푸스 전단계를 강조한 것을 중시하고 그가 성적인 것을 사회적이고 이념적인 것으로 바꾼 것에 주목한다. 원래 영국의 마르크스주의자였던 미첼은 60년대 후반부터 프랑스 이론에 흥미를 느꼈다. 그녀는 정신분석이 남녀의 불평등뿐 아니라 온갖 중심주의의 억압을 해체시키고 문화를 재생산할 수 있는지에 관심을 갖는다.

곧 이어 미첼이 재클린 로즈(Jacqueline Rose)와 함께 번역한 라캉의 여성이론들은 남근중심주의 해체를 영어권에 소개하는 데 크게 공헌했다(『여성적 성(Feminine Sexuality)』, 1982). 라캉의 분열된 주체는 남근을 허상으로 만들고 남녀의 성차도 허상으로 만든다. 주체를 결핍이요 여성을 '희열'로 본 라캉의 이론은 여성적이다. 프로이트가 결핍으로 규정한 여성성을 라캉은 주체 전체의 문제로 규정하기 때문이다. 라캉에게 '여성적인 것'은 프로이트를 다르게 귀환시킨 것이다. 그것은 상징계의 질서, 명령, 단일한 주체에 항거하는 오이디푸스 전단계로 되돌아가는 것이다.

미첼의 긍정적인 해석에 힘입어 초도로(Nancy Chodorow)는 경험주의적 입장에서 프로이트를 풀어낸다. 행동양식과 취향으로 사회 속의 성차별을 설명하면서 여성은 여성적이든 아니든 여전히 남성중심 사회에 종속됨을 보여준다. 그녀는 오이디푸스 전단계에 초점을 맞추어 아버지와 아들보다 어머니와 딸의 관계를 강조한다. 아버지와의 관계는 추상적인 데 비해 출산과 육아와 가정돌보기에서 어머니는 아버지보다 자녀의 인격 형성에 더 큰 영향을 미친다. 성차를 극복하는 길은 남아에게도 육아나 가정일에 참여케 하는 것이다. 초도로는 프로이트를 미국적으로 해석하여 가족관계의 개선이 사회구조 개선으로 나갈 것을 암시한다. 그녀의 책(『모성의 재생산(The Reproduction of Mothering)』, 1978)은 사회적인 평등권 확보에는 성공했으나 개인의 특수한 상황이 간과되는 한계를 지닌다.

프로이트와 라캉을 따르면서도 여성의 입장에서 그들을 다시 읽는 이론가는 크리스테바이다. 프랑스에서 기호학자로 출발한 그녀는 남녀의 성차별이 있기 전 오이디푸스 단계인 남근기, 혹은 라캉의 상상계를 언어 이전의 단계로 설정한다. 그리고 이것을 '기호계'라 이름붙인다. 기호계는 모성이요, 무의식적 욕망으로 자아가 좋아하는 것을 말한다. 상징계는 부성이요 사회질서로 너를 위해 말한다. 그리고 주체는 기호계와 상징계가 상호 대화를 함으로써 구성된다. 모성과 부성이 바흐틴의 대화적 상상력처럼 상호 접촉하여 언어가 생성된다. 언어는 늘 정·반의 경계상에 있기에 갈림 언어요 다성성이고, 주체는 과정으로서만 존재한다. 오이디푸스 상황에서 여성이 취할 수 있는 입장은 세 가지가 있다. 부권적 질서와 동일시할 수 있고, 모계적 질서와 동일시할 수 있고, 이 양극 사이의 공존을 취할 수 있다. 여성이론의 발달 단계 역시 위와 같은데 크리스테바는 이 가운데 세번째를 택한다. 극단은 또 다른 중심주의가 되므로 항상 양극의 경계상의 언어, 경계상의 주체가 바람직하다는 것이다.

크리스테바는 프로이트와 라캉이 주목했던 오이디푸스 전단계를 기호계, 모성, 혹은 코라(Chora)라고 부른다. 그것은 무의식, 쾌락 원칙, 남근기 그리고 라캉의 거울상 단계이다. 그러기에 그녀의 모성은 반드시 여성을 의미하지 않는다. 성차가 없는 코라는 남근을 가진 어머니와 상상계적 아버지를 포함한다. 어머니에 대한 아이의 나르시스적 사랑은 너무도 강렬하여 숨이 막힌다. 이때 중계자가 필요하고 역시 남근을 가진 상상계적 아버지가 제3의 공간으로 사랑을 주고받게 만든다. 그는 아이에게 이상적인 사랑의 가능성을 상징한다. 어머니와의 나르시스적 사랑은 에로스이고 상상계적 아버지와의 사랑은 아가페이다. 기호계는 프로이트의 양성성이다. 코라는 어머니, 상상계적 아버지, 여성성, 그리고 기호계이다. 그러므로 라캉의 주체가 분열적이고 결핍이며 욕망하는 것임에 비해 크리스테바의 주체는 저항과 수용이 공존하는 대화적인 것이어서 사회적이고 역사적인 문맥으로 확장된다. 그녀는 선배와 달리 원초적 억압을 기호계 이전에 둔다. 그러므로 상상계는 이미 반쯤 상징계로 들어선 상징적 상상계이다. 주체 속의 타자를 인정하는 것은 같으나 그 타자는 동일시를 전복하고 갈림적이고 다성적인 것을 만드는 동인이다. 그녀가 문학의 실험성을 높이 평가하는 이유도 그것이 상징계에 저항하기 때문이다. 단음조에 저항하는 그 자체가 크리스테바의 주체다.

4. 맺음말

프로이트가 창시한 정신분석은 도라 분석을 기점으로 많은 여성들의 반발과 재해석을 낳았다. 무의식을 발견한 혁명적인 프로이트가 무의식 중에 내보이는 보수적인 여성성을 지적하고 동시에 그가 제시한 오이디푸스 전단계를 확장 발전시키면서 여성이론은 많은 저항적 담론을 낳았

357

다. 최근에는 미첼에 대한 반론도 일고 있다. 프로이트가 당대의 성차를 설명해냈다고 하지만 그것만으로는 충분치 않다. 왜 그런 설명을 할 수밖에 없는지 사회적 상황이 규명되어야 한다는 것이다. 담론은 시대의 반영이 아니고 시대를 구성하기 때문이다. 여성성을 당대의 특수상황에서 설명하지 않고 마치 여성의 일반적 특성인 양 보편화시킨 프로이트를 다시 읽어야 한다는 반론이다. 시대의 이념을 반영하고 구성하며 여성의 담론은 끝없이 계속될 것이다. 그리고 그것이 계속되는 한 정신분석도 함께 갈 것이다. 크리스테바의 대화적 주체처럼 저항과 수용을 다르게 되풀이하면서.

우리나라의 여성운동은 역사가 짧고 서구에 비해 논쟁도 풍성하지 못한 편이다. 여성이론가들이 남성 작품에 나타난 가부장제 속의 여성상을 분석하거나 여성작가의 작품 속에 나타난 여성성을 밝히고 몇몇 여성작가들이 여성의 입장에서 글쓰기를 시도하는 정도였다. 문체는 물론 거의 리얼리즘이다. 더구나 정신분석 이론은 이제 겨우 본격적으로 소개되기 시작하고 있어 그것에 대한 논쟁도 거의 없는 실정이다. 정신분석은 서구에서 일어났지만 우리에게도 공통되는 보편성이 있고 그것이 지닌 혁신은 유효하게 쓰일 수도 있다. 우리 상황에서 그것을 재해석하거나 정치적 읽기로 발전시킬 수도 있다. 그리고 무엇보다 남녀 성비가 깨어지는 요즈음 오이디푸스 전단계의 강조는 의미를 지닌다. 여성끼리의 도움이나 여성이 여아를 차별하지 않는 동류의식은 여성운동의 기본으로서 우리 상황을 되돌아보게 한다.

〈참고문헌〉

● 프로이트의 글

Freud, S.(1905), "Fragment of an Analysis of a Case of Hysteria"(*SE*, 7 ; pp. 7~122).

_____(1905), "The Three Essays on the Theory of Sexuality"(*SE*, 7 ; pp. 125~243).

_____(1913), "The Theme of the Three Caskets"(*SE*, 12 ; pp. 291~301).

_____(1931), "Female Sexuality"(*SE*, 21 ; pp. 223~243).

_____(1933), "Femininity"(*SE*, 22 ; pp. 112~135).

● 프로이트의 도라 분석에 대한 대응으로는 다음 글을 참조하라.

Bernheimer, Charles & Kahane, Claire, eds., *Dora's Case : Freud-Hysteria-Feminism*, New York : Columbia Univ. Press, 1985.

● 라캉의 글

Lacan, J.(1973), *Four Fundamental Concepts of Psychoanalysis*, New York : W.W. Norton & Co..

_____(1982), *Feminine Sexuality*, New York : W. W. Norton & Co..

● 그외 여성이론과 페미니즘에 관계되는 책들

Chodorow, N.(1978), *The Reproduction of Mothering*, Berkeley : Univ. of California.

Cixous, H.(1976), "The Laugh of the Medusa," *Signs* 7(1).

_____(1976), "Castration or Decapitation?," *Signs* 7(1).

Grosz, Elisabeth(1990), *Jacques Lacan : A Feminist Introdution*, New York : Routledge.

Irigaray, L.(1985), *Speculum of the Other Woman*, Ithaca : Cornell Univ. Press.

_____(1985), *This Sex is Not One*, Ithaca : Cornell Univ. Press.

Kristeva, Julia(1984), *The Revolution in Poetic Language*, New York : Columbia Univ. Press.

Mitchell, Juliet(1974), *Psychoanalysis and Feminism*, New York : Vintage Books.